WTO 관세평가협정 핸드북

Sheri Rosenow · Brian J. O'Shea 지음 | 라인호 · 황남석 옮김

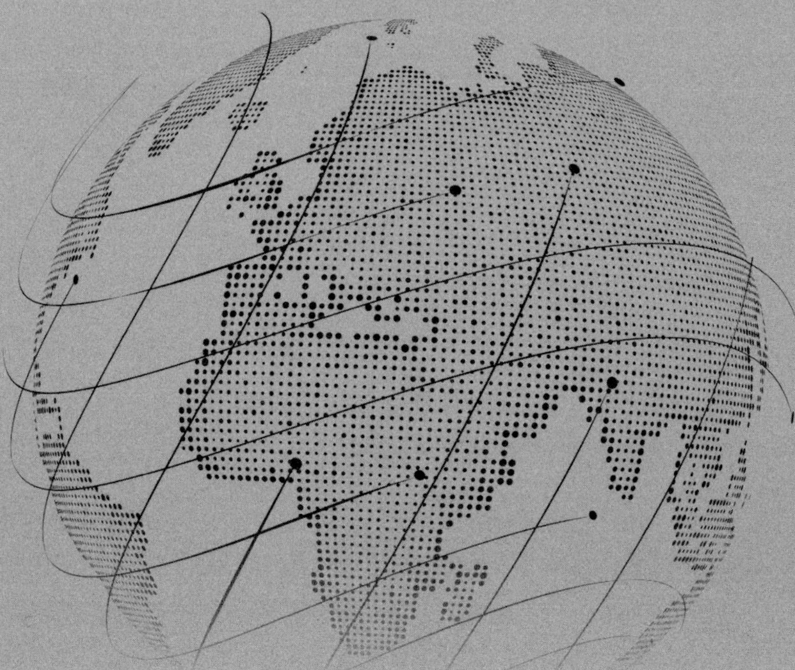

CAMBRIDGE UNIVERSITY PRESS | 정독 DEEP READING

추천사

관세평가에 관한 이 책은 WTO 사무국/캠브리지 대학 출판부에서 펴내는 핸드북 시리즈의 반가운 신작이다. 관세평가협정은 관세를 평가하기 위한 목적으로 수입물품의 가격을 결정하기 위한 공통 시스템이며, 따라서 수입자나 세관 공무원 그리고 국제 무역에 관련된 자들의 일상 업무에서 중요하다. 그러나 협정은 본질상 기술적이며 무역 거래는 복잡할 수 있기 때문에, 협정의 규정에 대한 지침이나 설명은 협정의 적절한 이행을 지원하는 데 유용할 것이다.

관세평가는 오랫동안 GATT 원칙을 따랐다. 이 책의 저자들이 언급한 바와 같이, 여러 국가들은 일찍부터 정당하게 징수되는 관세금액이 물품을 평가하는 방법을 통하여 조작될 수 있다면, 협상된 관세 인하 조치가 무의미해질 수 있다는 것을 인식하고 있었다. 또한, 공정하고 투명한 규칙을 설정하는 공통 평가 시스템을 채택함으로써 실제적 무역 촉진의 혜택들이 얻어질 수 있다는 것도 깨달았다.

1979년 도쿄 라운드 GATT 규칙에 기초한 WTO 평가 시스템은 최근 30주년을 맞이하였으며, 이 시스템의 목적들이 실현되었는지를 검토할 적절한 시기가 되었다. 이 기간 동안의 경험은 협정의 입안자들이 비즈니스 수행 방법의 변화에 적응할 수 있는 포괄적이며 충분히 유연한 평가 시스템을 만들어내는데 성공적이었음을 보여주었다. 다른 한편으로, 이 유연한 구조는 각 조항들이 어떻게 시행되는지에 대한 다양한 해석을 필연적으로 허용한다.

이 책의 기동성은 전 세계 WTO 회원국 정부의 세관 및 다른 공무원들과 저자들과의 협업에서 비롯되었다. 이러한 작업의 결과, 그들은 협정 조항들의 의의 및 의도에 대한 단순하고 직관적인 설명뿐만 아니라 협정의 용어들이 국가별, 분쟁해결패널 그리고 평가위원회에 의해 어떻게 해석되거나 확장되어 왔는지에 대한 통찰을 제공해주는 자산이 필요하다는 것을 인식하게 되었다.

추가로, 핸드북 시리즈의 다른 책들과 마찬가지로 이 책은 WTO 회원국의 역량을 구축하고 의무를 이행하며 혜택을 실현하려는 회원국을 돕고자 하는 WTO 사무국의 노력을 지원한다.

이 책을 세계 무역의 공동체에 제공하게 된 것을 기쁘게 생각한다. 독자 여러분께 유익한 자료가 되길 바란다.

파스칼 라미(Pascal Lamy)
세계무역기구(WTO) 사무총장

한국어판 서문

공저자들은 이번 기회에 WTO 관세평가협정 핸드북이 한국어로 번역·출판된 점을 매우 기쁘게 생각합니다. 매우 기술적인 성격을 갖고 있으면서도 중요한 의미를 갖는 관세평가협정을 한국 독자들이 더 잘 이해하고 더 잘 적용하는데 이 책이 도움이 되기를 희망합니다.

현재 대한민국을 포함한 164개 WTO 회원국들이 WTO 관세평가협정을 적용하고 있습니다. 공저자들은 전 세계의 여러 국가에서 관세평가문제에 관한 조력을 제공하고 그 국가들이 관세평가능력을 배양하는 프로그램을 수립하는 과정에서 참여하여 왔습니다. 그 과정에서 정부 공무원들과 사적 부문의 관계자들이 이 협정의 여러 조항에 관하여, 그 의미와 그 조항들의 구체적인 적용방식에 여러 의문을 갖고 있음을 알게 되었습니다. 공저자들은 세관공무원, 수입자, 수출자 및 WTO 평가규칙을 다루는 다른 사람들에게 명확하고 간명한 설명을 제시하기 위하여 이 책을 쓰게 되었습니다.

공저자들이 이 책을 쓰는 과정에서 故 김의기 선생으로부터 중요한 영향을 받았다는 점을 밝혀두고 싶습니다. 고인은 WTO에서 함께 근무한 귀중한 동료이자 좋은 친구였습니다. 고인은 WTO에 합류하기 이전에 오랜 기간 동안 대한민국 관세청에서 근무하였습니다. 공저자들은 이 책을 쓰는 과정에서 고인이 관세평가의 전문지식을 기꺼이 나누어 준 덕분에 큰 도움을 받았습니다.

이 책의 출간 사실을 고인도 함께 기뻐하여 주었을 것이라고 생각합니다.

셰리 로즈나우(Sheri Rosenow)
브라이언 제이 오셰아(Brian J. O'Shea)

공역자 서문

이 책은 관세평가에 관한 세계적인 이론서로서 명성을 얻고 있는 로즈나우/오셰아(Rosenow/O'Shea) 공저의 *A Handbook on the WTO Customs Valuation Agreement*의 역서이다. 이처럼 저명한 저서가 지금에서야 국내에 소개된다는 점에서 늦은 감이 없지 않지만 지금에라도 소개가 되어서 다행이라고 생각한다. 처음으로 위 책을 접하는 분들을 위해서 본 역서의 특징 중에서도 특히 주목할 만한 부분을 설명하면 다음과 같다.

1. 거래가격 구성과 간접지급

관세평가에 대한 전문서적은 국내는 말할 것도 없고 해외의 경우에도 눈길을 끄는 책을 찾아보기 어렵다. 관세법의 일정영역을 점하는 관세평가도 조세법의 법역(法域)에 속하기 때문에 법학적 논리에 기초하여 초심자나 전문가 등에게 도움이 될 수 있는 저서가 나올 만도 하지만 WTO 평가협정 제1조에 규정되어 있는 "실제로 지급하였거나 지급하여야 할 가격"이라는 기본 개념조차도 제대로 설명을 하는 문헌을 찾기 어렵다. 본서는 이러한 기초적인 부분에 관한 논리를 정확하게 서술하면서 충분한 예를 들고 있다는 점에서 탁월하다고 생각된다. 특히 공역자들은 거래가격 구성과 간접지급과 관련하여 한국 독자들의 이해에 도움이 될 수 있도록 필요한 부분을 각주와 보론을 통해 보완하였으므로 관세평가에 종사하는 실무가는 물론 초학자들에게 큰 도움이 될 수 있을 것으로 믿는다.

2. 특수관계자간 거래가격 영향 여부의 판단

특히 본 역서는 관세평가에 있어 급격히 교역량이 늘어나는 "특수관계자 간의 거래가격에 대한 관세평가" 절차 등에 관하여 상세하고 치밀하게 설명이 되어 있어 실무는 물론이고 학계에도 큰 기여를 할 수 있을 것으로 보인다. 특히 WTO 평가협정은 특수관계자간 거래에 관하여 그 거래가격 결정에 내재되어 있는 본질상 언제나 거래가격이 특수관계로부터 영향을 받는다고 본다는 입장을 출발점으로 하고 있다는 점을 잘 설명하고 있다. 사실 WTO 평가협정 제1조 제2항의 해석상 저절로 도출되는 것이기는 하지만, 특수관계자 간의 거래는 특수관계로부터 영향을 받았다는 것만으로 거래가격을 부인할 수는 없다. 즉 거래가격이 특수관계로 인하여 영향을 받은 것으로 보인다 할지라도 세관이 거래가격에 관하여 입증 절차를 거치지 않는다면 거래가격을 부인할 수 없으며 납세자는 입증할 의무를 지지 않는다. 그리고 그 입증자료를 요구할 것인지 여부에 관한 판단은 세관의 재량에 맡겨져 있다. 다만 세관의 권한에 한계가 있기 때문에 특수관계자 간의 거래에서는 그 내부문서의 자료제출을 받지 않는 이상 세관이 특수관계로 인한 영향 여부를 판단하기 어렵다. 그리하여 WTO 평가협정 제17조(부속서 III. 6)는 세관이 비교가격이나 판매상황에 대하여 검증자료 제출을 요구하고 납세자가 이에 따르지 못하는 경우에만 거래가격을 부인(결정 6.1)할 수 있다고 규정하고 있는 것이다. 기존 문헌들은 이러한 점들에 관하여 충분한 설명을 하지 못하고 있다.

3. 원저의 내용 보완

원저는 더할 나위 없는 저술로서 이미 명저의 반열에 올라 있지만, 최초 출간된 후에 약간의 시간이 경과하였고 기존에 출간된 일부 문헌들이 관세평가에 관하여 일부 오류가 있는 내용을 담고 있기 때문에 역자들은 이를 보완하기 위하여 이 책 출간 이후의 변화된 사정과 한국 법원의 판례 및 행정해석 등 실무자료 등을 역주로 반영하는 한편 원저 중 중요 내용의 취지를 쉽게 풀이한 보론을 추가하기로 하였다.

이 책은 관세평가협정에 대한 기본 이해에 크게 기여할 수 있는 문헌으로서 관세평가에 관심이 있는 분이라면 실무가와 초학자 모두에게 크게 유용할 것이라고 생각한다. 관세평가는 거래가격의 이해가 최우선이라는 점을 고려하면 특히 거래가격 부분을 여러 번 반복하여 숙독하는 것이 큰 도움이 될 것이다.

이 책을 번역하는 과정에서 원서의 처음부터 거래가격까지는 황남석, 그 나머지는 라인호가 번역을 나누어 진행하고 그 이후 두 부분을 합하여 상호간에 교차 검토를 반복하였다.

마지막으로 어려운 출판 환경하에서도 이 책의 번역출간을 위해 용기를 내 주신 도서출판 정독의 김중용 대표님께 감사의 말씀을 드린다.

2022. 5.

공역자 씀

머리말

이 책의 목적은 WTO 관세평가협정의 역사, 원칙 및 법률 용어 그리고 WTO 관세평가위원회의 해석상 결정과 같은 관련 법률 문서에 대한 상세한 설명을 제공하는 것이다. 이 책은 협정을 처음 접하거나 익숙하지 않은 사람들에게 이를 알려주고, 참조할 수 있도록 의도되었다. 전문가들에게도 참조 목적으로 유용할 것이다.

이 책에는 협정을 구체적인 수입 시나리오에 적용해 볼 수 있도록 테스트 질문들도 포함하였다. 각 장의 마지막 부분에 제시해 놓은 이 질문에 대한 답안들은 여러 국가의 관세 행정상의 규칙들뿐만 아니라 WTO와 세계관세기구(WCO)의 해석 자료에 기초하고 있다.

부록에는 가장 중요한 WTO 평가 법률 문서들을 추려서 수록하였다. WTO 관세평가 협정과 WTO 및 GATT 기구에서 발행한 현재 그리고 과거의 평가 문서들에 대한 더 많은 정보는 WTO 웹사이트(www.wto.org)에서 확인할 수 있다. 부록 8에서는 WTO 웹사이트에서 관세평가 문서들에 어떻게 접근할 수 있는지에 관한 정보를 확인할 수 있다. 이 정보에는 WTO 공식 문서를 분류할 때 사용되는 기호에 관한 설명도 포함되어 있다.

셰리 로즈나우(Sheri Rosenow)

브라이언 제이 오셰아(Brian J. O'Shea)

차 례

제 1 장 서 론

제 2 장 거래가격방법

제 3 장 대체 평가방법

제 1 장

서 론

1.1 관세평가의 목적

1.1.1 관세평가란 무엇인가?

국제무역이 시작된 이래로 각국의 정부는 관세를 징수하였다. 기록에 따르면 고대 아테네는 곡물과 그 밖의 물품에 20%의 수입관세를 부과하였고 고대 로마인은 율리우스 카이사르의 시기 훨씬 이전부터 제국의 확대와 유지에 드는 비용을 관세수입에 의존하였다. 그리고 조세가 징수되어야 하는 곳에는 세율과 과세방법에 관한 분쟁이 있기 마련인데 로마의 세관장은 로마의 상인들에 대한 "불공평한 행동과 성가신 절차"로 비난받았다. 이에 대응하여, 로마의 상인들은 관세를 회피하기 위하여 흔하게 밀수를 하였다고 한다.[1)]

이 책의 주제인 관세평가는 수입관세가 "종가세(*ad valorem*)" 방식으로 과세되는 경우에 문제가 된다. "종가세"의 세율은 (수입물품) 가액의 백분율로 표시되는 관세율이다. 관세의 세액은 수량을 기준으로 산정될 수도 있다(종량세). 그 경우 수입물품의 수량에 대하여 고정된 금액이 부과된다(이를테면 수입 알코올 1리터당 0.2센트). 또는 구체적인 수입에 적용되는 관세율은 종가세율과 종량세율의 혼합인 경우도 있을 수 있다["복합세율(compound rate)"]. 그럼에도 불구하고 WTO 회원국들의 관세율표를 보면 종가세가 국제무역에서 가장 지배적이라는 점을 알 수 있다.[2)]

---

1) W. Smith (ed.), *Dictionary of Greek and Roman Antiquities* (Boston: Little Brown & Co. 1859), 944–45; J. R. McCulloch, *A Treatise on the Principles and Practical Influence of Taxation and the Funding System*, third edition (Edinburgh: Adam and Charles Black 1863), 240.

2) 평균적으로 WTO 회원국들은 관세율표에 기재된 세율 중 97% 이상에 관하여 종가세율을 사용한다. 그에 대한 주목할 만한 예외는 스위스인데, 스위스는 관세율 중 80% 이상을 종량세율로 하고 있다. WTO, *Trade Profiles 2007.*

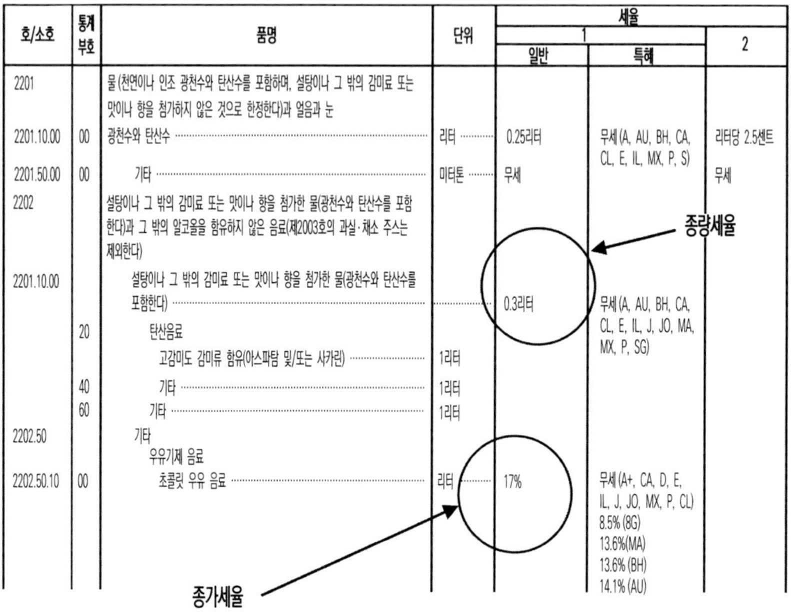

미국 통합관세율표(2007)
통계보고목적

호/소호	통계부호	품명	단위	세율 1 일반	세율 1 특혜	세율 2
2201		물(천연이나 인조 광천수와 탄산수를 포함하며, 설탕이나 그 밖의 감미료 또는 맛이나 향을 첨가하지 않은 것으로 한정한다)과 얼음과 눈				
2201.10.00	00	광천수와 탄산수	리터	0.25리터	무세(A, AU, BH, CA, CL, E, IL, MX, P, S)	리터당 2.5센트
2201.50.00	00	기타	미터톤	무세		무세
2202		설탕이나 그 밖의 감미료 또는 맛이나 향을 첨가한 물(광천수와 탄산수를 포함한다)과 그 밖의 알코올을 함유하지 않은 음료(제2003호의 과실·채소 주스는 제외한다)				
2201.10.00		설탕이나 그 밖의 감미료 또는 맛이나 향을 첨가한 물(광천수와 탄산수를 포함한다)		0.3리터	무세(A, AU, BH, CA, CL, E, IL, J, JO, MA, MX, P, SG)	
	20	탄산음료				
		고감미도 감미류 함유(아스파탐 및/또는 사카린)	1리터			
	40	기타	1리터			
	60	기타	1리터			
2202.50		기타				
		우유기제 음료				
2202.50.10	00	초콜릿 우유 음료	리터	17%	무세(A+, CA, D, E, IL, J, JO, MX, P, CL) 8.5%(8G) 13.6%(MA) 13.6%(BH) 14.1%(AU)	

[그림 1] 미국 통합관세율표: 종가세율과 종량세율

구체적인 수입에 관하여 종가세액은 수입물품의 **과세가격**(*customs value*)에 세율(예를 들면 [그림 1]에 기재된 초콜릿 우유의 경우 17%)을 곱하여 산정한다. 이처럼 세관공무원이 어떻게 과세가격을 결정하는지는 해당 물품에 관하여 적용되는 관세율만큼 중요하다. 과세가격과 세율 모두 수입자가 납부하여야 하는 세액을 결정하기 때문이다.

오늘날, 관세 평가목적으로 수입물품을 평가하는 규칙은 잘 확립되어 있다. 그 규칙은 WTO 관세평가협정(정식명칭은 「**관세와 무역에 관한 일반협정 제7조의 시행에 관한 협정**(Agreement on Implement of Article VII of the GATT)」이다)에 규정되어 있는데 그 평가체계는 관세평가에서 공정성, 중립성, 통일성을 촉진하도록 고안되어 있으며

150개국 이상의 WTO 회원국들이 적용하고 있다.

1.1.2 관세평가의 중요성

GATT 체제가 출범하기 전인 1947년, 공업국이 적용하던 평균 관세율은 20~30%였다.[3] 50년 동안 8번의 GATT 관세율 협상을 한 결과 공업국이 비농산물에 적용하는 평균 관세율은 약 5.5%가 되었다.[4] 예를 들어 1994년 우루과이라운드 시행과 함께 비농산물에 관한 미국의 평균 관세율은 3.2%에 불과하였다. 그리고 그런 물품에 적용되는 관세율의 거의 절반이 면세였다.[5] 이처럼 감소하는 관세율을 고려하면 관세평가가 왜 중요한지 의문을 가질 수도 있다. 만일 수입 관세율이 미미한 수준으로 떨어지거나 철폐된다면 그 계산에 이용되는 규칙은 어떤 용도로 남아 있어야 하는가?

GATT라운드는 성공적이었지만 국제무역에서 수입관세는 없애기 어려운 요소이다. 개발도상국의 경우에 특히 그렇다. 개발도상국의 평균 관세는 16.9%이다.[6] 평균 관세율이 낮은 공업국의 경우조차 일부 공업제품과 공업부문, 그리고 많은 농산물은 20% 이상의 관세율에 의해 보호받고 있다.[7] 나아가 다수의 개발도상국들은 국가 예산의 상당 부분을 관세에 의존하고 있다([그림 2] 참조).

---

3) WTO, *World Trade Report 2007*, at 207.

4) WTO, *World Trade Profiles 2008*(적용된 최혜국 세율의 단순 평균).

5) *Ibid.*

6) *Ibid.*

7) 예를 들어 유럽연합이 적용하는 단일 평균 관세율은 5%로서 WTO회원국 중에서 가장 낮다. 하지만 개별 품목에 적용되는 평균 관세율은 20%를 넘는다(유제품 62.4%, 설탕 및 과자류 29.8%, 축산물 25.4%).

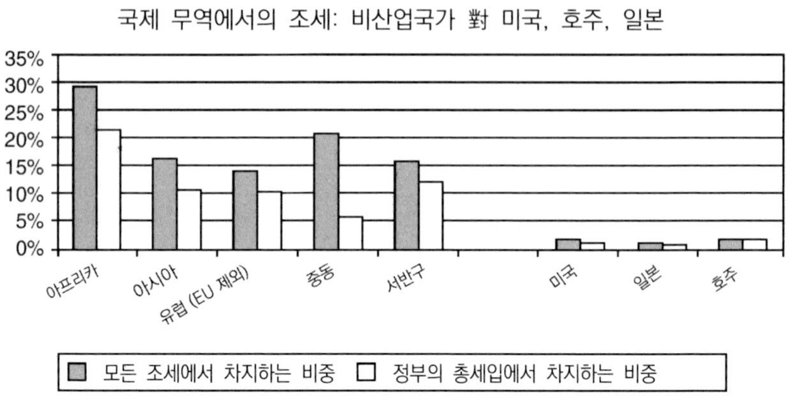

[그림 2] 국제 무역에서의 조세(IMF, Government Statistics Yearbook, 2007)

수입관세가 완전히 철폐되더라도 관세평가의 필요성은 여전히 남아 있을 것이다. 중요한 이유 중 하나는 다수의 국가가 수입물품에 관하여 부가가치세, 매출세(excise), 매상세(sales tax)를 과세하기 때문이다, 이런 조세들은 수입 관세와 달리 GATT/WTO 관세율 인하의 대상이 아니다.[8] GATT 규칙은 그렇게 하도록 규정하고 있지 않지만, 세관당국은 흔히 이러한 수입에 관한 조세를 계산하는데에도 동일한 관세평가 규칙을 적용한다.[9]

세관당국은 내국세와 관세의 부과 이외에도 세수와 무관한 가치 측정을 위하여도 관세평가협정을 사용한다. 다음과 같은 예가 있다.

- 과세가격에 기초한 수입쿼터
- 원산지규칙. 이를테면 특정한 외국으로부터의 물품에 관하여 그 과세가격 중 50%가 해당 외국에서 행해진 가공에 의한 것이라면

---

8) 현재 120개국 이상이 부가가치세를 채택하고 있다. 일부 국가는 GATT의 관세 인하로 인한 관세세수의 일실을 보충하기 위해 부가가치세를 채택하였다고 하기도 한다. IMF, *Dealing with the Revenue Consequences of Trade Reform*(2005. 2. 15.).

9) GATT 제7조 제1항에 관한 주해.

관세를 면세하여 줄 수 있다.

• 무역 통계 수집

관세평가와 GATT 관세양허(tariff binding)

관세 및 무역에 관한 일반협정(GATT) 제2조 제3항은 "어떠한 체약당사자도 관세평가가격의 결정방법 또는 통화환산방법을 변경하여 … 협정에 부속된 양허표에 제시된 양허의 가치를 침해하여서는 아니된다"라고 규정하고 있다.

위와 같은 금지규정에 따라 어떤 국가도 관세양허를 회피하도록 '관세평가가격(dutiable value)의 결정방법'을 변경할 수 없다. 그러나 이 규정은 특정 국가가 임의 평가가 가능한 평가방법을 유지하는 행위를 막을 수 없다. 공통의 규칙이 없다면 평가는 무역보호목적으로 악용될 수 있다.

"어떤 국가는 자유로운 [평가]체계를 적용하는 반면 다른 국가는 관세율에 따른 세액과 실제로 부합하는지 여부에 관한 의문을 불러일으키고, 제3국의 관련 수출자의 관점에서 임의적인 것으로 보이는 요소로 인해 불확실성을 안고 있는 체계를 적용한다면 이는 불공평한 것으로 보인다. **사실 관세율 인하에 관하여 전세계적으로 달성된 호혜적 합의는 심각하게 위협에 처할 수 있다.**"*

이 점을 보여주기 위해 다음의 시나리오를 보자. 만일 수입물품의 송장가격이 100달러이고 양허관세율이 10%라면 교역당사자는 10달러 상당의 관세장벽을 예상한다(100달러×10%=10달러). 그러나 세관공무원은 임의적인 가격올리기가 가능한 평가방법을 적용하여 그 금액의 두 배 가격을 물품에 부여한다. 그 경우 실제 관세장벽은 20달러(200달러×10%=10달러)가 된다. 실질적인 효과의 측면에서 수입국은 GATT 관세율 협상에서 합의된 관세율 상한 10%를 20%로 올린 것과 다르지 않다.

수출국이 협상에 따른 관세양허로부터 기대하는 효익은 그런 불확실하거나 임의적인 평가방법에 의해 상당히 감소한다.

* TN.64/NTB/26(1964. 7. 7.)(유럽연합의 성명서)(강조는 원저자에 의한 것이다)

1.2 연 혁

WTO관세평가협정은 1986부터 1994년까지 진행된 우루과이라운드 협상의 결과이지만 그 내용은 대부분 1979년 GATT 평가규정(GATT Valuation Code)를 반복한 것이다. 그러므로 WTO 관세평가협정의 내용에 내재된 의도를 이해하려면 1979년 이전의 무역환경을 되돌아보는 것이 유용하다([그림 3] 참조). 다시 되돌아보면 분명하게 알 수 있는 바와 같이, 이 연혁을 보면 현재 논의되는 관세평가의 문제점 — 중고물품의 평가, 의심스러운 송장, 대체적 평가방법의 악용 — 은 전혀 새롭거나 독특한 것이 아니라는 점을 알 수 있다.

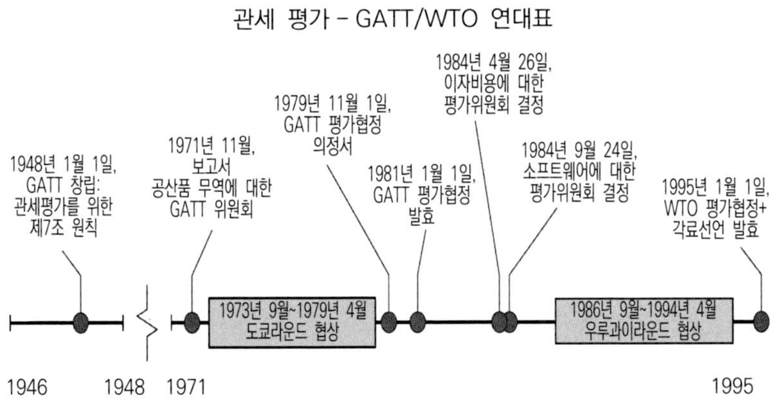

[그림 3] GATT/WTO 관세평가 연대표

1.2.1 공통평가규칙 제정 이전

GATT 제7조는 국가의 관세평가체계에 관한 일반원칙을 확립하였다. 하지만 위 규정은 특정한 평가방법을 강제하는 대신 각 국가들이 일반원칙에 입각하여 각자의 체계를 개발하도록 허용하였다.

GATT 제7조의 원칙

- 과세가격은 **"실제가격"**에 기초하여야 한다. 실제가격은 수입된 상품 또는 준(準) 상품이 완전경쟁상황 하에서의 통상적인 거래과정에서 판매되는 가격을 말한다.
- "실제가격"을 결정할 수 없다면 세관은 가장 가깝고 확인할 수 있는 등가의 가격을 이용하여야 한다.
- 과세가격은 상품의 원산지 가격 또는 임의, 가상의 가격에 기초하여서는 안 된다.
- 과세가격은 원산지국의 제품에 관한 내국세, 수출환급 또는 면세를 포함하여서는 안 된다.
- 상품의 수입가격이 구입물량에 의해 결정되는 경우 과세가격은 비교가능한 물량 또는 그 결과가 수입자에게 불리하지 않는 범위에서 수출국들과 수입국들 사이에 이루어지는 무역에서 더 많은 물량의 매매에서 적용되는 가격을 기초로 하여야 한다.
- 정부는 평가방법을 공표하여야 한다.
- 정부는 제7조를 시행하고 GATT당사국의 요청에 따라 가격평가의 운용에 관하여 조사하기 위하여 취한 조치에 관하여 보고하여야 한다.

사실 1979년 이전의 시기에는 관세평가에 관하여 여러 국가들 간에 상당한 다양성과 불일치가 있었다. 관세평가체계는 일반적으로 다음의 두 가지 개념적 접근방식 중에 하나를 취하였다. 두 가지 접근방식이란 "**관념적**(notional)" 가격 개념에 기초한 것과 "**실제적**(positive)" 가격 개념에 기초한 것을 말한다.

(a) 브뤼셀가격정의

관념적 개념은 1950년 「관세목적의 물품평가에 관한 협약(Convention on the Valuation of Goods for Customs Purpose)」에서 등장한 것으로 흔히 '브뤼셀가격정의(the Brussels Definition of Value:

BDV)'라고 한다.[10] 브뤼셀가격정의는 유럽연합 연구집단이 초안을 작성한 후에 집행을 위하여 관세협력이사회[Customs Co-operation Council, 현재의 세계관세기구(World Customs Organization)]에 제출한 것이다.[11] 브뤼셀가격정의는 다른 평가체계보다 훨씬 지지자가 많았다. 전성기 시기에는 100여 개국이 이 개념을 채택하였는데 그중에는 당시 유럽경제공동체(EEC) 회원국과 거기에 속하지 않는 대부분의 서유럽국가들, 일본 및 개발도상국들이 포함되어 있었다. 브뤼셀가격정의 하에서 물품은 '정상가격(normal price)'으로 평가된다.

> 즉, [수입물품]이 관세를 납부하여야 할 시기에 경쟁시장에서 독립된 판매자와 구매자 사이에서 거래될 가격을 말한다.[12]

세관 공무원은 구매자의 실제 송장가격을 고려하겠지만 송장가격 대신 동종 물품의 관념적인 '경쟁시장' 가격을 우선하여 선택할 수도 있다.

(b) 실제적 가격체계

실제적 가격체계는 특히 미국과 호주가 채택한 방식이다. 이 체계에 따르면 과세가격은 일반적으로 완전경쟁 조건하에서 형성되는 추상적·관념적 가격 대신에 실제의 거래가격을 기초로 한다.

---

10) 1950. 12. 15, 171 U.N.T.S. 307(효력발생일 1953. 7. 28.).

11) 「관세협력이사회 설립에 관한 협약」(1950. 12. 12, 157 U.N.T.S. 130); GATT Working Party I on the International Chamber of Commerce Resolutions, *Statement by Mr. F. Redmond-Smith, Representative of the European Customs Union Study Group*, W.7/8 (1952. 10. 7.). 「관세협력이사회 설립에 관한 협약」도 유럽관세연합 연구집단이 기초하였다. 유럽관세연합 연구집단은 제2차 세계대전 후 유럽경제의 회복이라는 관점에서 유럽 내에서의 보다 자유로운 재화와 용역의 이동을 검토하기 위하여 1947년에 설립된 기구이다. GATT 체약당사국, *The Work Undertaken by the European Customs Union Study Group on Customs Nomenclature and Questions of Customs Regulations: Statement Made by the French Representative*, GATT/CP.4/45 (1950. 4. 20.).

12) 「관세목적의 물품평가에 관한 협약」(註10), 부속서 I.

이 체계는 전형적으로 실제 송장가격이 없거나 송장가격을 적용할 수 없는 경우(예컨대 물품이 리스조건으로 수입되어서 매매가격이 존재하지 않는 경우)에는 순위를 정하여 차순위 평가방법을 두게 된다.

예를 들어 WTO 관세평가협정의 구조에 큰 영향을 미친 미국의 평가체계는 일반적으로 세관으로 하여금 첫째로, 그 물품이 매매되거나 매매의 대상으로서 제안된 "수출가격(export value)"으로 물품을 평가하고, 둘째로 해당 물품이 미국시장에서 매매되는 가격인 "미국가격(United States Value)"으로 평가하도록 정하고 있다.[13] 앞의 두 가지 방식이 실패하면 "산정가격(constructed value)", 즉 수입물품의 제조원가에 의하였다.

위의 두 체계를 적용할 때에는 다양성도 있었다. 브뤼셀가격정의는 다양한 국가에서의 다양한 해석에 따라 적용되었다. 실제적 가격체계도 마찬가지로 다양했다. 이를테면 미국의 주된 평가방법은 수출가격(미국으로의 수출시 물품 가격)에 기초를 두었지만 호주는 수입자가 지급한 가격이나 동일한 물건이 수출국시장에서 매매되는 가격 중 높은 가격으로 하였다. 나아가, 아래의 미국 판매가격평가방법(Selling Price Valuation method)에서 보는 바와 같이, 이들 국가가 채택한 "2차적" 평가방법 중 일부는 좋게 말하면 복잡했고 나쁘게 말하면 노골적으로 보호무역주의적이었다.

(c) 공통의 평가규칙에 관한 GATT 초창기의 주도

GATT의 초창기에 공통의 평가체계를 만들기 위한 몇몇 시도가 있었다. 최종적으로는 결실을 맺지 못했지만 GATT 체약당사국[14]들은 이런 주도적 작업이 계기가 되어 GATT 제7조와 당시 적

---

13) GATT Committee on Trade and Development, *Trade Barriers Arising in the Field of Customs Valuation: Note on Implications for Developing Countries of Ad Referendum Solutions*, COM.TD/W/195 (1973. 8. 2.).

14) GATT는 조약이고 법적으로 설립된 조직(예컨대, 세계무역기구와 같은 조직)

용되고 있던 다양한 평가체계의 정합성을 평가하게 되었다. 이 초창기 작업의 결과가 GATT의 후기 평가 주도에 영향을 미쳤다. 현재 WTO 관세평가협정과 이 초기 역사 사이에는 직접적인 연관성이 있다. 즉, WTO 관세평가협정 제7조(최종적인 평가방법)에 규정된 "금지된 방법"은 과거 평가체계 중 일부를 참조한 것이다(WTO 관세평가협정에 따른 금지된 평가방법에 관한 상세는 3.4를 보라).

GATT 내에서 조화된 평가체계를 수립하려는 최초의 시도는 1951년에 등장했다. 당시 국제상공회의소(ICC)는 GATT 체약당사국들이 전세계적인 평가규칙을 개발할 것을 제안하였다. 국제상공회의소의 제안은 그 당시 완성되어 서명을 기다리고 있던 브뤼셀가격정의에 대한 반응이었다. 기업계를 대표하는 국제상공회의소는 브뤼셀가격정의에 반대하는 입장이었다. 브뤼셀가격정의가 관세행정에 의해 결정되는 "정상(normal)" 가격을 기초로 한 것이었기 때문이었다. 그 대신 국제상공회의소는 보다 단순한 "경험칙 방법(rule-of-thumb method)"을 선호하였는데, 이에 따르면 세관은 사기를 의심할 만한 이유가 없다면 무역업자가 제시하는 송장에 기재된 가격을 기초로 하여야 했다.[15)]

이 아니었기 때문에 GATT 서명국들은 "체약당사국"으로 지칭되었다. WTO, *Understanding the WTO*(2007), at 3.

15) GATT Executive Secretary, *Resolutions Submitted by the International Chamber of Commerce on Valuation, Nationality of Manufactured Goods and Formalities Connected with Quantitative Restrictions*(GATT/CP/123), G/22 (1952. 8. 29.). 국제상공회의소는 국제적 평가규칙 이외에도 GATT 체약당사국들이 다음의 네 가지 원칙에 입각한 '일반권고'를 낼 것을 제안하였다. 그 네 가지 원칙은 다음과 같았다. (i) 평가체계는 보호무역의 수위를 높이는 방식으로 사용되어서는 안 된다. (ii) 물품의 과세가격을 결정할 때에는 상업적 송장에 기재된 가격에 우선적 고려를 하여야 한다. (iii) 규칙은 분명하고 충분하게 과세가격의 기초를 기술하고 적절하게 공표되어야 한다. (iv) 수출물품에 관하여 면세되는 내국세는 과세가격에 포함되어서는 안 된다. GATT 체약당사국들은 이 원칙들이 대체로 GATT 제7조에 포함되어 있다는 이유를 들어 이 제안을 받아들이지 않았다. GATT, *Report of Working Party I on the International*

국제상공회의소의 제안은 섣부르다는 이유로 받아들여지지 않았다. 각 정부가 사용하는 평가방법에 관하여 제한적인 정보밖에 없는 상황에서 GATT 체약당사국들은 현상을 뒤집기를 꺼린다는 사실이 분명했다. 뿐만 아니라, GATT는 브뤼셀가격정의가 제대로 작동할 수 있는 충분한 시간이 흐르지 않은 시점에서 이를 대체할 국제적 체계를 개발함으로써 결과적으로 브뤼셀가격정의를 비판해서는 안 된다는 분위기도 있었다.[16]

하지만, 국제상공회의소의 제안은 한 가지 긍정적인 결과를 낳았다. 그 제안 때문에 GATT 체약당사국들은 각 정부가 과세가격을 결정하는 방법과 그 방법이 GATT 제7조 원칙에 부합하는지 여부에 관하여 상세한 정보를 얻어야 하겠다는 생각을 하게 되었다.[17] 이 연구의 결과는 3년 뒤에 공표되었는데 GATT 체약당사국 사이에서도 평가실무상 심각한 불일치가 존재한다는 사실을 시사했다. 특히 각국 정부는 일반적으로 가격을 평가하는데 다음 세 가지 기준을 채택한다는 점이 밝혀졌다.

(1) 수출물품과 비교가능한 물품이 수출국의 내국 시장에서 거래되는 가격("현재 국내 가격")

(2) 수입물품이 수출국에서 수입국으로 판매되는 가격("거래가격")

(3) 수입물품과 비교가능한 물품이 수입국의 내국 시장에서 거래되는 가격("수입시장가격")[18]

Chamber of Commerce Resolutions, G/28 (1952. 11. 1.).

16) G/28.

17) GATT, *Methods of Valuation for Customs Purposes: Request for Information*, L/81 (1953. 3. 12.); GATT, *Valuation for Customs Purposes: Questionnaire for the Ninth Session*, L/228 (1954. 9. 20.).

18) GATT Contracting Parties 9th Session, Comparative Study of Methods of Valuation for Customs Purposes G/88 (1955. 3. 2.). 이 연구 결과는 "브뤼셀협약에 따른 공통의 가격 개념을 운용하는 9개국을 제외하고 관세목적을 가

1954년 후반부터 1955년 초반 사이에 각국 정부는 GATT 조약의 운용에 관한 일반적인 조사와 관련하여 제7조의 개정안을 여럿 제출하였다. 대부분의 개정안은 기술적인 것이거나 특정한 평가의 문제를 해결하기 지엽적인 내용을 담고 있었다.

그중에 한 제안은 보다 광범위한 내용을 다루고 있었다. 스칸디나비아 국가들은 GATT가 '가능한 범위에서 가격의 개념과 제품의 가격을 결정하는 절차를 표준화하는 방향으로 작업해야 한다고' 제안하였다. 그 제안에 따르면 그 작업은 GATT의 영구적 행정기구로 새로이 설립될 예정이었던 "무역협력기구(Organization for Trade Co-operation)"의 연구와 권고에 바탕을 둔 것이어야 했다.[19] 그러나 무역협력기구가 결국 영원히 설립되지 못하였기 때문에 통일된 평가체계에 관한 스칸디나비아 국가들의 제안도 같은 운명을 맞았다.[20]

GATT 초기에 GATT가 주도한 마지막 중요한 시도는 1964년부터 1967년 사이에 있었던 케네디 라운드[21]에서 있었다. 케네디 라

격을 결정하는 동일한 기준을 사용하는 국가들 사이에서조차 실무상으로 다양한 차이가 있다"는 점을 확인하였다.

19) 회원국은 가능한 범위에서 가격의 개념과 관세 또는 그 밖의 공과금 또는 가격을 기준으로 하는 제약의 대상이 되는 제품의 가격을 결정하는 절차를 표준화하는 방향으로 작업하여야 한다. 이 목적을 위한 협력을 심화하기 위하여 이 기구는 연구하고 권고할 수 있다. GATT Contracting Parties 9th Session, *Review Working Party II on Tariff, Schedule and Customs Administration, Proposals Affecting Customs Administration*, W.9/46 (1954. 11. 29.).

20) 스칸디나비아 국가들의 제안은 무역협력기구에 관한 조약을 성안하던 연구집단으로 전달되었다. GATT Contracting Parties 9th Session, Review Working Party IV on Organizational and Functional Questions, *Scope of the Agreement: Proposals Referred from Working Party II to Working Party IV*, W.9/98 (1954. 12. 14.). 무역협력기구에 관한 조약 초안은 무역협력기구가 "국제무역 및 통상정책을 연구하고 적절한 경우 그에 관한 권고를 하는 것"을 임무에 포함하고 있다. GATT Contracting Parties 9th Session, *Report of Review Working Party IV on Organizational and Functional Questions*, L/327 Rev. 1 (1955. 4. 4.). 그러나 무역협력기구에 관한 조약은 1955. 3. 10. 체결되었음에도 발효되지 못하였다.

운드에서 최초로 비관세 장벽이 협상 대상에 포함되었다.[22] 다수의 국가들이 비관세장벽 중 하나로 든 것이 "임의의 또는 과대평가한 가격을 적용하는 관세평가"였다.[23] 대부분 국가가 비판하였던 "임의의" 평가관행은 미국이 적용하는 "미국판매가격(American Selling Price: ASP)"이었다.[24] 미국판매가격은 노골적인 보호무역을 위하여 고안된 것으로서 특정한 수입물품(벤젠 유사 화학물품, 고무 신발류, 조개통조림, 양털로 짠 장갑)은 해당 물품의 실제 송장 가격 대신 미국 원산지인 유사한 물품이 미국 시장에서 팔리는 가격으로 평가하도록 하고 있었다. 이 방식을 적용하면 수입관세는 물품 그 자체의 가격을 크게 초과하는 결과가 된다. 이를테면 황갈색 염료의 경우 수입관세가 물품 가격의 172퍼센트에 달했다.[25] 그런 세율이 갖

---

21) 케네디 라운드(Kennedy Round)는 케네디 대통령에 의해 개시되어 1964년부터 1967년까지 제네바에서 개최되었던 GATT의 제6차 다자간 무역협상을 말한다. 총 62개국이 참여하였으며 품목별 협상과 공식에 의한 감축방식(formula approach)을 병행하여 진행하여 선진국의 관세율을 평균적으로 35% 인하하는 성과를 거두었다(譯註).

22) GATT Meeting of Ministers, 1963. 5. 16－21., *Agreements for the Reduction of Elimination of Tariffs or Other Barriers to Trade and Related Matters and Measures for Access to Markets for Agricultural and Other Primary Products: Resolution Adopted 21 May 1963*, MIN 63(9) (1963. 5. 22.).

23) GATT Sub－Committee on Non－Tariff Barriers, *Non－Tariff Measures to be Brought within the Scope of the Negotiations: Note by the Secretariat*, TN.64/NTB/8 (1963. 11. 15.).

24) GATT Sub－Committee on Non－Tariff Barriers, *The Use of Arbitrary or Excessive Values in Levying Customs Duties* (American Selling Price): *Note by the United Kingdom Delegation*, TN.64/NTB/21 (1964. 6. 19.); 다음의 문헌도 참고하라. GATT Sub－Committee on Non－Tariff Barriers, *Valuation for Customs Purposes: Note by the Delegation of the EEC Commission*, TN.64/NTB/26 (1964. 7. 7.); GATT Sub－Committee on Non－Tariff Barriers, *The Arbitrary or Excessive Valuation for Customs Purposes: Note by the Japanese Delegation*, TN.64/NTB/32 (1964. 7. 15.); GATT Sub－Committee on Non－Tariff Barriers, *The Use of Arbitrary or Excessive Values in Levying Customs Duties: Note by the Danish Delegation*, TN.64/NTB/34 (1964. 7. 22.).

25) "Toward Agreement," *Time*, May 19, 1967, at www.time.com/time/magazine/article/

는 규제적 효과를 논외로 하더라도 미국판매가격방법은 "수입국을 원산지로 하는 물품의 가격"을 관세평가에 사용할 수 없다고 규정한 GATT 제7조 제2항에 정면으로 반했다.[26]

미국과 유럽국가들은 케네디 라운드에서 미국이 미국판매가격방법의 사용을 중지하면 유럽국가들은 미국 화학물품의 수입관세를 감축하기로 하는 조건부 합의에 도달하였다.[27] 그러나 이 합의는 결국 발효가 되지 못했다. 도쿄라운드[28]에서 최종적으로 해결되기 전까지, 미국이 미국판매가격을 적용하는 것은 체약당사국의 무역관계에서 계속적으로 중요한 걸림돌로 작용했다.[29]

0,9171,840930,00.html.

26) 미국판매가격이 GATT 제7조에 반한다면 미국이 어떻게 그 방식을 사용할 수 있었던 것일까? 그 이유는 미국판매가격이 GATT보다 먼저 제정되었다는 데 있다. 1947년의 GATT 조문 적용에 관한 의정서에 정해진 조건 — 미국이 이 조건 하에 GATT 조약을 수용하였다 — 에 따르면 미국은 GATT 제2부의 규정(그중에 제7조도 포함된다)을 "기존의 입법과 배치되지 않는 범위 내에서 전면적으로" 적용하게 되어 있다. 따라서 미국판매가격은 미국이 스스로 인정하는 것처럼 GATT 제7조 원칙에 위반되었지만 "기존의 입법" 예외에 해당하기 때문에 허용될 수 있었다. GATT Contracting Parties Twenty-Second Session, *Definitive Application of the GATT: Note by the Executive Secretariat*, L/2375/Add.1 (1965. 3. 19.).

27) GATT, *Agreement Relating Principally to Chemicals Supplementary to the Geneva*(1967) *Protocol*, L/2819 (1967. 7. 17.).

28) 1971년 미국이 금태환을 중지한 후 1973년 9월 도쿄에서 세계무역질서를 수습하기 위해 개최된 GATT 각료회담으로서 관세뿐만 아니라 비관세장벽과 농산물까지 협상의 대상에 포함시켰다(譯註).

29) 이 합의는 미국 의회가 미국판매가격의 적용을 폐지하기 위하여 필요한 내국 입법을 하는데 실패하였기 때문에 발효될 수 없었다. 미국의 고무 신발류 제조업계와 막강한 미국의 화학공업계가 반대하였기 때문이었는데, 특히 화학공업계는 "미국판매가격에 의한 보호를 상실하는 것에 거의 전면적으로 반대하면서 국외에서의 관세가 낮아지는 것이 무슨 의미가 있는지 반문하였다." Memorandum from Secretary of State Rogers to President Nixon (1969. 3. 24.) in US Department of State, Foreign Relations, 1969~1976, *Foreign Assistance, International Development, Trade Policies, 1969~1972*, Vol IV, document 188, http://www.state.gov/r/pa/ho/frus/nixon/index.htm.

(d) 협정의 전신

1967년 11월, 같은 해 초에 케네디 라운드가 성공적으로 합의에 도달한 후, 체약당사국들은 GATT의 최초 20년이 남긴 성과를 점검하고 국제무역을 더 확대하기 위한 작업의 내용을 확정하기 위하여 모였다.

검토의 결과 비(非)관세의, 무역제한적 조치의 사용에 보다 주목을 해야 한다는 인식이 생겼다. 그런 조치는 몇 년간 GATT가 해온 관세인하로 인한 이익을 상쇄시킬 잠재력이 있었기 때문이었다. 체약당사국들은 GATT 사무국에 국제무역에 영향을 미치는 비관세장벽의 "목록"을 작성할 것을 주문하였다. 일단 목록이 완성되고 분석이 되자 GATT의 공산품무역 위원회(Committee on Trade in Industrial Product) 산하의 연구집단이 "그와 같은 장벽을 줄이거나 제거하고 가능한 행위규범을 개발하는 것과 관련하여 … 구체적인 조치의 가능성 … 을 모색하도록" 지명되었다.[30)]

관세평가 관행은 비관세장벽의 목록 중에서도 두드러졌다. 20개국 이상을 상대로 30개 이상의 이의가 제기되었다.[31)] 비관세장벽을 분석한 연구집단에 따르면 평가의 문제는 근본적으로 서로 다른 "특별평가", 즉 송장가격으로부터 거래가격을 평가할 수 없을 때 다음 순위로 적용하는 평가방법 때문에 비롯되는 것이었다.

> 대다수의 국가들은 현재 브뤼셀평가협약(BCV)를 따르고 있는데 브뤼셀평가협약은 C.I.F.가격(즉, 국제운송비가 과세가격에 포함되어

---

30) GATT, *Review of the Work of the Contracting Parties through the Last Two Decades and Conclusions on their Future Work Programme*, L/2943 (1967. 11. 28.); GATT Committee on Trade in Industrial Products, *Report to the Council*, L/3298 (1969. 12. 22.).

31) GATT, Multilateral Trade Negotiation, *Part 2 of the Inventory of Non-Tariff Measures, Customs and Administrative Entry Procedures: Note by the Secretariat*, MTN/3B/2 (1974. 2. 12.).

있다)을 기초로 한다. 그리고 일부 주요 교역국을 포함한 다른 소수 국가들은 내용이 상이하지만 복합적 성격의 F.O.B.가격(이 조건하에서 국제운송비는 과세가격에 포함되지 않는다)을 바탕으로 하고 있다. 두 집단은 대부분의 경우 송장가격을 사용한다. 송장이 작성되지 않는 경우(예를 들어, 매매가 없는 경우) 또는 송장가격을 받아들일 수 없거나 받아들이지 않는 경우 두 집단은 매우 다양한 방법으로 관세목적 평가를 행한다.[32)]

GATT의 목록에 기재되어 있는 중요한 평가의 문제 중 일부는 다음과 같다.

1. 수출국의 국내가격을 평가의 기초로 삼는다.

일부 국가들은 수입물품을 송장가격 또는 수출국 시장의 유사물품 가격 중 높은 가격에 기초하여 평가한다. 이런 방식을 사용하면 무역에 종사하는 자는 사전에 관세 부담을 예측하기 어렵다. 이 경우 물품이 수입국 시장에서 팔리지 않는다면 문제가 생긴다. 그리고 수입자는 세관의 가격조사 과정에서 비밀기업정보를 공개하여야 한다.

그리고 이 방식은 분명하게 개발도상국의 수출자에게 불이익하게 작용한다. 개발도상국의 경우 "구조적 불균형과 공급 부족" 및 "이들 경제가 종종 직면하는 인플레이션 압력" 때문에 국제시장에서보다 가격이 높을 수 있다고 하기 때문이다.[33)]

2. 세관당국이 재량으로 결정하는 임의 가격을 사용한다.

송장가격과 수출국 시장에서의 가격 중 높은 가격을 사용하는 평가체계 하에서 세관이나 그 밖의 정부당국은 수출국 시장의 현가(current price)를 확정할 수 없는 경우 가격을 결정할 수 있다. 이런 가격 결정은 자의적이거나 최소한 불투명하다는 주장이 제기되

---

32) GATT Committee on Trade in Industrial Products, *Report to Council*, L/3496, at 33 (1971. 2. 10.).

33) *Ibid.*

었다.

3. 유사한 국내 원산지 물품의 수입국에서의 가격에 기초하여 가격을 평가한다.

위에서 살펴본 미국판매가격(ASP)은 이 문제의 대표적인 예로 지적되었다.

4. "공식적" 또는 "최저과세기준" 가격의 사용

일부 국가들은 시행령이나 규칙으로 특정한 물품이나 일정한 범주의 물품에 관하여 최저과세기준가격을 결정한다. 예를 들어 다수의 국가들은 중고의류에 관하여 무게에 따른 최저과세기준가격을 설정하였다고 한다. 이런 관행은 선진국보다 개발도상국에서 더욱 빈번한데 이를 정당화하는 근거는 다음과 같이 설명된다.

> 일부 물품에 관하여 "공식지표가격(official indicative values)"을 유지하는 개발도상국은 물품의 "송장가격을 낮추는 행위"나 그와 비슷한 불공정 관행에 대응하기 위하여 필요하다고 주장해 왔다. 그런 경우를 제외하고도 가격의 편차가 큰 생활필수품에 관하여는 "평균수입가격"을 기초로 한 가격평가가 필요할 수 있다고 한다. … "최저과세기준가격"을 설정하는 개발도상국은 무엇보다도 다른 국가의 발전한 산업으로부터의 경쟁에서 초창기 산업을 보호하기 위하여 제한된 물품에 관하여만 최저과세기준가격을 설정한다고 설명한다.[34)]

관세는 "최저과세기준가격" 또는 송장가격 중 큰 금액을 기초로 과세된다. 그러나 수출자의 불만은 최저과세기준가격이 실제 시장가격보다 높게 설정되어 수입이 경제적으로 불가능하게 된다는 데 있다.

5. 덤핑에 대한 대응방법으로 관세평가를 이용한다.

예를 들어, 호주는 다수의 산업용 화학물질에 관하여 "지지가

---

34) GATT, *Non-Tariff Measures Affecting Trade of Developing Countries: Note by the Secretariat*, MTN/3B/23 (1974. 12. 31.), at 24.

격(support values)"이라는 체계를 적용했다. 만일 수입물품의 관세납부후 가격이 지지가격 이하로 떨어지면 두 가격의 차액의 90%에 해당하는 추가관세를 부과하였다. 수출국은 지지가격은 실제로 덤핑절차를 거치지 않는 반덤핑조치라고 주장하였다.

6. 평가방법 및 절차에 관하여 투명성이 결여되어 있다.

7. 세관당국의 결정에 대한 불복제도가 부적절하다.[35)]

이 장벽을 어떻게 해소할 것인가? 일군의 국가들은 평가체계를 당시 대부분의 GATT 체약당사국들이 적용하던 브뤼셀가격정의에 입각하여 조화시킬 것을 제안하였다. 그러나 이 제안에 관하여 브뤼셀가격정의를 채택하지 않은 국가들 — 즉, 미국, 캐나다, 호주, 뉴질랜드 — 은 자신들의 평가체계도 브뤼셀가격정의에 못지 않게 GATT 제7조에 부합한다고 생각하였기 때문에 이 제안에 반대하였다. 이들 국가는 브뤼셀가격정의는 각 세관당국이 관념적 가격 개념을 우선시하여 송장가격을 부인할 수 있는 "광범위한 재량"을 부여하는 점도 충분한 반대의 이유가 된다고 보았다. 나아가, 이들은 "교역당사국 사이에 이미 존재하는 경쟁관계의 광범위한 왜곡"으로 인해 F.O.B.(본선인도조건) 체계가 브뤼셀가격정의의 C.I.F.(운임, 보험료 포함 인도조건) 체계로 전환되어 운송비가 과세가격에 포함되게 되는 상황을 우려하였다. 마지막 문제와 관련하여 국제운송비를 과세가격에 포함시켜 수입물품의 과세표준을 올리게 되면 수입항과 시장중심지 간의 육상운송거리가 길고 외국 판매자들과 멀리 떨어져 있는 북아메리카의 무역업자들이 특히 영향을 받을 것이라고들 하였다.[36)]

따라서 연구집단은 브뤼셀가격정의에 입각하여 평가규칙을 통

---

35) GATT, *Part 2 of the Inventory of Non-Tariff Measures: Customs and Administrative Entry Procedures*, MTN/3B/2 (1974. 2. 12.).

36) L/3496, at 37-40.

일하기보다는 각 정부를 위한 지침으로서 "원칙 초안"과 "주해 초안"을 개발하기로 합의하였다. 그 작업은 기존의 평가체계를 보다 조화된 체계로 이행하도록 함으로써 목록에서 확인되는 구체적인 문제점들을 해결할 수 있을 것이라고 기대하였다.[37] 1971년, 이와 같은 "원칙 초안"과 "주해 초안"이 검토를 위하여 GATT 체약당사국에 배포되었다. 그리고 훗날 도쿄라운드에서 협상의 출발점이 되었다. 여기에 포함된 원칙들 중 다수는 도쿄라운드 협정서 전문에 등장한다(그리고 현행 WTO 관세평가협정에도 등장한다).

공산품 무역 위원회

평가원칙 초안

1. 평가체계는 효과면에서 중립적이어야 하고 관세율이 적용되는 가격을 인위적으로 증가시킴으로써 추가적인 보호수단으로 이용되어서는 안 된다.
2. 평가체계는 덤핑에 대응하기 위한 수단으로 이용되어서는 안 된다.
3. 평가체계는 저평가로 인한 불공정경쟁으로부터 무역을 보호하여야 한다.
4. 평가체계는 일반적으로 적용되어야 하고 원산지에 따라 구분이 없어야 한다.
5. 과세가격은 공평하고 단순한 기준에 기초하여야 하고 상관행과 상충하여서는 안 된다.
6. 평가체계는 최소한의 형식을 유지하여야 하고 평가는 최대한 상업서류에 기초하여야 한다.
7. 평가체계는 물품의 신속한 통관을 방해하여서는 안 된다.
8. 일반 대중이 관세평가에 관한 법적·행정적 규정에 접근할 수 있어야 하고 충분히 명확하고 상세하여 무역을 하는 자가 사전에 합리적인 수준으로 확실하게 관세목적상 물품의 가치를 평가할 수 있어야 한다.
9. 평가체계와 관행은 영업비밀을 보호하기 위한 필요성을 고려하여야 한다.

---

37) GATT Committee on Trade in Industrial Products, *Group 2 On Valuation: Report by Chairman*, COM.IND/W/64 (1971. 11. 5.).

1.2.2 도쿄라운드 협상

1973년부터 1979년 사이에 진행된 도쿄라운드에서 GATT 체약당사국들은 공통의 관세평가체계에 관하여 협상하였다. 브뤼셀가격정의를 기초로 하는 조화방안도 다시 제안되었지만[38) GATT 체약당사국들은 유럽공동체(EC)가 미국, 캐나다, 유럽의 평가체계 중에서 "장점"만을 조합했다고 하는 제안을 기초로 협상을 시작하였다. 제안의 기본 구조는 위계체계에 기반한 평가방법 — "미국 평가체계의 장점" — 을 적용하는 "실제적" 가격 개념이었다.[39)]

그 최종적인 결과는 GATT 관세평가협정(GATT Valuation Code)이었는데 그 내용은 현행 WTO 관세평가협정과 동일하다. 1979년 도쿄라운드에서 협상된 다른 "규칙(code)"과 마찬가지로 GATT 관세평가협정은 이를 수용한 회원국에 한하여 구속력이 있었다. 결국 모든 선진국들은 GATT 관세평가협정에 서명하였지만 개발도상국의 대다수는 서명하지 않았다.[40)]

---

38) GATT Multilateral Trade Negotiations Group "Non-Tariff Measures" Sub-Group "Customs Matters," *Customs Matters: Communication from the Customs Co-operation Council*, MTN/NTM/W/17 (1975. 8. 26.); GATT Multilateral Trade Negotiations Group "Non-Tariff Measures" Sub-Group "Customs Matters," *Customs Matters: Background Note by the Secretariat*, MTN/NTM/W/7 (1975. 4. 29.).

39) GATT Multilateral Trade Negotiations Group "Non-Tariff Measures" Sub-Group "Customs Matters," *Statement Made by the Commission of the European Communities at the Meeting of the Sub-Group of November 15, 1977*, MTN/NTM/W/126 (1977. 11. 21.). 다음 장에서는 특수관계자의 정의나, 거래가격 사용의 제한(2.3 참조) 및 공제 가격(3.2 참조) 등과 같이 미국 평가법이 WTO평가협정에 미친 분명한 영향을 확인하게 된다.

40) 1981. 1. 1.에 도쿄라운드 협정이 발효되는 시점에서 17개의 GATT회원국(유럽공동체를 1개 국가로 계산)이 이에 관하여 서명하거나 수용하였다. 최초 서명국 중 7개국은 개발도상국이었다. GATT Consultative Group of Eighteen, *MTN Agreements: Legal Status as of 2 March 1981*, CG.18/W/46/Supp.1 (1981. 3. 6.). 그러나 시간이 흐름에 따라 추가로 개발도상국들이 GATT 관세평가협정에 서명하였다.

선진국과 개발도상국의 차이는 협상과정에서 극명하게 드러났다. 예를 들어 개발도상국들은 제안된 GATT 관세평가협정상 특수관계자 간의 거래에 관한 취급에 관하여 선진국의 기업들에게 유리한 내용이라는 이유로 "강하게 반대"하였다고 한다. 개발도상국들은 세관당국이 특수관계자간 거래가격이 유사한 물품의 거래가격과 실질적으로 다르다고 판단하는 경우나 정당한 이유가 없는 경우에 세관당국이 더 강한 권한을 갖는 것을 선호했다. 또한 공제가격방법(deductive value method)과 산정가격방법(computed value method)을 사용하는 데에도 어려움이 예상되었고 세관당국이 아닌 수입자가 공제가격방법이나 산정가격방법을 적용할지 여부에 관하여 선택권이 있다는 발상에 "노골적인 반대" 입장을 밝혔다.[41]

1979년 협상이 끝날 무렵까지도 이런 차이점은 해결될 수 없었다. 두 개의 "경쟁하는" 평가규칙안이 GATT 체약당사국들 앞에 제시되었다. 그중 하나는 선진국 대표들이 선호하는 것이었고 개발도상국이 제안한 또 다른 수정안은 "무역, 재정 및 개발수요를 충족시킬 수 있는 특별한 규정"을 포함하고 있었다.[42]

결국 개발도상국과 선진국은 차이점에 관하여 타협을 이루었고 1979년에 제7조의 시행에 관한 협정에 관한 의정서를 채택하였다.[43] 우루과이라운드에서 이 의정서의 내용이 WTO 관세평가협정

---

41) GATT, *The Tokyo Round of Multilateral Trade Negotiations: Report by the Director－General of GATT*, 72－74(1979. 4. 20.).

42) GATT Multilateral Trade Negotiations Group "Non－Tariff Measures" Sub－Group "Customs Matters," *Customs Valuation*, MTN/NTM/W/222/Rev.1 (1979. 3. 27.); GATT Trade Negotiations Committee, *Proceedings of the Session Held at the International Labor Office Geneva, 11 and 12 April 1979*, MTN/P/5 (1979. 7. 9.); GATT Multilateral Trade Negotiations Committee, *Proces－Verbal*, MTN/28 (1979. 4. 11.).

43) GATT Multilateral Trade Negotiations Group "Non－Tariff Measures" Sub－Group "Customs Matters," *Customs Valuation: Agreement on the Implementation of Article VII of the General Agreement on Tariffs and Trade*, MTN/NTM/W/

그 자체로 편입되어 현재는 부속서(Annex) III으로 실려 있다.

개발도상국이 제안한 "특별 규정" 중 일부는 의정서에 어떤 형태로든 실렸다. 의정서는 개발도상국들이 규칙의 적용을 5년 넘어서까지 지연할 수 있도록 허용하였다(새로운 평가규칙으로의 이전을 쉽게 할 수 있도록 하기 위한 것이다). 의정서는 개발도상국의 세관당국이 공제가격방법 및 산정가격방법을 유연하게 적용할 수 있도록 하였다. 의정서는 개발도상국이 "제한적이고 경과적으로" 최저과세기준가격체계(minimum value system)를 계속 적용하는 것을 허용한다.

그 밖의 "특별 규정"으로서 의정서에 포함되지 않은 것들은 낮은 가격으로 송장가격을 정한 것으로 의심되는 경우 개발도상국들이 신고된 거래가격을 거부할 수 있는, 보다 광범위한 재량권을 행사할 수 있도록 하는 것들이었다. 이 중에는 예를 들어 특수관계자 간 거래가격의 유효성에 관한 입증책임을 수입자에게 지우는 것도 있고 동일한 조건 하에서 다른 구매자에게 "자유롭게 허용되지 않는" 것으로 확인된 가격할인을 부인할 수 있는 것도 있다. 독점대리인과 유통업자를 특수관계자로 간주하는 규정과 유사한 물품에 관한 이전의 거래가격과 일치하지 않은 경우 세관당국이 특수관계자가 아닌 자들 간의 거래 신고가격을 부인할 수 있도록 하는 규정도 있었다.

뒤에서 보겠지만 개발도상국은 세관당국이 과소송장가격에 제대로 대처할 능력이 부족할 것으로 우려하였는데 그 우려는 우루과이라운드 협상과정에서 다시 돌출한다.

1.2.3 우루과이라운드 협상

관세평가와 관련하여 우루과이라운드 협상의 목표는 도쿄라운

229/Rev.1/Add.1(1979. 10. 22.).

드 규정을 "적절하게 개선하고 명확하게 하거나 확대하여" GATT 체약당사국들 사이에서 보다 널리 수용되게 하는 것이었다.[44] 우루과이라운드가 정식으로 시작될 당시에 GATT관세평가협정에 서명한 GATT 체약당사국들은 전체의 1/3 미만이었다.[45]

평가협정에 참여한 당사국의 숫자가 적은 것, 특히 개발도상국의 숫자가 적은 것은 GATT 체약당사국들에게는 우려가 되는 점이었고 우루과이라운드가 열리기 이전까지 GATT 활동은 여기에 중점을 두었다.[46] GATT 체약당사국들은 1980년대초 개발도상국들이

GATT 평가 협정 서명 35개국(1994)

남아프리카	브라질	짐바브웨
노르웨이	스웨덴	체코 공화국
뉴질랜드	스위스	캐나다
대한민국	슬로바키아 공화국	콜롬비아
레소토	슬로베니아	터지
루마니아	시프러스	페루
말라위	아르헨트나	폴란드
멕시코	오스트리아	핀란드
모로코	유고슬라비아	헝가리
미국	유럽 공동체(EC)	호주
보츠와나	인도	홍콩
볼리비아	일본	

44) GATT Multilateral Trade Negotiations, The Uruguay Round, *Ministerial Declaration on the Uruguay Round*, MIN.DEC (1986. 9. 20.).

45) GATT, Report(1986) of the Committee on Customs Valuation, L/6094(1986. 11. 20.)(평가협정의 당사국은 26개국이라고 보고); GATT, *GATT Membership as at 1 June 1986*, GATT/1386(GATT 체약당사국의 수는 91개국).

46) 1982년 각료선언은 GATT 업무와 1980년대의 우선과제를 정의하였는데 "적절성과 효율성과 이해당사자에 의한 수용에 방해되는 장애물"에 초점을 맞추어 도쿄라운드 규칙의 운용을 검토할 것을 지시하고 있다. GATT Contracting Parties Thirty-Eighth Session, *Ministerial Declaration Adopted on 29*

평가규칙을 채택할 경우 예상되는 "장애물"에 관하여 GATT 관세평가위원회와 기술위원회에서 자문을 받았고 특별회의를 개최하였으며 조사를 수행했다.[47)]

대체로 말해서 다음의 세 가지 요소가 평가 규칙에 서명하지 않은 국가들의 의사결정에 영향을 주었다고 한다.

1. 지역집단의 테두리 내에서 집단적으로 의사를 결정하거나 조화로운 방법으로 의사를 결정하여야 할 필요성
2. 협정에 서명하면 세관이 허위의 송장가격에 적절하게 대처할 수 없게 되고 정부의 세수를 유지할 수 없게 될 수 있다는 우려
3. 서명국이 충족하여야 하는 법적·행정적 요건(법령과 절차를 변경하고 담당자를 교육시키는 등)[48)]

두 번째 점(허위의 송장가격 및 정부 세수)이 우루과이라운드에서 관세평가 협상그룹의 주된 쟁점이 되었다.

평가에 관한 협상은 선진국이 강력한 주도권을 행사하였다. 처음부터 협상그룹 내의 일부 회원국들은 새로운 관세평가협정이나 기존 도쿄라운드 규정의 전면적 개정은 협상의 대상이 아니라는 점

November 1982, L/5424(1982. 11. 29.). 2년 후에 GATT 체약당사국들은 도쿄라운드 규칙을 운영하는 각 GATT 위원회를 "초청하여" 비서명국도 참석할 수 있는 특별회의에서 그 문제들을 검토하였고 그 결과를 전반적인 조사를 담당하는 연구집단에 보고하였다. GATT, *MTN Agreements and Arrangements: Fortieth Session of the Contracting Parties, Action taken on 30 November 1984*, L/5756 (1984. 12. 20.).

47) Group of Negotiations on Goods (GATT), Negotiating Group on MTN Agreements and Arrangements, *MTN Agreements and Arrangements: Special and Differential Treatment for Developing Countries, Note by the Secretariat*, MTN.GNG/NG8/W/2 (1986. 5. 4.).

48) GATT Working Group on MTN Agreements, *Adequacy and Effectiveness of the MTN Agreements and Arrangements and Obstacles to their Acceptance: Consolidation of the Observations Made and Conclusions Reached in the Committees and Councils*, MDF/12 (1985. 6. 11.).

을 명백하게 했다.[49] 반대로 참여국들에게 기존 협정의 문제점을 구체적으로 제시하고(GATT 관세평가위원회에서 여러 해 작업한 성과를 고려하여) 기존 문언의 개정 방안을 제안하여 주도록 요청하였다.[50]

결국 평가협상의 주된 주제는 대체로 두 제안으로 압축되었다. 첫째, 수입자의 사기가 의심되는 경우 입증책임을 어떻게 할 것인지의 문제로서 인도가 상정한 것이었다.[51] 둘째, 케냐가 동남아프리카무역특혜지역(Preferential Trade Area for Eastern and Southern African States: PTA) 가맹국을 대표하여 상정한 안건으로서 개발도상국들이 브뤼셀가격정의에 따른 일부 평가관행을 계속하여 사용할 수 있도록 해 달라는 것이었다.[52]

(a) 입증책임(Burden of proof)

인도는 GATT 관세평가협정이 평가 사기에 제대로 대처할 수 있을 것인지에 관한 우려 때문에 제안을 하게 된 것이었다. 그런 우려는 개발도상국들이 이미 초기 GATT 관세평가위원회 회의시에 제기한 바 있었다.[53] 브라질과 다수의 개발도상국들이 그 제안을

49) Group of Negotiations on Goods (GATT), Negotiating Group on MTN Agreements and Arrangements, *Meeting of 6 March 1987: Note by the Secretariat*, MTN.GNG/NG8/1 (1987. 3. 23.).

50) Group of Negotiations on Goods (GATT), *Fifth Meeting of the Group of Negotiations on Goods: Record of Decisions Taken*, MTN.GNG/5 (1987. 2. 9.) (협상계획은 부록에 실려 있다).

51) Group of Negotiations on Goods (GATT), Negotiating Group on MTN Agreements and Arrangements, *Communication from India*, MTN.GNGING8/W/9 (1987. 9. 30.); Group of Negotiations on Goods (GATT), Negotiating Group on MTN Agreements and Arrangements, *Customs Valuation Agreement: Justification for India's Proposal on Burden of Proof*, MTN.GNG/NG8/W/54 (1989. 10. 9.).

52) Group of Negotiations on Goods (GATT), Negotiating Group on MTN Agreements and Arrangements, *Proposal Submitted by Kenya on behalf of the Member States of the Preferential Trade Area for Eastern and Southern African States* (PTA), MTN.GNG/NG8/W/73 (1990. 3. 19.).

53) GATT Committee on Customs Valuation, *Report by the Technical Committee*

지지했다. 브라질의 경우 엄격한 외환규제를 회피하려는 수입자들이 송장가격을 사기적으로 부풀리는 문제로 어려움이 있었다.[54)]

거래가격에 관한 초기의 우려

"관련된 가격은 허위일 수 있다. 관세목적상의 '이중의 가격 매기기(double-invoicing)'로 알려진 것이 대표적인 예이다. [거래가격방법]에 따라서 실제 가격으로 신고가 된다면 세관당국이 그 허위성을 실제 매매가격으로 입증하지 못한다면 부인할 수 없다. 어떤 세관당국도 그런 입증책임을 받아들 수는 없을 것이다."

Customs Co-operation Council, Different Systems of Valuation and their Comparative Advantages and Disadvantages 18 (1963).

전반적으로 GATT 관세평가협정이 세관당국에게 신고된 가격을 부인하려면 세관당국이 허위라는 사실을 입증하는데 지나치게 무거운 입증책임을 지우고 있다는 점을 우려하고 있었다(특히 수입자와 판매자가 공모하여 사기행위를 은폐하려는 경우). 이 문제는 특히 개발도상국에게 심각하였다. 개발도상국은 비교가격정보에 접근할 수 없었고, 허위 신고를 발견할 수 있는 자동화된 과정 및 데이터베이스 또는 기술적 전문가가 부족했기 때문이었다. 따라서 인도는 의심이 되는 신고가격을 부인할 때 보다 넓은 재량을 부여받아야 한다고 제안하였다.

인도의 제안과 우루과이라운드에서의 후속 협상은 4.3에서 상

---

on Customs Valuation Concerning the Effects of False Invoicing on Customs Valuation, VAL/W/32 (1985. 11. 7.).

54) Group of Negotiations on Goods (GATT), Negotiating Group on MTN Agreements and Arrangements, *Agreement on Implementation of Article VII: Submission by Brazil*, MTN.GNG/NG8/W/57 (1989. 11. 22.); Group of Negotiations on Goods (GATT), Negotiating Group on MTN Agreements and Arrangements, *Minutes of Meeting 16–18 October 1989*, MTN.GNG/NG8/13 (1989. 11. 15.).

세하게 다루어지는데 그 내용은 협정에 따른 검증에 관한 것이다. 요약하자면, 인도의 제안은 협정의 내용에 아무런 변화를 주지 못하였지만 그 결과로 입증책임을 분명하게 하는 중요한 WTO 각료결정(Ministrial Decision)이 나왔다. 이것이 「**세관당국이 신고가격의 정확성이나 진실성을 의심할 만한 사유가 있는 경우에 관한 결정(Decision Regarding Cases Where Customs Administrations Have Reasons to Doubt the Truth or Accuracy of the Declared Value)**」이다.

(b) 독점대리인과 최저과세기준가격

동남아프리카무역특혜지역(PTA) 가맹국의 주된 우려는 협정을 적용할 경우 세수에 미치는 영향이었다. 세수의 절반 이상이 관세수입이기 때문이었다고 한다. 브뤼셀가격정의 — 당시 가맹국 모두가 형식을 불문하고 이 개념을 적용하고 있었다 — 는 세수를 지키는데 유리하다고 보았다. 브뤼셀가격정의에 따르면 세관은 수입자가 신고한 거래가격이 경쟁시장 가격에 부합하지 않는다고 판단할 경우 그 가격을 정하거나 "올리는데" 보다 넓은 재량권을 부여받았기 때문이었다.

동남아프리카무역특혜지역(PTA) 가맹국들은 개발도상국들이 브뤼셀가격정의를 적용할 때와 마찬가지로 외국 판매자들이 "독점대리인, 독점유통업자 및 독점영업권자" 또는 특별한 무역관계에 있는 다른 당사자에게 허용하는 가격할인을 과세가격에 포함시킬 수 있어야 한다고 제안하였다.

동남아프리카무역특혜지역 가맹국들은 개발도상국들이 특정한 물품에 관한 공식적인 최저가격목록과 같이 "최저과세가격기준(minimum values)"을 계속하여 적용할 수 있도록 해 줄 것을 제안했다. GATT 관세평가협정 의정서는 개발도상국이 그런 관행을 계속할 수 있도록 허용하고 있지만 제한적이고 경과적인 조건 하에서만, 그리고 다른 서명국과의 특별 협상에 따른 조건에 따라서 가능하도록 규정하고 있었다. 이와 같은 개발도상국에 대한 양해의 유효성을 담보하기 위하여 동남아프리카무역특혜지역(PTA) 가맹국들은 최저과세기준가격에 관한 유보는 "범위가 제한되어도 안 되고 제한적 조건의 부과 대상이 되어서도 안 된다"고 제안하였다.

동남아프리카무역특혜지역(PTA) 가맹국의 제안에 대한 우루과이라운드의 대응은 관세평가에 관한 두 번째 WTO 각료 결정인 **「독점대리인, 독점유통업자 및 독점영업권자에 의한 최저과세기준가격과 수입에 관한 결정문(Decision on Texts Relating to Minimum Values and Imports by Sole Agents, Sole Distributors and Sole Concessionaires)」**이었다. 본질적으로, 이 결정은 WTO 관세평가위원회로 하여금 개발도상국이 제한된 기간 동안 공식적으로 확정된 최저과세기준가격을 유지하고자 할 경우 그 요청을 "호의적으로 고려"하고, "관련된 개발도상국의 발전정도, 재정 및 무역상의 필요"를 고려하도록 요구하고 있다.

WTO 각료 결정은 독점대리인 또는 독점유통업자에 대한 할인을 어떻게 취급할지의 문제에 관하여는 협정문을 변경하지 않았다.[55] 오히려 그 결정은 WTO 관세평가위원회가 관세협력이사회(현재의 세계관세기구)에게 "독점대리인, 독점유통업자 및 독점영업권자에 의한 수입을 포함하여 잠재적인 우려대상인 것으로 보이는 분야에 대한 개발도상국 회원국들의 연구 수행을 지원"하도록 권고하였다.

---

55) "독점영업권자와 할인에 관하여 세수상의 우려와 [브뤼셀가격정의]에 익숙한 국가들에게는 새로운 규칙이 익숙하지 않은 방법일 수 있다는 점을 이해하면서도, [한 대표]는 두 가지 본질적으로 다른 체계의 요소들을 하나로 결합하는 것은 불가능하다고 강력하게 믿었다." Group of Negotiations on Goods (GATT), Negotiating Group on MTN Agreements and Arrangements, *Meeting of 1 June 1990*, MTN.GNG/NG8/18 (1990. 6. 14.).

독점대리인의 문제는 관세평가협정 하에서의 "특수관계자" 취급과 관련하여 2.3.4에서 다룬다.

(c) 일괄수락

이 두 결정에 대한 반대급부로 선진국들은 무엇을 받았는가? 보상이 있다고 한다면 다음과 같은 것에 불과하였다. 협상그룹은 두 결정이 합의된 것은 "관세평가협정에의 가입을 고려하는 것이 촉진될 것이고 따라서 규정에 참여하는 국가들이 증가할 것이라는 기대에서 비롯된 것"이라는 점을 명시적으로 승인하여 줄 것만을 주장하였다.[56]

실제로 관세평가협상그룹이 추구한 관세평가협정에의 "참여 증가"는 우루과이라운드가 전반적으로 타결됨에 따라서 궁극적으로 달성이 되었다. 이것이 GATT 체약당사국들이 우루과이라운드를 시작할 때 상품에 관한 협상의 기초로 합의하였던 "일괄수락" 원칙이 갖는 의미였다.[57] 도쿄라운드는 GATT 체약당사자가 서명을 원하는 다자간협정을 선택할 수 있었지만 우루과이라운드의 "일괄수락" 원칙은 WTO 회원국들이 모든 다자간협정을 포함한 전체로서의 협상을 수락하거나 거절할 수만 있었다.[58]

우루과이라운드의 관세평가협정 — **세계무역기구 설립을 위한 마라케시 협정**의 부록으로 공표되었다 — 은 공식적으로는 1994년 4월 15일에, 협상에 참여한 123개국 정부에 의해 조인되었다. 협정

56) Group of Negotiations on Goods (GATT), Negotiating Group on MTN Agreements and Arrangements, *Meeting of 29–30 October 1990*, MTN.GNG/NG8/22 (1990. 11. 1.).

57) "협상 결과의 개시, 수행, 이행은 일괄수락의 일부로 본다.", GATT, *Ministerial Declaration on the Uruguay Round*, Min.Dec. (1986. 9. 20.).

58) "[관세평가 및 다른 다자간 협정]은 모든 회원국들을 구속하는 이 협정의 불가분적 일부이다." Marrakesh Agreement Establishing the World Trade Organization, Article II:2.

은 1995년 1월 1일부터 발효되어 각 WTO 회원국을 구속하였다(물론 협정의 조건에 따라 행한 유보에 따른다. 이하 4.4를 보라).

(d) 분쟁해결

GATT 관세평가협정은 우루과이라운드에서 본질적인 측면은 변하지 않았지만 그 중요한 예외가 분쟁해결에 관한 규정이다.

GATT 관세평가협정은 관세평가 문제에 관한 서명국 간에 발생한 분쟁의 해결을 위한 자족적이고 정교한 장치를 두고 있다. 그 규정에 따르면 GATT 관세평가위원회는 조사하고 분쟁을 심판할 패널을 선정하고 기술적 쟁점이 문제된 경우 기술위원회로부터 조언을 얻으며 패널의 권고를 집행할 권한을 가진다. 현재까지 어떤 서명국도 GATT 관세평가위원회로 분쟁을 가져온 적이 없었기 때문에 이 절차의 실효성은 검증되지 않았다.[59)]

GATT 관세평가협정에 따른 분쟁해결절차는 대부분 WTO 회원국들이 합의한 우루과이라운드의 「**분쟁해결에 관한 규칙 및 절차의 양해**(Understanding on Rules and Procedures Governing Settlement of Disputes)」로 대체되었는데 이 양해가 관세평가를 포함한 모든 WTO 협정에 적용되어야 한다. 관세평가 분쟁절차에 특유한 규정 중 일부가 WTO 관세평가협정 중에 남아 있다. 이 규정은 분쟁해결절차 내에서 기술위원회의 역할과 WTO 패널이 기술위원회를 이용하는 것에 관한 것이다.

WTO 분쟁해결절차는 5.3에서 추가로 다룬다.

---

59) 이것은 1981부터 도쿄라운드 협정이 폐지된 1996년까지 기록된 GATT 사무국의 협정의 수용 및 운용에 관한 연례심사보고서에 따른 것이다.

1.3 협정 개관

1.3.1 WTO 기준 — 거래가격

WTO 관세평가협정은 "규범적(normative)" 경제원칙과 반대되는 "실제적(positive)" 경제원칙에 입각해 있다. 즉, 물품의 과세가격은 당위적 가격이 아니라 실제 가격으로 평가한다. 따라서 협정에 따른 평가의 가장 중요한 기초는 구매자가 수입물품에 관하여 "실제로 지급하였거나 지급하여야 할" "거래가격"이다. 만일 판매가 자유로운 협상에 의해 이루어졌다면(그리고 협정은 그렇지 않은 매매의 경우에 관한 평가규칙도 두고 있다) 구매자가 판매자에게 지급하는 가격이 해당 제품의 실제 시장가치를 가장 잘 반영하며 관세목적으로도 사용되어야 한다. 달리 말하면, 각자의 이익을 극대화하기 위하여 자기이익을 위해 행위하는 구매자와 판매자가 수입물품의 과세가격을 결정할 것이다.

경제원칙을 별론으로 하고, 구매자와 판매자의 협상에 따른 가격에 기초한 관세평가는 거래당사자 및 세관당국 모두에게 다음과 같은 실질적인 이점이 있다.

- 적용할 때 투명하고 예측가능하며 재량의 범위가 넓지 않다.
- 실제 상거래관행과 긴밀하게 조화된다.
- 일상적인 상거래기록으로서 수입국에서 대체로 입수가능한 것을 기초로 운영되고 수입자나 수출자가 관세 목적만을 위해 별도의 기록을 작성하고 보관할 필요가 없다.

1.3.2 협정의 구조

WTO 관세평가협정은 24개의 조문과 3개의 부속서로 구성되어 있다.

관세평가에 관한 기술적 규칙은 관세평가협정의 제1조부터 제8조까지에 규정되어 있다. 협정의 나머지 부분은 주로 WTO 회원국들 간의 평가에 관한 분쟁의 해결 및 WTO 관세평가위원회 및 기술위원회에 의한 협정의 관리 및 국내 입법화와 실무(불복을 할 수 있는 권리와 공표 요건, 통지를 받을 수입자의 권리 및 평가의 대상이 되는 물품의 반출)에 관한 규정이다.

협정 개관

제1조부터~제8조까지 — 평가방법
제9조 — 통화환산에 관한 규칙
제10조 — 평가 정보에 관한 비밀준수
제11조 — 세관당국의 결정에 관한 수입자의 불복권
제12조 — 공표 요건
제13조 — 세관당국의 최종결정의 지연시 수입물품의 반출에 관한 수입자의 권리
제14조 — 주해(부속서 I) 및 그 밖의 부속서의 법적 효력
제15조 — 정의
제16조 — 세관당국으로부터 설명을 받을 권리
제17조 — 가격에 관하여 수입자에게 질문할 수 있는 세관당국의 권리
제18조 — WCO 및 WTO 위원회 설립
제19조 — 분쟁해결
제20조 — 개발도상국에 대한 특별 및 차등 대우
제21조 — 회원국의 동의 없는 유보 금지
제22조 — 협정을 수용하기 위한 국내 입법
제23조 — WTO 위원회의 연례 검토
제24조 — WTO 사무국의 지명
부속서 I — 주해
부속서 II — 관세평가기술위원회 책임 및 절차
부속서 III — 개발도상국에게 허용된 유보와 양해

협정의 **부속서 I**은 중요한 **주해**(Interpretative Notes)를 담고 있

다. 주해는 **일반서설**(General Introductory Commentary)과 함께 협정의 주요 문구(예를 들면, "실제로 지급하였거나 지급하여야 할", "동종·동질 물품", "유사한 물품", "특수관계자" 등)의 의미를 자세하게 설명하고 평가방법이 특정한 사안에 어떻게 적용되어야 하는지에 관한 보기를 제시하며 협정의 전반적인 목적에 관하여 일반적인 설명을 제공한다.

주석과 주해는 도쿄라운드 과정에서 협정 그 자체와 함께 협상의 대상이 되었으므로[60] 기초자의 의도에 관한 동시대적인 관점을 보여주는 것이라고 할 수 있다. 협정 **제14조**에 따라 주해는 협정의 "불가분적" 일부로 간주되고 협정의 조문들은 이 주해와 연결지어 읽고 해석하여야 한다.

협정의 **부속서 II**는 기술위원회의 역할, 책임, 업무절차 및 협정의 관리에 관하여 규정하고 있다. **부속서 III**은 개발도상국 회원국들이 협정의 특정 조문의 적용에 관하여 지연 또는 유보를 할 수 있는 권리를 규정하고 있다. 위에서 본 바와 같이 부속서 III은 도쿄라운드에서 협상된 제7조의 이행에 관한 협정의 의정서를 다시 기술하고 있다.

1.3.3 거래가격 우선

협정의 **일반서설**은 "과세가격의 가장 중요한 기초는 제1조에 정의된 '거래가격(transaction value)'이다"라고 기술하고 있다. 협정의 **전문**(Preamble)은 나아가 회원국들은 "관세목적을 위한 물품평가의 기초는 가능한 한 평가대상 물품의 거래가격이 되어야 한다"는 점을 인정하여야 한다고 규정하고 있다.

---

60) GATT Multilateral Trade Negotiations Group "Non-Tariff Measures" Sub-Group "Customs Matters," Customs Valuation: Revision, MTN/NTM/W/175/Rev.1 (1978. 11. 6.)(협정 초안은 대표단 사이에서 회람되었다).

실제로 다수의 국가에서 세관은 수입의 90%를 초과하여 거래가격방법을 적용한다.[61)]

1.3.4 대체평가방법

협정은 거래가격방법 이외에도 다섯 가지 대체평가방법을 규정하였다.

- 동종·동질물품의 거래가격(제2조)
- 유사물품의 거래가격(제3조)
- 공제가격(제5조)
- 산정가격(제6조)
- 합리적인 방법(제7조)

거래가격이 "가장 우선"하기 때문에 이런 방법들은 제1조에 의하여 과세가격을 결정할 수 없을 경우에만 적용된다.

과거의 평가체계와 다르게 WTO 관세평가협정에서 정하고 있는 6가지 평가방법은 경합적으로 적용되는 것이 아니라 엄격하게 순서대로 적용된다. 즉, 세관당국은 우선 거래가격방법을 적용하여 수입물품을 평가하도록 해야 한다. 만일 거래가격이 제1조에서 규정하는 이유로 인해 결정될 수 없는 경우 — 그리고 그 경우에만 — 제2조에 따른 평가 — 동종·동질 물품의 거래가격 — 를 시도하여야 한다. 그리고 그 방법도 불가능할 경우에는 제3조의 방법에 따른 평가를 시도하여야 한다. 이런 방식으로 제7조까지를 적용한다.

---

61) GATT Committee on Customs Valuation, *First Annual Review of the Implementation and Operation of the Agreement: Background Document by the Secretariat*, VAL/W/4/Rev.l (1981. 11. 17.)(유럽경제공동체 국가를 포함한 7개 GATT 회원국에 의한 다양한 평가방법의 적용); GATT Committee on Customs Valuation, *Use of Valuation Methods by Parties: Addendum* (Norway), VAL/W/5/Add.8 (1982. 3. 25.); GATT Committee on Customs Valuation, *Minutes of the Meeting Held on 10-11 November 1983*, VAL/M/8, (1984. 1. 18.)(문단 49).

이 순서에는 한 가지 예외가 있다. 관세평가협정 제4조에 따라 수입자는 세관당국이 제6조(산정가격)를 제5조(공제가격)보다 우선하여 적용하여 주도록 요청할 수 있다. 이하 3.2 참조.

1.3.5 협정의 한계

GATT 제7조에 표현되어 있는 일반원칙은 수입 및 수출에 관한 것이지만, GATT 제7조의 시행을 목적으로 하는 WTO 관세평가협정에 규정된 평가방법은 수입물품만을 대상으로 한다.

> **GATT 제7조** 체약당사국은 본조의 다음 각 항에 규정되어 있는 평가의 일반원칙이 유효함을 승인하고 가격에 기초하거나 어떤 방식으로든 가격에 의하여 규율되는 **수입과 수출**에 관한 관세 또는 그 밖의 부담금 또는 제한의 대상이 되는 모든 물품에 관하여 그 원칙을 실시하기로 약속한다.
>
> **WTO 관세평가협정 제1조** **수입**물품의 과세가격은 거래가격으로 하여야 한다.

그런데 WTO 관세평가협정의 내용과 GATT 제7조의 내용에 충돌이 있으면 어떻게 처리할 것인가? WTO 설립을 위한 1994년 협정의 주해는 WTO 관세평가협정이 "충돌이 있는 경우에는 우선한다"라고 정하고 있다.[62] 그러나, 이 문제는 아직 WTO 패널이나 불복기관의 결정에서 다루어진 바 없다.

마지막으로, 협정의 전문(前文)에 적혀 있는 바와 같이 세관당국은 WTO 관세평가협정을 "덤핑에 대응하기 위하여" 이용할 수는 없다. 어떤 회사가 본국 시장에서 보다 낮은 가격을 매겨서 물품을 수출하는 것을 "덤핑"이라고 하며 수입국에서의 경쟁 산업에 피해

---

62) General Interpretative Note to Annex 1A, Marrakesh Agreement Establishing the World Trade Organization.

를 끼친다.

별도의 WTO 협정—GATT 제6조의 이행을 위한 협정(반덤핑 협정이라고 부르기도 한다)—은 덤핑 수입물품에 대하여 조치를 취하고자 하는 WTO 회원국들의 권리와 의무를 정하고 있다. 회원국은 덤핑에 대응하기 위하여 WTO 반덤핑 협정에 규정된 상세한 절차를 따르지 않고(이를테면 신고된 가격을 부인하는 등의 방법으로) WTO 관세평가협정을 악용해서는 안 된다. 이상하게 볼 수도 있지만, 관세평가의 목적상으로는 덤핑 수입물품의 가격이 거래가격에 부합하는 경우도 있을 수 있다.

제 2 장

거래가격방법

(TRANSACTION VALUE METHOD)

2.1 정 의

WTO 관세평가협정 제1조는 거래가격을 “수입국으로 수출하기 위하여 판매된 때에 실제로 지급하였거나 지급하여야 가격”으로 정의한다([그림 4]를 보라). 이하에서는 이처럼 중요한 거래가격의 개념 요소를 상세하게 살펴볼 것이다.

[그림 4] 거래가격의 정의: 요소

2.1.1 실제로 지급하였거나 지급하여야 할 가격

거래가격은 물품을 구입하기 위하여 구매자가 판매자에게 지급하기로 합의한 금액이다.[1] 즉, 구매자와 판매자가 직접 수입물품

1) 판례는 수입자가 해외 수출자의 국내 판매대리인에 불과하여 실질적으로는 국내 구매자가 해외 수출자로부터 직접 수입한 것과 동일하게 볼 수 있는 특별한 사정이 있는 때에는 그 실질에 따라 국내 구매자가 수입자에게 지급한 가격이 과세가격 결정의 기준이 될 수 있다는 입장이다. 이때 수입자가 국내

의 과세가격을 결정한다. 이 정의에 따르면 세관은 다음의 이유로는 수입자가 신고한 가격을 부인할 수 없다.

- 수입자의 신고가격이 주류적인 시장가격보다 낮다.
- 수입자의 신고된 가격이 동종·동질 물품에 관한 다른 거래에서의 가격보다 낮다.
- 신고된 가격이 할인된 거래가격이다.

완전하게 동종의 물품이라도 구매자와 판매자가 다르면 과세가격은 달라질 수 있다. 동일한 구매자와 판매자 간이라도 거래 시점이 다르면 과세가격이 달라질 수 있다.

일반적인 할인의 종류

- **현금 할인**(Cash discount): 구매자가 물품을 신용이 아니라 현금으로 구입한 경우 판매자는 낮은 가격에 판매할 수 있다.
- **수량 할인**(Volume discount): 구매자가 물품을 대량으로 구입하면 판매자는 할인한 가격에 판매할 수 있다.
- **거래 할인**(Trade discount): 구매자가 정기적이거나 거래규모가 큰 고객이어서 판매자가 그 거래관계를 장려하고자 하는 경우의 할인이다.
- **매입 할인**(Purchase discount): 구매자가 지급기일보다 일찍 대금을 지급하는 경우 판매자가 가격의 1퍼센트를 할인하여 주는 경우이다.
- 거래가격은 구매자가 수입물품에 (더도 말고 덜도 말고) "실제로 지급한" 금액이므로 할인된 금액이 과세가격으로 적용된다.

구매자에 대한 독립적인 판매자의 지위에 있는지 아니면 수출자의 판매대리인으로서 단순 보조자에 불과한지는 물품 수입계약 및 국내 구매자에 대한 판매계약의 각 계약당사자, 수입가격 및 국내 판매가격의 결정 방식, 국내 구매자에 대한 물품공급 과정, 수입물품에 관한 위험부담의 법적 귀속주체, 관세회피 목적의 유무 등을 종합적으로 고려하여 거래관념과 사회통념에 따라 합리적으로 판단하여야 한다고 한다. 대법원 2017. 4. 7. 선고 2015두49320 판결(譯註).

할인에 관한 취급은 WTO 관세평가협정과 브뤼셀가격정의와 같은 "관념적" 가격 개념 간의 근본적인 차이점을 보여준다. 새로이 협정을 적용하게 된 국가(특히 종래 브뤼셀가격정의를 적용하던 국가들)는 "수용될 수 있는 할인" 또는 허용될 수 있는 할인의 최대치가 있을 것으로 기대하거나 판매자가 하나 또는 제한된 수의 구매자를 상대로 하는 할인은 효력이 없다고 생각하였다.[2] 그런 발상은 WTO 관세평가협정 하에서는 적절하지 않다. 관세평가협정에 따르면 할인 금액의 크기나 다른 구매자도 받을 수 있는 할인인지 여부 등은 그 자체로 거래가격을 부인할 수 있는 근거가 될 수 없다.[3] 할인된 금액은 지급되었거나 지급되어야 할 가격으로서 관세평가 목적상 사용될 수 있다(이 원칙을 실례로 보여준 것으로 아래의 '사례연구: 인도 세관 베어링 사건'을 보라).

할인에 관한 위의 기술에는 중요한 유보가 붙어 있다. 2.3.4에서 보는 바와 같이 세관은 거래가격이 구매자와 판매자 간의 특수관계에 의해 영향을 받은 것으로 확인될 경우 해당 거래가격을 부인할 수 있다. 특수관계의 맥락에서 판매자가 (판매자가 특수관계 없는 구매자에게 해 준 할인과 비교하여) "비정상적인(abnormal)" 할인을 해 주었다면 세관은 당사자 간의 관계가 가격에 영향을 주었는지 여부에 관하여 의문을 제기할 수 있다.

---

2) 브뤼셀가격정의는 경쟁시장에서 일반적으로 어떤 구매자에게나 허용되지 않은 할인이 송장가격에 포함되어 있다면 세관이 송장가격을 조정하도록 하였다. BDV, December 15, 1970, 171 U.N.T.S. 307, Annex II, Addendum to Article I, Note 5 ("독점대리인 또는 독점영업권자를 위하여 행해진 할인 또는 일반적인 경쟁시장 가격에 대한 비정상적인 할인 또는 감액과 관련하여 조정이 … 특별하게 필요할 수 있다.")

3) 대법원 1992. 11. 24. 선고 92도2006 판결은 수입품 중 일부가 불량품이더라도 수입자가 이미 대금을 정상품 가격대로 실제로 모두 지급한 이상 과세가격은 그 실제 지급한 금액이고 불량품 금액만큼 감액한 금액이라고 볼 수 없다고 한다(譯註).

사례연구

인도 세관 베어링 사건(*India customs bearings case*)

• 사실관계

수입자는 인도에서 트랙터와 트랙터 엔진을 수입하는 회사이다. 수입자는 30년 이상 특정한 규격의 베어링을 일본의 판매자로부터 수입하여 왔다. 1989년, 인도의 수입자가 같은 베어링을 더 낮은 가격에 인도의 공급자로부터 구입할 수 있다는 사실을 알게 되자 그 관계는 "삐걱거리게" 되었다. 관계가 중단되었을때 일본의 회사는 대량의 재고자산이 남아 있는 상태였다. 그 재고자산은 인도 회사만을 위해 제작된 것이었다. 이에 1993년 2월 일본 회사는 3,579개의 재고를 기존의 공급가격보다 크게 할인한 개당 826엔에 판매하겠다고 제안하였다. 수입자는 1993년 4월에 그 제안에 동의하여 주문을 발주하였다. 1993년 12월에 물품이 인도로 수출되어 세관에 신고되었다.

• 인도 세관의 관세평가

인도 세관은 신고된 가격과 유사 수입 베어링 간의 가격 차이가 크다는 이유 때문에 심사에 착수하였다.

인도 세관은 수입자의 관세사에게 설명을 요구하였다. 관세사는 수입자로부터 통상적인 베어링 판매가격이 제시되어 있는 가격표가 포함되어 있는 서류와 "대폭 할인" 가격을 제안한 서신을 제출받았다.

인도 세관은 그 경위를 납득하지 않았다. 그 이유는 주로 신고된 가격이 가격표에 기재된 가격의 23%에 불과하였기 때문이었다. 통상적인 할인율이 가격표에 기재된 가격의 30%에 불과한 것에 비하면 위 거래의 할인율은 77%에 달하는 것이었다.

인도 세관은 수입자에게 여전히 가격에 관한 의문이 풀리지 않았다고 알리고 수입자가 대응할 기회를 주었다. 세관은 수입자가 제출한 소명을 검토하였으나 신고가격을 부인하기로 결정하였다. 인도 세관은 제6방법을 적용하여 베어링을 개당 2,507엔으로 평가하였다. 즉, 가격표의 가격에 30%의 할인율을 적용하였다.

• 행정심판단계

수입자는 행정심판을 제기하였으나 행정심판소는 수입자의 청구를 기각하면서 "특별하게 견적을 낸 가격은 공급자의 가격표에 기재된 쟁점 베어링의 통상적인 가격에 우선하여 적용할 수 없다"고 판시하였다.

• 소송상 불복

수입자는 인도 대법원에 상고하였다. 수입자는 세관이 해당 물품을 거래가격으로 평가하여야 하고 제6방법을 적용하여서는 안 된다고 주장하였다. 수입자는 판매자가 제안한 할인은 상업거래에서 일상적인 것이고 해당 거래에서의 특수한 사정을 고려한다면 77%의 할인이 정당화될 수 있다고 주장하였다. 수입자는 세관이 사기나 허위의 평가라는 혐의가 없음에도 실제 거래가격을 진정한 거래가격이 아니라고 부인하면서 제시한 이유는 잘못된 것이라고 주장하였다.

• 판결

인도 대법원은 수입자가 실제 지급된 가격을 잘못 신고하였거나 물품에 관하여 사실과 다르게 신고하였다는 혐의는 없다고 판시하였다. 세관이 거래가격을 부인하면서 든 이유는 공급자의 가격표밖에 없다. 그 과정에서 세관은 평가규정을 무시하였을 뿐만 아니라 공급자의 가격표를 거래가격의 증거로 취급하였다. 이것은 잘못된 것이고 그 자체로 거래가격을 부인할 수 있는 이유가 될 수 없다. 인도 대법원은 다음과 같이 판시하였다.

"할인은 상업적으로 용인되는 수단으로서 공급자가 재고 정리 등 다양한 이유로 사용할 수 있다. 가격표는 일반적인 견적표에 지나지 않는다. 가격표는 기재된 가격에 대한 할인을 배제하지 않는다. 실제로 제안된 할인은 가격표를 기초로 계산되었다. 인정하건데, 이 사건에서 30%의 할인은 통상적인 경우에 허용될 수 있지만 문제가 된 재고가 오래되었고 5년된 재고를 일시에 처분한다는 추가적 요소가 있었다."

출처: Eicher Tractor Ltd, Haryana v. Commissioner of Customs, Mumbai, (2000) 4 Suppl. S.C.R. 597 (November 14, 2000)을 요약.

(a) 가격의 "도출"

대부분의 거래에서 수입물품에 관하여 '지급하였거나 지급하여야 할 가격'은 분명하다. 송장이나 판매자와 구매자 사이에 체결된 계약의 계약서에 기재된 금액이 가격이다.

그러나 수입 이전 단계에서 가격을 확정하지 않는 거래도 있다. 거래가격을 공란으로 두는 이유는, 이를테면, 운송되기 훨씬 전에 계약이 체결될 수도 있고, 계약 체결시에 판매자의 비용이 확정되지 않을 수도 있으며 물품의 시장가격이 불안정할 수도 있다.

그러나 수입 이전에 가격이 확정되지 않았다고 하여 언제나 거래가격을 사용할 수 없는 것은 아니다. 판매자와 구매자가 사전에 물품의 가격을 확정할 수 있는 공식이나 방법을 사전에 확정하였다면 거래가격을 도출할 수 있다.

예를 들면, 구매자는 수입일 현재 국제 상품 교환시장(예컨대, 런던 상품 거래소)의 유효한 가격에 따라 수입된 물품의 단위 가격을 지급하기로 동의할 수 있다. 또는 구매자는 판매자의 제조원가에 일정한 이윤을 가산하여 지급하기로 합의할 수 있다. 또는 철광석의 수입과 같은 경우 철광석에서 추출한 철의 실제 질량에 따라 가격을 지급하기로 합의할 수 있다. 위와 같은 경우에는 당사자의 계약에서 "지급하였거나 지급하여야 할 가격"을 찾아낼 수 있고 거래가격을 사용하여야 한다.

지식점검

다음 각 경우에 거래가격을 사용할 수 있는가?

• 가격결정 공식

질문 1 물품을 "제조원가 가산" 공식에 의하여 구매하고 원가는 수입시점에 알려져 있지 않다. 수입자는 물품이 도착했을 때 공식을 신고하였으나 제조원가는 수입 이후에도 일정한 기간 동안 알려지지 않았다. 선적품의 가격을 어떻게 평가할 것인가? 이 사안에서 거래가격을 사용할 수 있는가?

• **일괄거래(여러 물품을 하나의 거래로 거래)**

질문 2 하나의 운송물이 다섯 가지 유형의 물품으로 구성되어 있다. 이 물품들은 5개의 관세품목으로 분류된다. 물품은 개별적으로 판매되지 않았지만 단일한 가격으로 구매되었다. 이 선적품의 가격을 어떻게 평가할 것인가?

• **물물교환(바터, Barter) 거래**

질문 3 판매자는 구매자에게 한 컨테이너분의 밀을 발송하였다. 그 대가로 구매자는 판매자에게 비료를 발송하였다. 수입된 밀의 가격을 어떻게 평가할 것인가?

정답은 130면을 보라.

(b) 직접·간접 지급

거래가격은 구매자가 물품을 구매하기 위하여 실제로 지급하는 금액이다. 구매자가 수입물품을 취득하기 위하여 지급하는 모든 금액은 총금액을 산출하기 위하여 고려되어야 한다. 이때 금액은 과거에 지급되었는지 혹은 미래에 지급될 것인지 또는 직접 구매자에게 지급된 것인지 또는 판매자의 이익을 위하여 제3자에게 지급된 것인지를 불문한다.

법적 정의

"실제로 지급하였거나 지급하여야 할 가격이란 수입물품에 대하여 구매자가 판매자에게 또는 판매자의 이익을 위하여 지급하였거나 지급하여야 할 총금액이다." (제1조에 관한 주해)

"실제로 지급하였거나 지급하여야 할 가격은 수입물품의 판매조건으로, 구매자가 판매자에게, 또는 구매자가 판매자의 의무를 이행하기 위하여 제3자에게 실제로 행하였거나 행할 **모든 지급을 포함**한다." (WTO 관세평가협정 부속서 III. 7)

일반적으로 물품의 가격총액은 구매자가 세관에 제시하는 송장에 반영되어 있다. 하지만 경우에 따라서 — 적법한 상업상 목적에 따른 경우도 적지 않다 — 송장가격이 지급하였거나 지급하여야 할 금액을 전부 반영하지 못할 수 있다. 이를테면 구매자는 물품이 도착하기 전에 대금 중 일부를 지급하였을 수도 있다. 또한 그 밖의 "간접적" 지급은 다음 항목을 포함하는데 물품의 매매 조건으로 지급한 간접적 지급은 거래가격을 결정할 때 고려되어야 한다.

- 구매자는 물품을 구입하는 대가로 판매자의 채무를 면제하여 주기로 합의할 수 있다. 이것은 구매자가 지급하는 대가에 포함되어야 할 것이다. 이를테면 판매자는 이전에 수입한 물품의 하자를 배상받는 차원에서 이번 수입물품의 가격을 낮추어 줄 수 있다.
- 구매자가 판매자의 제3자에 대한 채무(예컨대, 차입금)를 이행하기 위하여 제3자에게 지급하는 금액을 포함할 수 있다.

구매자가 물품의 매매 조건으로 판매자에게 행하는 모든 "간접적" 지급은 거래가격을 결정할 때 고려하여야 한다.[4)]

2.1.2 해당 물품을 위한 지급

앞서 본 바와 같이 "실제로 지급하였거나 지급하여야 할 금액"은 구매자가 물품을 위하여 또는 구매자의 이익을 위하여 지급하는 총금액으로서 직접적인지 간접적인지 묻지 않고 수입물품의 매매 조건으로 지급하여야 하는 모든 금액을 포함한다. 그러나 일부 거래의 경우 "해당 물품을 위한" 지급 이외에 판매자에게 용역이나 그 밖의 반대급부로 인하여 지급하는 금액이 있을 수 있다(예컨대

4) 판매자가 수행할 용역을 구매자가 하는 대신 통상의 판매가격보다 할인된 가격으로 수입한 경우 할인금액이 관세의 과세가격에 포함된다. 대법원 1993. 12. 7. 선고 93누17881 판결(譯註).

판매자가 구매자를 위하여 수입한 기계 사용법을 훈련시키는 비용).

물품의 거래조건으로서가 아니라 판매자가 제공한 독립적, 부수적 용역 또는 그 밖의 반대급부로서 금액을 지급하였다는 사실이 입증될 수 있는 경우 해당 금액은 거래가격에서 제외될 수 있다.

그러나 WTO 관세평가협정 **제8조**는 "물품을 위한 지급" 그 자체가 아니지만 과세가격에 포함되어야 하는 금액을 열거하고 있다. 2.2의 논의("필수 가산요소")를 보라.

주해와 WTO 관세평가위원회 결정은 다음의 항목을 과세가격에서 제외될 수 있다고 확인하고 있다.

(a) 지급이자

구매자는 판매자로부터 물품을 외상으로 구입하고 물품가격에 금융비용을 더하여 지급하기로 약정할 수 있다. 혹은 구매자는 매수대금을 은행이나 제3자로부터 대여받고 이자비용을 지출할 수도 있다. 구매자가 지급하는 금융비용은 물품 그 자체에 대한 것이라기 보다는 금전 사용(대여)의 대가로 보아야 할 것이다. 그런 지출도 거래가격에 포함되어야 하는가?

도쿄라운드 평가규정(Tokyo Round Valuation Code) 초기에는 구매자가 지출하는 이자비용의 취급에 관하여 국가들 간에 편차가 있었다. 일부 국가는 물품의 송장가격에서 이자비용을 구분하여 식별할 수 있거나 확인할 수 있다면 거래가격에 포함시키지 않았다.[5)]일부 국가는 이자비용을 과세가격에서 제외한다면 무분별한 구매자가 이자비용을 과대계상함으로써 관세를 줄이려는 시도를 할 것으로 우려하였다.[6)]

5) GATT Committee on Customs Valuation, *Treatment of Interest for Deferred Payment*, *Report by the Technical Committee on Customs Valuation on National Practices*, VAL/W/10 (1982. 10. 7.).

6) GATT Committee on Customs Valuation, *Minutes of the Meeting Held on 3*

이와 같은 불일치와 우려를 해소하기 위하여 GATT 관세평가위원회는 유럽경제공통체의 제안을 채택하기로 결정하였다. 그 제안은 다음의 조건 하에서 구매자가 지출한 금융비용을 과세가격으로부터 제외하는 것이었다.

1. 이자비용은 물품에 관하여 지급하였거나 지급할 금액과 구별될 수 있어야 한다(예를 들어 이자비용이 송장이나 대금청구서에 별도로 기재되어 있는 경우).
2. 문제가 되는 금융약정은 서면으로 작성된 것이어야 한다.
3. 필요한 경우 구매자는 다음 사항을 증명할 수 있어야 한다.
   (a) 수입물품이 실제로 신고된 가격에 판매되었고,
   (b) 이자비용은 금융이 제공된 장소와 시기에 해당 국가에서 일반적으로 이루어지는 거래 수준을 초과하지 않는다.[7)]

WTO 관세평가위원회는 1995년에 이 결정을 그대로 채택하였는데 그 결정 전문은 부록3에 실려 있다.[8)]

(b) 배당지급

구매자가 판매자에게 지급하는 배당금은 거래가격에 포함되지 않는다. 배당금은 기업에 대한 투자의 대가이고 특정한 물품의 판매와 관련이 없다(**제1조에 관한 주해** "실제로 지급하였거나 지급하여야 할 가격"을 보라).

March 1983, VAL/M/6 (1983. 4. 19.)(문단 28, 33).

7) GATT Committee on Customs Valuation, *Decision on the Treatment of Interest Charges in the Customs Value of Imported Goods,* VAL/6/Rev.1 (1984. 10. 1.).

8) 대법원 2007. 6. 14. 선고 2007두6267 판결은 원유 판매업자가 수입자인 구매자의 요청에 따라 대금지급기한을 연장해 주기 위하여 수출환어음을 해외 금융기관으로부터 무소구 조건으로 할인받는 포페이팅(forfeiting) 거래를 하게 된 경우, 구매자가 판매자를 통하여 해외 금융기관에게 지급한 추가적 금융비용인 포페이팅 비용이 관세의 과세가격에 포함되지 않는다고 판시하였다(譯註).

(c) 수입 후의 용역과 비용에 관한 지급

구매자는 물품 수입 이후 제공되는 용역(건설, 설치, 조립, 유지, 기술적 조력 등)에 관하여 판매자와 계약하고 그 대가를 지급할 수도 있다. 예를 들어 판매자는 수입한 산업단지, 기계, 설비를 턴키(turn-key) 방식의 계약으로 설치할 수도 있다. 이 경우의 대금은 **수입물품 그 자체에 관한 대가라기보다는** 판매자가 **제공한 용역에 관한 것이다**. 따라서 그 금액이 거래가격을 구성하는 것은 적절하지 않다.[9]

물론, 이러한 지급을 거래가격에서 제외하려면 물품의 구입가격에서 구별되어야 한다. 예를 들어서 별도의 청구서 또는 송장에 의하여야 한다.

수입 이후의 물품 운송비도 마찬가지로 과세가격에서 제외되고 수입국에서 부과하는 수입관세 및 그 밖의 조세도 마찬가지이다.[10] 다만 물품에 관하여 실제로 지급하였거나 지급하여야 할 가격과 구별될 수 있어야 한다[11](**제1조에 관한 주해** "실제로 지급하였거나 지급하여야 할 가격"을 보라).

---

9) 대법원 2006. 1. 27. 선고 2004두11305 판결은 수입물품에 대한 기술지원 서비스의 대가로 지급한 금액은 관세법 제30조 제2항 단서 제1호 등에 정한 '수입 후에 행하여지는 해당 수입물품의 정비·유지 또는 해당 수입물품에 관한 기술지원에 필요한 비용'에 해당하므로 해당 수입물품의 관세 과세가격에서 제외되어야 한다고 판시하였다(譯註).

10) 수입물품이 수입항에 도착한 후의 통관절차비용, 즉 수입추천비용, 무역대행료, 관세사수수료도 운송 관련 비용으로 공제요소에 포함된다. 대법원 1991. 10. 11. 선고 91도1141 판결(譯註).

11) 판매자가 수입관세를 납부하도록 하는 매매조건 — 관세지급반입 인도조건(delivered duty paid) — 만으로도 물품에 관하여 지급하였거나 지급하여야 할 금액에서 조세를 구별하는데 충분하다. 위 경우 수입관세의 세율은 알려져 있고(따라서 세관은 금액 중에서 수입관세의 금액을 결정할 수 있다), 매매 조건은 관련되는 세액을 포함하는 금액을 가격으로 정하고 있기 때문에 물품을 수입한 자는 공제를 주장할 필요도 없고 송장에 별도로 구분하여 기재할 필요도 없다. 기술위원회 권고의견 3.1. (WCO 편람).

(d) 광고선전비

수입한 물품의 판매를 촉진하기 위하여 매수자는 마케팅 연구, 광고 또는 시장 조사 비용을 지출할 경우가 있다. 경우에 따라서는 매매계약에서 판매자가 구매자에게 구매자의 비용으로 위와 같은 활동을 수행하도록 의무를 지울 때도 있다.

광고선전비

수입자는 Squeaky 신발회사와 매매계약을 체결하였다. 매매계약에 따르면 구매자는 최소금액을 수입한 국가에서의 광고선전비로 지출하여야 한다. 그 결과 판매자도 간접적으로 이익을 볼 수 있지만 광고선전비는 실제로 지급하였거나 지급하여야 할 금액의 일부가 아니다.

WTO 관세평가협정상 수입물품의 판매 또는 배포와 관련하여 구매자가 지출하는 비용은 과세가격에서 제외된다. 그 방안은 GATT 도쿄라운드 평가규정의 협상과정에서 유럽공동체(EC)가 처음으로 제안하였는데 그 논리는 다음과 같았다.

> 우리는 물품을 수입한 국가에서의 광고선전비를 제외하였다. 많은 경우에 판매자가 광고선전비를 직접 또는 간접적으로 부담하는 것도 이유이고, 그런 거래를 무형의 수출로 볼 수도 있으며 단순화의 편의를 위한 것이기도 하다.[12)13)]

---

12) GATT Multilateral Trade Negotiations Group "Non-Tariff Measures" Sub-Group "Customs Matters," *Statement Made by the Commission of the European Communities at the Meeting of the Sub-Group of November 15, 1977*, MTN/NTM/W/126 (1977. 11. 21.).

13) 대법원 2015. 2. 26. 선고 2013두14764 판결에서는 甲 주식회사가 乙 외국회사로부터 영화용 필름을 수입하였는데 관할 세관장이 수입필름의 과세가격을 甲 회사가 乙 회사에 송금한 로열티 금액에 광고선전비를 더한 금액으로 보아 甲 회사에 관세 및 부가가치세 부과처분을 한 사안이다. 대법원은 甲 회사가 광고선전비를 지급함으로써 결과적으로 판매자에게도 이익이 된다

유럽공동체의 제안에 대해 일부 국가가 반대하였지만(이 국가들은 오히려 그런 비용을 과세가격에 포함하는 반대안을 냈다) 결국 **제1조에 관한 주해**는 대체로 유럽공동체의 견해를 반영하여 추가되었다.[14)]

> 만일 구매자가 구매자의 계산으로(판매자와의 계약에 따른 경우도 포함) 수입물품의 마케팅 활동에 관한 활동을 하는 경우 그 활동의 가액은 과세가격의 일부에 해당하지 않고 그런 활동을 이유로 거래가격을 부인할 수도 없다.

(e) 소프트웨어

1984년 GATT 관세평가위원회의 결정에 따라 WTO 회원국들은 디스크, 테이프 또는 그 밖의 "전달매체"에 수록된 일정한 컴퓨터 프로그램 또는 정보에 관하여 특별한 평가방법－거래가격방법과 다른－을 적용할 수 있다.

GATT 관세평가규정 이전에 널리 사용되던 브뤼셀가격정의에 따르면 수입한 소프트웨어 또는 정보는 정보를 담고 있는 디스크나 테이프의 가액에, 정보를 디스크나 테이프 위에 수록하는 비용과 이윤을 더한 금액만으로 평가한다. 과세가격 목적상 소프트웨어 내용의 가격은 포함하지 않는다.[15)]

하더라도 이는 수입물품의 과세가격에 포함되는 간접적인 지급액에 해당하지 아니한다는 이유로, 세관장이 광고선전비 상당액을 과세표준에 포함하여 수입물품에 대한 부가가치세를 부과한 처분이 위법하다고 본 원심판단이 정당하다고 판시하였다(譯註).

14) 브뤼셀가격정의 하에서는 구매자가 "수입국에서 물품의 시장을 찾고 확보하며 유지하기 위하여" 지출한 비용은 과세가격에 포함되었다. 경쟁시장에서의 매매에는 일반적으로 판매자가 그런 비용을 부담한다는 이론에 근거를 둔 것이었다. World Customs Organization, *The Brussels Definition of Value and the GATT Valuation Agreement: A Comparison* (1985), 10. 더 이상 브뤼셀가격정의를 적용하지 않기로 하였기 때문에 이 점에 관하여 주해가 필요하다고 판단한 것으로 보인다.

15) GATT Committee on Customs Valuation, *Minutes of the Meeting Held on 4–5 May 1982*, VAL/M/4 (1982. 7. 19.).

그러나 관세평가협정 하에서 거래가격은 수입물품에 관하여 지급하였거나 지급하여야 할 금액이다. 디스크에 수록된 수입 소프트웨어의 경우 수입물품은 소프트웨어의 내용(수록된 정보나 지시)과 소프트웨어가 수록된 디스크 또는 그 밖의 물리적 매체로 구성된다. 일반적으로 매체의 비용이나 가격은 소프트웨어 내용에 비하여 미미하다. 구매자가 얻고자 하는 것은 소프트웨어 내용이기 때문이다. 따라서 WTO 관세평가협정을 엄격하게 적용하면 세관은 수입한 디스크를 소프트웨어 내용을 포함하여 평가하여야 하는데 이 변화는 기존의 브뤼셀가격정의에서의 실무와 비교할 때 극적인 관세효과의 차이이다.

GATT 관세평가규정이 효력을 발생하게 된 직후 이 변화의 효과가 실무상 분명해지자 수입 소프트웨어의 평가시에는 브뤼셀가격정의를 계속 적용하여 달라는 제안이 있었다.[16] 그러나 다수의 국가들은 이 제안이 관세의 세수에 부정적인 영향을 줄 가능성이 있을 뿐만 아니라 거래가격의 정의에 반대된다는 점을 들어 반대하였다.[17]

결국 수입 소프트웨어의 평가에 관한 합의를 도출하기 위하여 GATT 회원국들은 관세평가협정 하에서도 두 가지 방법, 즉 거래가격방법(소프트웨어 가격을 포함하여 평가)과 종래의 브뤼셀가격정의(소프트웨어 가격을 제외한 평가)를 계속 허용하기로 하였다.[18] WTO

---

16) GATT Committee on Customs Valuation, *Possible Amendments to the Agreement: Communication from the United States Concerning the Valuation of Computer Software*, VAL/W/7 (1982. 4. 23.); *GATT Committee on Customs Valuation, Valuation of Computer Software: Proposal by the United States*, VAL/W/14 (1982. 11. 4.).

17) GATT Committee on Customs Valuation, *Minutes of the Meeting Held on 3 March 1983*, VAL/M/6 (1983. 4. 19.)(문단 19－32); GATT Committee on Customs Valuation, *Minutes of the Meeting Held on 10 May 1983*, VAL/M/7 (1983. 7. 7.)(문단 22－38).

18) GATT Committee on Customs Valuation, *Minutes of the Meeting Held on*

관세평가위원회는 1995년 6월 12일에 GATT의 **정보처리장치를 위한 소프트웨어를 저장한 전달매체의 평가에 관한 결정**(Decision on the Valuation of Carrier Media Bearing Software for Data Processing Equipment)을 채택하였는데,[19] 그 결정은 다음 중 어느 하나를 기초로 수입 소프트웨어를 평가하면 관세평가협정에 부합한다고 규정하고 있다.

1. 소프트웨어 내용 및 전달매체의 비용이나 가격 또는
2. 전달매체의 비용 또는 가격(소프트웨어 비용 또는 가격 제외. 다만 전달매체의 비용 또는 가격과 구분될 수 있어야 한다)

위 결정의 범위는 제한적이다. 결정은 수입 디스크 또는 그와 유사한 전달매체에 수록된 정보나 지시에 관하여만 적용된다. 결정은 집적회로, 반도체 및 (수입 계산기, 컴퓨터 또는 텔레콤 설비와 같은) 회로나 기구를 결합한, 그와 유사한 기구나 물품으로서 소프트웨어를 장착한 것에는 적용되지 않는다. “음향, 영화 또는 비디오 녹화”를 포함하지 않는다. 이런 종류의 물품을 평가할 때에는 통상적인 “거래가격” 방법이 적용된다.

결정에 따르면 전달매체의 비용 또는 가격만을 기초로(즉, 소프트웨어 내용의 가격을 제외) 수입 소프트웨어를 평가하고자 하는 WTO 회원국은 평가위원회에 통지하여야 한다. 2008년 4월 현재 25개의 WTO 회원국들이 통지를 마쳤다.[20]

10–11 November 1983, VAL/M/8 (1984. 1. 18.)(문단 66).

19) WTO, Committee on Customs Valuation, *Decisions Concerning the Interpretation and Administration of the Agreement on Implementation of Article VII of the GATT 1994* (Customs Valuation), G/VAL/5 (1995. 10. 13.).

20) WTO, Committee on Customs Valuation, *Information on the Application of the Decisions on the Treatment of Interest Charges in the Customs Value of Imported Goods and on the Valuation of Carrier Medium Bearing Software for Data Processing Equipment: Note by the Secretariat,* G/VAL/W/5/Rev.19 (2008. 4. 25.). 현재기준으로 40개의 회원국이 통지를 마쳤다. G/VAL/W/5/

결정 전문은 부록 3에 실려 있다.

(f) 손상되거나 계약 내용에 부합하지 않은 물품에 대한 지급

구매자는 외국 생산자에게 특정한 기준 또는 품질을 충족하는 물품에 대하여 대금을 지급하기로 합의하였다. 경우에 따라서 구매자는 수입물품이 손상되었거나 하자가 있거나 계약에 따른 사양을 충족하지 못하는 일을 겪을 수 있다. 이때 수입된 상태로 "물품에 대한" 가격이 존재하는가 아니면 합의된 가격은 계약에 따른 사양을 충족하는 물품에 관하여만 적용되는가?

운송된 물품이 통관 이전에 완전히 파괴된 것(상업적 가치가 없는 상태)으로 밝혀지거나 수입시에 분실되었다면 세관은 손상된 물품이 도착하지 않은 것으로, 즉, "비수입(non-importation)"으로 처리할 때가 많다. 그 경우 손상되거나 분실된 물품은 수입되지 않은 것이므로 과세가격의 문제는 발생하지도 않는다.

수입시 완전히 가치를 상실한 물품에 관한 내국법 규정

(a) 비변질성 상품(Nonperishable merchandise)
항구세관장(port director)이 운송된 비변질성 상품 또는 수입자의 비용으로 세관의 감독 하에 나머지 운송물로부터 분리된 비변질성 상품의 일부가 손상 또는 훼손되어 수입시에 상업적 가치를 완전히 잃었음을 확인한 경우 정산(liquidation)[21]단계에서 비수입을 이유로 하여 해당 상품에 관한 관세를 공제하여 주어야 한다.

US Customs Regulation 19 C.F.R. 158.11 (2007).

Rev.35(2022. 5. 6.)(譯註).

21) 정산은 미국의 통관절차 중 마지막 단계로서 수입신고시에 납부된 추정관세를 1년의 기간 내에 세관이 정산함으로써 최종 세액을 확정하는 것을 말한다. 한국조세재정연구원, 「수입세액 정산제도에 관한 비교연구」, 한국조세재정연구원, 2017, 44면(譯註).

반면, 물품이 부분적으로 손상되었거나 하자가 있더라도 수입자가 물품을 인수할 수 있다. 그 경우 손상되었거나 하자가 있는 수입물품에 관하여 지급하였거나 지급하여야 할 금액이 존재하는가?

기술위원회의 해설은 이 질문에 관하여 다음과 같이 상식적인 답변을 내놓고 있다.[22)]

- 수입물품이 손상된 경우 그 물품은 구매자가 판매자로부터 구입하기로 합의한 물품과 동일한 물품으로 볼 수 없다. 따라서 거래가격—수입을 위해 판매된 물품에 관한 지급 가격—을 사용할 수 없다. 거래가격방법은 부인되어야 하고 나머지 평가방법을 순서대로 적용할 것을 고려하여야 한다.
- 기술위원회는 그런 경우에는 대부분 제7조에 따른 그 밖의 합리적인 방법이 적용될 것이라고 한다. 그 방법을 따를 때 세관은 구매자와 판매자 간의 재협상가격 또는 본래의 지급하였거나 지급하였어야 할 가격에서 수리비, 보험금, 독립된 수입품검사관의 감정가격을 뺀 가격을 과세가격으로 고려할 수 있을 것이다.
- 잘못된 물품이 운송된 경우(구매자는 사과를 주문했는데 판매자는 오렌지를 발송한 경우) 같은 이유에서 그 거래가격을 사용할 수 없다.
- 수입물품이 잘못된 물품도 아니고 손상되지도 않았지만 계약에서 정한 사양(기능이나 그 밖의 기술적 사양)을 충족하지 못하는 경우에는 거래가격을 사용할 수 있다.

마지막으로, 손상된 물품의 평가 문제는 대체 세관절차에 의해 해결되는 경우가 많다. 특히 개정 교토협약(Kyoto Convention)[23)]은

22) WCO, 해설 3.1: 계약과 일치하지 않는 물품(WCO 편람).

23) 정식 명칭은 「세관절차의 간소화 및 조화에 관한 국제협약 개정의정서」이다(譯註).

일반적으로 물품에 하자가 있거나 계약에 부합하지 않다는 사실이 발견되어 합리적인 기간 내에 반송되거나, 폐기되거나 포기된 경우 관세의 환급을 요구한다.[24)]

지식점검

다음의 각 지급은 거래가격에 포함되어야 하는가?

질문 1 전자설비의 매매계약에 따르면 구매자는 판매자에게 엔지니어를 파견하여 전자설비가 수입되어 설치된 후 구매자의 피용자가 전자설비를 취급, 운용, 유지하는 것을 훈련시키는 것은 물론 전자설비가 사양에 부합하는지 여부를 검사하는 역할을 해 줄 것을 요청하면서 그에 대한 대가를 지급하기로 합의하였다. 그 엔지니어에게 지출하는 비용은 수입 설비의 거래가격을 결정할 때 포함되어야 하는가?

질문 2 구매자는 최소 10,000 이상의 설비를 1년 이상 구매하기로 하면서 만일 그렇게 하지 못할 경우 판매자에게 "위약금(penalty)"을 지급하기로 하였다. 이 "위약금"은 구매자가 수입한 물품의 거래가격에 포함되어야 하는가?

---

24) 개정 교토협약 4.19 표준(일반부속서): 수입 또는 수출시에 결함이 있거나 또는 계약내용과 일치하지 않음이 밝혀져 공급자 또는 공급자가 지정하는 다른 자에게 반송되는 수입 또는 수출품에 대하여는 다음 조건을 충족할 경우 환급이 허용되어야 한다.
- 물품이 수입국에서 가공, 수선 또는 사용되지 아니하였고, 합리적인 기간 내에 재수출되는 경우
- 물품이 수출된 나라에서 가공, 수선 또는 사용되지 아니하고 합리적인 기간 내에 재수입되는 경우

그러나 물품의 재수출 또는 재수입의 사유가 된 결함이나 기타 상황을 발견하기 위하여 물품을 사용하는 것이 불가피하였다면 그 물품의 사용이 환급을 저해하지 아니하여야 한다.
물품을 재수출 또는 재수입하는 대신에 관세당국이 결정하는 바에 국고에 귀속시키거나, 관세당국의 지배하에 폐기하거나 그 상품가치를 상실시킬 수 있다. 이와 같은 국고귀속 혹은 멸각으로 인하여 국고에 비용을 초래하지 않아야 한다.

질문 3 판매자는 두 부의 송장을 구매자에게 교부하였다. 하나는 물품에 관한 것이고 다른 하나는 보증에 관한 것이었다. 보증에 관한 송장은 판매자가 수입 이후에 물품에 하자가 발견될 경우 수리나 교환을 해주는 내용으로 되어 있다. 보증에 관한 송장 금액은 수입물품의 거래가격에 포함되어야 할 것인가? 또는 포함되더라도 장래 매도인이 운송할 교환 물품에 관한 보증의 금액이 포함되어야 하는가?

정답은 131면을 보라.

2.1.3 "수출을 위하여 판매되었을 때"

거래가격은 판매를 전제로 하는데, 그 판매는 수입국으로 수출되는 것이어야 한다. 대부분의 경우 수출을 위한 판매를 식별하는 것은 어렵지 않다.

수출을 위한 판매

한국 회사 A는 세척기를 케냐 회사 B에게 판매하고 운송한다. 이 거래가 수출을 위한 판매이고 B회사가 지급하기로 합의한 가격이 그 상품의 과세가격의 기초가 된다.

B회사가 그 기계를 다시 케냐에 있는 고객에게 판매하고자 할 경우도 있다. 이 후속 판매는 과세가격에 영향을 주지 않는다. 후속 판매는 한국에서 물품을 수출하는 계기가 된, 수출을 위한 판매가 아니기 때문이다. B회사가 케냐 고객에게 한 판매는 국내 판매이다.

여기서의 거래가격은 판매가 수출국에서 일어날 것을 전제로 하지 않는다. 판매자는 어떤 국가에도 있을 수 있다. 심지어 구매자와 같은 국가에 있을 수도 있다. 필요한 것은 판매가 국제적인 물품의 이전과 관련되어야 한다는 점이다. 이처럼 판매자는 물품을 제3국 또는 국가가 아닌 지역(예를 들어 공해에 있는 어선 또는 영해

밖에 있는 석유시추선)에서도 수입국으로 선적할 수 있다.

지식점검

다음의 두 실례는 수출을 위한 판매인지가 분명하지 않은 경우이다. 당신이라면 어떻게 판단할 것인가?

• 전문가를 위한 두 가지 질문

질문 1 연속 판매(Successive sales)

수입자는 외국의 중간 상인에게 물품을 주문하였다. 중간 상인은 주문을 이행하기 위하여 다시 외국 공장과 계약하여 주문을 이행하고 그 외국 공장이 물품을 직접 수입자에게 운송하도록 하였다.

어떤 거래가 수출을 위한 판매인가? 수입자와 중개 상인 간의 거래인가? 아니면 중개 상인과 외국 공장 간의 거래인가? 또는 두 거래 모두 "수출을 위한 판매"에 해당하는가?

질문 2 보따리 장사(tourist trader, shuttle trader)

이 사례에서 수입자 — 보따리 장사로 부를 수 있다 — 는 다른 국가로 여행을 가서 외국 시장에서 익명으로 물품을 구입하고 운송한다(예를 들어 중고차). 수입자는 구입한 물품을 갖고 돌아온다. 혹은 직접 그 물품을 자신에게 발송한다.

수입자가 외국 시장에서 물품을 구입하는 행위가 "수출을 위한 판매"인가? 아니면 외국에서의 구매는 단순히 내국에서의 판매이고 거래가격을 결정할 때 적절한 기초가 될 수 없는가?

정답은 132면을 보라.

거래가격이 "수출을 위하여 판매되었을 때" 지급하였거나 지급하여야 할 가격에 기초를 두어야 한다면, 구매자와 판매자가 물품이 수출된 이후에 재협상을 하면 과세가격에 영향을 미치는가? 예를 들면 다음과 같다.

• 판매자가 판매계약에 특정된 날짜까지 물품을 운송하지 못

하게 되자 그 손해를 배상하기 위하여 판매대금 중 일부를 구매자에게 되돌려 주기로 하였다.

- 수입시에 물품이 계약 사양에 맞지 않음이 확인되어 판매자가 구매자에게 청구한 대금을 감액하여 주기로 하였다.
- 판매자는 구매자가 후속적으로 동일 물품을 대량 구매하였기 때문에 수입물품의 가격을 감액해 주기로 하였다["소급 물량 할인(retroactive volume discount)"].

일반적으로 "수출을 위하여 판매되었을 때" 물품에 관하여 지급하였거나 지급하여야 하는 금액이 물품의 거래가격을 결정한다. 따라서 수출 이후에 그 가격을 재협상하더라도 그 재협상을 고려할 수 없다. 그러나 수출 이후의 재협상과 사전에 합의된 가격 공식에 따라 수출 이후에 가격을 결정하는 것은 구별하여야 한다. 예를 들면, 구매자와 판매자가 실제 운송 시점을 기준으로 가격을 계산할 수 있는 방법을 계약에 포함시켜 놓았다면(예를 들어, "운송이 지연된 물품은 지연되는 매주 그 계약 가격을 물품 총가격의 0.5퍼센트씩 감액한다"), 그 가격 공식은 앞서 "가격의 도출"에서 본 바와 같이 거래가격을 도출하는데 사용될 수 있다.

2.1.4 "제8조에 따른 조정"

일반적으로 물품의 총과세가격은 판매자의 송장에 반영되어 있으며 수입자는 국내법에 따라 송장을 세관에 제출하여야 한다.

왜 제8조인가? (협상자들의 표현)

"우리는 제1조에서 구매자와 판매자가 특수관계자가 아니라면 수입물품에 관하여 지급하였거나 지급하여야 할 가격이 과세가격을 결정하는 기초로 수용되어야 한다고 기술하는 것으로써 시작하였다. 여기서 우리는 구매자와 판매자가 특수관계자가 아니라면 둘 사이에 형성되는 가격은 시장의 힘에 의해서 결정되는 것이고 따라서 평가 목적상 수용가능하다고 전제하였다. **물론 우리는 구매자와 판매자가 가격 그 자체는 물품의 가격 중 일부만을 반영하고 나머지 가격은 간접적인 방법으로 이전시키려고 할 유인이 있다는 점을 알고 있다. 따라서 우리는 초안 제8조에서 특정한 추가금액이 기본 가격에 포함되어 있지 않다면 그 금액을 지급하였거나 지급하여야 할 가격에 더하도록 규정하였다.** 그러나 기본적 개념은 지급하였거나 지급하여야 할 가격이 구매자가 물품을 얻기 위하여 지급하여야 할 모든 것을 반영한다면 그 금액이 과세가격의 기초로 수용된다는 것이다."

Statement made by the Commission of the European Communities [MTN/NTM/W/126 (1977. 11. 21.)].

그러나 더 복잡한 거래에서는 송장 가격이 구매자가 지급한 모든 금액이나 구매자에게 발생한 모든 비용을 포함하지 않을 수도 있다. 예를 들면 송장에는 특허권에 따라 제조한 물품을 수입하려면 제3자에게 사용료를 지급하여야 한다는 사실이나 구매자가 판매자에게 생산에 필요한 투입요소나 용역을 무상으로 공급한 사실, 또는 구매자가 수입물품을 재판매할 경우 추가 금액을 판매자에게 지급하여야 한다는 사실 등이 공개되지 않을 수도 있다.

WTO 관세평가협정 **제8조**는 거래당사자가 구체적인 거래를 어떻게 구성하건 특정한 제조원가 및 운송비용이 과세가격에 반영될 수 있도록 고안되었다.

2.2 가격에 관한 필수 가산항목

2.2.1 일반적 고려사항

제8조는 거래가격에 포함시켜야 하는 가산할 지급 및 비용의

종류와 그 조건(예컨대 [그림 5])을 정의하기 위한 구체적인 규칙을 규정한다.

제8조에 규정된 가산항목에는 세관과 무역업자가 이해하여야 하는 특수사항이 있는데 이에 관하여 아래에서 설명한다. 그러나 일반적으로 제8조를 적용할 때에는 두 가지 제한이 있다.

SR 메모리카드제조주식회사 **INVOICE**

555 물-망-초 길
제네바, 스위스
전화번호 555-777-555 팩스 555-777-557

INVOICE #MMMC55553
일자: 2007. 5. 12.

수취인:
WTO 워크샵 주식회사
제1번가
제네바, 스위스

배송지:
동일 주소

의견 또는 특별지침:
거래가격산출방법-제8조의 가산요소

수량	상세규격	단가	합계
	지급하였거나 지급하여야 할 가격	×	××,××
	가산		
	+ 구매수수료를 제외한 수수료 및 중개료	×	××,××
	+ 수입물품의 용기 비용	×	××,××
	+ "생산지원"의 비용 또는 가격	×	××,××
	+ 로열티 및 라이선스료	×	××,××
	+ 사후귀속이익	×	××,××
	+ 수입물품의 국제운송비용(회원국이 선택한 경우)	×	××,××
	공제		
	− 수입이후비용	×	××,××
		합계	= 거래가격

귀하와의 비즈니스에 감사드립니다!

[그림 5] 제8조 생산지원

첫째, 판매자가 제8조의 요소에 관한 청구금액을 물품 가격에 이미 포함시켰다면 세관은 그 금액을 송장 가격(나아가 관세에)에 가산하여서는 안 된다. 예를 들어 판매자가 중개인에 대한 수수료와 수입물품의 가격을 합해서 하나의 송장을 발행하였다. 이 경우 신고된 가격에 제8조에 해당하는 요소가 포함되어 있는지 여부는 대체로 입증의 문제이다. 만일 세관이 의문을 갖고 있다면 수입자에게 구매가격에 수수료가 포함되어 있다는 사실을 입증하도록 요구할 수 있다.

둘째, 제8조에 따른 가산항목은 "객관적이고 수량화할 수 있는 자료"에 바탕을 두어야 한다.

> **제8조 제3항**
> 3. 실제 지급하였거나 지급하여야 할 가격에 대한 가산은 이 조에 따라 객관적이고 수량화할 수 있는 자료만을 기초로 하여야 한다.

세관이 수입자나 그 밖의 방법으로 이 비용을 정확하게 계량할 수 있는 충분한 정보를 얻을 수 없다면 조정을 할 수 없다. 그 경우 거래가격을 사용할 수 없고 다음 순서의 평가방법을 고려하여야 한다.

제8조 제3항에 관한 주해는 제8조의 항목을 정확하게 확정할 수 없는 예를 들고 있다.

> 킬로그램 단위로 수입하여 수입 후 용액으로 제조되는 특정상품이 있는데 1리터를 단위로 하여 수입국에서 판매하는 가격을 기초로 사용료를 지급한다. 만일 사용료가 일부는 수입물품을 기초로 하고 나머지는 수입물품과 관계가 없는 그 밖의 요인(예: 수입물품이 국산원료와 혼합되어 별도로 구분 인식할 수 없을 경우, 또는 사용료를 구매자와 판매자 간의 특별한 금융약정과 구별할 수 없을 경우)을 기초

로 하고 있을 경우에는 사용료에 해당하는 금액을 가산하고자 하는 시도는 부적절한 것이다. 그러나 해당 사용료의 금액이 수입물품만을 기초로 하고 쉽게 수량화될 수 있는 경우에는 실제로 지급했거나 지급하여야 할 가격에 그 금액을 가산하는 것이 가능할 것이다.

과세가격을 가산조정하려면 "객관적이고 수량화될 수 있는 정보"를 기초로 해야 한다는 제8조의 조건을 세관의 자유재량에 관한 제한으로 해석할 수도 있다. 즉, 수입자가 예를 들어 실제로 포장에 관하여 지출한 금액을 문서로 입증할 수 있다면 세관이 그 포장의 가치를 얼마로 평가하건 그 금액을 사용하여야 한다는 것이다.

지식점검

"객관적이고 수량화할 수 있는 증거"

질문 1 구매자가 판매자에게 사용료를 지급하였으나 세관에 그 금액을 설명할 수 없다면 어떻게 될 것인가?

예: 구매자는 "통상의 사용료"를 지급하기로 합의하였으나 세관은 해당 산업에서 "통상의" 사용료가 얼마인지 또는 그 계산방법에 관하여 정보를 갖고 있지 않다.

질문 2 세관은 과세가격을 계산하기 위하여 사용료를 추정하여 적용하여야 하는가?

정답은 135면을 보라.

2.2.2 수수료와 중개료

제8조(1)(a)(i)

1. 제1조의 규정에 따라 과세가격을 결정할 때 수입물품에 관하여 실제 지급했거나 지급할 가격에 아래의 금액을 가산한다.
   (a) 구매자가 부담하지만 물품에 대하여 실제 지급했거나 지급할

> 가격에는 포함되어 있지 않은 아래 금액,
> (1) 구매수수료(buying commission)를 제외한 수수료(commission) 및 중개료(brokerage)

국제매매거래에서는 물품 매매과정에서 판매자 또는 구매자를 돕는 하나 이상의 중개인이 관여될 수 있다. 중개인(agents, middlemen, broker라고 부른다)은 매매를 촉진하기 위하여 고객과의 접촉, 물품 마케팅, 매매협상 지원 등 여러 용역을 구매자나 판매자에게 제공한다.

(a) 구매자의 대리인(구매대리인)

- 구매자를 위하여 물품을 모색
- 구매자의 필요를 판매자에게 전달(의사소통)
- 구매자가 조사할 수 있도록 물품의 견본 입수
- 제조 품질을 담보하기 위한 물품/공장 조사
- 구매자를 위한 최선의 가격협상을 조력
- 구매자를 위하여 물품의 운송을 위한 수배를 조력
- 여러 판매자로부터의 선적 물품 묶음
- 구매한 모든 물품의 송장을 준비

(b) 판매자의 대리인(판매대리인)

- 판매자를 위한 고객 물색
- 판매자를 위하여 잠재적 구매자를 발굴하고 주문을 전송
- 판매자의 물품 견본을 보관하고 제시
- 판매자를 위하여 물품의 운송, 보험, 보관을 수배
- 판매자가 수출 문서를 준비하는 작업 조력
- 판매자가 수출 송장을 작성하는 작업 조력

일반적으로 구매자가 수입물품의 구매와 관련하여 중개인에게 수수료 또는 중개료를 지급하면 그 금액을 물품 가격에 가산한다. 하지만 이에 관하여는 중요한 예외가 있다. 즉, 구매자가 자신의 중개인에게 매매를 조력한 대가로 지급하는 구매수수료(buying commission)는 제외된다.[25)]

관세평가협정이 구매수수료를 과세가격에서 제외한 이유는 무엇인가? 구매자가 판매자의 중개인에게 수수료를 지급할 때 그 수수료는 일종의 판매자에 대한 간접적 지급으로 생각할 수 있다. 그 수수료를 지급함으로써 구매자는 (그렇게 하지 않았다면) 판매자가 지급했어야 할 채무를 덜어주는 결과가 된다. 반면, 구매자가 자신의 대리인에게 수수료를 지급할 경우(또는 매매계약을 전적으로 피용자를 통해서 "자체적으로" 체결할 경우) 판매자는 직접 또는 간접의 금전적 이익을 얻지 못한다.

두 번째 논거는 구매수수료를 과세가격에서 제외함으로써 중소기업과 대기업간의 비용을 평준화하는데 기여한다는 것이다. 즉,

---

25) 「원고와 adidas－Salomon International Sourcing Ltd.(이하 'aSIS'라 한다) 사이의 구매대리서비스 계약상 aSIS는 원고가 주문하는 수입 의류 등(이하 '이 사건 제품'이라 한다)에 대한 소유권을 보유하지 않기로 하고, 구매자 선정, 가격결정, 운송 기타 관련 업무에 대한 최종결정권은 원고가 가지기로 약정한 점, aSIS는 구매대리서비스 계약에 정해진 대로 원고에게 제조자를 물색해 주고 원고의 요구사항을 제조자에게 알려주며, 샘플을 수집, 물품을 검수 확인하고 물품의 운송과 관련된 제반 사항을 주선하는 업무를 수행한 점, aSIS가 제조자에게 제품을 주문할 때에도 원고의 주문번호와 고객번호를 명시하였는데 이는 aSIS가 원고의 대리인 자격을 표시한 것으로 볼 수 있는 점, 제조자는 aSIS를 원고의 대리인으로 표시한 송장을 발행한 점, 원고가 aSIS를 통하여 수입한 제품에 대한 하자처리에 있어, aSIS는 원고의 하자처리 요청을 제조자에게 전달하고 원고와 제조자 사이에서 하자처리 과정을 협의하는 역할만을 하고 하자에 대한 책임은 제조자가 부담한 점 등을 종합하여 보면, 이 사건 제품에 대한 매매계약의 당사자는 원고와 제조자이고, aSIS는 이 사건 제품에 대한 원고의 구매대리인이며, 원고가 aSIS에게 지급한 수수료는 구매대리인에게 지급한 수수료에 해당한다」 대법원 2010. 5. 13. 선고 2008두9508 판결(譯註).

대기업인 무역업자는 수출국에 구매목적으로 지사를 설립할 자원을 갖고 있는 반면 중소기업은 현재의 구매대리인을 고용해야 할 가능성이 높다. 그 경우 관세평가협정은 구매대리인에게 지급하는 구매수수료를 제외함으로써 중소기업이 선택한 방식에 대해 불이익을 주지 않으려는 것이다.[26)]

구매대리인과 판매대리인을 어떻게 구별할 것인가? 대리인이 어느 경우에 해당하는지는 수입서류만으로는 분명하지 않을 수 있다. 대리인이 거래에서 맡은 실제 역할을 조사할 필요가 있을 경우가 적지 않다. 거래에서 대리인이 맡은 역할을 입증하기 위하여 세관당국은 수입자에게 중개인의 역할과 책임이 규정되어 있는, 구매자와 중개인 간에 체결된 위임계약을 제시하도록 요구할 수도 있다.

당신이 구매자의 대리인이 아니라는 징표

1. 구매자는 당신의 활동을 통제할 수 없다.
2. 당신은 판매자와 특수관계가 있다(전형적으로 판매자의 특수관계자인 회사는 판매자의 대리인이다).
3. 당신은 독자적인 명의로 활동하고 수입물품의 손실에 따른 위험을 부담한다(당신은 누군가의 대리인이 아니라 독립된 구매자/재판매자일 가능성이 높다).
4. 당신이 판매자와 매매계약을 체결할 때 구매자의 동의를 얻을 필요가 없다(당신은 독립된 구매자/재판매자일 가능성이 높다).
5. 당신은 판매자에게 수수료를 청구한다(당신은 판매자의 대리인일 가능성이 높다).

구매자의 대리인은 판매자나 스스로가 아닌 구매자를 대리하여, 그리고 구매자의 이익을 위하여 행위한다. 따라서 **제8조에 관**

26) WTO, Committee on Customs Valuation, *Minutes of the Meeting of 27 March 2002*, at 18, G/VAL/M/26 (2002. 5. 21.)(일본 대표의 진술). 미국 대표는 미국의 예를 보면 구매대리인이 관여하는 거래의 90퍼센트는 섬유류 수출과 관련된 것으로서 그 수출자의 대다수가 중소기업이라고 진술하였다. *Ibid.*

한 주해는 구매수수료를 “평가대상 물품을 구매할 때 수입자가 그 대리인에게 해외에서 수입자를 대리하는 용역에 관하여 지급하는 보수”로 정의한다. 구매대리인을 구별하는 주요 요소는 구매자가 — 특히 협상과 구매과정에서 — 대리인의 행위를 지배할 수 있는지 여부이다.

결국 관세평가협정은 판매자의 중개인에게 지급한 중개료는 “구매자가 부담하는 범위에서(to the extent incurred by the buyer)”만 과세가격에 가산하여야 한다고 규정한다. 달리 말하면, 판매자의 대리인에게 지급한 수수료는 구매자가 그 금액을 지급한 경우에만 과세가격에 포함된다. 예를 들어 판매자는 거래가 성사되도록 하기 위하여 (본래 구매자가 부담하여야 할) 수수료의 전부 또는 일부를 부담하는데 동의할 수 있다. 그 경우 구매자가 판매자에게 그 지급금액을 보전해 주지 않는다면 그 금액은 과세가격에 포함되어서는 안 된다.

2.2.3 용기(container)와 포장(packing)

> **제8조 제1항** (a)(ii), (iii) 제1조에 따른 과세가격을 결정할 때 수입물품에 관하여 실제로 지급하였거나 지급하여야 할 가격에 다음 금액을 가산한다.
> (a) 구매자가 부담하는 범위에서 물품에 관하여 실제로 지급하였거나 지급하여야 할 가격에 포함되지 않은 다음 금액
> (ii) 관세목적상 해당 물품과 동일체로 취급되는 용기의 비용
> (iii) 노무비 또는 재료비 여부에 관계없이 포장에 소요된 비용

일반적으로 포장 비용은 수입물품의 송장 가격에 포함된다. 시장에서 물품을 살 때 포장된 상태로 단일한 금액을 지급하는 것과 마찬가지이다. 그러나 판매자가 구매자에게 수입물품이 운송되는 용기의 가격에 관하여 별도로 청구할 수도 있다.

제8조는 구매자가 부담하는 "노무비 또는 재료비 여부에 관계없이 포장에 소요된 비용"뿐만 아니라 "관세목적상 해당 물품과 동일체로 취급되는 용기"도 신고된 가격에 가산하도록 규정한다([그림 6]을 보라).

제8조에 규정된 용기의 관세상 취급은 국제적 문서인 국제통일상품분류체계(Harmonized Commodity Description and Coding System)의 품목분류 규칙이다. 위 분류체계는 일반적이고, 재활용할 수 없는 포장은 그 포장에 담겨 있는 수입물품과 동일한 품목으로 분류하도록 규정하고 있다.

포장 비용

재료비	노무비
• 봉투	• 상자 포장
• 사전 성형 플라스틱 포장(blister packs)	• 진공 포장
• 상자 - 소매용 및 수출용	• 선반에 쌓기
• 궤짝	• 환경 개선
• 팰릿(pallets)	
• 버블랩(bubble wrap)	
• 지푸라기	
• 스티로폼 칩	

[그림 6] 포장비용

통일체계(HS: Harmonized System) 용기 분류 규칙

"다음의 물품에 관하여는 앞서의 규정이 적용되는 외에 다음 규칙을 적용한다. …내용물과 함께 제시되는 포장재료와 포장용기는 이들이 그러한 물품의 포장용으로 정상적으로 사용되는 것이라면 그 내용물과 함께 분류한다. 다만, 그러한 포장재료나 포장용기가 명백히 반복적으로 사용하기에 적합한 것이라면 그렇지 않다."

출처: 통일체계(HS) 해석에 관한 통칙(GRI) 5(b)[27]

---

27) 관세법상으로는 「품목분류 적용기준에 관한 고시」의 별표1 HS해설서 통칙

이처럼 통일체계(HS) 규칙이 포장을 물품과 동일한 품목 규정에 따라 분류하도록 한다면 구매자가 구분하여 지급하는 포장 비용은 물품의 과세가격에 가산되어야 한다. 반대로 용기가 재사용한 유형으로서 별도로 분류되어야 하는 것이라면(예를 들어 가스를 운송하는 재사용 가능 금속 실린더), 그 비용은 물품 가격에 가산되지 않는다(그 경우의 용기는 특정 국가의 법령에 따라 그 자체로 평가와 과세의 대상이 될 수 있다).

물론, 용기 또는 포장 비용이 이미 가격에 포함되어 있거나 구매자가 그 비용을 부담하지 않는 경우 앞서 살펴본 이유와 같이 그 비용은 가산하지 않는다.

2.2.4 생산지원(assists)

제8조 제1항 (b) 제1조에 따른 과세가격을 결정할 때 수입물품에 관하여 실제로 지급하였거나 지급하여야 할 가격에 다음 금액을 가산한다.

…

(b) 해당 수입물품의 생산 및 수출을 위한 판매와 관련하여 사용하기 위하여 무료 또는 인하된 가격으로 구매자가 직접 또는 간접 공급한 아래의 물품 및 용역의 가격 중 실제로 지급하였거나 지급하여야 할 가격에 포함되지 않는 범위에서 적절하게 배분한 금액

- (i) 수입물품에 결합되는 재료, 구성요소, 부분품 및 이와 유사한 물품
- (ii) 수입물품의 생산에 사용되는 공구, 금형, 주형 및 이와 유사한 물품
- (iii) 수입물품의 생산과정에 소비되는 재료
- (iv) 수입국 외의 곳에서 수행되고 수입물품 생산에 필요한 기술, 개발, 공예, 디자인, 설계 및 고안

제5호 나목에 규정되어 있다(譯註).

(a) 일반원칙

판매자가 수출물품을 제조하는데 필요한 재료, 도구, "노하우"를 무료로 받은 경우 판매자는 완성된 제품에 관하여 스스로 그 투입물을 스스로 구매하거나 제조하는 경우와 비교하여 당연히 더 낮은 가격을 받아들여야 할(그리고 더 낮은 관세를 지급하여야 할) 입장에 있게 될 것이다.

관세평가협정 **제8조**는 구매자가 특정한 생산 투입물 — 일반적으로 관세용어로 "생산지원(assist)"이라고 한다 — 을 무료 또는 인하된 가격으로 제공한 경우 그 생산지원의 가액은 과세가격의 요소로 포함되어야 한다고 규정한다.

구매자가 무료로 도움을 판매자에게 제공하는 합법적인 이유는 얼마든지 있을 수 있다.

- 예시: 구매자가 완제품이 구매자의 품질 기준을 충족할 수 있도록 외국 생산자에게 부분품 또는 구성품을 제공한다.
- 예시: 구매자가 부분품/구성품을 더 유리한 조건으로 취득할 수 있기 때문에 외국 생산자에게 부분품 또는 구성품을 제공한다.
- 예시: 구매자는 생산자가 드레스 등 의류 제조과정에서 사용하기를 희망하는 디자인을 제공한다.
- 예시: 구매자는 외국 생산자에게 완제품(예를 들어 컴퓨터)에 들어가는 독점품목(예를 들어 컴퓨터칩)을 제공한다.

생산지원은 구매자가 판매자에게 행하는 간접 지급의 일종으로 볼 수 있다. 즉 구매자는 판매자에게 도구, 주형, 디자인 등 수입물품을 생산하는데 필요한 것을 공급하거나 판매자에게 그런 투입물을 구입하도록 별도로 금전을 지급할 수도 있다. 어떤 경우이건 구매자는 판매자가 수입물품을 생산할 때 부담했어야 할 비용이나 채무를 덜어준다. 따라서 관세평가협정은 이러한 생산 투입물의 비용이나 가격을 거래가격에 포함시키도록 규정한다.

일반적으로 수입 관련 생산지원과 관련하여 두 가지 질문에 답을 하여야 한다.

1. 구매자가 생산자에게 제공하는 용역이나 재화가 제8조 생산지원 범주에 속하는지
2. 생산지원에 해당하는 투입과 관련하여 얼마만큼의 금액을 송장가격에 가산하여야 하는가? 달리 말하면, 생산지원의 비용이나 가치는 얼마인가?

(b) 생산지원 — 범주와 조건

(i) 네 가지 생산지원 범주

제8조는 다음과 같이 네 가지 생산지원 범주를 정의하고 있다.

1. 수입물품에 결합되는 재료, 구성요소, 부분품 및 이와 유사한 물품
   예를 들어 원재료(섬유, 금속, 플라스틱 시트, 화학물질 등), 부분품 및 구성품(잠금장치, 전기부품, 자동차 전장품 등) 또는 생산자가 수입물품을 생산하는데 필요한 반제품
2. 수입물품의 생산에 사용되는 공구, 금형, 주형 및 이와 유사한 물품
   구매자가 공급하는 모든 종류의 수공구, 전기공구 및 생산기계류
3. 수입물품의 생산과정에 소비되는 재료
   예를 들어 반도체 생산에 사용되는 화학촉매, 연료, 윤활유 또는 프레온과 같이, 생산과정에 사용되지만 최종 제품에서 식별할 수 없을 수도 있는 (부분품/구성품과 대비되는) 다양한 제품 또는 재료

4. 수입국 외의 곳에서 수행되고 수입물품 생산에 필요한 기술, 개발, 공예, 디자인, 설계 및 고안

이 범주는 판매자가 수입물품을 생산할 수 있도록 구매자가 제공하는 특정한 유형의 "노하우"를 포함한다. 여기에는 생산과정에서 이용되는 제품 사양, 제품 디자인과 시험, 시제품과 모형의 제조, 도판, 청사진, 회로도 및 그 밖의 도안 등이 포함된다.

이 규정이 적용되지 않는 것은 구매자가 판매자에게 제공할 수 있는 기초연구(basic research) 비용이다. GATT 협상자들은 연구(research) 활동의 비용은 제외하고 개발(development) 활동의 비용은 포함시킴으로써 양자를 분명하게 구별하려고 하였다.[28] GATT 사무국은 다음과 같이 설명한다.

> 사무국은 협정의 협상과정의 참석자에게 이 규정과 관련된 기초자의 의도에 관하여 추가로 문의하였다. … 협상자들은 '연구'에 관하여 상세하게 검토하였고 연구를 제8조 제1항 (b)(iv)에서 빼기로 한 결정은 신중한 고려의 결과였다. 그 결정은 다음과 같은 고려에 따른 것이었다. (a) 연구비용을 특정한 수입물품에 배분하는 것은 실질적으로 불가능하다. (b) 연구비용은 일반적으로 일반간접비, 즉 일반경비로서 실제로 해당 물품을 생산한 회계연도가 아니라 해당 비용이 발생한 회계연도에 귀속한다. 이런 고려는 연구가 '실제로 지급하였거나 지급하여야 할 가격'에 포함되지 않았고 일정한 경우 그 비용을 거래가격방법 하에서 물품의 과세가격을 결정하기 위하여 허용되는 조정으로서 '실제로 지급하였거나 지급하여야 할 가격'에 가산하여야 할 것인지 여부를 고려할 때에만 문제된다. 물론 연구비용이 물품의

28) 재무회계의 정의에 따르면 "연구"는 "새로운 과학적, 기술적 지식이나 이해를 얻기 위해 수행하는 독창적이고 계획적인 탐구활동"이고 "개발"은 "상업적인 생산이나 사용 전에 연구결과나 관련 지식을 새롭거나 현저히 개량된 재료, 장치, 제품, 공정, 시스템이나 용역의 생산을 위한 계획이나 설계에 적용하는 활동"이다. 한국채택국제회계기준 제1038호 무형자산 문단 8. 원문은 국제회계기준(IAS) No. 38을 인용하고 있으나 같은 내용의 한국채택국제회계기준을 인용하였다(譯註).

제조원가의 한 요소로서 '실제로 지급하였거나 지급하여야 할 가격'에 이미 포함되어 있는 경우 연구는 거래가격방법 하에서의 과세가격을 구성할 것이다.[29)]

WTO 회원국들은 그 작업이 수입국에서 행하여진 개발, 공학기술, 도판 등의 비용이나 가치를 과세가격에서 제외할 수 있다는 점에 동의하였다. 이 점에서 생산지원은 (지리적 원산지가 중요하지 않은) 다른 가산 요소들과 구별된다.

사례연구

공학기술 및 디자인에 관한 작업이 수입국에서 행하여진 경우 그 비용을 과세가격에서 제외하여야 하는 이유는 무엇인가?

관세평가협정이 수입자가 외국 생산자에게 제공한 생산투입(공구, 부분품, 구성품 그 밖의 재료)의 비용 또는 가격을 과세가격에 포함시키도록 하면서도 수입자가 수입국에서 행한 공학기술 및 디자인 작업의 비용 또는 가격을 제외하도록 한 것은 이상하게 보일 수 있다. 둘 다 수입제품의 생산 비용이고 동일하게 본질적이다.

한 가지 이유는 국가의 관세정책과 관련이 있다. 다수의 WTO 회원국의 관세규정은 국산 재료가 수입물품의 일부를 이루는 경우에 그 비용 또는 가격만큼 관세를 면제한다. WTO 회원국들은 국내 기술 용역의 개발을 촉진하기 위하여 국내 원천 디자인 및 공학기술에 관하여도 수입 과세가격에서 그런 용역의 비용 또는 가격을 면제함으로써 동일한 관

29) Committee on Customs Valuation, The Term "Development" in Article 8.1(b)(iv) of the Agreement on Implementation of Article VII: Note by the Secretariat, VAL/W/24/Rev. 1(1985. 1. 10.). GATT 관세평가위원회는 협상의 연혁을 기초로 "개발"에는 "연구"가 포함되지 않는다는 GATT 회원국들의 합의를 반영한 결정 5.1를 공표하였다. "연구"가 "개발"에 포함되지 않으므로 생산지원 비용에 속하지 않는다 하여 거래가격과 관련이 없다 판단할 수 있다. 연구개발비는 생산자의 입장에서는 그 비용을 회수하여야 하고 물품가격에 반영할 것이다. 그러나 필요에 따라 구매자에게 부담시킬 수 있다. 이런 경우 거래가격의 간접지급으로 물품가격에 포함되어야 한다(譯註).

세상의 취급을 하고자 했을 수도 있다.*

* WTO Committee on Customs Valuation, Minutes of the Meeting of 27 March 2002, G/VAL/M/26(문단 1.24 이하를 보라). 이러한 제외의 경제적 논리가 연장된 논의의 주제로 회의록에서 다루어지고 있다.

(ii) 가격에 가산하기 위한 요건

구매자가 외국 생산자에게 네 가지 종류의 생산 투입 중 하나를 제공하였다면 그 생산지원의 비용 또는 가격은 다음 요건을 충족한 경우에만 가산한다.

1. 지급하였거나 지급하여야 할 금액에 이미 포함되어 있지 않아야 한다.
   수입자가 이미 비용 또는 가격을 세관 신고 금액에 포함시켰다면 가산하지 않는다.
2. 구매자가 무료로 또는 할인된 비용으로 생산지원을 한 경우 할인된 비용으로 생산지원을 하였다면 가산 금액은 할인된 금액의 범위에서 가산한다. 예를 들어 판매자가 공구나 주형을 다른 용도로 사용할 수도 있기 때문에 구매자가 외국 생산자에게 공구나 주형을 할인된 가격에 판매하는 경우(1,000달러짜리를 500달러에) "생산지원"의 금액은 할인된 금액(500달러) 상당액이다.
3. 생산지원은 구매자가 직접 또는 간접적으로 제공한 것이어야 한다.
   예시: 이탈리아 구매자는 캐나다에 소재한 자회사로 하여금 미국 생산자에게 이탈리아로 수출할 트랙터를 생산하는데 사용할 나사못과 볼트를 제공하도록 지시하였다. 이 생산지원은 구매자가 간접적으로 행한 것이다.

4. 재화 또는 용역은 수입물품의 수출을 위한 생산 및 판매와 관련하여 사용되어야 한다.
   따라서 생산에 사용되지 않는 일반용도의 공장과 사무실 설비에 관한 비용 또는 가격은 거래가격에 포함되어서는 안 된다(예: 난방 및 냉방, 사무실 기계류-예컨대, 타자기, 계산기, 복사기-, 지게차, 컨베이어).
   비슷하게, 수입물품을 생산하는데 반드시 필요하지는 않은, 수입 후의 기술적 용역 또는 시장 조사 그 밖에 가격 결정을 위한 목적의 연구 등에 소요되는 비용 또는 가격은 가격에 가산하여서는 안 된다.

위에서 본 네 가지 생산지원 범주는 한정적인 것이다. 즉, 수입자가 외국 판매자에게 제공하는 그 이외의 재화나 용역의 비용 또는 가격은 송장 가격에 포함될 수 없다(물론 제8조의 다른 범주에 해당하지 않아야 한다).

예시: 수입자는 외국 생산자에게 건설 재료를 공급한다. 건설 재료는 수입물품 생산에 사용되지 않기 때문에 관세평가협정의 네 가지 생산지원 범주에 해당하지 않는다. 따라서 건설 재료의 비용 또는 가격은 생산자가 수입자에게 판매하는 물품의 거래가격에 포함되어서는 안 된다.

(c) 생산지원 — 평가와 배분

구매자가 제조자에게 생산지원을 제공한 것으로 확정되면 생산지원의 가치를 반영하기 위하여 일정한 금액을 해당 물품 가격에 가산하여야 한다. 이 과정에는 다음의 두 가지 측면이 관련되는 경우가 많다. 즉, (i) 생산지원에 관하여 정확한 통화가치를 할당하는 것과 (ii) 제조자가 생산지원을 받아서 제조한 제품에 그 가치를 배분하는 것이 그것이다.

(ⅰ) 생산지원에 관한 평가

생산지원에 관하여 정확한 가격을 배분하는 작업은 전적으로 수입자가 생산지원을 어떻게 취득하였는지에 좌우된다.

- 생산지원을 수입자와 특수관계 없는 판매자로부터 취득하는 경우 생산지원의 가격은 취득가액(예컨대, 판매대금)이다.
- 수입자가 생산지원을 스스로 생산하였거나 특수관계자을 통하여 생산하였거나 특수관계에 있는 공급원으로부터 구매한 경우 제조원가를 가격으로 한다.

생산지원의 가치가 취득가액에 의해 결정되건 혹은 제조원가에 의해 결정되건 여기에는 환급되지 않는 모든 조세 및 수입물품의 생산지까지 소요되는 운송비를 포함하여야 한다. 이 지침은 포괄적이어서 여러 의문사항에 관하여는 다루고 있지 않다. 예를 들면 다음과 같은 사항이 문제될 수 있다.

문. 구매자가 이전에 다른 작업에 사용한 설비를 생산자에게 공급하면 어떻게 처리하는가?

답. 수입자가 중고 공구, 금형 또는 주형을 판매자로 하여금 제조에 사용하도록 하기 위해 발송한 경우, 장비의 가격은 본래의 취득가액이나 제조원가에서 사용분을 반영하여 감액조정한 금액으로 한다.

문. 구매자가 생산자에게 공급한 장비를 임대하였다면 어떻게 해야 하는가?

답. 생산지원의 가격은 리스 혹은 임대비용이다.

문. 구매자가 생산자에게 무상으로 송부하기 전에 공구를 수리하거나 맞춤화하였다면 어떻게 해야 하는가?

답. 생산지원이 수리되거나 변경된 경우, 가격은 해당 수리 또는 변경 비용을 반영하여야 한다.

문. 구매자가 공연(公然)히 실시되고 있는 디자인 도면을 단순히 복사한 경우에는 어떻게 해야 하는가?

답. 디자인 도면에 관한 지적재산권이 소멸한 경우 그 가격은 복사본을 얻기 위한 비용으로 한다.

문. 구매자가 판매자에게 디자인 작업을 제공하였지만, 그 디자인 작업의 일부는 수입국에서 행해지고 나머지 일부는 그 밖의 국가에서 행해졌다면 어떻게 해야 하는가?

답. 해당 요소의 생산이 일정 기간 동안 여러 국가와 관련되어 있는 경우, 수입국이 아닌 국가에서 부가된 가치에 한정하여 조정한다.

(ii) **배분**

구매자가 공급하는 공구, 설비 그 밖의 생산지원은 생산자가 수백 개 이상 단위의 수입제품을 생산하는데 사용된다. 생산자는 그 일부분은 구매자에게 발송하고 나머지는 보관하면서 자신의 시장에서 판매하거나, 다른 국가의 고객에게 발송할 수 있다.

이 경우에 "배분"의 문제가 발생한다. 생산지원의 가치를 생산자의 생산 전체에 걸쳐서 합리적인 방법으로 할당(allocate)하여야 한다. "합리적인" 할당에는 다음의 사항을 포함할 수 있다.

- 최초로 수입되는 선적분에 생산지원의 모든 비용을 할당
- 최초 선적할 때까지 생산된 단위 수량에 관하여 생산지원의 모든 비용을 할당
- 예상되는 생산량에 관하여 생산지원의 모든 비용을 할당. 할당 방법은 일반적으로 다음의 조건을 충족하면 수입자가 요청한 방법에 따른다.
  - 배분방법은 일반적으로 인정된 회계원칙(GAAP)에 부합하고
  - 수입자는 필요한 경우 그 방법을 정당화할 수 있는 증빙서류를 제출할 수 있다.

지식점검

생산지원의 배분

질문 이탈리아의 수입자는 미국 생산자에게 스포츠카 제조에 필요한 특수공구를 제공한다. 이탈리아의 수입자는 그 공구를 이탈리아에 있는 전문점으로부터 1,000달러에 구매하여 미국의 생산자에게 무상으로 인도하였다. 그 공구의 내용연수는 자동차 40대 생산분이다.

미국의 생산자는 그 공구를 사용하여 자동차 40대를 생산한다. 위 생산자는 그중 20대의 자동차는 이탈리아로 선적하고 나머지 20대는 캐나다에 소재한 이탈리아 수입자의 자회사로 선적할 계획이다.

첫 번째 선적분인 5대가 이탈리아에 도착하였다면 수입자는 이탈리아 세관당국에 과세가격을 얼마로 신고하여야 하는가?

정답은 136면을 보라.

(d) 사용료(royalty) 및 라이선스료

제8조 제1항 (c)

1. 제1조에 따른 과세가격을 결정할 때 수입물품에 관하여 실제로 지급하였거나 지급하여야 할 가격에 다음 금액을 가산한다.

   …

   (c) 평가대상 물품과 관련되고 평가대상 물품의 판매조건으로 구매자가 직접 또는 간접으로 지급하여야 하나 실제로 지급하였거나 지급하여야 할 가격에는 포함되지 않은 사용료 및 라이선스료

제8조는 구매자가 수입물품의 판매조건으로서 지급하는 사용료 및 라이선스료를 거래가격에 포함시키도록 규정하고 있다.[30)]

---

30) 대법원은 일련의 판결에서 국제마케팅비가 상표권 및 이와 유사한 권리의 사용대가에 해당한다고 보았다. 대법원 2016. 8. 30. 선고 2015두52098 판결; 대법원 2017. 10. 12. 선고 2017두44879 판결(譯註).

"사용료 및 라이선스료"라는 문구는 일반적으로 특허, 영업비밀, 상표 또는 저작권과 지적재산권을 사용하는 권리의 대가로서 지급되는 금액을 말한다.31) 프랜차이즈 또는 독점적 마케팅 권리와 같은 다른 무형자산에 관한 권리에 대해서도 사용료나 라이선스료가 지급될 수 있다. 사용료 또는 라이선스료는 권리사용자가 생산, 판매 또는 사용한 특허(또는 상표나 저작)의 수량이나 권리사용자가 판매를 통해 거둔 이익에 대한 비율로 계산되는 경우가 적지 않다.

지적재산권에 관한 추가정보는 WTO 웹사이트(www.wto.org/english/tratop_e/trips_e/trips_e.htm)의 지적재산권 게이트웨이 페이지에서 찾아볼 수 있다.

관세평가의 쟁점은 이러한 사용료 또는 라이선스료를 수입 거래와 관련하여 지급할 경우에 발생한다. 예를 들어, 구매자는 특정한 지리적 지역 내에서 수입물품을 판매하고(또는 판매하거나) 수입물품에 판매자의 상표를 사용할 수 있는 독점적 권리의 대가로 수수료를 지급할 수 있다. 또는 구매자는 판매자로부터 수입된 발명품을 사용하는 권리에 관하여 사용료를 지급할 수 있다.

조금 더 까다롭고 종종 일어나는 사례로 구매자가 권리허여자로부터 수입한 원재료 또는 부분품을 일부 또는 전부 사용하여 완제품을 생산하거나 판매하는데 필요한 특허나 노하우에 관한 라이선스료를 지급하는 경우이다.

지적재산권 라이선스 계약

- **특허권 라이선스**: 제약회사는 외국회사에게 외국시장에서 의약품을 판매하기 위해 특허 공정에 따라 의약품을 생산할 수 있는 권리를 허여할 수 있다. 외

31) 제8조에 관한 주해는 다음과 같다: "제8조 제1항 (c)에 규정된 사용료 및 라이선스료에는 특히, 특허권, 상표권 및 저작권에 관한 지급이 포함될 수 있다."

국회사는 그 대가로 판매이익의 3%를 사용료나 수수료로 지급하는데 동의한다.

- **상표권 라이선스**: 같은 제약회사는 추가로 사용료를 지급받은 대신 외국회사에게 잘 알려진 그 제약회사의 상표로 의약품을 판매할 수 있는 권리를 허여할 수 있다.
- **저작권 라이선스**: 저술, 기록 또는 영화의 저작권자는 외국회사에게 그 외국회사가 사업활동을 하는 외국시장에서 그 저술, 기록 또는 영화를 복제하고 판매할 수 있는 권리를 허여할 수 있다.

부속서 III 제7항의 거래가격 정의에 따르면 "수입물품의 판매조건으로 구매자가 판매자에게, 또는 구매자가 판매자의 의무를 이행하기 위하여 제3자에게 실제로 행하였거나 행할 모든 지급"은 물품의 가격을 구성하는 것으로 본다. 따라서 사용료 또는 라이선스료에 관하여 제기되는 관세평가 문제는, 사용료 또는 라이선스료가 [수입물품의 소유권과는 별개로, 소유권에 부가되는 진정한 권리(bona－fide right)와 달리] 실제로 구매자가 해당 물품 자체에 대하여 지급하는 대가[32]의 일부인지 여부의 문제이다.

이러한 질문을 해결하기 위하여 **제8조**는 구매자가 지급하는 별도의 사용료 또는 라이선스료가 과세가격에 가산되려면 충족되어야 하는 세 가지 조건들을 규정하고 있다.[33]

(i) 조건 1: 지급은 "평가 대상인 물품과 관련하여" 행해져야 한다.

사용료 또는 라이선스료는 수입물품과 반드시 관련되어야 한다. 만약, 수입물품이 그 자체로 라이선스의 대상인 경우 그 지급

32) 원문은 consideration이라고 하는 영미계약법상의 용어로서 엄밀하게 번역하자면 약인(約因)으로 번역하는 것이 맞겠지만 문맥에 맞게 번역하였다(譯註).

33) 대법원 1992. 7. 14. 선고 91누10763 판결은 사용료 또는 라이선스료의 관련성과 거래조건에 관한 입증책임은 과세관청에게 있다고 한다(譯註).

은 명백히 "평가 대상인 물품과 관련된다." 예를 들어, 수입물품 자체가 라이선스를 받은 상표를 부착하거나 라이선스를 받은 특허나 노하우를 사용하여 생산된 경우, 사용료는 "평가 대상인 물품과 관련된" 것이다.

수입물품이 수입국에서 추가적으로 제조, 조립 또는 혼합되고, 사용료는 완제품이 판매되었을 때 지급된다면 조금 더 까다로운 문제가 될 수 있다.

예를 들어, 라이선스 권리자로부터 수입한 특허 활성원료를 사용하여 수입국에서 제조되거나 판매된 정제 의약품의 단위 수량을 기준으로 사용료를 지급하는 경우가 있을 수 있다. 그런 경우 사용료와 수입물품과의 관계를 결정하기 위하여 라이선스 계약과 판매계약을 면밀하게 검토할 필요가 있다. 가공작업이 수입물품의 본질을 바꾸는 경우 완제품에 관하여 지급한 사용료는 더 이상 "평가 대상인 물품과 관련된다"고 말하기 어렵고 새롭고 이질적인 제품에 관하여 지급한 것이라고 보아야 한다.

사용료가 평가 대상 물품과 관련이 있는가?

긍정	부정
구매자는 수입국에서 주스를 생산하면서 판매자에게 주스 한 상자당 사용료를 지급한다. 그 주스는 구매자가 판매자로부터 구입한 특허 농축액을 물로 단순 희석하여 생산한다.	세관은 관세조사과정에서 세관은 구매자가 수입국에서 국산 및 수입 부품을 사용하여 자동차 엔진을 생산하는데 필요한 노하우에 관하여 사용료를 판매자에게 지급한다는 사실을 확인하였다. 세관은 이 사용료가 자동차 생산을 위하여 구매자가 판매자로부터 수입하는 호스의 가격에 가산되어야 하는지 여부를 검토하고 있다.

결론: 사용료는 수입된 농축물과 관련이 있다.	**결론**: 사용료는 수입된 부품이나 재료와 관련된 것이 아니고, 수입국에서 만들어지는 완제품과 관련이 있다.
세계관세기구(WCO) 권고의견 4.4 참조	미국 세관 결정(US Customs Ruling) 547761 (2002. 3. 14.)

주해는 거래가격에 가산되지 않은 지급의 유형 중 하나를 다음과 같이 확인하고 있다. "수입국 내에서 수입물품을 재현생산하는 권리의 비용은 가산되지 않는다."[34)][35)] 이는 수입자가 (수입한 시제품을 사용하여 물품을 국내 생산하는 경우와 같이) 원본의 개념이나 아이디어를 다른 물품으로 재현하는 권리뿐만 아니라 (수입한 마스터 오디오 또는 비디오 테이프의 복사와 같이) 원본을 복사하는 권리에 관하여 비용을 부담하는 경우에 적용될 수 있다.[36)] 이러한 유형의

34) 제8조에 관한 주해 제1항(c)호 1(譯註).

35) 대법원 1998. 8. 21. 선고 97누13115 판결은 수입회사가 모회사로부터 컴퓨터 소프트웨어가 수록된 전달매체를 수입하면서 위 소프트웨어를 재사용허가할 독점적 권리를 취득하고 국내에서 소프트웨어 제품을 판매하는 데 필요한 부속물품과 정보를 공급받는 대가로 고객에게 청구한 금액의 40%를 로열티로 지급하기로 약정한 경우, 위 로열티에는 소프트웨어 사용대가 외에 부속물품, 정보 등의 대가가 포함되어 있고 소프트웨어를 고객의 컴퓨터에 설치해 주고 받은 대가는 이른바 재현생산권의 대가로서 수입물품의 과세가격에 포함될 수 없다고 판시하였다.

또한 대법원 2020. 2. 27. 선고 2018두57599 판결은 영상물 방영권이 관세법상 재현생산권에 해당한다고 보아 그 라이선스료는 수입물품의 과세가격에 포함될 수 없다고 보았다(譯註).

36) 이것이 미국 관세 당국의 해석이다. 예를 들어 아래와 같다.
재현생산권은 아이디어나 원작이 수입상품에 결부되어 있거나 반영되어 있고 수입상품을 이용하여 그 아이디어나 작품을 다른 제품으로 재현생산할 수 있는 권리가 유보되어 있음을 의미한다. 재현생산권의 개념은 다음 유형의 상품과 같은 종류의 상품에만 관련이 있다. 즉, 예술 작품 또는 과학적 성과물의 원본 또는 사본, 모형 및 산업 도면의 원본 또는 사본, 모형 기계와 시제품, 식물과 동물의 종.

19 C.F.R. Sec. 152.103조(h)(2009) 참조. 세계관세기구(WCO) 기술위원회

사안에서 그런 지급액은 수입물품에서 연원이 된 것이 아니라 그 이외의 물품(수입된 원본에서 "재현생산된" 물품)에서 연원이 된 것이라고 할 수 있다.

(ii) 조건 2: 구매자가 판매조건으로서 직접 또는 간접으로 지급하여야 한다.

다음 질문에 관하여 반드시 답변이 되어야 한다. 구매자가 사용료를 지급하지 않고도 수입물품을 구매할 수 있는가? 구매할 수 없다면 사용료는 **해당 물품에 관하여** 지급된 것이며 가격에 가산되어야 한다.[37)]

예를 들어, 판매 및 라이선스 계약의 조건에 사용료가 지급되지 않는 경우 판매자의 물품 인도 의무가 종료된다는 명시적인 규정이 있다면 이 질문에 관한 직접적인 대답이 될 수 있다. 그러나 계약의 조건이 결정적이지 않을 가능성이 더 높으며, 물품의 판매가 사용료지급을 조건으로 하는지 여부를 결정하기 위하여는 거래를 둘러싼 모든 사실과 상황에 대한 조사가 필요할 것이다.

질문에 대한 대답은 관련된 지적재산권의 유형뿐만 아니라 해당 지급이 판매자 또는 제3자에 지급되는지 여부에 따라 달라질 수 있다. 예를 들어, 수입물품의 제조에 필요한 특허권에 관하여 사용료가 지급되는 경우, 특허수수료가 지급되지 않으면 물품이 생산되어 구매자에게 수출될 수 없기 때문에 판매의 조건일 가능성이 높다.

의 예해 19.1도 결론적으로는 비슷하다.

37) 대법원 2016. 10. 27. 선고 2014두13362 판결은 구매자와 판매자 사이의 직접적인 약정에 따라 구매자가 판매자 아닌 자에게 권리사용료를 지급하는 경우가 아니더라도, 구매자, 판매자 및 권리보유자 사이의 관계와 그들 사이의 관련 약정의 내용 등에 비추어 볼 때 구매자가 판매자 아닌 자에게 권리사용료를 지급하지 않으면 판매자로부터 수입물품을 구매할 수 없는 경우에는 특별한 사정이 없는 한 권리사용료가 수입물품의 거래조건으로 지급되는 경우에 해당한다고 판시하였다(譯註).

반면, 수입 후 물품의 마케팅 또는 유통과 관련된 권리에 대한 지급은 과세가격에서 제외될 수 있다. 제8조 제1항 (c)에 관한 주해는 다음과 같이 제안하고 있다:

> 수입물품을 공급(유통)하거나 재판매하는 권리에 대한 구매자의 지급은, 그러한 지급이 수입물품을 수입국으로 수출하기 위한 판매의 조건이 아니라면, 수입물품에 대하여 실제로 지급하였거나 지급하여야 할 가격에 가산되지 않는다.

이 시나리오에서, 구매자는 특정지역 내에서 물품을 독점적으로 유통하는 권리의 대가로 수수료를 지급할 수 있다. 또는 구매자는 수입국에서 물품의 재판매와 관련하여 상표를 사용하는 권리에 관하여 (수수료를) 지급할 수도 있다.

수수료 또는 사용료는 수입 이후에 물품을 재판매할 수 있는 권리와 관련이 있기 때문에 구매자는 사용료를 지급하지 않고도 판매자로부터 물품을 수입할 수 있다.

언제나 그렇듯이, 이 결론은 특정한 사안의 사실관계에 달려있다. 만약 라이선스 권리자가 특수관계에 있지 않은 제3자인 경우 그 지급은 판매조건이 아닐 가능성이 높다. 만약 라이선스 권리자가 판매자이거나 판매자와 특수관계에 있는 경우, 사용료의 지급과 물품의 양도 사이에 의존성이 있을 가능성이 더 높다. 이러한 경우 라이선스 권리허여자는 구매자가 (사용료를) 지급을 하지 않는다면 판매를 금지할 수 있는 위치에 있을 수 있다.

(iii) 조건 3: 지급한 금액이 이미 실제로 지급하였거나 지급하여야 할 가격에 포함되어 있지 않다.

이 조건은 제8조의 모든 가감조정에 적용되는 일반적인 조건을 반복하는 것이다. 즉, 동일한 지급금액이 과세가격에 두 번 포함되어서는 안 된다는 의미이다.

지식점검

사용료 및 라이선스료

질문 1 한 영국 회사는 미국 회사에 자신이 특허받은 자동차 스위치기어를 생산, 사용, 판매할 수 있는 독점 라이선스를 허여한다. 미국 회사는 그 대가로 미국에서 생산하여 판매하는 스위치기어의 판매 순수익의 50%에 해당하는 사용료를 지급하기로 합의한다. 영국 회사는 미국 회사의 생산을 돕기 위하여 자동차 스위치기어의 모델 또는 시제품 뿐만 아니라 기술정보 및 설명을 제공한다.

수입자는 이 시제품을 미국으로 수입할 때 지급하였거나 지급하여야 할 가격에 해당 사용료를 포함하여서는 안 된다고 주장한다. 그 주장은 타당한가?

질문 2 한 미국 회사는 캐나다 연구회사의 특허권에 관한 사용을 허여받아 의약품을 생산한다. 이 미국 회사는 완제품 상태의 의약품을 이탈리아 회사에 판매한다. 판매가격에는 사용료가 포함되어 있지 않지만, 미국 회사는 이탈리아 회사에게 특허권자인 캐나다의 연구회사로 직접 수수료를 지급하도록 요구한다. 이 의약품을 이탈리아로 수입할 때 세관은 사용료를 판매가격에 가산하여야 하는가?

질문 3 한 이탈리아 기업은 미국 생산자로부터 축음기용 음악연주의 녹음을 구매한다. 그 녹음은 캐나다 음악가의 연주이다. 이탈리아 기업이 이탈리아에서 녹음을 재판매할 때 이탈리아 법은 캐나다 음악가에게 판매가격의 3%에 해당하는 사용료를 지급하도록 규정하고 있다. 그 지급금액은 생산자에게는 직접 또는 간접적으로 귀속되지 않고 미국 생산자도 그 금액의 지급을 수출판매의 조건으로 삼지 않았다. 세관은 이탈리아 기업이 녹음을 수입한 대가로 지급한 금액에 사용료 지급금액을 가산하여야 하는가?

정답은 136면을 보라.

2.2.5 사후귀속이익(PROCEEDS)

> **제8조 제1항 (d)**
> 1. 제1조에 따른 과세가격을 결정할 때 수입물품에 관하여 실제로 지급하였거나 지급하여야 할 가격에 다음 금액을 가산한다.
>   …
>   (d) 해당 수입물품을 추후에 재판매, 처분 또는 사용하여 생긴 수익금(proceeds, 사후귀속이익) 중 판매자에게 직접 또는 간접으로 귀속되는 부분의 가치

제8조는 판매자에게 귀속되는 수입물품의 재판매 또는 사용과 관련된 모든 사후귀속이익을 거래가격에 포함시키도록 한다.[38)]

이러한 "사후귀속이익"이란 무엇인가? 사후귀속이익은 구매자가 물품의 수입 이후 물품을 재판매, 처분 또는 사용하여 실현한 수익 또는 이익의 일부를 판매자가 받는 거래에서 발생한다.

사후귀속이익 대(對) 위탁판매

거래가격은 수출판매를 필요로 하기 때문에 물품이 위탁판매(consignments)로 수입되는 경우에는 거래가격을 사용할 수 없다는 점을 기억하여야 한다.

사후귀속이익이 관련된 거래에서, 그 수입자는 수탁인이 아니라 수입물품을 구매하여 그 권리를 취득한다. 거래당사자들은 수입물품을 재판매, 유통, 또는 사용함으로써 수익이 발생하는 시점까지 구매가격의 전액의 지급을 연기하기로 합의한 것에 불과하다.

이것은 예를 들어, 수입물품이 신제품이거나 실험적이어서 시

38) 수입물품 그 자체의 판매에 따른 수익금액 중 판매자에게 귀속되는 금액뿐만 아니라 수입물품을 가공하거나 이를 원료로 사용하여 만든 제품의 판매에 따른 수익금액 중 판매자에게 귀속되는 금액도 그것이 수입물품에 대한 대가로서의 성질을 갖는 경우에는 사후귀속이익에 포함된다고 봄이 타당하다. 대법원 2012. 11. 29. 선고 2010두14565 판결(譯註).

장가격이 형성되지 않은 경우, 또는 판매자가 구매자의 현금흐름상의 어려움을 덜어주려는 경우에 발생할 수 있다. 흔히 사용되는 경우는 비디오 대여사업에서이다. 영화의 구매가격은 매우 높고 대여료는 낮으며 소비자들 사이에서 영화가 인기를 끌 것인지 여부는 불분명하기 때문이다. 동기가 무엇이건 사후귀속이익도 물품 가격의 일부를 구성한다는 점에서는, 구매자가 물품의 대금을 선급금으로 일시에 지급하기로 합의하는 것과 다르지 않다.

사후귀속이익은 수입물품과 직접적인 관련 없이 구매자가 판매자에 지급하는 배당금이나 그 밖의 지급과 혼동되어서는 안 된다.

배당금은 특정 제품의 판매에 따라 실현된 이익이라기보다는 특정회사가 실현한 전반적인 이익에 관하여 지급되는 금액이다.

사후귀속이익이 관련된 거래에서의 실무적인 어려움은, 물품이 수입되고 국내 판매를 위하여 세관에서 반출된 후 일정한 시간이 지나기까지는 이러한 종류의 지급금을 알 수 없다는 점이다. 아래 4.2에서 보는 바와 같이 세관 통관을 위해 물품이 제시된 시점에서 세관이 최종적인 평가를 결정할 수 없는 경우 관세평가협정 **제13조**는 수입자가 사후적으로 평가가 완료된 시기에 납부하여야 할 관세의 납부를 보증하는 조건으로 (세관이) 물품을 수입자에게 반출하여 주도록 규정하고 있다.

사후귀속이익을 수반하는 거래는 최종 평가를 뒤로 미룰 수 있도록 "조건부 반출" 절차가 사용되는 전형적인 예이다.

그러나 "세관이 수입 후에 과세가격을 확정하는데 필요한 정보를 받기 위해 얼마나 기다려야 하는가?"라고 하는 문제가 제기될 수 있다. 그에 대한 답은 물품의 재판매, 사용 또는 처분이 국내법에서 정해 놓은 최종 평가의 지연기한 내에 이루어지는지 여부에 달려있다.

국내입법—사후귀속이익

예: 어떤 구매자는 신제품을 수입하기로 계약한다. 궁극적으로 제품이 미국에서 판매될 것인지 여부를 알 수 없으므로 구매자는 판매자에게 처음에는 단위 당 1달러를 지급하고 미국에서 판매되는 단위마다 추가로 1달러를 지급하기로 합의한다. **미국에서의 재판매 가격이 합리적인 기간 내에 결정될 수 있다고 가정하면 각 단위당 거래가격은 2달러이다. 그렇지 않다면 충분한 정보가 부족하기 때문에 거래가격을 결정할 수 없다.**

자료: 미국 관세 규칙[19 C.F.R. 152.103(g)](강조는 저자)

WTO 관세평가협정 **제8조 제3항**에서 규정하고 있는 바와 같이 사후귀속이익의 조정은 객관적이고 수량화될 수 있는 정보를 근거로 하여서만 행해질 수 있다. 만일 연장된 기간 내에—또는 전혀—그런 정보를 확인할 수 없다면 거래가격방법을 사용할 수 없고 다음 순서의 평가방법을 검토하여야 한다.

지식점검

사후귀속이익

질문 1 한 이탈리아 회사는 미국 제조자로부터 의약품을 구매한다. 그 이탈리아 회사는 미국 생산자에게 수입시 제품에 관하여 10,000달러를 지급하고 수입 후 1년 동안 이탈리아에서 수입물품에 관하여 실현된 총 매출이익의 5%를 추가로 지급하기로 합의한다. 5%의 추가지급은 해당 물품의 가격(10,000달러)에 가산되어야 하는가? 이러한 종류의 거래에서 어떤 문제가 예상되는가?

질문 2 그 이탈리아 회사는 미국 제조자의 자회사이다. 회계연도 말에 이탈리아 회사는 해당 1년 동안 실현한 순이익의 75%를 미국 회사로 송금한다. 거래가격을 계산하려면 그 금액을 의약품 가격에 가산하여야 하는가?

정답은 137면을 보라.

2.2.6 국제운송비용

> **제8조 제2항** 각 회원국은 법규를 제정할 때 다음의 전부 또는 일부를 과세가격에 포함할지 또는 제외할지를 내국법에 규정하여야 한다.
> (a) 수입항 또는 수입 장소까지의 수입물품 운송비용
> (b) 수입항 또는 수입 장소까지의 수입물품 운송과 관련되는 적하비, 양하비 및 취급수수료, 그리고
> (c) 보험료

관세평가협정은 WTO회원국들에게 국제운송비용, 관련된 적하비, 취급수수료 및 보험료의 일부 또는 전부를 과세가격에 포함시키거나 제외할 수 있는 선택권을 주고 있다.[39] 대부분의 회원국은 이러한 운송비용을 과세가격에 포함시키는 방안을 선택했다. 관세평가협정은 어떤 선택을 하던지 그 선택을 내국의 입법에 분명히 반영할 것을 요구한다.

관세평가에서의 "더 높은 통일성"을 증진하는 것을 목표로 하는 관세평가협정이 회원국들에게 운송비용을 각기 다르게 취급할 수 있도록 허용하는 것은 이상하게 보일 수 있다. 이러한 변칙이 채택된 이유는 WTO 회원국들이 그 이전 평가 제도하에서의 운송비용에 관한 취급을 관세평가협정으로 옮겨오고자 하였기 때문이다.[40]

---

39) 과세가격의 가산요소가 되는 운임은 화주가 계약자유의 원칙에 따라 운송계약에서 운송인에게 운송의 대가로 지급하기로 약정한 보수로서, 화주가 운송인에게 실제로 지급하는 금전뿐만 아니라 금전적 가치를 가지는 현물도 포함된다. 대법원 2016. 12. 15. 선고 2016두47321 판결(譯註).

40) "또한 우리는 현재 일부 시스템은 C.I.F. 개념을, 다른 일부는 F.O.B. 기준을 기초로 한다는 점을 인식하고 있다. 단일한 접근방법을 확립하는 것이 바람직한 것은 분명하지만 각각 독특한 기준인 F.O.B나 C.I.F 중 어느 하나로 합의할 수 있을 것 같지 않다. 따라서 우리는 C.I.F 기준을 적용하고자 하는 국가를 위하여 운송비용이 이미 물품 가격에 포함되지 않았다면 운송비용을 가산할 수 있도록 하는 규정을 두었다." GATT Multilateral Trade Negotiations Group "Non-Tariff Measures" Sub-Group "Customs Matters," *Statement*

1.2에서 다룬 관세협정의 역사에 관한 논의에서 본 바와 같이 GATT 평가규정 채택 이전에 브뤼셀가격정의를 적용하던 90개국 이상이 과세가격에 국제운송비용을 포함한 반면, 미국, 호주, 뉴질랜드를 포함하여 소수이지만 매우 중요한 국가들은 F.O.B.를 기초로 한 평가체계를 사용하였다.[41)]

포함될 수 있는 운송 및 관련비용은 "수입항 또는 수입장소까지의 … 비용"이다.[42)][43)][44)] WTO 회원국들은 "수입장소"의 의미를 스스로 자유롭게 정의할 수 있다. 예를 들어 어떤 국가는 수입지점(importation point)을 물품이 처음으로 국경을 넘는 토지의 경계선으로 정의할 수 있는데 이 경우 국경에서 양하장소 또는 첫 세관이 위치한 장소까지의 운송비용은 제외된다.

Made by the Commission on the European Communities at the Meeting of the Sub-Group of November 15, 1977, MTN/NTM/W/126 (1977. 11. 21.).

41) 위 제1장의 주36 참조.

42) 과세관청이 운송계약에서 정하거나 운임명세서 등에 기재되어 있지 않은데도 운임이라고 인정하고 이를 수입물품의 과세가격에 가산하여 조정하려면 과세관청이 그러한 운임이 발생하였다는 점과 그 금액을 증명하여야 한다. 대법원 2016. 12. 15. 선고 2016두47321 판결(譯註).

43) 1. 운임용선계약에서 이른바 공적운임(空積運賃)은 용선자가 해당 선박에 선적하여야 할 책임이 있는 적하량의 최저한을 채우지 못한 경우에 운송자에게 부담하는 금원으로서 그 실질은 운임이 아니라 손해배상이라 할 것이므로, 공적운임은 다른 특별한 사정이 없는 한 수입물품의 거래가격을 신고할 때 가산하여야 할, 같은 호 소정의 "운임·보험료 기타 운송에 관련되는 비용"에는 포함되지 아니하는 것으로 보아야 한다. 대법원 1994. 11. 25. 선고 93도3274 판결(譯註).

2. 원고의 수입물품인 액화천연가스를 선박으로 운송하는 과정에서 기화천연가스를 수송선의 연료로 사용하여 결과적으로 운송원가가 낮아지는 효과가 발생하였지만, 이러한 점만으로는 원고가 운임의 일부를 금전을 대신하여 현물로 지급한 것으로 볼 수 없다. 따라서 기화천연가스 가액은 이 사건 운송계약에 따른 운임에 해당하지 않는다. 대법원 2016. 12. 15. 선고 2016두47321 판결(譯註).

44) 선적항에서의 체선료는 다른 특별한 사정이 없는 한 수입물품의 거래가격을 신고할 때 가산하여야 할 '운송에 관련되는 비용'에 포함된다. 대법원 1994. 11. 25. 선고 93도3274 판결(譯註).

혹은 수입항 또는 수입장소를 물품을 최초로 신고하는 내국 세관지(Customs point)로 함으로써 국경으로부터의 내륙운송비용이 과세가격에 포함되게 될 것이다.

어떠한 경우이건 관세평가협정은 수입지점 또는 수입장소 — 각 국가가 수입지점 또는 수입장소를 어떻게 정의하는지와 무관하게 — 이후의 운송과 관련된 비용은 물품의 가격과 구별될 수 있다면 과세가격에서 제외되어야 한다는 점을 분명하게 하고 있다.

지식점검

운송비용

질문 판매자가 구매자에게 무료로 운송을 제공하는 경우에도 운송비용을 과세가격에 포함시켜야 하는가?

정답은 138면을 보라.

2.2.7 그 밖의 가산 불허

이 장에서 설명된 제8조의 가산항목 — 판매수수료, 생산지원, 사용료 및 사후귀속이익 등 — 은 한정적 열거이다. 즉, 제8조에 규정된 지급 및 비용항목만이 물품에 관하여 지급하였거나 지급하여야 할 가격에 가산될 수 있다.

제8조 제4항

4. 과세가격을 결정할 때 실제로 지급하였거나 지급하여야 할 가격에는 이 조에서 규정한 것 외에 어떠한 것도 가산되어서는 안 된다.

그러나 이 규정은 다음과 같이 앞의 2.1에서 논의한, 관세평가협정에 따른 "지급하였거나 지급하여야 할 가격"에 관한 확장된 정의(定義)의 맥락에서 이해하여야 한다. 그 내용은 다음과 같다.

> 수입물품의 판매조건으로서 구매자가 판매자에게, 또는 구매자가 판매자의 의무를 이행하기 위하여 제3자에게 실제로 지급하였거나 지급하여야 하는 모든 지급

이 정의에 따라 구매자가 행하는 모든 지급은, 해당 수입물품의 판매조건으로 볼 수 있다면 "가격에 관한 가산항목"이 아니라 거래가격 그 자체이다.

제8조 제4항에 의해 거래가격에서 제외되도록 의도된, 구매자가 제공하는 추가적인 지급이나 용역은 무엇인가? 관세평가협정의 협상 연혁을 보면 단서를 발견할 수 있는데, 이는 제8조의 가산항목을 확대하려는 다양한 제안이 있었지만 궁극적으로는 GATT 당사국들이 거절하였다는 것이다. 제8조의 가산항목으로서 제안되었지만 거절된 사항들은 다음과 같다.

- 구매자가 수입국 내에서 행하는 광고
- 구매자가 수입국 내에서 제공하는 하자 보증 및 보증 서비스
- 구매자가 판매자에게 제공하는 자동정보분석(ADP) 또는 회계 서비스
- 수출국 내에서의 물품의 보관비용[45)]

일부 WTO 회원국들은 구매자가 제공하는 위와 같은 용역에 관한 비용은 거래가격에 가산될 수 없다고 국내법령에 명시적으로 규정하기도 한다.[46)]

---

45) GATT Multilateral Trade Negotiations Group "Non−Tariff Measures" Sub−Group "Customs Matters," *Customs Valuation* - Revision, MTN/NTM/W/175/Rev.1 (1978. 11. 6.)(개정 협상 본문).

46) 예를 들어 유럽관세법은 구매자가 행하는 "대상 물품의 판매를 광고하고 촉진하는데 관련되는 모든 활동과 그 물품을 보증 또는 보장하는데 관련되는 모든 활동"은 설사 판매자와의 계약에 따른 의무로서 행하는 것이라고 하더라도 거래가격에 포함되는 간접적 지급으로 고려되어서는 안 된다고 규정하

2.3 거래가격을 사용할 수 없는 경우

제1조 제1항 (a)-(d)

1. 다음 요건을 충족한다면, 수입물품의 거래가격이 과세가격이 된다.
   (a) 구매자가 물품을 처분 또는 사용할 때 아래에서 정하는 제한(restriction)을 제외하고는 어떠한 제한도 없어야 한다.
      (i) 수입국의 법률 또는 행정당국에 의하여 부과되거나 요구되는 제한
      (ii) 해당 물품이 재판매될 수 있는 지리적인 영역을 한정하는 제한
      (iii) 물품의 가치에 실질적으로 영향을 미치지 않는 제한
   (b) 판매 또는 가격이 평가대상 물품과 관련하여 가치를 결정할 수 없는 조건 또는 사정에 좌우되지 않아야 한다.
   (c) 제8조의 규정에 따라 적절히 조정될 수 있는 경우를 제외하고는 구매자가 추후에 물품을 재판매, 처분 또는 사용하여 생긴 수익(proceeds)의 일부가 직접 또는 간접으로 판매자에게 귀속되지 않아야 한다.
   (d) 구매자와 판매자 간에 특수관계가 없거나, 구매자와 판매자가 특수관계가 있는 경우에는 그 거래가격이 제2항의 규정에 따라서 관세 목적상 수용될 수 있다.

관세평가협정에 따른 거래가격방법의 대체 평가방법들은 "제1조의 규정에 따라 물품의 과세가격을 결정할 수 없는" 경우에만 사용할 수 있다. 위에서 본 바와 같이, 거래가격방법은 가장 우선적이고 관세행정에서 실무상 수입거래를 평가할 때 가장 많이 사용된다. 그러나 일부 거래에서는 거래가격이 존재하지 않거나 거래가격이 존재하더라도 신뢰할 만한 관세평가의 기초로 사용할 수 없다. 거래가격방법의 출발점은 "수출을 위하여 판매되었을 때" 수입물

였다. 2015. 11. 24.자 집행위원회 시행규정(Commission Regulation)(EU) 2015/2447, 제129조 제2항.

품에 관하여 지급하였거나 지급하여야 할 가격이다. 판매가 없다면 거래가격은 있을 수 없으므로 대체 평가방법 중 하나가 사용되어야 한다. 물품이 판매되지 않고 수출되는 전형적인 사례는 다음과 같다.[47)]

- 구매자에게 무상으로 선적되는 선물, 견본 및 광고 용품
  이러한 종류의 거래에는 구매자가 물품에 관하여 지급한 가격이 없으며(무상), 따라서 판매가 일어나지 않았다.
- 위탁판매 선적 물품
  위탁판매 거래에서 수출자는 수입국에 있는 중개대리인에게 물품을 선적하고 중개대리인은 구매자를 찾는다. 그러나 물품은 (적어도 중개대리인이 구매자를 찾을 때까지는) 수출자의 재산으로 남아 있으므로, 수출을 위한 판매는 없다.[48)]
- 모회사가 지점으로 선적한 물품
  판매는 구매자와 판매자를 필요로 한다. 일반적으로 지점은 모회사와 별개의 법인으로 간주되지 않는다. 이러한 거래에서 판매자는 자기 자신에게 물품을 선적하는 것과 같다.
- 임대차 또는 대여에 따라 수입되는 물품

---

47) 이 예시들은 기술위원회 권고 의견 1.1, "관세평가협정에서의 '판매'의 개념"에서 더 상세하게 설명되어 있다.

48) 미국 법인이 전 세계에 소재한 공장에서 이산화티타늄을 생산하여 이를 한국, 말레이시아 등에 위치한 보세창고에 보관하면서 그 관리를 현지 법인에게 위탁하고 있던 중 한국 보세창고에 보관 중이던 이산화티타늄을 내국법인에게 판매한 사안에서도 수출을 위한 판매가 있다고 볼 수 있는지 여부가 문제가 되었다. 관세청은 위 거래를 위탁판매 선적물품에 해당하는 것으로 보아 거래가격방법을 적용할 수 없다고 보았다. 그러나 서울고등법원 2020. 9. 23. 선고 2019누53961 판결(대법원 2021. 2. 4.자 2020두51242 판결로 심리불속행 종결)은 관세법 제2조 제1호가 보세구역을 경유하는 외국물품은 보세구역으로부터 반입할 때 수입이 있는 것으로 규정하고 있음을 들어 보세구역에 있는 동안 판매가 이루어졌다면 거래가격방법을 적용할 수 있다고 판단하였다(譯註).

이러한 물품들은 수출자의 재산으로 남는다. 물품의 소유권 또는 권리는 수입자에게 이전되지 않는다. 따라서 판매는 존재하지 않는다.

뿐만 아니라, 세관이 수입자나 그 밖의 출처로부터 평가에 필요한 정보를 얻지 못한 경우에는 거래가격이 결정될 수 없다. 예를 들어, 제8조에 따른 가격에 관한 가산을 위해서는 **제8조 제3항**에 의해 "객관적이고 수량화할 수 있는 자료"가 요구된다. 즉, 만약 이러한 자료가 없다면, 가산을 할 수 없으며 거래가격도 계산할 수 없다. 이와 마찬가지로 WTO 각료회의의 「**세관당국이 신고된 가격의 정확성이나 진실성을 의심할 만한 사유가 있는 경우에 관한 결정**」(이하 4.3에서 설명)에 따라, 세관은 수입자의 신고서가 진실하고 정확한지에 관하여 납득할 수 없는 경우 거래가격의 사용을 거부할 수 있다.

마지막으로 제1조의 사용에 관하여 이런 내재된 제한과 별개로 **제1조 제1항 (a)부터 (d)까지는** 다음의 네 가지 특정한 상황에서 거래가격을 사용할 수 없다는 점을 명시하고 있다.

1. 구매자가 수입물품을 처분 또는 사용할 때 물품의 가격에 실질적으로 영향을 미치는 특정한 제한에 좌우되는 경우
2. 판매 또는 가격이 평가대상 물품과 관련하여 가치를 결정할 수 없는 조건이나 사정에 좌우되는 경우
3. 구매자가 수입물품을 재판매, 처분 또는 사용하는 경우 수익이 판매자에게 귀속되지만 판매가격에 관하여 적절한 조정이 이루어질 수 없는 경우
4. 특수관계에 있는 구매자와 판매자 간에 판매가 이루어지고 그 당사자들의 가격이 관세목적상 수용될 수 없는 경우

대부분 이러한 경우들은 물품에 관하여 지급된 가격을 정확하

게 결정할 수 없거나 신고된 가격을 GATT 제7조가 의미하는 해당 물품의 "실제가치(actual value)"(즉, 완전히 경쟁적인 조건 하에서 통상의 거래 과정에서의 가격)를 나타내는 것으로 받아들일 수 없는 경우와 관련된 거래로 이해할 수 있다.

거래가격의 사용을 명시적으로 제한하는 경우는 아래에서 순서대로 설명한다.

2.3.1 물품의 유통 및 사용에 관한 제한

제1조 제1항 (a)호는 구매자가 특정한 "물품의 처분 또는 사용에 관한 제한"에 따라야 하는 경우 거래가격방법이 사용될 수 없다고 규정하고 있다.[49)]

이러한 제한이 있는 거래가격을 사용할 수 없는 이유는 무엇인가? 판매자가 구매자에 대하여 어떻게, 어디서, 누구에게 수입물품을 사용하거나 재판매할 수 있는지 제한을 가하는 경우 당사자들이 협상한 가격은 제한의 영향을 고려하여 물품의 (아마도 정상가격보다 낮은) 시장가격을 반영하지 않겠는가?

---

49) 원고는 1990. 1. 12.부터 1994. 10. 28.까지의 사이에 건설중장비 제조에 필요한 디젤엔진 등 조립된 상태의 부품인 양산용(量産用) 부품과 그 부품을 구성하는 너트 등 낱개의 부품으로 주로 수리·보수에 사용되는 A/S(애프터 서비스)용 부품을 소외 회사들로부터 수입하면서 그 수입물품의 과세가격을 소외 회사들에게 실제 지급한 가격으로 신고하고 그에 따른 관세 등을 납부하였다. 이에 대하여 피고(과세관청)는 원고가 수입한 A/S용 부품에 대하여 신고된 과세가격은 통상의 판매가격보다 할인된 가격으로서 그 할인금은 구매자가 판매자에게 실제로 지급하여야 할 수입물품의 대가로서 과세가격에 포함되어야 한다고 하여 당초 신고가격에 할인금 상당액을 가산하여 과세가격을 결정하였다. 위 사안에서 대법원은 그 사실관계에 따르면 원고가 소외 회사들로부터 수입한 A/S용 부품의 처분 또는 사용에 제한이 있다거나 그 거래의 성립 또는 가격결정이 금액으로 환산할 수 없는 조건이나 사정에 의하여 영향을 받은 경우에 해당하지 아니한다고 하여, 위 할인금 상당액은 원고가 수입한 A/S용 부품의 과세가액에 포함될 수 없다고 판단하였다. 대법원 1998. 12. 8. 선고 97누12495 판결(譯註).

GATT 관세평가 협상의 서면 기록에는 이 조항에 내재되어 있는 논리에 관하여는 언급이 없다. 그러나 이 조항은 그와 같은 판매의 **진정성(*bona fides*)**에 관한 의문과 관련이 있을 수 있다.[50] 상법상 "판매"란 일반적으로 가격을 지급한 대가로 물품에 관한 권리를 판매자로부터 구매자에게 이전하는 것으로 정의된다.[51] 구매자는 물품에 관한 권리를 취득함으로써 소유권을 취득하고 법률과 규칙이 정하는 바에 따라, 자신이 원하는대로 물품을 사용하거나 처분할 권리를 갖게 된다. 그러나 이러한 통상적인 소유권이 구매자에게 이전되지 않거나 실질적으로 제한을 받는다면 — 판매 계약상의 조건 때문이건 그 이외의 이유 때문이건 — 이 거래를 상관행상 일반적으로 이해되는 용어로서의 진정한 "판매"로 간주할 수 있는지 의문이 생긴다.

중요한 점은 이렇게 관세평가협정이 거래가격 사용을 제한하는 것은 좁은 범위에 그친다는 것이다. 특히 관세평가협정은 실제로 수입물품에 관한 재판매권 또는 사용권 제한이 있는 대다수 또는 대부

50) 당시 미국 의회의 의사록을 보면, 이것이 도쿄라운드 평가 협상의 주요 참가국이었던 미국 정부가 수용한 것으로 보이는 논리이다. US Congress House Report No. 317, 96th Cong., 1st Sess. 82(1979). ["위원회는 이러한 제한의 목적이 거래가격 기준이 적용되기 이전에 특정한 거래가 선의(bona fide)에 기한 것이고 '독립된(arm's length)' 것임을 확실하게 하기 위한 것으로 이해한다"]. 사실 관세평가협정 제1조 제1항 (a)호의 문구는 기존의 미국 평가법을 수정하여 수용된 것으로 보인다. 미국법에 따르면 수입물품의 수출판매가격은 수입물품이 '자유롭게 판매되거나 … 판매를 위해 제공된' 경우에만 과세가격의 기초가 될 수 있다. 나아가, 미국법은 구매자가 "상품의 처분 또는 사용에 관한 제한"에 따라야 하는 경우라도 이러한 제한이 "(i) 법령에 의해 부과 또는 요구되거나, (ii) 해당 상품이 재판매될 수 있는 지역 또는 재판매가격을 제한하거나, (iii) 도매 거래 단계에서 보통의 구매자에 대한 상품의 가격에 실질적인 영향을 주지 않은 유형에 해당하지 않는 경우에만 해당 물품을 '자유롭게 판매된 것'으로 간주할 수 없다고 규정하고 있었다. 19 US Code 1401a(f)(1)(1976).

51) 예를 들어, 이러한 판매의 정의는 미국 상법 입법의 공통 기초인 "통일상법전(Uniform Commercial Code)"에 나타난다.

분의 경우를 포함할 수도 있는 적용금지에 대하여, 세 가지 예외를 규정한다. 이러한 예외 규정에 따라 해당 물품의 사용 또는 처분에 관하여 다음의 제한이 있는 경우에도 거래가격이 적용될 수 있다.

- 수입국의 법률 또는 공공기관이 부과하거나 요구하는 제한 여기에는 제품의 사용에 관한 안전, 건강 또는 환경상의 통제 또는 규제 제품이 판매될 수 있는 시간과 장소에 관한 소비자 표시 또는 조건이 포함될 수 있다(예: 주류, 화기 등).
- 해당 물품이 재판매될 수 있는 지리적인 영역을 한정하는 제한. 예시 계약 조항을 참조하라(아래).
- 해당 물품의 가치에 실질적으로 영향을 미치지 않는 제한

재판매에 관한 제한

- 지정: 판매자는 재판매업자를 지정하고 재판매업자는 약정 지역에 소재한 고객에게만 제품의 비독점적 재판매업자로서의 역할을 행하기로 하는 위 지정을 승락한다. 다른 재판매업자나 자신의 계열회사에 대하여 제품을 판매하는 것은 엄격하게 금지된다. 재판매업자는 해당 지역에 소재한 오프라인 아울렛 매장을 통한 대면 거래에 의해서만 제품을 판매하고, 핸드스프링(Handspring)社의 구체적인 서면 허가를 얻지 않고 인터넷 사이트 또는 이메일 주문 카탈로그를 사용하여 제품을 판매하지 않는다.
- 지역: 이 계약에서의 "지역"은 미국을 의미한다.
- 판매 계약 조항의 예시

위 예외 중에서는 마지막 예외가 실무에서 적용할 때 가장 어려울 것이다. 즉, 재판매 또는 사용에 관한 제한이 수입물품의 가격에 "실질적으로 영향을 미치는지" 여부를 어떻게 결정할 것인가?

기술위원회가 채택한 예해는 각 사안별로 결정하여야 한다고 제안하였다. 다양한 요인이 고려되겠지만 각 요인의 상대적 중요성은 개별적인 거래의 상황에 따라 결정하여야 한다.

> 이러한 요인에는 제한의 속성, 수입물품의 성질, 관련 산업의 성질과 그 상업적 관행 그리고 가격에 관한 영향이 상업적으로 중요한지 여부가 포함된다. 이러한 요인들은 사안별로 다를 수 있으므로 이와 관련하여 고정된 기준을 적용하는 것은 적절하지 않을 것이다.[52]

나아가 예해는 해당 제한이 관련 사업에서 "통상적"인지 여부를 고려하여야 한다고 제안한다. 이 제한은 **제1조에 관한 주해**에 다음과 같은 예시로 제시되어 있다.

> 물품의 가격에 실질적으로 영향을 미치지 않는 제한은 실제로 지급하였거나 지급하여야 할 가격을 수용하는데 장애가 되지 않는 제한에 속한다. 그러한 제한의 예는 판매자가 자동차 구매자에게 자동차의 모델 연도 개시일 이전에는 자동차를 판매하거나 전시하지 않도록 요구하는 경우이다.

이 주해에서 설명된 제한은 수입자가 수입 자동차를 재판매하는 것을 금지하는 것이 아니라 해당 산업의 마케팅 관행과 일치하지 않는 것을 이유로 재판매 시점을 늦출 뿐이다. 관련 산업에서 이러한 제한이 "통상적"인 것이라면 수입물품의 가치에 "실질적인 영향"을 미친다고 할 수 없다.

지식점검

다음의 판매 제한이 있는 경우 거래가격을 사용할 수 없는가?

질문 1 X는 해외에서 위험한 화학물질을 구매한다. X가 이 화학물질에 관한 수입허가를 신청하자 정부는 X가 신청서에 명시된 목적으로 화학물질을 사용한다는 조건에서만 허가를 한다. X의 수입 화학물질 사용에 관한 제한으로 인하여 거래가격을 사용할 수 없는가?

---

52) 기술위원회, 제1조 제1항(a)(iii)에 규정된 "제한"의 의미, 예해 12.1. (WCO 편람).

질문 2 T는 세정 제품 또는 식품 첨가물로 사용할 수 있는 화학제품을 개발하였다. X는 이 화학물질을 프랑스에서 세정 제품으로 사용하기 위해 구매하고자 한다. T는 위 제품을 프랑스에서 두 가지 용도로 모두 사용할 수 있는 특허권을 가지고 있지만 X에게는 해당 제품을 세정 제품으로만 사용할 수 있도록 제한하여 판매한다. X는 T의 특허권을 침해하지 않고는 프랑스에서 해당 제품을 식품 첨가물로 사용할 수 없다. X의 수입 제품 사용에 관한 제한으로 인하여 거래가격을 사용할 수 없게 되는가?

질문 3 XYZ 자선재단은 명목상의 대가만을 지급하고 해외로부터 신차를 구매한다. 그러나 이 판매는 수입 자동차가 비상업적인 자선목적으로만 사용할 수 있다는 제한을 조건으로 한다. 해당 수입 자동차를 거래가격(XYZ가 지급한 아주 낮은 금액)을 기초로 평가할 수 있는가?

정답은 138면을 보라.

2.3.2 특정 조건(condition)하의 가격

관세평가협정 **제1조 제1항** (b)**호**는 "판매 또는 가격이 … 평가대상 물품과 관련하여

가격을 결정할 수 없게 하는 조건이나 사정에 좌우되는" 판매에 관하여는 거래가격을 사용할 수 없다고 규정한다.

이 규정은 거래가격의 요소는 수량화할 수 있어야 한다는 요건을 다시 한번 표현한 것이다. 구매자가 해당 물품의 대가로서 교부한 것을 수량화할 수 없다면 물품의 가격을 정확하게 결정할 수 없다는 점은 분명하다.

주해에 제시된 규정된 예시들은 이러한 제한이 이른바 "연계무역(countertrade)" 거래와 "끼워팔기(tie–in sales)" 거래를 규율하기 위한 것이라는 점을 시사한다. **제1조 제1항** (b)**호에 관한 주해**를 보라.

연계무역

수출자가 자신의 판매 대금의 일부 또는 전부를 물품 또는 그 밖의 거래 수단으로 수취해야 하는 무역의 방식이다. 이 방식을 통해서 구매국은 외환을 아낄 수 있다. 따라서 외환부족을 겪는 국가들이 연계무역을 사용한다. 연계무역은 물물교환, 되사기(buy-back) 또는 구상무역, 대응구매, 절충교역(offset requirement), 스왑, 스위치, 증거 또는 청산 계정 등 다양한 형식으로 행해질 수 있다. 국제금융기관 및 다국적 금융기관은 이러한 거래에 내재된 가격 설정 방식에는 투명성이 결여되는 경우가 많기 때문에 대금 지급을 위한 연계무역을 권장하지 않는다.

1. 물물교환은 물품을 동일한 가치를 가진 다른 물품과 교환하는, 가장 오래되고 단순한 방식의 연계무역이다. 이 방식은 화폐를 전혀 또는 거의 사용하지 않고 무역을 하는 유일한 방법이다. 화폐를 사용하지 않기 때문에 화폐가 봉쇄된 국가들이 주로 이용한다.
2. 대응구매는 연계무역의 가장 흔한 형태 중 하나이다. 이 약정에 따르면 수출자는 특정 기간(일반적으로 1년에서 5년까지) 이내에 수입자나 수입자가 지정한 회사로부터 물품을 구매하거나 제3자로부터 구매하는데 동의한다. 양당사자는 구매의 대가로 (최소한 일부라도) 현금을 지급하지만, “보충계약(protocol)”을 체결하여 대응구매 의무를 이행하도록 약정한다. 대응구매의 대상이 되는 물품은 구매 대상 물품과 관련이 없지만 가격은 대등한 것이 일반적이다.
3. 절충교역의 경우 수출자는 수입자의 국가에서 생산된 물품을 판매 대상 제품의 투입요소로서 본래의 판매량 중 합의된 비율까지 사용하기로 합의한다. 직접 절충교역에서는 수출물품은 최종 제품의 필수적인 부분이고 해당 계약은 수입국으로의 생산기술이전에 바탕을 둔 공동생산 약정을 수반한다. 간접 절충교역에서는 판매국이 수입국으로부터 판매 대상 제품과 관련이 없는 제품을 구매하는데 동의한다.
4. 구상 또는 되사기(buy-back) 거래에서는 장비, 기술 또는 플랜트 전체를 수출하는 수출자가 그 대가로서 해당 설비에서 나오는 생산물의 일정 비율을 구매하기로 합의한다.
5. 스위치 무역은 다양한 시장과 국가의 구매자와 판매자가 연쇄적으로 관여하는 복잡한 형태의 물물교환으로서 양자간 무역불균형을 다자간에 청산하는데 기반을 둔다. 전문 연계무역 회사는 A국으로부터 A국이 B국과의 무역에서 거둔 흑자액을 (할인된 가격으로) 취득한다. 그리고 그 흑자액을 A국과의

> 무역에서 적자액이 있는 회사 또는 C국에 본래의 가격으로 판매한다. 위 무역 회사는 특정한 물품에 관하여 권리를 보유하여야 할 수도 있는데, 그 경우 무역 회사는 다시 경화(hard currency)를 받고 그 권리를 판매하여야 한다.
>
> 출처: UNCTAD/WTO International Trade Center Glossary on Trade Financing Terms (2000) (www.intracen.org/tfs/docs/glossary/ce.htm).

끼워팔기는 수입물품의 가격이 구매자가 판매자 등으로부터 다른 물품을 구매하기로 하는 계약에 의해 좌우되는 경우에 발생한다.

> **끼워팔기 약정(Tying arrangements)**
>
> "수요가 높은 제품의 제조자는 자신으로부터 두 번째로 제품을 구매하는 자에게만 제품을 판매할 수도 있다. 예를 들어 컬러필름의 제조자는 흑백필름을 구매한 자에게만 컬러필름을 판매할 수 있다. 관례적인 용어로 제조자는 '주된' 제품(컬러필름)을 '끼워팔기' 제품(흑백필름)과 묶은 것이다. 이러한 끼워팔기 약정은 다른 제조자로부터 흑백필름을 구매하는 자에게 컬러필름 판매를 거부하거나 구매자가 두 제품을 동시에 구매하여야 하는 패키지 판매의 방식으로 정식 계약에 반영될 수 있다.
>
> 출처: Phillip Areeda, Antitrust Analysis, 438–39 (1967).

그러한 경우, 수입물품의 가격은 다른 거래로부터 영향을 받는다. 구매자가 원하는 물품에 대해 지급하는 가격은 이를 개별적으로 구매할 수 있는 가격보다 더 낮을 수 있지만 "끼워팔기" 제품의 가격은 더 높을 수 있다. 한 거래가 다른 거래의 가격에 미치는 영향의 정도를 수량화하는 것은 불가능할 것이다.

그러나 **제1조 제1항** (b)에 관한 주해에는 중요한 주의사항이 있다. 즉, "<u>생산 또는 마케팅</u>과 관련한 조건이나 사정(consideration)은", "수량화"가 가능한지 여부를 불문하고 당연히 거래가격방법의 사용을 배제하는 것은 아니다(강조는 저자). 특히, 다음 구절을 보라.

> 구매자가 판매자에게 수입국 내에서 수행된 공학기술 및 설계를 제공한다고 하더라도 그로 인하여 제1조의 목적과 관련하여 거래가격을 부인하는 결과가 되어서는 안 된다.
>
> 마찬가지로, 구매자가 판매자와의 합의에 기한 것이라고 해도, 수입물품의 마케팅에 관한 활동을 자신의 계산으로 수행한다면 그러한 활동의 가치는 과세가격의 일부도 아니고 그러한 활동이 거래가격을 부인하는 결과가 되어서도 안 된다.

앞서 언급한 바와 같이 구매자가 자신의 계산으로 수입물품에 관한 시장을 준비하기 위하여 수행한 광고 또는 유사한 활동의 비용이나 가치는 판매자에게 이익이 된다 할지라도 수입물품의 거래가격에 포함되어서는 안 된다. 앞의 2.1을 보라.

구매자가 판매 계약에 따라 판매자에게 제공해야 할 수도 있는 공학기술 및 디자인 설계의 경우 관세평가협정 **제8조**는 해당 디자인 작업이 수입국에서 수행되었다면 그 비용이나 가치는 과세가격에 포함되지 않아야 한다고 규정한다. 제8조에서 요구하는 가격에 대한 가산과 관련해서는 앞의 2.2를 참조하라.

결과적으로 이러한 마케팅 활동 또는 공학기술설계의 비용이나 가치가 수량화될 수 있는지 여부는 과세가격과 무관하여야 한다.

2.3.3 사후귀속이익

관세평가협정 **제1조 제1항** (c)는 "제8조에 따라 적절하게 조정될 수 있는 경우를 제외하고 구매자가 추후에 해당 물품을 재판매, 처분 또는 사용하여 생긴 사후귀속이익(proceeds)의 전부 또는 일부가 직접 또는 간접으로 판매자에게 귀속되는" 경우에는 거래가격방법이 사용될 수 없다고 규정하고 있다.

제8조의 가격에 대한 가산과 관련하여 2.2에서 설명한 바와 같

이, "사후귀속이익", 즉 수입 후 물품의 재판매, 유통 또는 사용의 대가로 판매자가 수취하는 금액은 거래가격을 결정할 때 물품의 가격에 가산하여야 한다. 또한 전술한 바와 같이 **제8조 제3항**은 사후귀속이익 또는 제8조의 다른 요소에 대한 가산은 "객관적이고 수량화할 수 있는 자료"에 근거할 것을 요구한다. 따라서 사후귀속이익에 관한 조정을 하기 위하여 "객관적이고 수량화할 수 있는 자료'를 이용할 수 없다면 제8조 제3항이 암묵적으로 전제하고 있으며 제1조 제1항 (b)가 명시하고 있는 바와 같이 거래가격을 산정할 수 없다.

관세평가협정이 여기서 사후귀속이익만 지목하는 이유는 무엇인가? 제8조의 항목 중 어느 것이라도 적정한 조정을 할 수 없다면 거래가격방법을 사용할 수 없다는 것은 확실한가?

제1조에서 사후귀속이익에 특별히 초점을 맞추는 것은 사후귀속이익으로 인해 일반적이지 않은 관세행정상의 문제가 생기기 때문이다. 제8조 사후귀속이익에 대한 논의에서 언급된 바와 같이 사후귀속이익의 액수는 일반적으로 수입자가 세관에 물품을 제시하는 시점에 알려지지 않기 때문에 물품이 재판매되고 사후귀속이익의 액수가 실현될 때까지 최종 평가가 연기되어야 한다. 예를 들어 구매자가 수입 후 합리적인 기간 내에 물품을 판매할 수 없어 사후귀속이익을 계산할 수 없는 경우에는 제8조에 따른 적정한 조정이 이뤄질 수 없으며 따라서 관세평가협정에 따른 그 다음 평가방법을 검토하여야 한다.

2.3.4 특수관계자 간의 거래

거래가격을 사용할 수 없는 가장 중요한 상황은 구매자와 판매자가 서로 특수관계에 있고 그 특수관계가 수입물품의 가격에 영향을 미친 경우일 것이다.

정상거래(arm's length transaction), 즉 구매자와 판매자가 상대방에 대해 소유권이나 지배권을 가지지 않고 각자 자신의 이익을 극대화하기 위한 자기이익 동기에 의해 이루어진 거래에서 협상된 가격은 해당 물품의 시장가치를 나타낸다.

반면 특수관계자 간의 거래는 완전경쟁 상황하에서 행해지지 않을 수 있으며 따라서 당사자 간의 가격은 시장 이외의 다른 원인에 의해 결정될 수 있다. 여기서의 다른 원인은 조세부담을 최대한 줄이거나 새로운 시장에서 발판을 마련하는 것 또는 그 밖의 상업적 이유와 같이 전적으로 적법한 것일 수도 있다. 이는 특수관계자들이 관세를 회피하려는 경향이 있음을 의미하는 것이 아니라 그들 간의 가격 결정이 상호간에 갖고 있는 재무적 또는 그 밖의 이해관계로부터 영향을 받을 수 있음을 가리키는 것이다.

이런 이유로, 세계 무역에서 기업내부거래(intra−firm transaction)의 중요성이 증가함에 따라 특수관계자 간 거래의 평가는 WTO 관세평가협정 하에서 특별하고도 상세하게 다루어진다.

특수관계자 간 거래의 중요성

"세계경제는 1970년대를 시작으로 1980년에 발전이 가속화되면서 두 번째 발전 단계로 접어들었는데, 이것이 흔히들 '세계화(globalization)'라고 부르는 시기이다. 국제무역 장벽이 체계적인 감소와 함께 정보기술 및 통신이 급속하게 발전함에 따라 글로벌 기업들은 전 세계의 개별 시장에 생산 공정을 분산하고 기업의 다양한 구성요소를 배치할 수 있게 되었다. 해외 투자 흐름이 급증하는 것은 세계화 단계의 독특한 특징이다. 무역은 더이상 국경을 넘어 재화와 용역을 이전하는 유일한 수단도 아니고 심지어 주요한 수단도 아니다. 초국가적인 기업들이 해외시장에 직접 진출하여 국제적인 영역을 확장함에 따라 투자가 통합의 가장 강력한 힘이 되었기 때문이다. 1987년부터의 해외투자 자산의 누계액은 미화 3조 달러 이상으로 3배 증가했고 이런 자산이 창출한 연간 매출액은 세계무역의 금액을 능가했다.

그러나 기업들 간에 또는 그 계열사들 간에 점점 더 많은 국제거래가 이루어지고 점점 더 많은 거래가 (부품 및 용역부터 디자인 및 기술에 이르기까지) 생산 공정의 모든 단계를 포괄함에 따라 무역도 성장하고 있다. 다국적기업 또는 특수관계자 간의 기업내부 무역은 현재 세계 무역의 약 3분의 2를 차지하고 있다. 전 세계 생산액 중에서 무역이 차지하는 비중은 1950년 이후 7%에서 22%로 세 배 이상 증가하였다. 현대의 기업은 투자를 하기 위하여 무역을 하고 무역을 하기 위하여 투자를 하며 두 활동 모두 제품을 국경 밖으로 전달하기 위한 단일 전략으로서 중요성이 점점 더 높아지고 있다."

출처: 전 WTO 사무총장 레나토 루지에로(Renato Ruggiero), 국제산업회의 (International Industrial Conference: IIC) 연설(1997. 9. 29).

(a) 특수관계자(related parties)의 정의

제15조 제4항 및 제5항

4. 이 협정의 목적상, 다음 각 호에 해당되는 자만을 특수관계가 있는 것으로 간주한다.
   (a) 양 당사자가 상호 사업상의 임원 또는 관리자인 경우
   (b) 양 당사자가 법률상 인정되는 사업상의 동업자인 경우
   (c) 양 당사자가 고용주와 피고용인인 경우
   (d) 특정인이 양 당사자의 의결권이 있는 발행 주식 또는 지분을 직접 또는 간접으로 5% 이상을 소유, 지배, 보유하는 자인 경우
   (e) 양 당사자 중 한쪽 당사자가 다른 쪽 당사자를 직접 또는 간접으로 지배하는 경우
   (f) 양 당사자가 제3자에 의하여 직접 또는 간접으로 지배를 받는 경우
   (g) 양 당사자가 제3자를 직접 또는 간접으로 공동 지배하는 경우 또는
   (h) 양 당사자가 동일 친족의 구성원인 경우
5. 명칭과 관계없이 한쪽이 다른 쪽의 독점 대리인, 독점공급권자(독점유통업자) 또는 독점 영업권자로 서로 사업상 제휴관계에 있는 자들은 제4항의 기준에 해당되면, 이 협정의 목적상 특수관계가 있는 것으로 간주된다.

WTO 관세평가협정 제15조는 "특수관계자(related parties)"를

정의하고 있다. 도쿄라운드 이전의 미국 평가법에서 차용한 것으로 보이는 이 정의(이 정의는 「WTO 덤핑 및 상계 조치에 관한 협정」에서도 확인할 수 있다)는 조세 또는 증권거래법, 심지어는 일반적인 상업용어에서 사용되는 것과 반드시 동일하지는 않다.[53)]

관세평가협정에 따르면 구매자와 판매자는 아래 8가지 정의 중 하나에 포섭될 수 있는 경우에만 "특수관계"가 있는 것으로 본다.

친족	동일한 또는 특수관계 있는 사업체의 구성원	재정적/법적 지배
• 구매자와 판매자가 동일한 친족의 구성원인 경우	• 구매자와 판매자가 법률상 인정되는 사업상의 동업자인 경우 • 구매자가 판매자의 고용주인 경우 또는 *그 반대의 경우* • 구매자나 판매자가 상호 사업상의 임원 또는 이사인 경우	• 특정인이 구매자와 판매자 모두의 의결권이 있는 발행주식을 5% 이상 소유, 지배, 보유하는 경우 • 구매자가 판매자를 직접 또는 간접으로 지배하는 경우 또는 *그 반대의 경우* • 구매자와 판매자 모두가 제3자에 의하여 직접 또는 간접으로 지배를 받는 경우 • 구매자와 판매자가 함께 제3자를 직접 또는 간접으로 제3자를 공동지배하는 경우

53) GATT 규정 이전의 미국 평가법은 특수관계자를 다음과 같이 정의하였다.
(A) (부모가 모두 동일하건 그렇지 않건 관계없이) 형제 자매, 배우자, 조상 및 직계비속을 포함한 친족(family)의 구성원
(B) 어떤 조직 및 그 조직의 임원이나 관리자
(C) 동업자
(D) 고용주와 피고용인
(E) 어떤 조직의 의결권 있는 발행주식 또는 지분의 5퍼센트 직접 또는 간접으로 소유, 지배, 보유하는 자 및 그 조직
(F) 직접 또는 간접으로 어떤 인을 지배하거나 그로부터 지배되거나 그와 공통의 지배 하에 있는 둘 또는 그 이상의 인" [19 US Code § 1401a (g)(2)(1976).]

위 관계 이외에는 구매자와 판매자 간의 다른 어떤 관계도 그 자체만으로는 거래 가격 사용에 문제를 일으키지 않는다. 아마도 가장 중요한 것으로는 판매자와 그의 독점대리인이나 독점유통업자가 위에 정의된 8가지 관계 중 어느 하나에 해당하지 않는 한 독점대리인 또는 독점유통업자에 대한 판매는 특수관계자 간 거래로 간주되지 않는다고 명시적으로 규정하는 관세평가협정 **제15조 제5항**일 것이다.

(i) 친족(family)

구매자와 판매자가 동일한 친족의 구성원인 경우 관세평가협정의 목적상 특수관계에 있는 것으로 간주한다. 동일한 친족의 구성원 둘이 판매거래에서 상호 거래할 경우에는 통상적이고 경쟁적인 시장조건이 적용되지 않을 가능성이 크다는 점은 명백하다. 개별 WTO 회원국들에게 남겨진 한 가지 질문은 "누가 친족인가"를 국내법 또는 관행으로 규정하는 것이다. 하나의 예시를 들어보면 다음과 같다.

누가 "친족의 구성원"인가에 관한 국내 입법의 예

다음의 관계 중 어느 하나에 해당하는 경우 동일한 친족의 구성원으로 간주한다.

- 남편과 아내
- 부모와 자식
- 형제와 자매(부모 모두가 같은지 그렇지 않은지 관계없이)
- 조부모와 손자
- 삼촌/이모와 조카
- 배우자의 부모와 사위/며느리
- 배우자의 형제 및 자매

출처: 유럽연합 집행위원회규정(EEC). No. 2454/93(1993. 7. 2.) 제143조 제1항 (h).

※ 그러나 유럽연합 집행위원회규정 No. 2015/2447(2015. 11. 24.) 127조 제1항(h)에서 "그들이 동일한 친족의 구성원일 경우"로 개정하고 개별 예시는 삭제하였다(譯註).

(ii) **동일 기업 또는 관계 기업의 구성원**

구매자와 판매자가 법적으로 인정되는 사업상 동업자 또는 고용주와 피고용인인 경우에는 특수관계가 있는 것으로 본다.

동업기업(business partnership)은 상법에 따라 설립된 법인이다. 관세평가협정은 개별 WTO 회원국이 해당 회원국의 법률에 따라 동업기업의 요건을 규정하도록 하고 있다. **구매자와 판매자가 서로 상대방 사업의 임원 및 이사인 경우** 특수관계가 있다. 이는 이는 구매자와 판매자가 서로 상대방 사업의 경영진 또는 이사로서 참여하는 "겸직임원제도"를 가리킨다. 예를 들어 판매자의 최고경영자가 구매자의 사장 역할을 할 수도 있다. 그런 지위에 있다면 해당 개인은 한쪽의 이익을 위해 다른 한쪽 사업의 가격 결정에 영향을 미치거나 가격을 조작을 조작할 수 있다.[54]

(iii) 재정적/법적 지배

앞에서 논의된 정의는 대체로 개인(고용, 친족구성원, 동업자, 사업체의 이사 및 임원)과 관련된 관계를 다룬 것이다. 거래 규모의 측면에서 보다 중요한 특수관계는 모회사와 자회사 또는 동일한 기업집단의 계열사 간에 이루어지는 이전과 같이 특수관계 회사들이나 그 밖의 특수관계 법인과 관련된 것이다.[55]

WTO 관세평가협정은 두 법인 간 물품의 이전이 특수관계자

54) 엄밀히 말하면 이 정의는 두 기업 자체에 특수관계가 있는 것으로 보는 것이 아니라 연결된 회사의 이사 또는 임원 간에 특수관계가 있는 것으로 보는 것이다. 따라서 실제 문제로서 이사들이 각각의 회사를 통해서 판매계약을 체결하는 것이 아니라 개인 자격으로 상호간에 물품을 판매하는 거래를 체결하는 것은 드물 것이기 때문에 그 정의는 적용범위가 제한된다. 그러나 그런 경우 두 기업은 포괄적인 지배 개념 하에서 상호간에 특수관계가 있는 것으로 간주될 수 있다(아래의 지배 개념 참조).

55) 예를 들어, 미국 전체 수출의 거의 30%가 미국수출자가 소유하거나 미국수출자를 소유하는 해외의 화물수신인과 이루어졌다. US Department of Commerce, US Goods Trade: Imports and Exports by Related Parties 2007 (2008. 5. 9.) www.census.gov/foreign–trade/Press–Release/2007pr/aip/related_party/

간의 거래로 간주되어야 하는지 여부를 결정하는 두 가지 기준을 규정하는데 하나는 주식소유에 다른 하나는 "지배"의 개념에 기초한다.

주식소유(Stock ownership): **제3자인 인(人)이 구매자와 판매자 모두의 의결권이 있는 발행 주식을 직접 또는 간접으로 5% 이상 소유, 지배, 보유하는 경우** 구매자와 판매자는 특수관계에 있다. 이 정의는 구매자와 판매자가 동일한 기업집단의 구성원인 경우를 기술한다. 한 개인이나 법인(모회사)이 구매자와 판매자 각각에 대한 소유지분을 통해서 그들 모두에게 영향을 행사하는 위치에 있는 경우이다(**제15조 제4항에 관한 주해**가 명확하게 하고 있듯이, "인(persons)"은 구매자와 판매자를 소유하거나 지배하는 회사나 그 밖의 사업체와 같은 법인을 포함할 수 있고 구매자와 판매자도 법인일 수 있다).

5%의 의결권 주식이 중요한 이유는 무엇인가? 관세평가협정에 언급되지는 않았지만 그것은 사업투자를 통해 재무적 수익에만 관심이 있는 순수한 포트폴리오 유형의 투자와 경영 지배권을 행사하기 위한 직접 투자를 구분하기 위한 것으로 보인다. 이와 같은 5%기준은 예컨대 미국증권법에서도 나타나는데 이 법은 한 회사의 유가증권 5% 이상을 취득하려는 제안을 해당 회사의 지배권을 얻기 위한 노력으로 보기 때문에 그러한 자에 대하여 일정한 공시를 요구한다.[56] 직접 투자에 관한 OECD/IMF 정의와 비교해보라.

> **직접 투자(Direct investment)**: 직접 투자는 어느 경제권의 거주자(직접 투자자)가 다른 경제권의 거주자인 법인(직접 투자 기업)에 대한 지속적인 지분관계를 확립하기 위하여 행하는 국제투자의 한 종류이다. "지속적인 지분관계(lasting interest)"는 직접 투자자와 기업 간에 장기적인 관계와 직접 투자자가 직접 투자 기업의 경영에 관하여 상당한 수준의 영향력이 존재하는 것을 의미한다. … 직접 투자

56) 한국 자본시장법 제147조 제1항도 동일한 규정을 두고 있다(譯註).

관계가 존재하는지 여부를 결정하는 지침은 10%의 보통주식 또는 의결권부 주식을 보유하는지 여부이다. 10% 이상의 지분 소유로 입증되는 "경영에 관한 실효적 영향력"은 직접 투자자가 기업경영에 영향을 주거나 참여할 수 있음을 의미한다. 그러나 외국인 투자자가 절대적으로 지배권을 행사할 것은 요구하지 않는다[IMF/OECD Glossary of Foreign Direct Investment Terms(1996)].

지배(Control) 개념: 주식 소유권은 하나의 기업이 다른 회사의 가격 결정 또는 그 밖의 상업적·전략적 결정에 영향력을 행사할 수 있는 위치에 있을 수 있게 하는 모든 사업상의 약정을 포괄하지는 않는다. 예를 들어 다음의 사례들을 생각해 보자.

- S사(판매자)의 지배 주주(majority shareholder)가 동시에 B사(구매자)의 이사이다.
- S사(판매자)는 경영 계약에 따라 독립적인 B사(구매자)의 일상적인 운영에 관하여 지시한다.
- B사(구매자)는 S사(판매자)의 프랜차이즈 가맹점이다.
- S사(판매자)는 B사(구매자)의 주요 채권자이거나 또는 B사의 자산에 관하여 저당권을 보유하고 있다.
- S사(판매자)와 B사(구매자)는 공동으로 수입물품의 최종수신인인 합작 벤처회사 C를 설립한다.

이들 사례의 경우에는 주식 소유, 친족, 고용 등의 측면에서 아무런 관계가 없지만 만일 일방의 개인 또는 법인이 다른 개인 또는 법인을 "직접 또는 간접적으로 지배하거나", 제3자가 쌍방 모두를 직접 또는 간접 지배한다면 특수관계가 있는 것으로 간주될 수 있다.

제15조에 관한 주해는 "지배"에 대해 아래와 같이 정의한다.

이 협정의 목적상 일방이 타방을 법적으로 또는 실질적으로 통제 또는 지시를 할 수 있는 지위에 있는 경우에는 일방이 타방을 지배하는 것으로 본다.

여기에 적용할 수 있는 "명확한 기준(bright-line)"이나 수량화된 기준은 없다. 이 정의에서 요구하는 것은 주해에 기술된 성격의 지배가 있는지 여부를 결정하기 위해 특정한 관계의 상황을 각 사안별로 검토하는 것이다.

주해에서 의미하는 가장 명확하고 일반적인 법적 지배의 사례는 모자회사 관계로서 여기서 모회사는 자회사를 완전히 소유하거나 지배적인 지분을 가지고 특히 자회사의 경영진이나 이사를 임명 또는 해임함으로써 "법적으로 … 통제 또는 지배를 행할 수 있는 지위"에 있게 된다.

다른 사례들은 더 자세한 검토가 필요할 수 있다. 예를 들어 판매자의 사장이 구매자의 최고경영자 역할도 수행하는 경우 판매자는 구매자를 통제 또는 지시할 수 있는 "실질적인 위치"에 있을 수 있다. 반면에 수출자의 대표자가 구매자를 경영하는 동등한 의결권을 가진 7인 위원회의 1인일 경우, 지배를 인정할 수 없으므로 구매자와 판매자는 특수관계에 있지 않다.[57)]

구매자와 판매자는 전형적으로 물품 판매를 위한 계약을 체결하고 계약은 그 성격상 법적으로 강제할 수 있는 의무(예컨대 지정된 기간 내에 물품의 인도할 의무, 합의한 대금을 지급할 의무, 특정한 운송수단을 사용할 의무 등)를 지운다. 어떤 경우에는 한 당사자가 상대방 당사자보다 강력한 교섭권을 행사할 수 있는 지위에 있을 수 있고 — 유명하고 수요가 높은 상표의 제품을 프랜차이즈하는 경우와 같이 — 결과적으로 계약 조건이 일방적으로 정해질 수 있다. 판매자(또는 구매자)가 판매계약의 이행을 강제할 수 있다는 사실이 (해당 주해에서 의미하는) 다른 당사자에 대해 "법적으로 … 통제 또는 지배 행사할 수 있는 위치"에 있다는 뜻인가? 만약 그렇다면 계

57) 이것은 미국 관세 당국의 유권해석(Ruling Letter) 543425 (1985. 9. 28.)이다.

약에 따른 구매자와 판매자 간의 모든 거래를 특수관계자 간의 거래로 간주할 수 있지 않은가?

기술위원회의 해설(Explanatory Note)은 부정적이다.

> 본질적으로 국내법에 따라 집행가능한 법적 권리 또는 의무를 확정하는 모든 계약 또는 합의으로부터 특수관계를 도출하는 것이 관세평가협정의 의도가 아니라고 결론지을 수 있다. 그러므로 제15조 제4항 (e)에 관한 주해의 표현은 통상적인 구매자/판매자 또는 유통계약을 벗어나서 다른 당사자의 활동에 대한 관리와 관련하여 본질적인 측면을 통제하거나 지시할 수 있는 지위가 따르는 상황에 적용되는 것으로 보아야 한다.[58]

기술위원회 사례연구는 "관리와 관련하여 본질적인 측면"에는 경영진, 또는 소유권·의결권, 사업장소의 변경에 관한 결정이 포함된다고 한다. 판매자에게 구매자의 이러한 사항에 관한 결정을 승인할 수 있는 권한을 부여하는 판매 및 공급계약은 제15조에 관한 주해가 요구하는 종류의 지배가 존재함을 입증하는 것이다.[59]

(iv) 독점대리인/독점유통업자/독점영업권자

제15조 제5항은 독점대리인, 독점유통업자 또는 독점영업권자(이하, "독점대리인")는 판매자와의 관계가 위에서 정의된 8가지 관계 중 어느 하나에 해당하지 않는다면 둘 사이의 거래를 특수관계자 간 거래로 간주할 수 없다는 점을 강조한다.

이 조항의 주된 목적은 WTO 협정에 따른 독점대리인의 취급과 브뤼셀가격정의 하에서의 독점대리인에 관한 취급을 명확히 구별하는 것이다.

일반적으로 대리인 또는 유통업자는 해외공급자의 물품을 특

58) WCO, 해설 4.1: 제15조 제4항과 관련한 제15조 제5항의 특수관계의 고려사항(1998. 7.).

59) WCO, 사례연구 11.1: 특수관계자 거래에 관한 제15조 제4항의 적용(1999. 7.).

정한 지리적 지역 내에서 판매할 권리를 가진다.[60] 만약 그 권리가 "독점적"이라면 해외공급자는 동일한 지역 내에서 그의 물품을 판매하는 또 다른 대리인을 지정할 수 없다.[61]

일반적으로 대리인과 유통업자는 마케팅 및 판매비용과 위험을 스스로 부담한다. 보상의 측면에서 유통업자는 공급자에게 지급한 가격을 초과하는 재판매 마진의 형식으로 보상을 받는 반면, 대리인은 공급자의 수입물품 판매가격에 관하여 수수료를 지급받는 것이 일반적이다.

브뤼셀가격정의 하에서 "독점대리인" 또는 "독점영업권자"에게 부여된 가격할인이나 그 밖의 감액은 과세가격에 포함되어야 했다. 브뤼셀가격정의의 근거는 이러한 "특별" 할인을 "정상가격(normal price)" 즉, 서로 독립적인 판매자와 구매자 간의 공개시장 판매에서는 찾아볼 수 없다는 점이었다.[62]

WTO 평가협정은 반대 견해를 채택하고 있다. 즉, 유통 또는 대리 계약은 심지어 독점권을 부여받은 경우에도 일반적이고 독립된 상업적 약정에 부합한다는 것이다. 따라서 **제15조 제4항**이 규정하는 바와 같이 독점대리인 또는 유통 약정 그 자체만으로는 대리인과 그에 대한 공급자가 특수관계에 있다는 것을 입증하기에 더 이상 충분하지 않다.

많은 개발도상국들은 도쿄 및 우루과이라운드에서 독점대리인

60) 대리인과 유통업자의 차이점은 대리인은 판매자를 대신하여 고객과 판매계약을 체결할 수 있지만 물품의 소유권은 갖지 않는다는 것이다. 유통업자는 해외판매자로부터 물품을 구매하여 자신의 고객에게 재판매한다.

61) Cleaver Fulton Rankin, Agency and Commercial Agents Regulations, www.investi.com/agency_and_agents.pdf. 만일 대리인 또는 유통업자가 "전속적" 권리도 가진다면 공급자 자신이 해당 지역으로 직접 판매를 할 수 없게 된다.

62) World Customs Organization, *The Brussels Definition of Value and the GATT Valuation Agreement: A Comparison* (1985), 9.

에 관한 이러한 견해에 반대하였다.[63] 아주 최근에는 독점대리인 문제를 실행의 문제로 설명하고 있다. 독점대리인이 주해에서의 정의에 따른 의미상 해외 공급자에 의하여 실제로 "지배"를 받는지 여부를 결정하는데 필요한 계약 및 그 밖의 상업서류를 입수하기가 어렵다는 것을 지적하는 것이다. 특히 제한된 자원을 가진 세관당국의 경우에 더욱 그렇다.[64]

1.2에서 살펴본 바와 같이 언급된 바와 같이 우루과이라운드 협상은 개발도상국이 독점대리인 문제를 다루는데 도움이 되도록 기술위원회의 연구 수행을 촉구하는 WTO 각료 결정을 냈다. 그에 대안 응답으로 기술위원회는 독점대리인에 대한 사례연구[65]와 함께 앞에서 기술한 특수관계자에 관한 수정된 해설 및 사례연구를 작성하였다. 그럼에도 불구하고 독점대리인에 관한 협정의 입장은 계속하여 논쟁의 원인이 되고 있다.[66]

---

63) 도쿄라운드에서 개발도상국들은 협정 본문이 '독점대리인 및 유통업자에 대한 문제를 … 적절하게 다루지 않았다"는 입장을 취하였고 자신들은 독점대리인 및 유통업자를 협정상 특수관계자로 취급하도록 허용해 줄 것을 제안하였으나 그 제안은 받아들여지지 않았다. GATT Multilateral Trade Negotiations, Group "Non-Tariff Measures" Sub-Group "Customs Matters," Meeting of 3 April 1979, MTN/NTM/67 (1979. 4. 5.)(Summing up by chairman of the negotiating subgroup). 독점대리인에 관한 우루과이라운드에서의 논의는 1.2에 서술되어 있다.

64) "제15조 제5항은 특수관계의 입증책임을 세관당국이 부담하도록 하였다. 수입국의 세관당국이 그러한 특수판계를 증명하는데 필요한 계약에 관한 사업상 문서에 접근할 가능성은 거의 없었다." WTO, Report of the Committee on Customs Valuation to the Trade Negotiations Committee on the Implementation - Related Issues in Accordance with Paragraph 12 of the Ministerial Declaration, G/VAL/49 at 6 (2002. 11. 25.)(독점대리인을 특수관계자로 취급하는 제안 이유에 관한 사무국 요약).

65) WCO, Case Study 9.1: Sole Agents, Sole Distributors and Sole Concessionaires.

66) G/VAL/49 at 6(2002. 11. 25.)(독점대리인에 관한 협정 규정을 수정하자는 인도의 제안)을 보라.

(b) 특수관계자 — 검증

WTO 관세평가협정 **제1조 제2항**은 특수관계자 간 거래의 분석에 관하여 구조화된 체계를 규정한다. 세관은 다음과 같은 일련의 질문 및 수입자와의 의사소통을 통해 신고가격을 검증해야 한다.

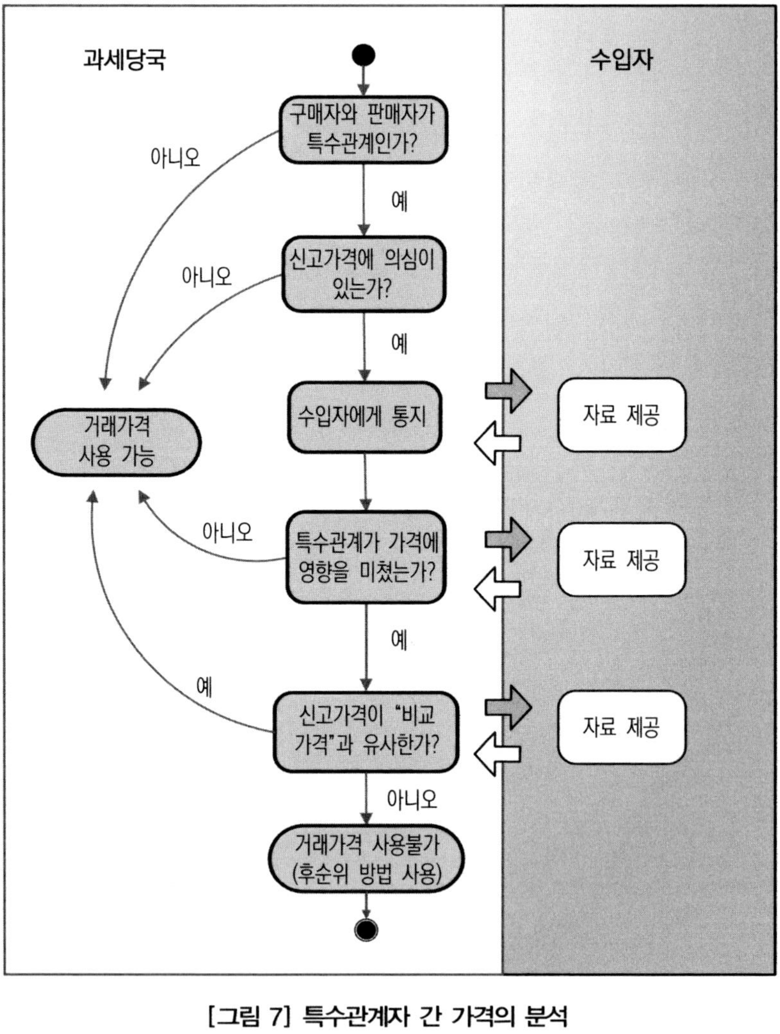

[그림 7] 특수관계자 간 가격의 분석

구매자와 판매자는 특수관계자인가?

구매자와 판매자는 그 관계가 관세평가협정 제15조에 규정된 바와 같다면 특수관계자이다. 위의 "특수관계자의 정의"에 관한 논의를 보라.

신고가격에 의문이 있는가?

관세평가협정은 단순히 구매자와 판매자가 특수관계라는 것만으로 세관이 신고가격을 부인하도록 허용하지는 않는다. 세관은 수입자가 제공하거나 그 밖의 출처로부터 얻은 정보를 기초로 구매자와 판매자 간의 특수관계가 가격에 영향을 미쳤다고 인정할 수 있는 근거가 있어야 한다.

또한 관세평가협정은 세관이 거래가격을 수용하기 전에 모든 특수관계자 간의 거래를 조사하도록 요구하지 않는다. 특수관계자 간 거래의 규모를 고려하면 세관이 그런 작업을 행하는 것도 현실적이지 않을 것이다. 오히려 관세평가협정은 세관이 "가격의 수용 여부에 관하여 의문이 있는" 경우에는 해당 특수관계자 간의 거래를 조사할 것을 의도하고 있다. **제1조 제2항에 관한 주해** 참조(아래).

실제로 세관이 아무런 의문을 갖지 않는 특수관계자 간의 거래가격도 있을 수 있다.

> 예를 들면 세관당국이 특수관계를 미리 검토하였거나 또는 구매자와 판매자에 관하여 상세한 정보를 이미 갖고 있어서 그 검토나 정보에 따르면 특수관계가 가격에 영향을 미치지 않았다는 점을 이미 납득하고 있을 수 있다(**제1조 제2항에 관한 주해**).

이와 유사하게 동종·동질 또는 유사물품이 이전에 수입된 경우, 세관은 신고가격이 이전 거래에서 수용한 가격과 일치한다는 점에 관하여 승복할 수 있을 것이다.

반면, 세관은 신규 또는 알려지지 않은 거래자가 관여하고 있는 특수관계자 간 거래나 동종·동질 또는 유사 물품이 포함된 이전 거래에서 확인된 거래가격보다 상당히 낮은 과세가격을 신고한 특수관계자 간의 거래에 관하여는 그 유효성에 관하여 의문을 가질 수 있다. 세관이 수용할 수 없는 가격일 가능성이 높은 특수관계자 간 거래를 조사 대상으로 선택하고 저위험 거래자 또는 거래는 추가 검토 없이 수용하는 방식으로 위험 관리를 행하는 경우에도 관세평가협정에 부합할 것이다.

수입자에게 통지

세관은 가격이 특수관계로부터 영향을 받았다는 의심이 있는 경우 관세평가협정 **제1조 제2항**에 따라 수입자에게 그 근거를 통지하여야 하고 수입자에게 답변할 수 있는 합리적인 기회를 주어야 한다. 수입자가 요청하는 경우 세관은 서면으로 통지하여야 한다.

수입자는 다음 두 가지 방법 중 하나를 통해 세관이 이의를 제기한 거래가격을 정당화할 수 있다.

1. 거래를 둘러싼 상황에 비추어 볼 때 당사자 간의 특수관계가 아무런 역할을 하지 않았음을 입증하는 경우에는 신고가격(거래가격)을 사용할 수 있다(판매상황 방법). 또는
2. 특수관계가 가격에 영향을 미쳤는지 여부와 관계없이, 당사자들이 결정한 가격이 동종·동질 또는 유사물품의 거래가격과 거의 동등한 — "거의 근접한" — 경우(비교가격 방법)

"판매상황 방법"과 "비교가격 방법"은 서로 대체할 수 있다. 즉, 수입자는 이 중 어느 하나만을 입증하거나 충족하면 된다.

특수관계가 가격에 영향을 미쳤는가?

구매자와 판매자가 특수관계에 있지만 마치 특수관계가 없는 상황에서처럼 서로 거래를 하였음이 거래를 둘러싼 상황에 의하여 입증되는 경우, 세관은 특수관계자 간의 가격을 수용해야 한다. 관세평가협정은 특수관계가 가격에 영향을 미쳤는지 여부를 결정하기 위해 고려할 수 있는 정보의 종류와 원천을 세관의 재량에 맡긴다.

주해는 수입자가 가격이 수용될 수 있다는 점을 입증하기 위해 제시할 수 있는 세 가지 입증방법을 들고 있다.[67]

1. 해당 가격이 해당 산업의 정상적인 가격결정 관행에 부합하는 방법으로 결정되었거나 또는
2. 판매자가 자기와 특수관계에 있지 않은 구매자에게 판매가격을 결정하는 방식과 부합하는 방법으로 해당 가격을 결정한 경우, 또는
3. 해당 가격이, 모든 비용에다 대표적인 기간 동안에 동종·동

67) 우리 판례는 특수관계가 수입물품의 수입가격에 영향을 미쳤는지 여부에 관한 입증책임은 과세관청에 있다고 본다. 대법원 2009. 5. 28. 선고 2007두9303 판결; 대법원 2016. 5. 27. 선고 2014두4115 판결. 협정 제1조 제2항(a)는 "특수관계자 간의 거래는 거래가격에 영향을 미쳤다고 보지만 그 것만으로는 거래가격을 부인할 수 없다" 하고 있다. 세관이 그 거래가격 부인을 하려면 비교가격법이나 판매상황검증법 등에 의해 최종적으로 거래가격에 영향을 미쳤다는 것을 확인한 후에 조치할 수 있도록 되어 있다. 세관의 그러한 확인절차를 통해 입증책임이 사실상 수입자에게 전환이 이루어지는 것이지만 그러한 입증절차의 이행 및 입증서류에 대한 최종판단은 세관의 자유재량행위라는 점에서 그 입증의 최종책임이 세관에 있다는 대법원의 판단이 협정의 취지를 크게 벗어난다고 생각되지는 않는다(보론 3 참조)(譯註).

류 물품의 판매에서 실현된 해당 기업의 전체 이윤(overall profit)을 대표하는 이윤을 더한 금액을 회수하기에 적절한 경우

신고가격이 "비교가격"과 "거의 근접"한가?

가격이 당사자 간의 특수관계에 영향을 받았다 하더라도 해당 가격이 비교가격(test value)에 "거의 근접"하다면, 수입자는 신고가격이 수용 가능하다는 것을 입증할 수 있다. 비교가격은 동종·동질 또는 유사 수입물품에 관하여 세관이 종전에 수용한 바 있었던 가격을 말한다. 관세평가협정의 표현으로는 다음과 같다.

[특수관계자 간 판매에서의 거래가격은] 수입자가 그 가격이 동시에 또는 거의 동시에 발생하는 다음 가격 중 어느 하나와 거의 근접하다는 점을 입증하면 … 반드시 수용하여야 한다.

i. 수입국으로 수출하기 위하여 특수관계 없는 구매자에게 판매하는 동종·동질 또는 유사물품의 거래가격

ii. 제5조에 따라 결정된 바 있는 동종·동질 또는 유사물품의 과세가격[공제가격]

iii. 제6조에 따라 결정된 바 있는 동종·동질 또는 유사물품의 과세가격[산정가격]

일반적으로 세관이 비교가격을 찾을 때에는 세 가지 문제가 해결되어야 한다.

1. 이전에 선적된 물품이 평가대상 물품과 "동종·동질"하거나 "유사"한가?

   한 선적 물품이 다른 물품과 "동종·동질" 또는 "유사"한지에 관한 문제는 관세평가의 두 번째 및 세 번째 방법에서

제기되는 것과 정확히 동일한 질문이다. 아래 3.1의 동종·동질 및 유사물품에 관한 설명을 참조하라.

2. 수입자가 신고한 거래가격이 비교가격과 "거의 근접"한가? 비교가격은 정확히 같은 가격이 아니더라도 수입자의 신고가격을 지지하는데 사용될 수 있다. 수입자가 신고한 거래가격은 이전 선적분의 가격과 "거의 근접"하기만 하면 된다.

 주해는 어떤 산업 부문에서는 물품 가격의 차이가 크더라도 상업적으로 중요하지 않을 수 있는 반면에 다른 유형의 물품에 관하여는 가격의 차이가 작더라도 중요할 수 있다는 점을 지적한다. 따라서 세관은 신고된 가격이 종전에 수용된 과세가격에 "거의 근접"한지 여부를 결정할 때 다음과 같은 요소들을 고려해야 한다.

- 물품의 특성(예: 부패성 물품, 첨단기술물품, 제품수명이 짧은 신제품 등)
  사과는 사과이지만 수확 후 일주일이 지난 사과의 가격은 신선한 사과의 가격보다 낮을 것이다. 신제품이나 계절성 품목의 경우에도 마찬가지일 것이다.
- 산업의 특성(예: 첨단기술, 비디오게임 및 장난감, 화학물질 등)
  경쟁 조건은 산업마다 다르다. 특정 산업은 가격으로 경쟁하고 따라서 시장가격의 범위가 대체로 작을 것이다. 또 다른 산업은 혁신이나 브랜드로 경쟁하며(예: 치약), 여기서 시장가격의 범위는 더 넓을 것이다
- 수입이 된 계절(예: 파일 및 채소, 의류, 테니스 및 스키와 같은 계절성 활동장비 등)
  이러한 요인들은 사안별로 다를 것이다. 따라서 모든 상품에 대해 어떤 가격이 다른 가격과 5% 이하의 차이가 있는 경우 이 두 가격은 "거의 근접"하다고 간주하는 등의 일률적인 기준을 적용하는 것은 옳지 않다.
  또한 관세평가협정은 가격차이가 아래의 사유 중 어느 하나에 기

인하는 것으로 판단되는 경우, 특정한 특수관계자 간 가격이 세관이 종전에 수용했던 더 높은 과세가격보다 저가라고 하더라도 양자가 "거의 근접"한 것으로 볼 수 있다고 한다.

- 상업거래 단계의 차이(도매, 소매, 소비, 판매)
- 수량 수준의 차이(벌크 선적 對 개별 품목)
- 제8조 요소의 차이(생산지원, 운송비용)
- 비특수관계자 판매와 특수관계자 판매 간의 판매자 비용의 차이(즉, 마케팅비용, 시장조사 등).

예를 들어 특수관계자 간의 가격은 도매수량에 관한 것인 반면에 이보다 높은 가격인 "비교가격"은 소매수량 선적에 관한 것일 수 있다. 이 경우의 가격 차이가 일반적인 도매할인에서 비롯된 것으로 입증되면 특수관계자 간의 가격을 "거의 근접"한 것으로 인정할 수 있다. 비슷한 예로, 국제운송비용을 과세가격에 포함하는 WTO 회원국의 경우 신고 물품은 해상으로 운송된 반면 종전에 수용하였던 가격은 (일반적으로 더 비싼) 항공운임을 포함하였을 수 있다.

3. 신고가격과 "비교가격"이 "동시 또는 거의 동시에" 발생했는가?

비교가격은 특수관계자 간의 거래가격과 동시 또는 거의 동시에 "발생"해야 한다. 관세평가협정의 용어상 비교가격이 "발생"하였다고 말할 수 있는 시점이 명확하지 않기 때문에 WTO 회원국들은 상이한 해석을 발전시켜 왔다. 일부 회원국들은 수출 시점을 사용한다. 또 다른 회원국들은 비교가격이 거래가격인 경우 수출 시점을 사용하고 비교가격이 공제가격인 경우에는 판매시점을, 산정가격인 경우에는 수입시점을 사용한다.[68)]

어떤 시점(수출일 또는 그 밖의 날)이 기준으로 사용되는지

---

68) GATT Committee on Customs Valuation, Time Standard for Test Values under Article 1.2(b) of the Agreement, VAL/W/18 (1983. 4. 29.).

와 관계없이 관세평가협정은 그 시점과 "동시 또는 거의 동시에" 일어나는 거래가 고려의 대상이 될 수 있다고 규정한다. 가격은 단순히 시간이 흐르는 것만으로도 변할 수 있다. 따라서 종전의 선적 시점이 가까울수록 수입물품의 시장가격이 보다 정확하게 반영될 수 있을 것이다. 물론 시장조건은 산업과 제품마다 다르기 때문에 어떤 물품(예: 부패성 물품)에 관하여는 짧은 기간 내에 발생한 거래만을 고려하는 것이 적절할 수 있고 그와 다른 물품에 관하여는 보다 긴 기간이 적절할 수 있다. 따라서 관세평가협정은 유연한 기준을 규정하고 그 이행은 각 WTO 회원국의 법률과 절차에 정하여 재량에 따라 이행하도록 규정한다.

(c) 이전가격과 관세평가

"이전가격"은 다국적기업이 세무목적으로 기업집단 구성원들 간에 이익을 배분하는 것을 말한다.[69] 다른 요인들이 동일하다면, 일반적으로 법인은 세율이 낮은 국가로 이익을 이전하고 높은 세율의 국가에서는 소득을 낮추어 신고하고자 할 것이다. 기업집단의 구성원들 사이에 국제적으로 교환되는 물품에 관한 가격인 이전가격을 조작하는 것은 다국적기업이 국제적인 조세부담을 낮출 수 있는 수단이다.

예를 들어, 소득에 대해 높은 조세를 부과하는 국가에 위치한 생산자는 세율이 낮은 국가에 위치한 특수관계 있는 유통업자에게 선적하는 물품에 관하여 낮은 이전가격을 설정할 수 있다. 생산자는 유통업자에 대한 판매에서 얻은 최소 이득(즉, 원가와 낮은 이전가격의 차액)에 관하여 조세를 부담하게 된다. 유통업자는 생산자와

69) J. Neighbor, "Transfer Pricing: Keeping it at Arm's Length," *OECD Observer* (2002); OECD, *Transfer Pricing Guidelines for Multinational Enterprises and Tax Administrations*(2001).

유통업자 모두가 얻은 이익의 합 중에서 더 많은 몫(즉, 낮은 이전가격과 수입국 구매자에 대한 재판매가격의 차액)을 얻을 것이다. 그러나 이러한 이득에 대해서는 낮은 세율이 적용될 것이다.

내국세 당국은 특수관계자 간 가격결정의 남용에 관하여 세관당국과 비슷한 우려를 갖고 있다. 세관당국은 일반적으로 관세를 회피하기 위하여 신고가격이 과소할 것을 우려하지만 내국세당국은 소득에 대한 과세를 회피하기 위하여 가격이 과대하게 신고되었을 것을 우려한다. 그리고 WTO 평가협정과 궤를 같이 하는 OECD 모델조세협약 제9조에서는 내국세 당국과 다국적 기업들이 조세목적상 수용할 수 있는 이전가격을 설정하는데 사용되는 국제적인 기준 — "독립기업(arm's length)" 원칙 — 을 규정한다.

"독립기업" 원칙은 쉽게 말해서 이전가격이 계약의 당사자인 두 회사 간에 특수관계가 없을 경우(동일한 기업집단에 속한 경우가 아니라)의 거래가격이어야 한다는 뜻이다. 이 원칙은 수용가능한 이전가격을 결정하는 데 사용될 수 있는 몇 가지 방법을 규정한 OECD 이전가격지침에 더 자세히 설명되어 있다. 다음 방법들이 이에 속한다.

- "비교가능제3자가격방법(Comparable uncontrolled price method)": 이전가격이 특수관계 없는 당사자 간에 비교가능한 상황에서 행해진 비교가능한 거래의 가격과 동일하면 독립기업원칙이 충족된다고 보는 방법이다.
- "재판매가격방법(Resale price method)": 수용가능한 이전가격은 유통업자가 독립적인 구매자에게 수입물품을 재판매한 가격에서 "적정매출총이익(appropriate gross margin)", 즉 독립된 기업과의, 또는 독립된 기업 간의 비교가능한 거래에서 결정되는 유통업자의 이익과 비용을 보장하는 이윤(margin)을 뺀 가격으로 결정할 수 있다.

- "원가가산방법": 이전가격은 물품의 생산자 또는 공급자에게 발생한 비용(제조원가)에 "적정이익(appropriate profit)", 즉, 비특수관계자과의 또는 비특수관계자 간의 비교가능한 거래에서의 이익 마진을 보장하는 "적정원가 가산(appropriate cost plus markup)"을 하여 결정할 수 있다.

내국세 당국의 이전가격 결정은 관세평가에 어떠한 영향을 미치는가? 내국세 관계에서 이전가격을 정당화하는 정보가 관세 관계에서 특수관계자 간의 거래가격도 정당화할 수 있는가?

특수관계자 거래가격을 검토할 때 어떠한 이전가격결정방법을 사용할 것인지는 국가별 세관당국이 결정할 문제이다. 그러나 OECD 이전가격지침과 WTO 관세평가협정의 목적과 방법에는 분명한 유사점이 있다. 반면, 관세목적상 특수관계자 거래를 검토할 때 이정가격 정보의 적절성(relevance)과 관련하여 유의하여야 할 차이점도 있다.

중요한 차이점 중 하나는 특수관계자 간 거래가 독립된 당사자 간의 거래와 비교가능한지 여부를 결정하는데 사용하는 요소들이다. WTO 관세평가협정은 특정한 거래가 다른 거래와 비교가능한지 여부를 결정할 때 수입물품의 유사성에 중점을 둔다. 즉, 물품이 "동종·동질"하거나 "유사"하거나 "동류"에 해당하는지 여부가 중요하다.

OECD 이전가격지침에 따르면 내국세 당국은 경제적으로 중요한 전체 거래의 조건, 특히 "당사자가 수행한 기능(사용된 자산과 부담한 위험을 고려하여), 계약조건, 당사자들의 경제적 상황, 그리고 당사자들이 추구하는 사업전략"을 고려할 것이다. 그러므로 내국세 목적상으로는 광고와 마케팅을 책임지는 유통업자가 수입 토스트기를 판매하는 거래는 이러한 기능을 수행하거나 위험을 부담하지 않는 유통업자가 동일한 토스트기를 판매하는 거래와 직접적으로 비교가능하지 않다.

평가방법이 상호 중첩되는 측면이 있지만 차이가 있다는 점을 고려하면, 세관당국이 특수관계자 간의 가격을 수용할 수 있는지 여부를 결정할 때 이전가격 정보를 적절하다고 고려할 수 있지만 결정적인 것은 아니다. 세관당국의 표현을 빌면 다음과 같다.

> 이러한 고려에 기초하여, [미국세관당국은] 수입자의 이전가격 결정방법이 [조세] 방법들 중 하나를 충족하더라도 그 결과가 관세목적상 수용가능한 거래가격인지 여부에 관하여는 결정적이지 않다고 결정했다. 오히려 특수관계자 간 거래가격은 관세평가 법령에 규정된 바와 같이 판매 상황검토 또는 비교 가치 중 하나에 거의 근접한지 여부 중 하나를 충족하는 경우에만 수용 가능한 것으로 간주될 것이다. …
>
> [그러나 세관은] 경우에 따라 APA[70] 또는 이전가격 연구[71]에서 도출된 기초적인 사실 및 결론이 판매 상황에 관한 유의미한 정보를 포함할 수 있으며 따라서 판매 상황 검증(circumstances of sale test)을 적용할 때 고려할 수 있다고 본다. 예를 들면 위와 같이 도출된 기초적인 사실 및 결론에는 특수관계자들이 사업을 영위하는 방식과 특수관계 없는 구매자에게 유사 물품을 판매하는 거래에 관한 정보가 포함될 수 있다. APA 또는 이전가격 연구의 사실관계와 결론에 얼마

70) APA는 정상가격산출방법 사전승인제도(advanced pricing arrangement)이다. 이는 "통제된 거래에 관하여 일정한 기간 동안 그러한 거래의 이전가격 결정을 위한 적절한 기준(예: 방법, 비교가능하고 적절한 조정, 미래 사건에 관한 주요 가정)을 사전에 결정하는 제도이다. 정상가격산출방법 사전승인은 하나의 과세당국을 포함하는 일방 승인도 가능하고 둘 이상의 과세당국을 포함하는 다자간 승인도 가능하다. OECD, 이전가격지침, G-1.

71) 다국적 기업이 이전가격을 뒷받침하기 위해 준비한 연구를 말한다. "일반적으로 관계사 간의 거래에 관한 설명, 회사의 이전가격 산출방법, 이전가격 산출방법에 관한 검토와 최적의 방법 선택 및 관계사 간 가격결정이 독립기업 간 거래와 같은 방식으로 이루어졌다는 점에 관한 결론을 포함한다." US Customs and Border Protection, *What Every Member of the Trade Community Should Know About: Determining the Acceptability of Transaction Value for Related Party Transactions*(2007. 4.), 14.

만큼의 중요성을 부여할 것인지는 대부분 제시된 구체적 상황과 사용된 이전가격 결정방법에 크게 좌우된다.[72]

지식점검

판매상황

질문 1 한국 제조자는 자신이 지분의 35%를 소유한 케냐 소재의 자회사에 자동차부품을 1개당 $10에 판매한다. 판매상황을 검토한 결과 한국 제조자는 일본파 멕시코의 비특수관계 고객에게 동종·동질물품을 동일한 판매 조건 하에 동일한 가격으로 판매하는 것으로 나타났다. 이 경우 가격은 특수관계에 의해 영향을 받았는가?

질문 2 가나의 한 회사는 노르웨이의 자회사에 코코아를 미국톤(short ton)[73]당 $1,500에 코코아를 판매한다. 판매상황을 검토한 결과, 이 가격은 런던상품거래소의 공시가격에 기초한 것으로 확인되었다. 이 경우 가격은 특수관계에 의해 영향을 받았는가?

질문 3 수출자의 사장은 수입자를 지배하는 7인의 경영위원회 중 1명이다. 판매상황을 검토한 결과, 수입자의 경영위원회 위원들은 대등한 의결권을 갖고 있으며 수출자의 사장을 제외한 다른 위원들은 수출자와 관련이 없다는 사실이 밝혀졌다. 이 경우 가격은 특수관계에 의해 영향을 받았는가?

정답은 139면을 보라.

72) *Ibid.*, 15－16.

73) 미국톤은 질량의 단위로서 미국에서의 톤은 약 907킬로그램을 말한다(譯註).

2.4 정답

지식점검

다음 각 경우에 거래가격을 사용할 수 있는가?

• **가격결정공식**

질문 1 거래가격은 관세평가협정 하에서 우선적인 평가방법이고, 적용이 가능하다면 언제나 우선적으로 사용하여야 한다. 이 사례에서는 수입시점에 거래가격을 확정할 수 없다. 그러나 세관은 관세평가협정 제13조에 따라 (필요한 경우 보증하에) 물품의 반출을 허가할 수 있고 최종적인 가격은 이후 모든 필요한 정보를 이용할 수 있을 때 산정한다. 물론 객관적이고 수량화할 수 있는 자료가 없는 경우 거래가격방법을 적용할 수 없고 그 다음 순위의 평가방법을 검토하여야 한다.

• **일괄거래**(Package deals, **여러 품목에 관한 단일 가격**)

질문 2 물품에 관하여 지급하였거나 지급할 가격이 존재하므로 거래가격을 사용할 수 있다. 세관은 각각 다른 관세율표 항목에 분류될 수 있는 물품별로 해당 거래가격을 배분해야 한다. 이러한 종류의 사례에서 배분방법에 관한 지침은 WCO 편람에 게재되어 있는 기술위원회 예해 8.1 "일괄거래의 처리(Treatment of Package Deals)"에서 찾을 수 있다.

• **물물교환거래**(Barter deals)

질문 3 물품 x와 물품 y의 완전한 물물교환에서는 지급하였거나 지급할 가격이 존재하지 않으며 거래가격을 사용할 수 없다. 세관은 후순위 평가방법을 검토해야 한다. 거래가격이 사용될 수 있는 물물교환 상황의 다른 사례는 WCO 편람에 게재되어 있는 기술위원회 권고 의견 6.1 "관세평가협정에 따른 물물교환 또는 구상무역의 처리(Treatment of Barter or Compensation Deals under the Agreement)"에서 논의되고 있다.

지식점검

다음의 각 지급은 거래가격에 포함되어야 하는가?

질문 1 아니다. 이는 수입 후 용역에 관한 지급으로 간주되므로 거래가격에서 제외된다.

질문 2 그렇다. 해당 "위약금(penalty)"은 수입물품에 관한 지급이 아니므로 거래가격에 포함되어서는 안 되지만 구매자가 최소 수입물량을 맞추지 못한 수량에 관한 지급이라고 주장할 수 있다. 그러나 세관은 위약금을 구매자와 판매자가 수입물품에 관하여 잠정적인 가격에만 합의하고 수입 이후에 결정되는 요인에 기초하여 증액 또는 감액할 수 있는 "가격결정공식"의 일종으로 보았다. 거래가격의 정의는 실제로 지급하였거나 지급하여야 할 가격을 포함하기 때문에 가격결정공식은 거래가격으로 사용될 수 있다.

가격결정공식을 사용하는 것에 관하여 더 알고자 한다면 WCO 편람에 게재되어 있는 기술위원회 예해 4.1 "가격조정조항(Price Review Clauses)"을 보라.

질문 3 하자보증(warranty)은 수입물품에 관한 (품질)보증이다. 따라서 기술위원회 및 다수의 세관당국은 하자보증에 관하여 별도로 분리하여 대금을 청구하는 경우에도 구매자의 지급금액은 수입물품의 거래가격에 포함된다는 입장을 취하고 있다.

구매자와 판매자가 물품의 판매계약과 별도로 하자보증에 관하여 법적 계약을 체결하고 하자보증 계약이 선택적인 것으로 판단되는 경우, 즉 판매자가 해당 물품의 판매조건으로서 구매자에게 부과하지 않은 경우에는 다르게 볼 여지가 있다.

하자보증에 관련된 관세평가의 쟁점에 관해 더 알고 싶다면 WCO 편람에 게재되어 있는 기술위원회 사례연구 6.1("하자보증보험료") 및 예해 20.1("하자보증비")를 보라.

지식점검

전문가를 위한 두 가지 질문

질문 1 연속 판매

수입 이전에 연속적인 판매가 이루어진 경우 대부분의 세관당국은 마지막 판매만이 관세평가협정 제1조에 따라 고려되어야 할 유일한 판매라는 입장이다.

기술위원회는 2007년 예해에서 연속 판매가 이루어진 경우 "수입국으로 수출하기 위하여 판매된 때에 수입물품에 대하여 실제로 지급하였거나 지급하여야 할 가격은 수입국으로 물품이 수입되기 이전에 발생한 마지막 판매에서 지급된 가격이다"라는 해석을 확인하였다.[74][75] 예해에 설명된 시나리오에서는 최종 판매에 앞서는 거래 또는 최초의 판매는 과세가격의 기초로 사용될 수 없다.

이러한 기술위원회의 해석은 관세평가협정 본문에 관한 자세한 검토에 기초한 것인데, 그에 따르면 관세평가협정의 기초자들은 수입국에 위치한 수입자가 평가목적으로 사용되는 판매에서의 구매자일 것을 예정한 것으로 판단된다. 예를 들어 주해 중 일부는 "수입자(importer)"라는 용어를 "구매자"와 호환하여 사용한다. 또한

74) 기술위원회 예해 22.1, "연속거래에서 '수입국으로 수출하기 위하여 판매된' 이라는 표현에 대한 의미".

75) 같은 취지의 규정이 「관세평가 운영에 관한 고시」 제15조 제2항에 있다(역주).

관세평가협정 제1조 제1항은 "수입국"의 당국이 "구매자"에게 부과하는 제한에 관하여 규정한다. 마지막으로 평가의 목적상 마지막 판매를 사용하지 않는다면 거래당사자들은 "전체 상업적 수입거래의 실질"을 반영하기 위하여 필요한 관세평가협정 제8조의 조정(예컨대, 수입국의 구매자가 해외 제조자에게 무료 또는 인하된 가격으로 제공하는 물품 및 용역 가격의 가산조정)을 회피할 수 있다.

반대입장에서, 세관당국은 신고인이 앞 단계의 판매로 인해 수입국으로 물품이 수출되었음을 입증할 수 있는 경우에는 앞 단계의 (아마, 더 낮은 가격) 판매가격에 기초한 과세가격을 수용할 것이다.

예를 들면 유럽연합의 법령은 신고인이 전 단계의 판매 가격도 과세가격으로 사용할 수 있다는 사실을 입증할 수 없다면, 관세영역으로 물품을 반입하게 된 최종 판매(또는 물품이 자유 유통을 위해 반출되기 전 관세영역에서 발생한 마지막 판매)가 수출하기 위한 판매로 간주되어야 한다고 규정하고 있다[1993. 7. 2.자 집행위원회규정(Commission Regulation)(EEC) No. 2454/9393 제147조[76]]. 신고인이 입증에 사용할 수 있는 증거로는 다음의 것들을 들 수 있다.

- 해당 물품이 EC 규격에 따라 제조되었거나 (물품의 표시 등을 통해) 다른 용도나 목적지가 없는 것으로 확인되는 경우
- 쟁점 물품이 EU에 소재한 구매자를 위해 특별히 제조되거나 생산된 경우
- 중개인이 제조자를 물색하여 제조자에게 물품을 주문하고 제조자는 해당 물품을 직접 EC로 선적하는 경우

European Commission, Directorate－General Taxation and Customs

76) 이 집행위원회규정은 전체가 2016. 4. 30.자 집행위원회 이행규정 (EU) No 2016/481에 의해 폐지되었다. 그리고 현행법을 기준으로 하면 유럽관세법 제70조 제1항에 관한 이행규정[COMMISSION IMPLEMENTING REGULATION (EU) 2015/2447 of 24 November 2015] 제128조 제1항, 제2항이 동일한 내용을 규정하고 있다(譯註).

Union, Compendium of Customs Valuation Text에 수록되어 있는 유럽연합 관세법 위원회 (관세평가부) 예해 7(http://ec.europa.eu/taxation_customs/customs/customs_duties/declared_goods/european/index_en.htm).

마찬가지로 미국 세관당국도 거래가격은 수입자가 지급한 가격에 기초한다고 "추정"한다. 그 앞 단계의 판매에서 지급한 가격을 사용하려는 수입자는 "관련 거래와 서류에 관하여 완전한 상세내역(구매 주문서, 송장, 지급증빙, 계약서 및 그 밖의 관련서류 포함)"을 제공해야 한다. General Notice–Determining Transaction Value in Multi–Tiered Transactions, T.D. 96–87, Vol. 30/31, No.52/1 Cust. B. & Dec.(1997. 1. 2.). 수입자가 앞 단계 판매의 당사자가 아니라면 어려운 부담이 될 것이다.

질문 2 보따리 장사(tourist trader)

기술위원회 권고의견 14에 따르면 수입자가 중고차와 같은 물품을 해외시장에서 구매하는 것은 "수출을 위한 판매"로 간주될 수 있다. 권고의견은 다음과 같이 기술한다.

> 평가를 위하여 물품이 제시되었다는 사실은 그 자체로 해당 물품의 수입이 있었다는 것을 입증하는 것이고 이것은 다시 해당 물품의 수출이 있었다는 것을 입증한다. 따라서 남아 있는 단 한가지 요건은 그와 관련된 거래인지 여부를 확인하는 것이다. … 수입자가 검토 중에 있는 직접적인 영향을 미치는 판매가 수입국으로 물품을 수출할 목적으로 발생하였다는 것을 입증할 수 있다면 제1조가 적용될 수 있다.

권고의견 14.1, 「"수입국으로 수출하기 위하여 판매된" 표현의 의미」(WCO 편람). 수출을 위하여 해외시장에서 자동차를 구매하는 것과 관련된 사례는 연구 1.1, 「중고자동차의 처리」에서 설명되고 있다(WCO 편람). 이러한 결정에서 확인할 수 있는 바와 같이, 만일 자동차가 구매 이후 수입 이전에 사용되었다면 결과는 달라질 수 있다.

유럽연합은 관세법령에서 이 질문에 관한 유사한 답을 규정하고 있었다.

"법 제29조[거래가격방법]의 목적상, 판매대상물품이 자유유통을 위해 신고되었다는 사실은 유럽연합의 관세영역으로 수출하기 위하여 판매되었다는 적절한 표시로 간주되어야 한다."[77]

지식점검

"객관적이고 수량화할 수 있는 증거"

질문 협정은 매우 분명하다. 자료가 존재하지 않는다면 거래가격을 계산하기 위해 적정한 조정을 할 수 없고 따라서 거래가격을 과세가격의 기초로 사용할 수 없다.

사용료와 라이선스료와 관련하여 주해는 "객관적이고 수량화할 수 있는" 자료가 존재하지 않아 거래가격을 사용할 수 없는 사례를 기술하고 있다.

- 사용료 지급금액 중 일부는 수입물품에 기초하지만 일부는 수입물품과 아무 관계없는 다른 요소에 기초하고 있다면 사용료를 가산조정하는 것은 부적절할 것이다.
- 수입물품이 국내 원료와 혼합되어 구분 식별할 수 없게 된 경우(이로 인해 완제품에서 수입 요소에 사용료 지급금액을 배분할 수 없는 경우)
- 구매자와 판매자 간의 특별한 금융 약정과 사용료 지급을 구별할 수 없는 경우

77) 1993. 7. 2.자 집행위원회규정(Commission Regulation)(EEC) No. 2454/93 제147조. 현재 위 규정은 전체가 폐지된 상태이다. 주55 참조(譯註).

지식점검

생산지원의 배분

질문 공구의 전체 비용($ 1,000)은 전체 생산량(40대) 또는 자동차 대당 $25의 비용으로 배분되어야 한다. 수입자는 아래와 같이 선택할 수 있다.

- 수입자는 예상 생산량에 관하여 공구의 전체 비용을 배분할 수 있다. 이 경우 수입자는 첫 번째 선적분에 $125($25×자동차 5대)를 신고할 것이다.
- 수입자는 첫 번째 화물에 공구의 비용 전액을 배분할 수 있다. 생산지원의 총비용은 $1,000이다. 그러나 이 공구는 이탈리아와 캐나다 모두로 수출되는 자동차의 생산에 사용될 것이다. 수입자는 공구의 비용을 배분할 때 이탈리아로 수출되는 생산량만을 고려해야 한다. 따라서 수입자가 비용 전액을 첫 번째 화물(자동차 5대)에 관하여 신고하기로 선택한다면 이탈리아로의 수출품에 관련된 공구의 총비용인 $500($1,000×20÷40)을 신고할 것이다.

지식점검

사용료 및 라이선스료

질문 1 수입자가 옳을 가능성이 높고, 해당 지급은 시제품의 가격에 포함되지 않아야 한다. 해당 사용료는 수입물품(시제품)이 아니라 미국회사가 미국에서 제조하여 판매하는 다른 물품과 관련된 것이기 때문이다.

질문 2 이 사례에서 사용료는 (1) 수입물품과 관련이 있고(특허권을 사용하여 물품 제조), (2) 구매자(이탈리아 회사)가 지급하고 수출판매의 조건(미국 회사는 이탈리아 회사에 대하여 의약품 판매의 조건으로 사용료 지급을 요구한다)이며, (3) 송장가격에 포함되어 있지 않기 때문에 판매 송장 가격에 가산되어야 한다.

질문 3 사용료는 수입물품과 관련되어 있는 반면 수입물품의 판매조건이 아니라 이탈리아에서 수입물품을 재판매할 때 이탈리아 법률에 따라 발생하는 것이다. 따라서 수입 레코드의 과세가격에 포함되지 않아야 한다.

이와 관련하여 "수입물품을 공급하거나 재판매하는 권리에 관한 구매자의 지급은 그러한 지급이 수입물품을 수입국으로 수출하기 위한 판매의 조건이 아니라면 가산되지 않는다"고 규정한 주해를 참고할 수 있다.

지식점검

사후귀속이익

질문 1 이탈리아 회사의 수입의약품에서 실현된 총매출액의 5%에 해당하는 사후귀속이익은 수입물품의 재판매에 따른 사후귀속이익으로 간주될 것이다. 따라서 해당 물품에 관하여 지급한 가격(10,000달러)에 가산하여야 한다.

그러나 여기서 수입 이후 1년간은 판매자에게 지급하여야 할, 재판매에서 실현된 총 금액을 알 수 없다는 문제가 있다. 이는 세관이 물품에 대한 최종 평가와 관세 징수를 유보하고 필요한 경우 구매자의 회계자료를 검증하기 위해 국내법에 따른 법적 권한이 필요할 수도 있다는 의미이다.

질문 2 이 경우 이 송금은 수입의약품과 관련이 없는 이탈리아 구매자로부터 판매자에 대한 배당금의 흐름이나 그 밖의 지급을 나타내기 때문에 사후귀속이익으로 볼 수 없다. 그러므로 이 지급액은 수입물품의 거래가격의 일부가 아니다.

지식점검

운송비용

질문 한 국가가 운송비용을 과세가격에 포함하기로 한 경우 관세평가협정은 구매자가 실제로 지급하였거나 지급할 금액뿐만 아니라 "운송비용"까지 과세가격에 포함하도록 규정한다. 예를 들어, 유럽연합은 운송이 무료이거나 구매자가 운송을 제공하는 경우에도 동일한 운송수단에 적용되는 일반적인 운임율에 기초하여 운송비용을 과세가격에 포함하도록 한다. 2015. 11. 24.자 집행위원회 시행규정(Commission Regulation) (EU) 2015/2447, 제138조 제3항.[78)]

지식점검

다음의 판매 제한이 있는 경우 거래가격을 사용할 수 없는가?

질문 1 이것이 X가 물품을 사용할 권한을 제한하는 것이라 하더라도 정부당국이 부과한 제한이다. 따라서 거래가격을 사용할 수 있다.

질문 2 이것은 X가 제품을 사용하는데 관한 제한이지만 이 제한은 X에게 수입된 제품의 가치를 실질적으로 손상시키지 않는다. 여하튼 X는 제품을 식품첨가물로서가 아니라 청소용품으로 사용하기 위해 수입한 것이다.

질문 3 기술위원회에 따르면 답은 '아니오'이다. "수입물품의 가치에 실질적인 영향을 미칠 수 있는 제한은 관련 거래에서 일반적이

78) 원문에는 舊 규정으로 기술되어 있으나 역자가 현행 규정으로 고쳤다(譯註).

지 않은 것"이다. 구매자의 수입자동차에 대한 용도를 자선 목적으로 한정함으로써 해당 제한은 수입물품의 가치에 "실질적인 영향"을 미치고 따라서 거래가격의 사용이 배제된다. 기술위원회 제1조 제1항(a)(ii)의 "제한"의 의미(WCO 편람) 참조.

지식점검

판매상황

질문 1 아니오. 한국 제조자는 캐나다와 멕시코의 비특수관계자 구매자에게도 같은 방식으로 가격을 결정하기 때문에 이는 해당 가격이 특수관계에 영향을 받지 않았다는 사실을 입증한다.

질문 2 아니오. 이 가격은 해당 산업의 일반적인 가격 결정 관행에 부합하고 가격이 특수관계로부터 영향을 받지 않았음을 보여준다.

질문 3 당사자들은 형식적으로(technically) 특수관계가 있을 뿐 상대방을 실질적으로 지배하지 않는다. 이 사례에서 판매상황은 수출자의 사장이 가격에 영향을 주기에 필요한 정도의 통제를 행사하는 위치에 있지 않다는 것을 시사한다.

제 3 장

대체 평가방법

3.1 동종·동질 또는 유사 물품의 거래가격

3.1.1 평가 원칙

제2조와 제3조의 기본적인 원칙은 세관이 거래가격을 사용하여 수입물품을 평가할 수 없는 경우, 그 다음 최선의 대안은 세관당국이 동종물품을 포함하는 이전의 거래에서 수용했던 거래가격이다.

제2조와 제3조의 유일한 차이는 세관이 기준으로서 고려할 수 있는 물품의 종류이다. 제2조의 경우, 세관은 검토 대상 물품과 "동종·동질"인 물품을 포함하는 이전의 수입을 찾아야 한다. 만약 그러한 물품을 찾을 수 없다면, 세관은 제3조를 적용하여 탐색 범위를 이전의 "유사" 물품의 수입으로 확대해야 한다.

세관이 이전에 있었던 동종·동질 또는 유사 물품의 수입을 찾을 수 있는 경우, 그러한 수입에서 수용하였던 거래가격을 적용한다. 그리고 만약 둘 이상의 거래를 찾았다면, 그중 가장 낮은 가격을 사용하여야 한다.

제2조

1. (a) 만약 수입물품의 과세가격이 제1조의 규정에 따라 결정될 수 없는 경우, 과세가격은 동일한 수입국으로 수출하기 위하여 판매되고 평가대상 물품과 동시 또는 거의 동시에 수출된 동종·동질 물품의 거래가격이어야 한다.
   (b) 이 조를 적용할 때, 평가대상 물품과 동일한 거래단계와 실질적으로 동일한 수량으로 판매되는 동종·동질 물품의 거래가격이 과세가격 결정에 사용되어야 한다. 이러한 판매를 발견할 수 없는 경우에, 다른 거래단계 및/또는 다른 수량으로 판매되는 동종·동질물품의 거래가격을 거래단계 및/또는 수량에 기인하는 차이를 고려할 수 있도록 조정하여 사용하여야 한다.

다만, 이 경우의 조정은 가격이 증가 또는 감소되는지 여부와 상관없이 조정의 합리성과 정확성을 명확하게 확립할 수 있는 입증된 증거를 기초로 이루어져야 한다.

2. 제8조 제2항에서 규정하고 있는 비용 및 부담금이 거래가격에 포함되는 경우, 운송거리 및 운송형태의 차이로 인하여 발생하는 수입물품과 해당 동종·동질 물품 간의 그러한 비용 및 부담금의 중요한 차이를 고려할 수 있도록 조정이 이루어져야 한다.
3. 이 조를 적용할 때, 발견되는 동종·동질물품의 거래가격이 둘 이상 있는 경우, 가장 낮은 가격을 수입물품의 과세가격 결정에 사용하여야 한다.

제3조

1. (a) 수입물품의 과세가격이 제1조 및 제2조의 규정에 따라 결정될 수 없는 경우, 과세가격은 동일한 수입국으로 수출하기 위하여 판매되고 평가대상 물품과 동시 또는 거의 동시에 수출된 유사물품의 거래가격이어야 한다.
   (b) 이 조를 적용할 때, 평가대상 물품과 동일한 거래단계와 실질적으로 동일한 수량으로 판매되는 유사 물품의 거래가격을 과세가격 결정에 사용하여야 한다. 이러한 판매를 발견할 수 없는 경우에, 다른 거래단계 및/또는 다른 수량으로 판매되는 유사물품의 거래가격이 거래단계 및/또는 수량에 기인하는 차이를 고려할 수 있도록 조정하여 사용하여야 한다. 다만, 이 경우의 조정은 가격이 증가 또는 감소되는지 여부와 상관없이 조정의 합리성과 정확성을 명확하게 확립할 수 있는 입증된 증거를 기초로 이루어져야 한다.
2. 제8조 제2항에서 규정하고 있는 비용 및 부담금이 거래가격에 포함되는 경우, 운송거리 및 운송형태의 차이로 인하여 발생하는 수입물품과 해당 유사물품 간의 그러한 비용 및 부담금의 중요한 차이를 고려할 수 있도록 조정이 이루어져야 한다.
3. 이 조를 적용할 때, 유사물품의 거래가격이 둘 이상 발견되는 경우, 가장 낮은 가격을 수입물품의 과세가격 결정에 사용하여야 한다.

제2조와 제3조는 언제 적용되는가?

세관이 평가방법으로서 제2조와 제3조를 사용하는 것은 과세가격을 결정하는 가장 우선적인 방법인 제1조의 거래가격방법으로 과세가격을 결정할 수 없는 경우로 한정된다. 앞에서 살핀 바와 같이, 이는 실무적으로 세관은 거래가격 방법이 사용될 수 없는 다음의 세 가지 상황에서 주로 제2조 및 제3조에 따른 평가방법을 사용한다는 것을 의미한다.

1. 특수관계자 간 거래에서, 세관이 특수관계가 수입물품의 가격에 영향을 미쳤다는 것을 확인한 경우
2. 해당 물품이 (수출) 판매에 따라 수입되지 않은 경우 (예를 들어, 위탁판매, 임대, 선물 등에 의한 수입)
3. WTO 각료결정인 「**세관 당국이 신고가격의 정확성이나 진실성을 의심할 만한 사유가 있는 경우에 대한 결정**(WTO Ministerial Decision Regarding Cases Where Customs Administrations Have Reasons to Doubt the Truth or Accuracy of the Declared Value)」을 적용하는 경우로서, 세관이 수입자가 신고한 가격 또는 이를 입증하는 서류를 신뢰할 수 없거나, 거래가격을 산정하기에 충분한 정보가 없다고 결정하는 경우

3.1.2 "동종·동질" 및 "유사" 물품이란 무엇인가?

"동종·동질" 및 "유사" 물품의 정의는 협정 제15조에 규정되어 있다.

> "동종·동질" 물품은, 물리적 특성, 품질 및 평판을 포함한 모든 면에서 동일한 물품을 말한다. 그 밖의 점에서 정의에 부합하는 물품이라면 외양상의 경미한 차이 때문에 동종·동질 물품에서 제외되지 않는다.

> "유사" 물품은, 모든 면에서 동일하지는 아니하더라도 동일한 기능을 수행할 수 있고 상업적으로 상호 대체사용이 가능할 수 있을 만큼 비슷한 특성과 비슷한 구성요소를 가지고 있는 물품을 말한다. 물품의 품질, 평판 및 상표의 존재는 물품의 유사한지 여부를 결정하는데 있어 고려되는 요소들이다.

이러한 기준과 더불어, 이전 거래에서의 물품을 동종·동질 또는 유사한 것으로 간주하기 위해서는 평가대상 물품과 동일한 국가에서 생산되어야 한다 — 즉, 수입물품과 같은 국가에서 재배, 제조 또는 채굴되어야 한다.

물품이 동종·동질 또는 유사한 것으로 간주되는지 여부를 판단하기 위해서는 관련된 특정한 제품 또는 산업에 대한 면밀한 검토를 필요로 할 때가 적지 않다. 예를 들어, 아래에 설명하는 물품들은 제15조의 정의에서 의미하는 "동종·동질" 또는 "유사"한 것으로 간주될 수 있는가?

셔츠 1과 셔츠 2는 "동종·동질" 물품으로 간주될 가능성이 높다. 왜냐하면 동일한 물리적 특성 — 동일한 재료와 디자인 — 을 갖추고 있고, 같은 브랜드명을 지니고 있으며, 같은 국가에서 만들어졌기 때문이다. 비록 셔츠들이 다른 색상, 패턴 그리고 크기로 만들어졌다고 하더라도, 이는 "외양상 경미한 차이"로 보이기 때문에 동종·동질성에 갖추고 있다는 판정을 내리는데 방해가 되지 않을 것이다.

반면에, 셔츠 중 하나(셔츠 3)에는 유명 패션 디자이너(브랜드 X)의 라벨이 부착되어 있으나, 셔츠 4에는 상표가 없으면 어떠한가?

이 경우 셔츠들을 "동종·동질" 또는 "유사"한 것으로 간주할 수 없다. 이러한 산업에서는 패션 라벨 — 또는 "평판" — 이 중요하기 때문에 다른 측면에서는 두 의류가 유사하더라도 상업적으로는 대체사용이 가능하고 판단하기 어렵다.

셔츠 1
디자이너 브랜드 X
100% 견, 작은 사이즈, 이태리 제조

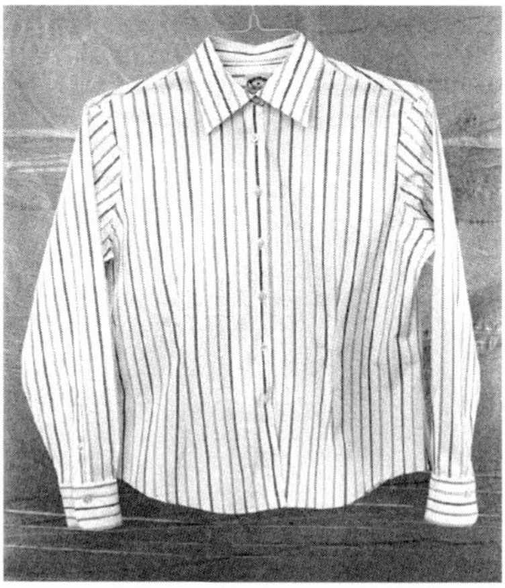

셔츠 2
디자이너 브랜드 X
100% 견, 8~14 사이즈, 이태리 제조

셔츠 3
디자이너 브랜드 X
100% 견, 작은 사이즈, 이태리 제조

셔츠 4
일반 브랜드 Y
100% 견, 작은 사이즈

다른 산업에서는 상표의 존재 여부가 결정적이지 않을 수 있다. 예를 들어, 자동차 타이어는 다른 제조자에 의해 만들어졌으며, 다른 상표를 지니고, 그 화학적 구성이 다를지라도 상업적으로 대체사용이 가능한 것으로 간주될 수 있기 때문에, 결과적으로는 "유사"하다고 판단할 수 있다.

타이어 1

타이어 2

타이어 1 사양	타이어 2 사양
제조자-Y사	**제조자-Y사**
브랜드-lee™	**브랜드-SureGrip™**
유형-승용차, 겨울 레이디얼	유형-승용차, 겨울 레이디얼
단면폭-P185	단면폭-P185
편평비-60	편평비-60
림 크기-14	림 크기-14
하중지수-82	하중지수-82
속도지수-H	속도지수-H
14% 천연고무	**12% 천연고무**
이태리 제조	이태리 제조

이 타이어들은 상표가 다르고 및 천연 고무 함유량에서 작은 차이가 있지만 동종·동질이다. 즉 같은 치수, 같은 구성을 가지고 있으며 같은 기능을 수행하기 위해 설계되었고, 같은 국가에서 제

조되었다. 이 타이어들은 상표 및 구성에서 차이가 있기 때문에 제15조에서 규정하는 "동종·동질"로 간주될 수는 없다. 그러나 화학적 구성의 사소한 차이는 타이어 제조 산업에서 중요하지 않은 것으로 여겨지며, 두 브랜드가 자동차 타이어 시장에서 동등한 평판을 가지고 있다고 가정한다면, 이 물품들을 "유사"한 것으로 간주할 수 있다.[1)]

마지막 예시는 기술위원회의 예해에 근거한 것인데, 조립된 물품과 미조립된 물품의 비교이다. 아래의 자전거는 동일 브랜드, 크기, 소재 및 디자인 등 모든 면에서 동종·동질이지만, 자전거1은 수입 당시 완전히 조립된 것인 반면 자전거2는 미조립 상태로 수입되었고 최종 소비자가 프레임에 바퀴를 달아야 한다.

자전거 1 - 조립

1) 이 예시는 타이어 산업 제조 표준이 화학 성분의 2% 차이는 관세 환급법(customs drawback law)에 근거하여 중요하지 않은 것으로 결정한 미국 세관의 유권해석에 의해 표명되었다. 왜냐하면 이러한 사소한 차이가 타이어의 상업적 호환성에 영향을 미치지 않기 때문이다. US Customs Service Ruling Ltr. 221953(1989. 12. 28.).
유사한 예시는 WCO 예해 1.1: 협정목적상 동종·동질물품 또는 유사물품(Identical or Similar Goods for the Purposes of the Agreement)에서도 언급되었다(WCO 편람).

자전거 2 - 미조립

이 경우 기술위원회의 예해는 두 물품이 "동종·동질"의 것으로 간주될 수 있다고 한다. 왜냐하면 "비록 조립작업이 요구된다면 일반적으로 조립품과 미조립품을 동종·동질 물품으로 취급할 수 없지만 … 이 경우와 같이 상품이 일반적인 사용 과정에서 조립 및 분해되도록 설계된 경우, 조립작업의 성질이 그 물품들을 동종·동질한 것으로 간주되는 것을 방해하지 않기 때문이다."[2)]

3.1.3 그 밖의 조건들

세관이나 수입자가 동종·동질 또는 유사물품이 포함된 이전의 거래를 찾는다고 하더라도, 협정은 그 거래가 평가를 위해 사용되기 전에 충족해야 하는 상업적 조건에 관하여 특정한 요건을 부과하고 있다.

(a) 동종·동질 또는 유사 물품은 "동시 또는 거의 동시에 수출"된 것이어야 한다

첫째, 다양한 이유로 — 수요와 공급에 영향을 미치는 계절적

2) WCO, 예해 1.1: 협정목적상 동종·동질물품 또는 유사물품.

요인, 통화 가치의 변동, 인플레이션 등—물품의 가격은 시간에 따라 변할 수 있으며 이것은 반드시 균일하거나 예측 가능한 방식으로 변하는 것은 아니다. 이러한 종류의 왜곡에 대응하기 위해서, 협정 제2조 및 제3조는 이전 거래와 관련된 물품이 평가대상물품과 "동시 또는 거의 동시에 수출"되었을 것을 요구한다.

수출이 "동시 또는 거의 동시"에 이루어진 것은 언제 이루어지는 것을 의미하는가? 이것은 협정을 이행하는 개별 국가들이 결정한다. 어떤 국가들은 이 문구를 자신들의 법률에 포함시켜 예를 들면 물품의 가격이 안정적이지 않은 경우 더 짧은 비교기간을 부여하는 등 세관공무원들이 이 기준을 유연하게 적용하는 것을 허용하도록 하고 있다. 국가들 중에는 그 기간을 법정한 경우도 있다—예를 들어, 평가대상 물품의 수출일로부터 90일 이내에 수출된 물품만 검토할 수 있도록 하는 것이다.

동종·동질 또는 유사 물품의 수입은 평가대상 물품의 평가 이전 또는 이후에 이뤄질 수 있으나, 수출 일자를 비교하는 것이 중요하다.

(b) 동종·동질 또는 유사 물품은 같은 생산자에 의해 제조되어야 한다

둘째, 협정 제15조 제2항 (e)는 세관은 먼저 평가대상 물품과 같은 생산자가 제조한 동종·동질 또는 유사 물품을 포함하는 거래를 찾아서 사용해야 한다고 규정한다.

제15조 제2항 (e)

(e) 평가대상 물품의 생산자가 생산한 동종·동질물품 또는 유사물품이 없는 경우에만 다른 자가 생산한 물품이 고려된다.

예를 들어, 동일한 생산자가 종전에 동일한 수입국의 다른 구매자에게 제품을 수출했을 수 있다. 그러나 이것은 우선순위일 뿐이다. 그러한 이전의 거래를 발견할 수 없는 경우(즉, 그 생산자와 관련된 이전 수입 기록이 없는 경우), 세관은 같은 국가의 다른 제조자가 생산한 동종·동질 또는 유사 물품과 관련된 이전의 거래를 사용할 수 있다.

(c) 동종·동질 또는 유사 물품은 같은 거래단계에서의 판매이어야 한다

셋째, 협정의 우선순위는 평가대상 물품과 동일한 거래단계와 실질적으로 동일한 수량의 거래를 비교하는 것이다. 가격 책정은 종종 유통 단계와 수량 할인의 한 요인이다. 한 제품의 10,000단위의 대량 가격은 대부분 같은 제품의 하나 또는 적은 단위의 소매가격보다 낮을 것이다.

다시 말하지만, 이는 우선순위일 뿐이지 절대적인 요건은 아니다. 동일한 상업적 거래단계 또는 동일한 수량의 거래를 발견할 수 없는 경우, 이러한 차이를 반영할 수 있는 적절한 조정이 이루어질 수 있다면, 협정은 다른 수량 또는 다른 거래단계를 포함하는 거래를 세관이 검토할 수 있도록 허용한다. **협정 제2조 제1항 (b) 및 제3조 제1항 (b)** 참조.

제2조 및 제3조에 관한 주해는 거래단계나 수량에 대한 이러한 조정에 대하여 세관과 무역업자에게 중요한 경고를 포함하고 있다.

> 다른 거래단계 또는 다른 수량으로 인한 조정의 조건은 해당 가치가 증가 또는 감소되는지 여부와 상관없이 조정에 대한 합리성과 정확성을 명확하게 확립할 수 있는 — 예컨대, 다른 수준 또는 다른 수량을 참조하는 가격이 포함된 유효한 가격 목록 — 입증된 증거에 근거해서만 이루어져야 한다는 것이다.
>
> 이러한 예로서, 만약 평가대상 수입물품의 선적수량이 10단위이고

거래가격이 존재하는 유일한 동종·동질 수입물품은 500단위로 판매되었을 경우, 판매자가 수량 할인을 제공하고 있음이 인정된다면, 판매자의 가격표에서 10단위의 판매에 적용되는 그 가격을 이용하여 필요한 조정을 할 수 있다. 이것은 그 가격표가 다른 수량의 판매에서 진실된 것임이 입증되는 한, 10단위 수량의 판매가 반드시 있어야 함을 요구하는 것은 아니다. 그러나 그러한 객관적인 척도가 없는 경우에는 제2조의 규정에 따라 과세가격을 결정하는 것은 적절하지 않다.

주해에 설명된 이 조건은 세관이나 무역업자가 수량 할인이 주어진다거나 또는 그 할인이 부여되는 수준에 대해 가정하는 것을 금지한다. 공개된 도매가격 리스트와 같이 할인이 적용되는 수량의 수준뿐만 아니라 판매자가 실제로 할인을 적용해 준다는 증거(또는 할인금액이 어떻게 산출되는지에 대한 증거)가 있어야 한다.

(d) 운송비용에 대한 조정

우리가 살펴본 바와 같이, 물품들은 같은 국가에서 생산된 경우에만 동종·동질 또는 유사한 것으로 간주될 수 있다. 하지만, 평가 대상 수입물품이 이전 거래에서의 물품과는 다른 운송 수단(항공, 해상, 철도, 트럭) 또는 다른 운송 경로에 의해 수입국으로 운송되었을 수 있다. 예를 들어, 항공 운송되는 물품은 일반적으로 해상 운송 보다 더 비쌀 것이다. 협정 **제2조 제2항** 및 **제3조 제2항**은 이러한 차이가 운송비용에 중대한 영향을 미치는 경우에 있어 과세가격의 조정을 허용한다.

SR 메모리카드 제조 주식회사

가격표

555 물-망-초 길
제네바, 스위스
전화번호 555-777-555 팩스 555-777-557

잊을 수 없는 제품들! 일자: 2010. 7. 20.

상세규격	SKU	소매가격	도매가격	비고
메모리카드 표준	SR1000	$3.00	$1.50	
메모리카드 - 리퀴드형	SR1500	$3.00	$1.50	T
메모리카드 - 표준	SR2000	$3.00	$1.50	
메모리카드 - 리퀴드형	SR2500	$3.00	$1.50	T
메모리카드 - 표준	SR3000	$3.00	$1.50	
메모리카드 - 리퀴드형	SR3500	$3.00	$1.50	L
메모리카드 - 고강도	SRX4000	$4.00	$2.00	
메모리카드 - 리퀴드형 - 고강도	SRX4500	$4.00	$2.00	
메모리카드 - 표준 - 고강도	SRX5000	$4.00	$2.00	
메모리카드 - 리퀴드형 - 고강도	SRX5500	$4.00	$2.00	N
메모리카드 - 표준 - 고강도	SRX6000	$4.00	$2.00	N
메모리카드 - 리퀴드형 - 고강도	SRX6500	$4.00	$2.00	

비고:
T = 인기상품
N = 신제품
L = 재고한정상품

譯註:
✔ SKU(Stock Keeping Unit): 재고관리단위
✔ SR과 SRX: 메모리카드 규격

귀하와의 비즈니스에 감사드립니다!!

(e) 디자인/기술 생산지원이 결합된 물품은 동종·동질 또는 유사하지 않음

2.2.4에서 제8조의 "생산지원"에 대한 논의에서 살펴본 바와 같이, 수입물품의 제조에 사용된 기술, 개발, 공예, 디자인 또는 설계 및 고안의 비용은, 만일 그 작업이 수입국에서 수행된 경우 거래가격에 포함되지 않는다.

예를 들어, 중국의 한 공장은 미국에 있는 구매자가 만들고 공급한 전매특허 디자인을 사용하여 장난감을 제조하기로 계약한다. 완성된 장난감이 미국으로 수출되면, 미국 구매자가 공급한 디자인 작업의 비용은 제8조에 따라 거래가격에서 제외될 수 있다.

이 사례에서 수입 장난감의 거래가격은 주요한 비용 요소인 디자인을 제외하고 있으므로 해당 물품의 실제적이고 상업적인 가치를 반영하지 않는다. 따라서 협정 제15조는 이처럼 제8조에 따른 디자인 비용 또는 유사한 비용을 포함하지 않고 있는 거래에서의 물품은 평가 대상 물품과 "동종·동질" 또는 "유사"한 것으로 간주될 수 없다고 규정한다.

> **제15조 제2항 (c)호**
> (c) "동종·동질 물품" 및 "유사 물품"이란 용어는 수입국 내에서 수행되었기 때문에 제8조 제1항(b)(iv)에 따라 조정되지 않은 기술, 개발, 공예, 디자인, 설계 및 고안을 결합하거나 반영한 물품을 포함하지 않는다.

(f) 지식점검 — 동종·동질 또는 유사 물품의 식별

2007년 2월 9일 장미가 발렌타인데이 시장을 위해 스위스로 수입된다. 수입자는 세관에 해당 화물에 대하여 아래와 같은 송장을 제출한다.

판매자:
AGRO ROSE FARMS
에쿠아도르

INVOICE

INVOICE #1
일자: 2007. 2. 10.

구매자:
FLORABUNCANCE WHOLESALERS
제네바, 스위스

수출일자	운송 형태	F.O.B지점	조건
2007. 2. 8.	항공	에쿠아도르	수취시 지불

수량	상세규격	단가	합계
10,000	신선 절단, "긴 줄기"/50cm, 하이브리드 티 장미, 빨강과 노량 색상. H.S. code 0603.11	.45	4500.00
		배송 & 취급	450.00
		지불 합계	4950.00

귀하와의 비즈니스에 감사드립니다!

과세가격은 협정 제1조에 따라 결정될 수 없다. 따라서 제2조 또는 제3조에 따른 과세가격을 조사하여야 한다. 세관은 네 건의 다른 장미 수입 거래를 알고 있다.

장미의 선적에 대한 다음 각 송장을 평가하고, 송장에 기재된 물품들이 2007년 2월 9일자 평가대상 선적 건과 "동종·동질" 또는 "유사"한 것으로 간주될 수 있는지를 결정하시오.

정답은 193면을 보라.

판매자:
MEERMAN & CO
네덜란드

INVOICE

INVOICE #2
일자: 2007. 2. 1.

구매자:
FLORABUNCANCE WHOLESALERS
제네바, 스위스

수출일자	운송 형태	F.O.B지점	조건
2007. 2. 1.	항공	암스테르담	30일

수량	상세규격	단가	합계
8,500	길게 자른, 신선절단, 하이브리드 차 장미, 빨강과 노랑. H.S CODE 0603.11	.52	4420.00
		배송 & 취급	442.00
		지불 합계	4862.00

귀하와의 비즈니스에 감사드립니다!

판매자:
AGRO ROSE FARMS
에쿠아도르

INVOICE

INVOICE #3
일자: 2006. 11. 15.

구매자:
LAKE GARDEN CENTER
제네바, 스위스

수출일자	운송 형태	F.O.B지점	조건
2006. 11. 11.	항공	에쿠아도르	수취시 지불

수량	상세규격	단가	합계
15,000	신선 절단 장미; 하이브리드 차 버라이어티 50cm 줄기. H.S. code 0603.11	.35	5250.00
		배송 & 취급	52.00
		지불 합계	5302.00

귀하와의 비즈니스에 감사드립니다!

판매자:
AGRO ROSEFARMS
에쿠아도르

INVOICE

INVOICE #4
일자: 2007. 2. 10.

구매자:
LAKE GARDEN CENTER
제네바, 스위스

수출일자	운송 형태	F.O.B지점	조건
2007. 2. 10.	항공	에쿠아도르	수취시 지불

수량	상세규격	단가	합계
10,000	신선 절단 장미, 스프레이와 연인 버라이어티; 35cm/짧은 줄기. H.S. code 0603.11	.20	3000.00
		배송 & 취급	300.00
		지불 합계	3300.00

귀하와의 비즈니스에 감사드립니다!

판매자:
COTOPAXI FARMS
에쿠아도르

INVOICE

INVOICE #5
일자: 2007. 2. 10.

구매자:
THE SWISS CORNER GROCERY MARKET
제네바, 스위스

수출일자	운송 형태	F.O.B지점	조건
2007. 2. 1.	항공	에쿠아도르	수취시 지불

수량	상세규격	단가	합계
100	신선 절단 장미; 하이브리드 티 장미 50cm 줄기. H.S. code 0603.11	.50	50.00
		배송 & 취급	5.00
		지불 합계	55.00

귀하와의 비즈니스에 감사드립니다!

3.1.4 이행 과제

제2조와 제3조를 적용할 때 세관과 무역업자들의 기본적인 과제는 동종·동질 또는 유사 물품을 포함하는 이전의 수입 거래를 찾는 것이다.

가장 중요한 것은 동종·동질 또는 유사 물품을 포함하는 최근 거래를 찾는 것이다. 세관은 특정 수입자가 동종·동질 또는 유사 물품을 포함하는 이전 거래가 있었는지 여부를 알지 못할 수 있다. 반면, 다른 무역업자들은 경쟁 상대일 수 있기 때문에, 수입자가 다른 무역업자가 수입한 동일한 물품의 과세가격을 얻을 수 있을 것 같지도 않다. 이러한 어려움을 고려하여, 협정은 대부분의 경우 무역업자와 세관의 긴밀한 협조가 필요할 것이 명백하다는 점을 인식하고 있다.

> 일반적으로 세관당국과 수입자 간에 제2조 또는 제3조의 규정에 따른 가격의 기초에 도달하려는 목적의 협의 과정이 있어야 한다. 예를 들면, 수입자는 수입항의 세관당국이 즉시 입수할 수 없는 동종·동질 또는 유사 수입물품의 과세가격에 관한 정보를 가지고 있을 수 있다. 반면에 세관당국은 수입자가 쉽게 입수할 수 없는 동종·동질 또는 유사 수입물품의 과세가격에 관한 정보를 가지고 있을 수 있다. 양 당사자 간의 협의 과정을 통해서 상업적 비밀보호 요건을 전제로 관세목적상 가치의 타당한 기초를 결정하기 위한 정보 교환이 가능하게 될 것이다.

WTO 관세평가협정의 일반서설을 보라.

관세평가 데이터베이스 — 동종·동질 또는 유사 물품을 식별하는데 요구되는 제품의 특수성을 기준으로 구성된 경우 — 는 이 과정에서 유용하게 도움이 될 수 있을 것이다[평가 데이터베이스의 사용에 대해서는 4.3 및 4.5에서 논의하는 기술위원회의 "위험평가도구로서의 국가 평가데이터베이스의 개발과 사용에 관한 지침(Guidelines on the Development and Use of a National Valuation Database as a Risk Assessment Tool)"을 보라].

주어진 사례에서 분명히 알 수 있듯이, 물품의 동종·동질 또는 유사함의 문제는 제품에 따라 매우 다르다. 이는 질적(품질과 평판) 그리고 양적(물리적 특징, 구성재료) 요소 모두에 따라 좌우되는 판단이다. 더 나아가, 색상, 상표, 포장과 같은 개별 특징이 상업적으로 어느 정도의 중요성을 가지고 있는지는 개별 물품마다 다양한 차이가 있을 것이다.

따라서 제2조와 제3조의 효과적인 적용을 위해서는 세관공무원이 관련된 제품의 비교를 위한 공급 및 소비 조건 — 물품의 어떤 특징이 중요하고 어떤 요인이 소비자에게 중요한지 — 과 같은 특정한 산업 및 시장에 관한 이해를 할 필요가 있다. 다시 말해, 통상적으로 세관은 수입자들과 긴밀하게 협력할 필요가 있게 된다. 수입자는 이러한 판단에 필요한 제품과 시장에 대한 전문지식을 갖고 있기 때문이다.

동종·동질 또는 유사 물품의 거래 가격: 요약

- 일반적으로 위탁판매물품, 특수관계자 간 거래 또는 수입자의 가격 신고가 신뢰할 수 없거나 불완전한 경우에 사용된다.
- 수입자의 신고 가격을 대신하여, 세관은 동종·동질 또는 유사(상업적으로 대체가능한) 물품에 관하여 이전수입에서 수용되었던 가격을 사용한다.
- 이전 수입은 평가 대상 물품과 동일한 국가에서 제조되었어야 하며 — 동일한 제조자가 제조하였으면 더 좋다 — 동시 또는 거의 동시에 수출되어야 한다.
- 평가대상 물품과 이전 수입물품이 다른 수량 또는 거래 단계에서 선적되거나 다른 운송 수단을 통해 운송되었거나 운송거리가 다른 경우 가격을 조정할 수 있다.

3.2 공제가격방법

제5조

1. (a) 해당 수입물품 또는 동종·동질 또는 유사 수입물품이 수입국 내에서 수입된 것과 동일한 상태로 판매된다면, 이 조의 규정에 따른 수입물품의 과세가격은 평가대상 물품의 수입시기와 동시 또는 거의 동시에 해당 수입물품 또는 동종·동질 또는 유사 수입물품이 그러한 물품의 수입자와 특수관계가 없는 자에게 가장 많은 수량으로 판매되는 단위가격에서 다음을 공제한 가격을 기초로 하여야 한다.
   (i) 동종 또는 동류의 수입물품이 수입국 내에서 판매와 관련하여 통상적으로 지급하였거나 지급할 것으로 합의한 수수료 또는 통상적으로 이윤 및 일반경비로서 부가되는 금액,
   (ii) 수입국 내에서 발생하는 통상적인 운임, 보험료 및 관련 비용,
   (iii) 필요한 경우, 제8조 제2항에 규정된 비용 및 부담금, 그리고
   (iv) 물품의 수입 또는 판매로 인하여 수입국 내에서 납부하여야 할 관세 및 그 밖의 국세

   (b) 만약 평가대상 물품의 수입시기와 동시 또는 거의 동시에 해당 수입물품, 동종·동질 또는 유사 수입물품 중 어느 것도 판매된 것이 없다면, 과세가격은 그 외의 요건에 대해서는 제1항 (a)의 규정을 따르는 조건으로, 평가대상 물품의 수입 후 가장 빠른 날에, 그러나 최대한 90일 이내에 수입된 것과 동일한 상태로 수입국에서 판매된 해당 수입물품 또는 동종·동질 또는 유사 수입물품의 단위가격을 기초로 하여야 한다.

2. 해당 수입물품 또는 동종·동질 또는 유사 수입물품 중 어느 것도 수입된 것과 동일한 상태로 수입국에서 판매된 경우가 없고, 수입자의 요청이 있는 때에는, 관세 가치는 해당 수입물품이 추가 가공된 후 수입국 내에서 그러한 물품의 수입자와 특수관계가 없는 자에게 가장 많은 수량으로 판매된 단위가격을 기초로 하되, 그러한 가공으로 부가된 가치 및 제1항 (a)에 규정된 공제 대상을 적절히 고려하여야 한다.

간단히 말해서, 공제가격은 수입자가 수입국에서 자기의 고객에게 수입물품을 판매하는 가격에서 이윤과 해당 물품을 고객에게 판매 및 인도하는데 관련된 그 밖의 비용을 공제한 것이다.[3)]

이 방법에 내재되어 있는 원칙은 수입자의 재판매 가격에서 이러한 수입 이후의 비용들을 공제할 수 있다면, 그 순액은 국경에서의 물품 가격을 반영할 것이라는 점이다.

공제가격은 수입물품 자체의 재판매 또는 종전에 수입된 동종·동질 또는 유사물품의 재판매를 기초로 할 수 있다. 하지만, 실무적인 문제로 인해 대부분은 평가대상 물품에 대한 수입자의 재판매 가격을 기초로 하거나, 수입자의 첫 번째 선적 물품에 대한 재판매 가격을 기초로 하여 같은 수입자의 두 번째 선적물품을 평가하게 될 것이다. 다른 수입자가 행한 동종·동질 또는 유사 물품의 수입 및 재판매에 관한 정보는 쉽게 입수하기 어려울 것이다.

3.2.1 수입자의 선택 — 산정가격방법 우선적용

협정 **제4조**는 수입자가 산정가격방법을 적용받기 위해서 공제가격방법을 추후에 적용할 수 있는 선택권을 부여한다. 수입자는 재판매 비용에 관한 정보보다 해외 생산비용 정보를 더 쉽게 이용할 수 있는 경우 또는 산정가격방법을 적용할 때 더 유리한 평가가 기대되는 경우에 이 선택권을 사용할 것이다. 선택 동기가 무엇이든 간에, 협정은 그 선택권이 전적으로 수입자에게 있다는 것을 분

3) 역사적 관점에서 보면, 이 공제가격규정은 도쿄라운드 이전에 미국 법에 있었던 "미국가격" 방법에서 대부분을 가지고 온 것이다. 미국가격방법은 공제가격방법과 유사하게 수입물품 또는 유사물품이 수입국 시장에서 "통상적인 도매 수량"(이 문구는 미국 법률에서 "다른 수량에 대한 가격 또는 가격들로 판매된 총 수량보다 큰 총 수량의 한 단위수량에 대한 가격"으로 정의되어 있었다)으로 판매되는 가격에서 협정의 제5조에 규정된 것과 동일한 공제요소를 뺀 가격에 기초하여 평가하도록 규정하고 있었다. 19 US Code § 1401a(c)(1976).

명히 한다. 물론, 세관이 산정가격방법에 따라 물품을 평가할 수 없다고 판단하는 경우, 공제가격방법을 적용하여 평가를 해야 한다.

3.2.2 공제가격의 조건

수입물품이 수입국 내에서 재판매되는 가격은 공제가격계산의 시작점이다. 따라서 공제가격의 기준이 되는 이 국내 판매는 가능한 한 실제 시장 가격을 대표하는 것이어야 한다는 점이 중요하다. 이러한 이유로, 협정은 재판매 거래의 무결성을 보장하기 위해 특정한 기술적 요건을 요구한다. 이들은 아래와 같다.

- 그 판매는 수입 이후에 구매자와 특수관계가 없는 자 간에 이루어지는 최초의 상업적 판매이어야 한다.

수입 후 최초 판매

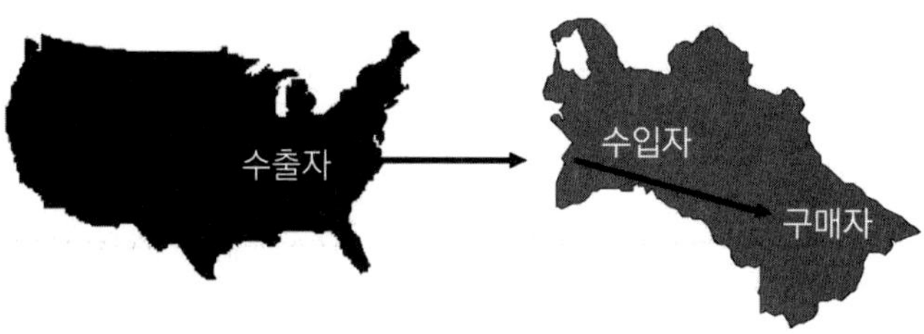

수입자가 국내의 특수관계 없는 구매자에게 판매

수입자가 특수관계 있는 구매자에게 판매한 거래는 그 가격이 특수관계에 의해 왜곡될 가능성이 있기 때문에 공제가격방법을 적용할 수 없다.

- 수입국 내의 구매자는 외국의 판매자에게 "생산지원"을 제공해서는 안 된다.

제8조에 규정된 "생산지원"(앞의 2.2.4를 보라)이란 구매자가 무료 또는 인하된 가격으로 판매자에게 제공하는 수입물품

의 제조를 위해 필요한 특정 요소이다. 이 요소들은 수입물품을 만드는데 필요한 부분품, 구성요소, 도구 또는 디자인일 수 있다. 구매자가 판매자에게 이들 생산자원을 무료로 제공하는 경우, 구매자는 완제품에 관하여 수입자에게 다른 경우에서 보다 더 낮은 가격을 지급할 것이다.

- 평가를 위해 사용된 재판매 가격은 수입물품(또는 동종·동질 또는 유사물품)이 가장 많은 수량으로 판매되는 단위가격이어야 한다.

 이 요건은 상업적으로 대표적인 가격이 과세가격의 기초로서 사용되는 것을 보장하며, 수입자가 대부분의 선적물품에 대해 낮은 공제가격을 설정하기 위해(그리고 더 적은 관세를 납부하기 위해) 인위적으로 한두 개의 선적물품을 낮은 가격으로 판매하는 방식으로 거래를 조정하는 것을 방지한다.

- 수입국 내의 재판매는 평가대상 물품이 수입된 때와 "동시 또는 거의 동시에"([그림 8]을 보라) 이루어져야 한다. 그러한 판매가 행해지지 않았던 경우에만 그 이후의 판매에 기초하여 과세가격을 결정할 수 있다. 그러나 어떠한 경우에도 수입 후 90일을 경과하여 이루어진 판매는 고려하지 않는다.

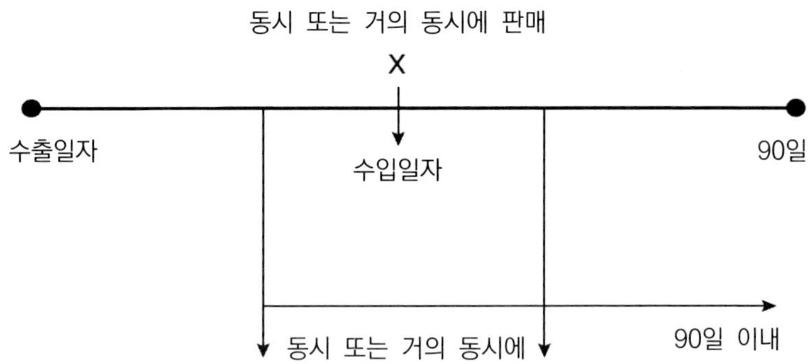

[그림 8] 수입시점과 동시 또는 거의 동시에 판매

3.2.3 공제가격의 산출

• 재판매가격	1000
• 통상의 수수료 **또는** 통상의 이윤 및 일반경비	− 100
	900
• 수입국 내에서 발생한 통상의 운임, 보험료와 그 밖의 관련 비용	− 25
	875
• 국제운송 요금/비용	− 50
	825
• 관세/수입세	− 9
• 공제 가격	= 816

3.2.4 수수료 또는 이윤/일반경비의 공제[4)]

공제가격방법과 같은 대체평가방법이 왜 사용되는지 기억해 보라. 대부분, 이는 수입물품이 "위탁판매물품"으로 선적 — 따라서 거래가격가 사용될 수 있는 수출판매 거래가 발생하지 않았다 —

4) 대법원 2020. 12. 30. 선고 2017두59048 판결. 특수관계가 가격에 영향을 미쳐 수입가격을 낮게 신고한 부분이 있으면 그 부분에 대한 정당한 세액을 산정하여 따로 과세할 수 있는 것이고, 이 경우 거래 전체로 보아 다른 물품에 대한 환급액이 있을 것을 고려하여 세액을 산정하거나 과세를 배제하여야 하는 것은 아니며, 세금을 과다 납부한 부분이 있으면 피고의 이 사건 물품의 과세가격 결정방법을 이용하여 다른 수입물품에 대하여 관세의 경정청구를 할 수 있으므로, 이 사건 물품만이 특수관계가 거래가격에 영향을 미쳤다고 보고 부인한 것이 위법하다고 할 수 없다.

설령 피고의 동종·동류비율 산출에 어떠한 잘못이 있다 하더라도 원고 제출이윤 및 일반경비율이 세관장의 동종·동류비율의 100분의 110 이하인 경우에 해당하므로 원고 제출 이윤 및 일반경비율을 적용하여 이 사건 물품의 과세가격을 결정하여야 하는바, 이보다 원고에게 유리한 세관장의 동종·동류비율을 적용하여 피고가 계산한 과세 가격은 원고 제출 이윤 및 일반경비율을 적용하여 산출한 과세가격의 범위 내에 있으므로 이를 두고 위법하다고 할 수 없다. 대법원 2020. 12. 24. 선고 2017두54128 판결; 대법원 2020. 12. 30. 선고 2017두59048 판결; 대법원 2018. 3. 15. 선고 2017두72782 판결; 대법원 2020. 3. 6. 선고 2019두62987 판결; 대법원 2020. 4. 9. 선고 2019두62079 판결; 대법원 2020. 6. 25. 선고 2020두36939 판결(譯註).

되었거나, 그 물품이 외국의 판매자와 특수관계가 있는 회사 또는 사람에 의해 수입되었고 세관이 당사자들의 특수관계가 수출 가격에 영향을 미쳤다고 판단하였기 때문이다.

위탁판매의 경우에, 수입자는 전형적으로 판매대리인으로 활동하며 자기가 수입물품을 고객에게 판매할 때 수수료를 받는다. 통상적으로 이 수수료는 판매가격의 일정률이며, 이는 해당 대리인의 비용과 이윤을 보상하기 위한 것이다. 이러한 경우, 수수료 금액은 과세가격을 도출하기 위해 판매가격에서 공제되어야 한다.

반면에, 세관이 특수관계자 간의 거래가격을 부인한 경우, 수입자는 물품에 대한 소유권을 가지고 있고 — 비록 관세평가 목적상 인정되지 않는 가격이라 하더라도 — 일반적으로 자기의 이윤과 해당 물품을 마케팅하는 비용을 반영하기 위하여 그 금액을 부가하여(markup) 수입국에서 재판매할 수 있다. 이러한 경우에, 과세가격을 산출하려면 재판매 가격에서 수입자의 이윤과 판매비용을 공제하여야 한다.

하지만, 세관은 수수료 또는 이윤 및 일반경비의 금액 둘 다가 아니라 둘 중 하나만을 공제해야 한다는 점은 협정상 명확하다. 예를 들어, 수입자의 마케팅 비용과 수수료를 모두 공제하는 것은 협정에 부합하지 않을 것이다.

공제금액은 "동종 또는 동류" 물품의 판매에서 확인되는 "통상"의 수수료와 "통상"의 이윤 및 일반경비(전체로서 취급되는)에 해당하는 것이어야 한다. "동종 또는 동류" 물품의 개념은 여기서 처음 소개하지만, 산정가격방법에서도 등장할 것이다.

동종 또는 동류

"이 협정에서 '동종 또는 동류의 물품'은 어느 특정 산업 또는 산업 부문에서 생산된 품목군 또는 범주에 해당하는 물품을 말하며 동종·동질 또는 유사 물품을 포함한다"(WTO 관세평가협정 **제15조 제3항**).

"동종 또는 동류"의 물품은 원산지와 관계없이 같은 산업 또는 산업부문에서 생산되는 수입물품이다. 따라서 이 개념은 "동종·동질" 또는 "유사"물품보다 더 넓은 제품군을 포괄하며, 예를 들어 같은 품목번호에 분류되는 모든 물품을 포함할 수도 있다. 하지만, 주해는 어떤 물품이 동종 또는 동류인지 여부를 결정할 때 세관이 "평가대상 물품을 포함하여 필요한 정보를 제공받을 수 있는 가장 한정된 그룹 또는 범위의 동종 또는 동류의 수입물품"을 고려하도록 규정하고 있다.

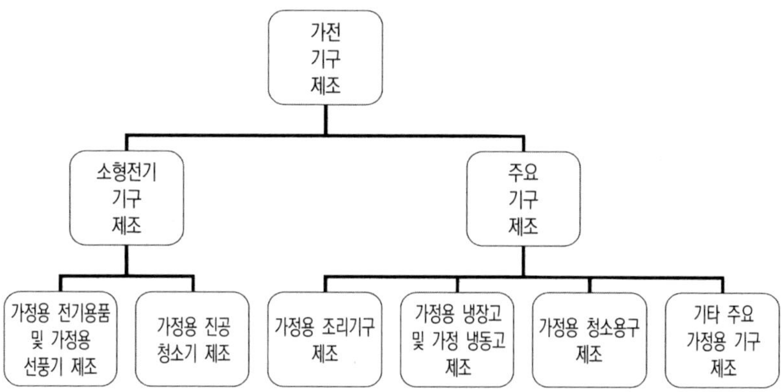

[그림 9] 동종 또는 동류: 산업/산업부문

왜 협정은 동종·동질 또는 유사 물품의 판매가 아니라 "동종 또는 동류" 물품의 판매에서 발견되는 수수료 또는 이윤/일반경비에 대한 공제를 허용하는가? 그 이유는 이 수수료 또는 이윤/경비 마진은 판매 활동에 대한 보상이며, 그 금액은 판매되는 물품의 특성보다는 유통업자가 수행하는 활동과 위험에 의해 결정될 가능성이 더 높기 때문일 것이다. 유통업자가 토스터나 믹서 같은 소형 가전제품을 판매하든지, 재판매에 대한 수수료 또는 이윤/경비 마진은 제품의 종류에 상관없이 동일할 것이다. 반면에, 판매되는 물품의 유형이 매우 다를 경우(즉, 가전제품과 자동차 같이 다른 산업의 물품인 경우), 유통업자의 위험과 기능 — 그리고 그에 따른 보상액 — 은 비교할 수 없을 것이다.[5)]

어떠한 수수료 또는 이윤/일반경비가 "통상적"인지는 세관이 일상적으로 수집하거나 일반적으로 접근할 수 있는 종류의 정보가 아니다. **제5조에 관한 주해**는 세관이 수입자의 수치가 동종 또는 동류의 수입물품의 수입국 내 다른 판매에서의 수치와 불일치한 점을 발견하지 않는 한 세관이 통상의 이윤 및 일반경비[6)]의 공제를 위해 수입자의 수치를 사용하는 것을 허용함으로써 세관의 부담을 대폭 줄여준다.

> 제5조 제1항에서 규정하고 있는 "이윤 및 일반경비"는 전체로서 취급되어야 함을 유의해야 한다. 이 공제를 위한 수치는 수입자가 제출한 수치가 동종 또는 동류의 수입물품을 수입국 내에서 판매할 때 얻어진 수치와 불일치하지 않는 한 수입자가 제공하거나 수입자를 대신하여 제공된 정보를 기초로 결정되어야 한다. 수입자가 제출한 수치가 이러한 수치와 불일치하는 경우, 수입자 또는 수입자를 대신하여 제출된 정보 이외의 관련 정보를 근거로 이윤 및 일반경비의 금액

---

5) WTO 관세평가협정의 공제가격방법과 유사한 세제인 이전가격 결정 방법의 "재판매가격법"과 관련하여 이러한 근거를 제공하는 OECD, Transfer Pricing Guidelines for Multinational Enterprises and Tax Administration (2001), II—5을 보라.

6) 대법원 2021. 1. 14. 선고 2017두54869 판결은 특수관계자 간의 거래가격 영향 여부 판단 및 이윤 및 일반경비 등에 이 사건 물품 외의 다른 의약품에 관한 이윤 및 일반경비율이 포함되어 산정되었다고 하더라도 관세법 제33조 제1항 제2호 및 시행령 제27조 제3항 내지 제5항에 위반되었다고 보기는 어렵다고 판시하였다(譯註).

을 결정할 수 있다.

3.2.5 수입국 내 운송비용의 공제

수입국 내 통상의 운송비용을 결정할 때 해당 물품을 수입 지점에서 고객에게 인도하기 위해 이동시키는데 필요한 운임 및 관련 비용 — 취급, 검역, 하역, 운송주선인 수수료 등 — 을 포함한다.

3.2.6 국제운송비용의 공제

협정 제8조 제2항에 따라 국제운송비용을 과세가격에서 제외하기로 선택한 소수의 WTO 회원국은 재판매가격에서 실제 국제운임, 보험료 및 관련 취급 비용을 공제하여야 한다.

3.2.7 관세 및 내국세의 공제

수입 또는 판매를 이유로 물품에 대해 납부하여야 하는 수입관세 및 내국세(예를 들어, 부가가치세)를 공제하여야 한다.[7] 계산식은 다음과 같다.

재판매가격	\$98
공제요소 차감	
관세 등을 제외한 금액	\$23
결과값	=\$75

수입관세가 6.5퍼센트인 경우, 공제가격은 다음과 같이 산출된다;

$$\frac{\$75}{1.065} = \boxed{\$70.42}$$

7) 수입물품에 관한 덤핑방지관세 또는 상계관세 역시 공제되어야 할 관세 또는 내국세로 간주된다. 기술위원회 권고 의견 9.1을 보라.

3.2.8 초공제가격(Super Deductive Value) — 수입 후 가공된 물품

지금까지의 논의는 수입물품이 수입된 때와 동일한 상태로 재판매된 경우의 상황을 다룬 것이다. 하지만 수입물품이 수입 후 재판매에 앞서 추가 가공된 경우에는 어떠한가? 예를 들어, 수입 자동차들이 재판매 전에 방청처리와 세차가 이루어진다.

제5조 제2항은 수입 후 가공 또는 제조의 결과로서 수입 제품에 부가된 가치에 대한 공제가 가능한 경우, 수입자에게 같은 조건에 따라 공제가격을 사용할 선택권을 부여한다. 이 금액은 재판매가격에서 공제되는 추가적인 비용이 된다.

초공제가격 산출

• 재판매가격	1010
• 수입국에서 가공이나 제조에 의해 부가된 가치	− 10
	1000
• 통상의 수수료 또는 통상의 이윤 및 일반경비	− 101
	899
• 수입국 내에서 부담한 통상의 운임, 보험료와 관련 비용	− 25
	874
• 국제운송 요금/비용	− 50
	824
• 관세 및 수입세	− 9
• 공제 가격	= 815

지식점검

적절한 단위 판매가격 확인하기

판매자는 구매자에게 구매 수량(단위 수량)을 기초로 할인을 제공한다. 구매자는 이 수량 할인을 이용하여 구매자로부터 3개월 동안 다음과 같은 여러 개별구매를 한다.

	수량	가격	단가
10일 전	1,400	$60,480	$43.20
12일 전	495	23,424	48.00
19일 전	975	44,460	45.60
30일 전	500	23,280	48.00
42일 전	475	18,000	48.00
55일 전	1,950	90,000	36.00
60일 전	485	20,880	48.00

이들 판매 중 어느 것이 공제가격을 산출하기 위한 재판매가격으로 사용되어야 하는가?

정답은 194면을 보라.

3.3 산정가격방법

제6조

1. 이 조의 규정에 따른 수입물품의 과세가격은 산정가격을 기초로 한다. 산정가격은 다음 금액의 합으로 구성된다.
   (a) 수입물품의 생산에 사용된 재료 및 조립 또는 그 밖에 가공에 소요되는 비용 또는 가격
   (b) 수출국의 생산자가 평가대상 물품과 동종 또는 동류인 물품을 수입국으로 수출하기 위하여 판매할 때 통상적으로 반영되는 이윤 및 일반경비에 해당하는 금액
   (c) 제8조 제2항에 따라 회원국이 선택한 평가 방법을 반영하는데 필요한 제반 기타 경비의 비용 또는 가격
2. 어떠한 회원국도 산정가격을 결정할 목적으로 자국 영토 내에서 거주하지 아니하는 자에게 회계장부 또는 그 밖의 기록을 심사에 사용하기 위해 제출하게 하거나, 이에 대한 접근을 허용하도록 요구하거나 강제할 수 없다. 다만, 생산자가 동의하고, 수입국 당국이

> 당사국 정부에 충분한 시간을 두고 미리 통지하고 당사국 정부도 해당 조사를 반대하지 않는 경우에는 이 조의 규정에 따라 과세가격을 결정할 목적으로 해당 물품의 생산자가 제공한 정보를 수입국 당국이 당사국 내에서 검증할 수는 있다.

3.3.1 개념

협정 제6조는 수입물품의 생산 비용을 기초로 과세가격을 구성하는 방법에 관하여 규정하고 있다.

이 산정가격[8]은 외국 제조자의 생산비용과 그의 이윤 및 일반경비뿐만 아니라 국제운송 및 관련 비용(WTO회원국인 수입국이 과세가격에 이러한 비용을 포함한다면)을 더하여 산출된다.

산정가격 산출

• 재료+제조 또는 기타 조립 비용 또는 가치 ································	900
• 수입국으로 수출하기 위하여 동일 국가의 생산자가 제조한 동종 또는 동류의 물품에 대한 통상의 이윤 및 일반경비 ························	+ 100
	1000
• 국제운송 요금/비용 ··	+ 50
• 산정 가격 ··	=1050

산정가격은 세관 당국이 가장 자주 사용되지 않고 가장 어려운 평가 방법일 것이다. 산정가격을 검증하려면 수입국의 세관공무원이 해외 제조자의 원가자료를 조사해야 한다. 이것은 세관에 다

8) 대법원 2020. 5. 28 선고 2020두34605 판결: 「보세공장에서 제조한 물품을 제조원가로 과세가격을 산출함에 있어 이 사건 물품의 적정한 가격에 대한 아무런 검토 없이 가격을 신고한 것이 과소신고의 원인이 된 것으로 보이므로, 이를 오기나 계산상 착오 등의 단순착오에 해당한다고 할 수는 없다. 또한 원고가 이 사건 물품의 적정한 가격을 확인하려는 어떠한 노력도 하지 않은 채 막연히 임의로 정한 가격을 신고한 점 등을 고려하면, 과소신고에 대하여 원고의 귀책사유가 없다고 보기 어렵다.」(譯註)

른 언어, 다른 기록 보관 및 회계 시스템과 원칙으로 인한 어려움을 주는 것 외에도 외국에서 검증 심사를 수행하는 과정에서 필연적으로 비용이 수반된다.

이러한 이유로, WTO 회원국들은 산정가격의 사용이 해외 생산자의 협력에 달려 있다는 사실을 인식하였으며, 이는 실무적인 문제로써 이 방법의 사용은 구매자와 판매자가 특수관계자 경우로만 제한될 것임을 의미한다.

XYZ사의 상품제조원가 스케줄 (2008. 1. 31. 기준, 단위: 천)

직접재료비		
기초재고, 2008. 1. 1	$150	
직접구매재료	*400*	
사용가능 직접재료비 원가	550	
기말재고, 2008. 12. 31	(*25*)	
총소요 직접재료비		$525
직접노무비		200
공장간접비:		
재산세	5	
감가상각: 공장 장비	15	
감가상각: 공장 건물	25	
설비: 공장	20	
보험: 공장	10	
간접제조노무	100	
간접재료비	30	
총공장 간접비		*205*
총제조비		930
합산: 기초재공품, 2008. 1. 1		*50*
		980
차감: 기말재공품, 2008. 12. 31		(*10*)
상품제조원가		970

제6조는 해외 생산자에게 특정한 보호를 제공한다. 수입국 세관이 해외 제조자의 원가 자료를 검증하고자 하는 경우, 제6조는 해외 생산자의 동의를 구하도록 할 뿐만 아니라 사전에 생산자의 정부에 이를 통지하고 검증을 위한 방문에 대해 그 정부의 묵인을 받을 것을 규정한다. 해외 제조자는 필요한 자료의 제공 또는 검증을 거부할 권리가 있으며, 협조를 거절하는 업체에 어떠한 벌금이나 처벌이 부과될 수 없다.

3.3.2 재료 및 가공의 비용 또는 가격

이하는 생산자가 수입물품의 생산에 드는 재료비, 노무비 및 간접비와 같은 제조원가이다.

일반적으로, 제조원가는 다음을 포함한다.

- 직접 노무비(예: 조립 또는 생산 라인 직원들에게 지급되는 임금과 수당)
- 직접 재료비(예: 수입물품에 결합되는 원재료, 부분품 또는 구성요소)
- 간접 노무비(예: 설비 감독자, 공장 유지 및 관리 직원 또는 직접적으로 생산에 관련되지 않은 기타 공장 노동자들에게 지급되는 급여 또는 임금과 수당), 간접 재료비(예: 해당 물품의 생산에 소비되는 첨가제, 촉매 또는 기타 자재 종류), 공장 건물과 생산 설비의 감가상각비, 공장 설비를 가동하는데 사용되는 전기, 보험료, 공장 재산에 대한 세금 등과 같은 제조 간접비

그러나 아래에 언급된 자격요건과 함께, 평가협정은 어떤 비용 요소가 "재료 및 제조" 비용으로 산정가격에 포함되어야 하는지 또는 그러한 비용이 수입물품에 어떻게 산출되거나 배분되어야 하는지를 규정하지 않고 있다. 대신에, 주해에 설명한 바와 같이 생산자

의 회계자료가 생산국에서 적용되는 "일반적으로 인정된 회계원칙 (GAAP)"에 따르는 경우 세관은 생산자의 재료 및 가공 비용에 대한 회계자료를 산정가격 산출을 위한 기초로서 수용하여야 한다.

제조원가 – GAAP에 부합하는 경우 생산자의 회계자료 사용

2. 제6조 제1항 (a)에 규정된 "비용 또는 가격"은 생산자에 의하여 또는 생산자를 대신하여 제출되는 평가대상 물품의 생산에 관한 정보를 기초로 결정된다. 생산자의 회계장부가 해당 물품이 생산된 국가에서 적용되는 일반적으로 인정된 회계원칙에 부합되는 경우라면, 비용 또는 가격은 생산자의 상업적 회계자료를 근거로 하여야 한다(**제6조에 관한 주해**).

("일반적으로 인정된 회계원칙"에 대한 추가 설명은 아래 4.3.3을 보라).

제6조에 관한 주해에는 생산자의 회계자료 사용에 대한 이 원칙의 두 가지 예외가 있다. 첫째, 수입물품의 용기 및 포장 비용은 생산자가 이들 비용을 자신의 회계 계정에 계상하지 않았다면 산정가격에 가산하여야 한다.

둘째, 구매자가 제조자에게 제공한 **제8조 제1항** (b)에 열거된 "생산지원"의 가격도 생산자의 회계 계정에 이미 계상되어 있지 않다면 재료 또는 가공 비용으로서 마찬가지로 가산되어야 한다. 2.2.4의 제8조에 관한 논의에서 본 바와 같이, "생산지원"은 다음과 같다.

- 수입물품에 결합되는 재료, 구성요소, 부분품 및 이와 유사한 물품,
- 생산에 사용되는 공구, 금형, 주형 및 이와 유사한 물품,
- 생산과정에 소비되는 재료 및
- 수입국 외의 곳에서 수행되고 수입물품의 생산에 필요한 기술, 개발, 공예, 디자인[9)]

---

9) 구매자가 제공한 디자인 또는 유사한 작업이 수입국에서 생산된 경우, 그 디

이러한 생산지원이 구매자에 의해 무료로 제공되는 경우, 이들의 가치는 생산자의 회계 장부에 반영되지 않았을 것이다. 하지만, 이러한 항목은 일반적으로 생산자의 직접 또는 간접 재료비 또는 제조 간접비로 반영되므로 이들의 비용은 산정가격에 포함되어야 한다.

3.3.3 이윤 및 일반경비의 금액

방금 논의한 제조비용 외에도 생산자에게는 일반적으로 물품의 생산 및 수출과 관련하여 판매 및 일반 관리비가 발생한다.

판매비에는 판매직원 급여, 판매 수수료, 마케팅과 광고비용, 배송/인도 비용이 포함된다. 사업 경영과 관련된 일반적인 관리비에는 사무실 직원 급여, 사무용품, 사무기구의 감가상각 등과 같은 항목이 포함된다. 이러한 일반 관리비의 일부는 생산자가 제조원가로서 그의 장부에 이미 반영하였을 수도 있다. 예를 들어, 생산자는 공장 구역과 관리 사무실 양쪽 모두에 적용되는 공공요금이나 재산세를 제조 간접비로 계상하였을 수도 있다. 따라서 **주해**는 "일반경비는 제6조 제1항(a)에 [제조원가]로서 포함되지 않은 물품을 수출하기 위하여 생산하고 판매하는데 소요되는 직접 및 간접비를 포함한다"(강조는 저자가 추가)고 규정한다.

이러한 판매 및 일반 관리비는 그 금액에 생산자의 이윤을 가산하여 일반적으로 생산자가 수입자에게 판매하는 가격으로 보전될 것이다.

이와 같이 **제6조 제1항** (b)는 이윤 및 일반경비를 수입물품의 산정가격에 포함하도록 규정하고 있다. 가산될 이윤 및 일반경비의 금액을 결정할 때, 협정은 해당 금액이 동일한 수입국으로 "동종

자인 작업의 비용은 그 생산자가 그 작업에 관하여 부담하는 범위 내에서만 산정가격에 가산된다.

또는 동류" 물품의 판매에서 "통상적으로" 확인되는 금액과 동등하지 않다는 증거가 없는 한, 세관으로 하여금 생산자가 제공한 정보를 수용하도록 규정하고 있다.

제조외 비용 – 동종 또는 동류 물품의 판매와 불일치하지 않는 한 생산자의 회계기록을 사용

제6조 제1항 (b)에서 규정된 "이윤 및 일반경비의 금액"은 생산자의 수치가 수출국 내의 생산자가 수입국으로 수출하기 위하여 평가대상 물품과 동종 또는 동류인 물품을 판매할 때 통상적으로 반영되는 수치와 불일치하지 않는 한, 생산자에 의하여 또는 생산자를 대신하여 제출된 정보를 기초로 결정하여야 한다 **(제6조에 관한 주해)**.

"동종 또는 동류의 물품"이라는 용어는 공제가격방법에서 본 것과 같은 의미를 가진다(앞의 3.2 설명 참조). 즉, 특정 산업 또는 산업 부문에서 생산된 물품군 또는 범주에 해당하는 물품을 말하며, 동종·동질 또는 유사 물품을 포함한다.

산정가격를 산출하는 경우에, 오직 수입물품이 제조되는 동일한 국가에서 생산된 물품만이 동종 또는 동류로 고려될 수 있다.

공제가격 산출에서와 마찬가지로, 이윤 및 일반경비는 통상적인지 여부를 결정할 때 전체로서 취급되어야 한다. 즉, 전체 금액이 통상적인 수준이라면, 예를 들어 (개별적으로 고려되었을 때) 이윤 요소가 비정상적으로 높거나 낮더라도 산정가격을 사용할 수 있다.

동종·동류의 물품에 대한 "통상적인" 이윤 및 일반경비가 무엇인지는 특정한 상업적 거래 상황에 따라 달라질 수 있다. 주해는 다음과 같은 특정 사례를 통해 설명하고 있다.

"통상적인" 이윤 및 일반경비

수입물품 판매에서의 이윤이 낮은 이유가 특별한 상업적 상황에 기인한 것이라는 사실을 생산자가 증명할 수 있는 경우, 생산자가 낮은 이윤을 정당화할 수 있는 타당한 상업적인 이유를 갖고 있고 생산자의 가격정책이 관련 산업분야의 일반적인 가격정책을 반영한 것이라면 생산자의 실제 이윤수치를 고려하여야 한다. 예를 들면, 이러한 상황은 생산자가 예견할 수 없는 수요하락 때문에 일시적으로 어쩔 수 없이 가격을 인하해야 하는 경우 또는 생산자가 수입국에서 생산되는 범주의 물품을 보충하기 위하여 물품을 판매하고 경쟁력을 유지하기 위하여 낮은 이윤을 감수하는 경우에 발생할 수 있다. 이윤 및 일반경비에 대한 생산자 자신의 수치가 수입국으로 수출하기 위하여 수출국 내의 생산자가 평가대상 물품과 동종 또는 동류인 물품을 판매하는 때에 통상적으로 반영되는 수치와 일치하지 않는 경우, 이윤 및 일반경비에 대한 금액은 해당 물품의 생산자에 의해서 또는 생산자를 대신하여 제출된 정보 이외의 관련 정보를 기초로 할 수 있다(**제6조에 관한 주해**).

생산자의 국가에서 생산되어 같은 수입국으로 수출되는 동종 또는 동류인 물품의 다른 판매가 없는 경우에는 어떻게 하는가? 그러한 경우에, 적어도 한 국가의 세관당국은 생산자의 장부가 해당 생산국에서 적용되는 일반적으로 인정된 회계원칙에 따라 작성된 경우 생산자가 보고한 판매 및 일반경비 수치는 "통상적"인 것으로 수용될 수 있다는 견해를 갖고 있다.[10)]

3.3.4 (실제) 국제운송 비용

WTO의 수입국이 국제운송 비용을 과세가격에 포함하기로 선

---

10) US Customs Ruling Letter 546801 (1998. 11. 5.) 사례를 보라. 위 미국의 유권해석은 통상적인지 여부를 "동종 또는 동류"인 물품의 수치(figures)와 비교하여 판단하도록 규정이 되어 있지만 그러한 실적 수치가 없을 경우, 그 수치의 산출이 일반적으로 인정된 회계원칙(GAAP)에 따라 작성되었다면 통상적인 것으로 수용될 수 있다고 한다(譯註).

택한 경우, 이들 비용은 산정가격을 도출하기 위해 가산되어야 한다. 위 2.2의 **제8조**에 따른 가격에 대한 국제운송 비용의 가산에 관한 설명을 보라.

3.4 합리적인 방법(Fall-Back Method)

제7조

1. 만약 수입물품의 과세가격이 제1조부터 제6조까지에 따라 결정될 수 없을 경우, 과세가격은 이 협정 및 1994년도 GATT 제7조의 원칙과 일반규정에 부합되는 합리적인 방법과 수입국 내에서 입수할 수 있는 자료를 근거로 결정된다.
2. 이 조의 규정에 따라 결정되는 과세가격은 다음을 근거로 결정되지 않아야 한다.
   (a) 수입국에서 생산된 물품의 국내 판매 가격,
   (b) 두 개의 선택 가능한 가격 중 높은 가격을 관세목적상 채택하도록 규정하는 제도,
   (c) 수출국의 국내 판매 가격,
   (d) 제6조의 규정에 따라 동종·동질 또는 유사 물품에 대하여 결정된 산정가격 이외의 생산비용,
   (e) 수입국외의 국가에 수출하는 물품의 가격,
   (f) 최저과세가격,
   (g) 자의적 또는 가공적 가치
3. 수입자가 요청하는 경우, 이 조의 규정에 따라 결정된 과세가격와 이러한 가격을 결정하기 위해 사용된 방법을 수입자에게 서면으로 통지하여야 한다.

3.4.1 평가 원칙

다섯 가지 관세평가방법 — 거래가격부터 산정가격까지 — 은 거의 모든 거래에 관하여 수입물품에 대한 과세가격을 제공하여야

한다. 하지만, WTO 협정은 포괄적인 평가 제도로서 의도되었기 때문에, 협정은 다른 방법들이 사용될 수 없는 경우에 평가를 가능하게 하는 안전장치(fail–safe) — "합리적인 평가 방법[11)]" — 를 두어야 한다. 이러한 경우는 흔하지 않을 수 있으나 실제로 발생한다. 몇 가지 예시는 다음과 같다.

- 제7조는 수입국에서 수리를 위해 생산자에게 반환된 손상된 물품을 평가하는데 사용된다.[12)]
- 제7조는 자동차와 같이 수입국으로 도착하기 전에 해외에서 개인들이 구매하여 일정 기간 동안 사용한 물품을 평가하는데 사용될 수 있다.[13)]

---

11) 합리적인 평가방법을 적용한 대법원 판결을 몇 개 들어 둔다(譯註).

1. 대법원 2019. 1. 7. 선고 2018두57933 판결: 「가스터빈 '유지보수에 필요한 계획정비 부품'은 초기 운전용 예비부품보다 대량으로 장기간에 걸쳐 계획적으로 수입되는 물품인데 반해, '최초 예비부품, 추가업무 부품, 한도를 초과하는 비계획정비 부품'은 1회적이거나 비계획적으로 수입되는 물품이므로 양자의 거래가격이나 할인율을 달리 책정하는 것은 일반적인 상거래 관행에도 부합하는 것으로 보인다.」
2. 대법원 2020. 6. 25. 선고 2020두36014 판결: 보세공장 제조 무상수입물품의 합리적 과세가격 결정방법, 서울고등법원 2015. 6. 18. 2014누73908 판결 웨이퍼의 가격을 포함한 이 사건 물품 전체의 가격을 산정하는 것이 합리적인 과세가격 결정 방법이라 보인다.
3. 대법원 2019. 1. 17. 선고 2018두56794 판결: 「무상수입 재생품(Refurb)에 대한 과세처분의 적법 여부는 해당 처분이 관세법, 부가가치세법 등 조세 관계 법령에 근거하여 이루어졌는지에 따라 판단하여야 하므로, 설령 부가가치세법 개정에 따라 원고가 매입세액 공제를 받기 어려운 사정이 발생하여 이 사건 처분 중 부가가치세 비율이 높게 되었다고 하더라도 그러한 사정만으로 이 시건 처분이 위법하다거나 관세평가 제도의 취지에 맞지 아니한다고 볼 수는 없다.」

12) 예를 들어, 미국 세관 당국은 수리를 위해 수입된 손상 물품이 수출 판매의 대상이 아닌(물품의 소유권이 해외 구매자에게 남아있는) 경우에 제7조를 적용하였다. 그러한 손상된 상태의 동종·동질 또는 유사 물품의 이전 수입은 없었다. 해당 물품은 미국 내에서 재판매되지 않았다. 그리고 반송된 중고 물품에 관한 원래의 비용과 판매 기록은 사용할 수 없었다. US Customs Ruling Letter HQ563407 (2006. 4. 13.)을 보라.

• 제7조는 해외에서 수리된 후 수입국 내의 소비자에게 반환된 물품을 평가하는데 사용된다.[14)]

이러한 모든 경우에, 수입물품은 수출 판매의 대상이 아니었으며, 거래가격방법의 대안들은 상황에 따라 부적절하거나 정보의 부족으로 인해 이용할 수 없었다.

제7조가 적용될 수 있는 사례

• 폐기물이 처리를 위해 수입된다. 수입자는 수출자로부터 처리 용역에 대한 수수료를 지급받는다.
• 수입된 폐기물은 수출 판매의 대상이 아니다(따라서 거래가격을 적용할 수 없다).
• 동종·동질 또는 유사한 폐기물의 이전 수입은 없다(따라서, 동종·동질 또는 유사 물품의 거래가격을 적용할 수 없다).
• 폐기물은 판매가 아니라 처리/폐기를 위해 수입된 것이다(따라서, 공제가격을 적용할 수 없다).
• 폐기물의 "생산"에 관한 정보는 이용할 수 없다(따라서, 산정가격을 적용할 수 없다).

---

13) Canada 관세청 Memorandum D13-10-2, Used Automobiles, Motor Vehicles, and Other Vehicles(2001. 3. 30.) 참고. 자동차가 수입일로부터 30일 이상 이전에 해외에서 구매자에게 인도되었고, 자가 사용을 위해 개인이 수입한 중고 자동차에 대해 제7조가 적용될 것이다. 이러한 경우에, 수입물품은 수입 이전에 해외에서 장기간 사용을 고려한다면 "수출하기 위해 판매"된 물품과 동일하게 간주될 수 없다. 해당 물품은 수입자 자신이 사용하기 위해 수입된 것으로 재판매되지 않는다. 그리고 중고 물품은 그 상태로 생산되거나 제조되지 않기 때문에 산정가격를 사용할 수 없다. 과연 있을지 의심되는 다른 동종·동질 또는 유사한 중고 자동차의 수입이 발견되지 않는 한, 합리적인 방법의 사용이 적절하다.

14) 유럽관세법에 따르면, "수리비용만이 수입자가 해외 수리 공장에 지급하는 유일한 대가에 해당하고", 그 지급이 수입자와 그 해외 공장 간의 어떠한 관계(links)에도 영향을 받지 않은 경우, 수리를 위해 일시적으로 수출된 물품의 과세가격은 "해당 수입 비용에 상당하는 금액"으로 간주될 수 있다. 유럽관세법[Regulation (EU) No 952/2013] 제260조(譯註).

협상의 역사는 두 가지 상충적인 우려가 제7조의 초안에 깔려 있음을 시사한다. 한편으로는, 규정된 모든 평가 방법을 쓸 수 없는 경우, 특정 거래에 대한 그러한 상황에서 과세가격를 도출할 수 있는 충분한 재량권이 세관 직원에게 주어져야 한다. 다른 한편으로는, 그 재량권을 지도하는 투명성 및 표준이 없는 경우, 자의적인 의사결정과 "가공적"인 평가의 위험이 있다.

제7조 – 협상자들의 의도

"우리는 대부분의 평가 사례가 [협정에 정의된 앞선 평가 방법]의 적용을 통해 해결되기를 기대하지만, 그렇지 않을 경우가 있을 것이라는 것도 인지해야 한다.

따라서 우리는 소위 최후의 방법이라고 부르는 방법을 규정해야 하며, 여기서 우리는 몇 가지 가능한 대안적인 접근방식을 살펴보았다. 우리의 목표는 세관공무원들이 자의적으로 결정할 수 있는 범위를 가능한 한 제한하는 것이며, 우리는 법적 문서(각료의 명령, 규정)에 따라 가치를 결정하는 현재의 캐나다식 접근방법이 공무원들에 의한 자의성의 범위를 제한하는 최선의 방법이라는 결론에 이르렀다. …

… 더 나아가, 우리는 자의적이거나 가공적인 가치를 방지하기 위한 특정한 제한을 규정하려는 시도가 중요하다고 믿는다. 이 조의 규정에 따라 결정된 가격은 특정한 판매 또는 그 밖의 거래 상황과 관련된 객관적인 기준에 기초하여야 하며, 이 협정의 원칙 및 일반규정에 대한 적정한 고려가 있어야 한다는 점을 우리가 제안했다는 것을 알 수 있을 것이다. 게다가, 우리는 구매자가 법원에 해당 결정에 대한 이의제기를 할 수 있도록 해당 도출된 이유(논리)를 법적 문서에 명시할 것을 제안한다.

출처: Commission of the European Communities, MTN/NTM/W/126, 5(1977. 11. 21.)

따라서 제7조는 다른 모든 방법이 실패할 경우 수입 거래의 특정 상황에 맞게 필요에 따라 자체 평가 방법을 고안할 재량권을 세관 당국에 제공한다. 하지만 이 재량이 무제한인 것은 아니다. 세관이 가치를 결정하기 위해 선택한 수단은 "합리적"이고 "협정 및 GATT 제7조의 원칙과 일반규정에 부합하는 것"이어야 하며, 사용되는 방법은 투명해야 한다(즉 세관공무원은 요청이 있는 경우 수입자에게 서면으로 이를 설명해야 한다).[15]

또한, 제7조는 세관의 해외 검증에 대한 실무적인 어려움을 피하기 위해 해당가격은 수입국에서 입수할 수 있는 정보에 기초해야 한다고 규정한다.[16]

주해와 기술위원회의 권고의견은 제7조에 따른 평가 방법이 "합리적"이고 "협정 및 GATT 제7조의 원칙과 일반규정에 부합" 하는지에 관한 지침을 규정하고 있다.

- 세관은 협정에 정의된 앞의 5가지 방법 중 하나를 사용해야 하지만 수입물품의 과세가격을 도출하기 위하여 "합리적 신축성" 또는 요구사항에 관하여 느슨한 해석을 적용해야 한다.

  예를 들어, 주해는 동종·동질 또는 유사 물품의 거래가격를 사용할 때, 더 넓은 시간 기준 내에 수출되거나, 수출국 이외의 국가에서 제조된 동종·동질 또는 유사 물품을 고려할 수 있다고 설명한다. 또는, 공제가격방법을 사용할 때, 수

15) 유럽연합 집행위원회가 발표한 성명서의 발췌문에서 분명히 알 수 있듯이, 제7조에 대한 원래의 제안에서는 장관과 같은 고위 공무원이 제7조에서 사용되는 각각의 평가 방법을 정의하는 법적 문서를 공표할 것을 요구했다. 분명히, 이 요구는 제7조의 최종 문언에는 채택되지 않았으며, 이는 그러한 수준의 형식적 절차를 요구하지 않는다. 하지만, 제7조는 "가치가 도출된 이유(논리)"가 서면에서 명시되어야 하며, 그럼으로써 필요한 경우 수입자가 법원에 이의 제기할 수 있어야 한다는 원칙을 담고 있다

16) 이는 즉, 자료가 수입국 세관에 제공되어야 하며, 수입국 세관에 의해 확인할 수 있어야 한다는 것이다. 이러한 기준이 충족되는 한, 사용되는 문서나 정보의 원래 출처는 외국의 것일 수 있다. 기술위원회, 「제7조 적용시 해외에 출처를 두고 있는 자료의 사용(Use of Data from Foreign Sources in Applying Article 7)」, 권고의견 12.3, WCO 편람을 보라.

입일로부터 90일 이후에 발생한 판매를 고려할 수 있다.

- 세관은 거래가격으로부터 시작하여 협정에 규정된 적용 순서에 따라 앞선 평가방법들에 대한 신축적인 적용을 검토해야 한다.[17]
- "최대한" 제7조에 따라 결정된 과세가격은 과거에 결정된 과세가격에 기초하여야 한다.

제7조 "합리적 신축성"

어떤 케이터링 회사는 한 항공사와 국내선 항공편에서 사용될 미리 포장된 기내식을 공급하기로 계약한다. 기내식 포장에 사용되는 기계는 독특하고 고가이므로, 케이터링 회사는 그 기계를 3년간 임차한다. 그 기계의 평균 수명은 3년이다. 매달 임차료는 한 달에 2,000이다.

판매는 일어나지 않았고, 동종·동질 또는 유사 물품도 없다. 해당 물품은 재판매되지도 않는다(따라서 공제가격방법이 사용될 수 없다). 거래가격을 신축적으로 해석하는 합리적인 방법은 그 기계의 내구연한에 해당하는 전체 임차료(36개월×2,000)를 과세가격으로 사용하는 것일 수 있다.

출처: 기술위원회, 임대차물품의 처리(Treatment of rented or leased goods), 사례연구 4.1, WCO 편람.

3.4.2 금지된 평가 방법

세관은 이 "신축성"을 적용할 때 협정 및 GATT 제7조의 원칙에 부합하도록 하여야 한다. 따라서 제7조는 이러한 원칙과 양립할 수 없는 특정한 평가방법들의 사용을 명시적으로 금지한다. 협정의 역사에 대한 논의(1.2 참조)에서 언급되었듯이, 제7조에서 규정된 이 방법들의 대부분은 "2차적인" 평가 방법(즉, 송장가격이 평가의 기초로 수용될 수 없는 경우에 적용)으로서 도쿄라운드 이전에 정부들에

17) 기술위원회, 권고의견 12.2: 제7조 적용순서, WCO 편람.

의해 사용된 것들이며, 다른 GATT 체결 당사국들이 반대한 것들로 확인된다. 이 방법들은 다음과 같다.

(a) 국내 생산 물품의 수입국 내 판매 가격

이것은 수입물품과 국내생산물품간 생산비용의 차이를 균등하게 하기 위해 고안된 보호주의적인 "미국 판매 가격"(ASP) 평가방법을 연상시킨다. 관세 또는 유사한 조치와 같이 무역을 제한하는 이러한 시스템은 자국 원산지 상품의 가격에 기초한 평가를 금지하는 GATT 제7조 제2항을 위반하는 것이다.

(b) 두 개의 선택 가능한 가격 중 높은 가격을 관세 목적상 채택하도록 규정하는 제도

도쿄라운드 이전의 특정 평가 시스템(예: 호주, 남아프리카)은 송장 가격 또는 수출국 시장에서 물품의 현재 가격 중 높은 것을 기초로 상품을 평가하였다. 이는 무역업자들이 물품의 관세평가를 사전에 예측할 수 없기 때문에 불확실성을 초래하였다.[18)]

(c) 수출국의 국내 시장에서의 물품 가격

도쿄라운드 이전 수년 동안 다수의 국가들이 적용했던 "국내

18) GATT 다자간 무역협상, Part 2 of the Inventory of Non-Tariff Measure: Customs and Administrative Entry Procedures, Note by the Secretariat, MTN/3B/2 (1974. 2. 12.) 참조. 또한 GATT 체약 당사국 제9차 회의, Review Working Party II on Tariffs, Schedules and Customs Administration, Articles V, VII, VIII, and IX: Report by the Technical Group on Customs Administration to Review Working Party II, W.9/155 (1955. 1. 24.)에서, GATT 작업반은 "두 가치 중 높은 가치"의 사용을 금지하는 제7조의 수정안은 거부하였지만, 대체기준에 의해 도출된 수치 중 높은 것을 채택하는 것을 규정하는 평가 시스템에 대한 반대에 타당한 근거가 있다는 것에는 일반적으로 동의하였다고 보여진다. 이들 기준들은 무역업자들이 더 높은 수치가 선택될 수치를 사전에 계산할 수 없다는 특징을 갖고 있는데, 이는 무역에 심각한 장애요인이 될 수 있기 때문이다.

가격" 방법에 대한 반대 이유는, 수출국 국내 시장에서 통용되는 가격이 수출자들이 일반적으로 국제시장에서 또는 특정 수입국으로 해당 물품을 판매할 수 있는 가격을 반드시 반영하지 않기 때문이었다. 특정 수입국을 대상으로 팔 수 있는 가격을 항상 반영하는 것은 아니라는 것이었다. 또한, 수출국에서 수행되는 가격 조사에서 수출자들에게 부과된 어려움과 부담도 반대의 이유였다.[19]

(d) 제6조(산정가격)의 규정에 따라 동종·동질 또는 유사 물품에 대하여 결정된 산정가격 이외의 생산 비용

제6조는 수입물품의 생산 비용을 기초로 한 평가방법을 규정한다. 제7조의 이 규정은 세관이 동종·동질 또는 유사 물품의 생산 비용에 기초하여 수입물품의 평가를 결정할 수 있도록 제6조를 확장하는 것을 허용한다.

(e) 수입국 이외의 국가에 수출하는 물품의 가격

이 방법의 결함은 수출국의 국내 시장에서의 물품 가격에 기초한 평가 방법과 동일하다[위의 (c) 참조].

(f) 최저 과세가격

공식 또는 최저 과세가격은 WTO 평가협정 이전에 다수의 국가들(특히 개발도상국)에서 다른 이유들 중에서도 국내 산업을 보호하기 위해 사용되었다(앞의 1.2 참조). 개발도상국들은 다른 WTO 회원국의 양해와 동의를 조건으로 최저 과세가격을 계속 사용할 수 있다(아래 4.4 참조). 이 경우를 제외하면 이 방법은 금지된다.

---

19) 1.2에서 언급했듯이, 개발도상국들은 공급 부족, 구조적 불균형과 이러한 국가에서 만연한 인플레이션 압박 때문에 그들의 국내 시장에서의 가격이 수출가격보다 "인위적으로 (더) 높을" 수 있다고 불평했다. 소규모 국가들(예: 스위스)에서는 국내에서 판매되는 수량이 더 작기 때문에 국제 시장에서 보다 더 높은 가격이 통용된다고 주장하였다. MTN/3B/2 (1974. 2. 12.)을 보라.

(g) 자의적 또는 가공적 가치

"자의적 또는 가공적 가치"라는 문구는 WTO 평가협정에서 더 자세히 다뤄지지 않는다. 이것은 아래와 같이 규정하는 GATT 제7조 제2항 (a)에서 직접 가져 온 것이다.

> 수입상품의 관세 목적의 가치는 관세가 부과되는 해당 수입상품 또는 동종 상품의 실제가치(actual value)에 기초하여야 하며, 국내원산인 상품의 가치나 **자의적 또는 가공적인 가치**에 기초하여서는 아니 된다.

GATT 제7조가 "실제가치"(수입상품 또는 동종 상품의 가치)와 "자의적 또는 가공적인 가치" 간에 이러한 대조를 두는 점을 고려할 때, 이 문구는 "해당 수입상품 또는 동종 수입 상품의 가치와 관련이 없는"[20] 가치를 사용하는 시스템을 의미하는 것으로 해석되어 왔다. 따라서 예를 들어, 수입국에서 제조된 물품의 가격을 기초로 하는 평가 방법은 자의적인 것으로 간주되었다.

세관직원 또는 다른 정부공무원에게 수입물품의 가치를 확정할 수 있는 전폭적인 재량권을 부여하는 시스템은, 특정 종류의 모든 수입물품에 대해 가치를 확정하는 방법(즉, 품질, 원산지, 수출 가격 등에 관계없이 중고 의류에 대해 킬로그램 당 정해진 가격)과 같이, "자의적"인 것으로 간주될 것이다.[21]

3.4.3 제7조와 중고 물품의 평가

역사적으로도 관세당국은 중고 물품에 관한 관세평가에 특히 어려움을 겪어 왔다. 일반적으로, 이 어려움은 관세평가 원칙의 적

20) GATT, 관세목적에서의 평가(Valuation for Customs Purposes): Questionnaire for the Ninth Session, L/228 (1954. 9. 20.).

21) MTN/3B/2 (1974. 2. 12.).

용에서가 아니라, 신고된 가격의 진실성 또는 정확성에 대한 세관의 의심에서 비롯된 것이다. 이러한 의심은 중고 물품의 수입자들은 대부분 세관에 알려진 상사회사가 아닌 개인인 경우가 많고, 해당거래가 비공식적이고 현금 거래일 수 있으며, 중고물품의 시장 가치는 특수한 조건에 달려 있으므로 매우 다양할 수 있기 때문이다. 특히 자동차와 같은 중고물품은 자주 저평가된다고 알려져 있다.

중고 물품의 수입: 관세평가 및 그 밖의 실무적 어려움(WTO 회원국 통보*)

[중고 타이어]

"타이어의 신고 가격은 대개 새 타이어 원가의 5%도 채 되지 않는다. 게다가, 타이어는 너무 닳아서 이러한 종류의 물품에 대한 안전 요건을 충족하지 않는다. 특히, 적절한 서류의 부재와 이러한 제품에 대해 수입자가 신고한 최저 가치는 이 종류의 신제품 수입자에게 불공정한 경쟁을 초래한다."

[중고 의류]

"중고 의류의 수입은 경제에 악영향을 미치고, 의류와 신발 제조에 종사하는 중-소규모 산업의 발전에 직접적으로 영향을 미친다. 게다가, 많은 일자리를 창출하는 우리 산업의 이 분야는 이러한 제품의 수입으로 인한 경쟁에 의해 심각한 영향을 받고 있으며, 이들 제품에 관하여 미미한 가격이 신고되어도 세무당국은 이들 제품에 대한 실제 거래가격을 결정할 충분한 인적 물적 자원을 갖고 있지 않기 때문에 값싼 수입품이 국내 제품에 미치는 악영향을 최소화할 수 없다.

또한, 600만 명의 주민과 200만 명의 경제활동인구를 가진 국가에서, 약 10%는 회사당 약 5개의 일자리를 만드는 소규모 고용주들이고, 일부는 수입 제품을 구매할 수 없는 대부분의 인구를 위한 의류와 신발을 제조한다. 이들은 중고 제품의 수입으로 심각한 영향을 받고 있다.

[중고 가전 기기]

"오존층에 대한 부정적인 영향으로 인해 선진국에서는 많이 없어진 중고 가전기기의 수입과 관련하여, 우리가 서명한 몬트리올 의정서의 규정에 따라 온두라스는 신품이나 환경 보호요건을 충족하는 중고 물품으로 소비자의 선호도를 전환하는데 도움이 되는 조치들을 마련할 의무가 있다."

[중고 자동차]
"공정한 시장의 역할과 우리 국민의 건강과 안전을 위해 다음과 같은 이유로 자동차에 대한 기준 가격은 유지된다.

- 이러한 물품은 대부분의 경우 적절한 판매 서류를 제공하지 않는 비공식 부분을 통해 일반적으로 공급되고 사실상 어떤 가치의 방법 또는 개념이 적용될 수 없다. 따라서 신품 차량의 정상적인 무역에 종사하는 회사들에는 불공정한 경쟁을 초래한다.
- 이들은 마모와 파손이 심한 "중고" 제품이기 때문에 대부분의 경우 건강 문제와 환경오염을 유발하여 개발도상국 주민들의 삶의 질에 전혀 도움이 되지 않는 환경을 초래한다.
- 또한, 소비자와 환경을 보호하기 위해 추가적인 조치가 취해져야 하며, 부품이 마모된 매우 오래된 모델이기 때문에 일반적으로 발생하는 도로 사고 예방도 필요하다."

* 출처: 온두라스의 성명서 G/VAL/W/44/Rev.1 (1999. 11. 16.).

협정에 따르면 유효한 거래가격이 존재하는 경우 수입물품의 과세가격으로 사용되어야 한다. 이 원칙은 상업 기업이 재판매나 유통을 위해 수입하는 신상품과 마찬가지로 개인이 개인용으로 수입하는 중고 물품에도 동등하게 적용된다. 물론, 세관은 수입자의 신고나 증빙 서류의 진실성과 정확성에 합리적인 의심을 갖는 경우에는 신고된 가격을 「**세관당국이 신고가격의 진실성이나 정확성을 의심할 만한 사유가 경우에 관한 결정**(Decision Regarding Cases Where Customs Administrations Have Reasons to Doubt the Truth or Accuracy of the Declared Value)」(아래 4.3을 보라)의 규정에 따라 과세가격에 대한 기초로서 적용하지 않을 수 있다.

수입 중고물품이 "수출하기 위해 판매"된 것과 동일한 것인지 의문이 있을 수 있다. 기억하는 바와 같이 거래가격의 정의는 "수출하기 위하여 판매된 때 해당 물품에 대하여 실제로 지급하였거나 지급하여야 할 가격"이다. 예를 들어 자동차의 경우, 수입국으로 가져오기(운전해오기) 전에 해외에서 일정 기간 동안 차량이 사용된 경우, 수출국에서 개인이 구매한 "해당 물품"은 최종적으로 수입되는 물품과 같지 않을 수 있다. 이러한 경우, 해외 시장에서의 구매가 거래가격의 기초로서 사용될 수 있는가?

기술위원회의 연구에 따르면, 이것은 "이 분야에서 발생할 수 있는 매우 다양한 상황들은 채택된 실무와 일치하게 하는데 적합하지 않기 때문에 각 [세관] 당국의 재량에 맡겨져야 할" 문제이다.[22] 예를 들어, 캐나다 세관당국은 "30일 규칙"으로 대응했다. 만약 차량과 보트가 해외에서 구매자에게 인도된 날로부터 30일 이내에 수입되는 경우 "캐나다로의 유효한 수출 판매가 발생했다고 간주되며, 수입 전 차량 또는 보트의 사용은 캐나다로 차량 또는 보트의 배송에 부수적인 것으로 간주될 것이다."[23] 30일 이상이 경과한 경우에는 구매자에 대한 판매에 기초한 거래가격 방법의 사용은 적절하지 않을 것이다.

거래 가격을 사용할 수 없고 순차적으로 적용되는 다른 방법들도 과세가격를 산출하는데 실패하는 경우, 세관은 제7조에 따라 수입된 중고 자동차를 평가할 수 있다. 기술위원회의 연구는 제1－5조 방법의 "합리적으로 신축적인" 적용을 통해 어떻게 제7조에 따른 평가결과가 도출되는지를 다음과 같이 제시한다.

- **신축적인 거래가격**: 차량의 연식 또는 주행기록계 수치에 따라 결정되는 감가상각 요소에 의해 하향 조정된 수입물품에 대하여 실제 지급하였거나 지급하여야 할 가격의 사용
- **신축적인 동종·동질 물품의 거래가격**: 해당 수입 차량의 사

22) 기술위원회, 중고 자동차의 처리(Treatment of Used Motor Vehicles), 연구 1.1, WCO 편람.

23) 캐나다 관세청, Memorandum D13－10－2, Used Automobiles, Motor Vehicles, and Other Vehicles (2001. 3. 30.).

용 및 상태를 고려하여 하향 조정되고, 가능한 경우 신차에는 없고 중고 차량에는 있는 액세서리/특징을 고려하여 상향 조정된 동일한 제조사 및 모델의 동종·동질 수입 신차에 대해 이전에 수용된 바 있는 거래가격의 사용(수량 및/또는 거래단계의 차이에 대한 제2조의 일반적인 조정을 포함)

- **신축적인 유사 물품의 거래가격**: 앞서 본 경우와 같지만, 다른 제조사 또는 모델의 신차(하지만 그 외의 것은 유사해야 함)의 수용된 거래가격을 출발점으로 함
- **신축적인 공제가격**: 수입국에서 판매되는 동일 제조사 및 모델의 수입 신차의 카탈로그 가격에서, 감가상각에 대한 조정과 통상적인 공제가격 조정(즉 관세, 내륙 운송비용 등)을 하여 사용
- **신축적인 공제가격**: 수입국에서 판매되는 동일 제조사 및 모델의 중고 수입차의 카탈로그 가격에서, 수입차의 특정 조건과 통상적인 공제가격 조정을 고려하는데 필요한 조정을 하여 사용

(i) 수입국에서 제조된 신품 또는 중고 자동차 가격의 카탈로그 또는 (ii) 수출국 국내 시장에서 판매를 위해 제시된 신품 또는 중고 자동차의 가격 카탈로그에 기초한 관세평가는 허용되지 않을 수 있다.[24)]

---

24) 하지만, 내수용과 수출용의 카탈로그 가격이 같은 경우가 있을 수 있다. "'캐나다에 수출하기 위해 판매'되지 않은 수입 중고차에 대하여, 수입자는 수출국에서 발행된 평균 상태의 차량에 대한 소매 판매가격을 나열한 중고차량 평가 가이드를 참조하여 과세가격을 신고할 수 있다. 이러한 가격은 **수출국 내에서 사용하기 위해 또는 캐나다에 수출하기 위해 구매된 것인지 상관없이** 어떤 구매자가 차량에 대하여 지급할 것으로 기대되는 금액을 나타낸다. 이러한 출판물의 예시는 US Automobile Red Book – Official Used Car Valuations, 영국에서 발행된 Parker's Used, New and Trade, Car Price Guide 이다. 가이드에 기재된 차량의 기본 가격에는 포함되어 있지 않고 평가대상 차량에는 포함된 옵션의 가격은 과세가격를 결정하기 위하여 가산되어야 한

사례연구

제7조에 따른 중고차의 평가

WTO회의에서, 동유럽의 한 WTO 회원국은 자국의 수입 중고차에 대한 평가 방법을 다음과 같이 설명하였다.

"원칙적으로, 관세와 부가가치세를 산정하기 위한 중고차 과세가격은 실제지급하였거나 지급하여야 할 가격에 운송비와 보험료를 더한 것에 기초한다.

수입차의 판매에 대한 증빙으로, 세관 직원은 형식, 모델, 가격, 새시 수, 기술 사양과 같은 주요 요소가 기재된 어떤 문서라도 인정한다. 판매 및 실제로 지급된 가격에 대한 증빙을 제공하는 송장 또는 판매계약서가 이에 해당할 수 있다.

중고차의 과세가격를 결정할 때, 세관공무원은 SUPERSCHWACKE 카탈로그를 참조 카탈로그로서 사용한다. 이것은 해외 독일에서 발행된 카탈로그 또는 가격표로 지난 12년간 독일 시장에서 판매된 중고 승용차, 오프로드 및 경형 상용차의 평균 가격과 신차 가격을 담고 있다. 통관 시점에서는, SUPERSCHWACKE의 최근호가 사용될 것이다.

중고차 통관을 위해 제출된 문서(차량 사양, 송장 및 그 밖의 증빙 문서들)에 기초하여, 세관공무원은 SUPERSCHWACKE 카탈로그에서 적정한 생산 연도의 수입차량에 대한 상위 가격과 하위 가격을 확인할 것이다.

송장 가격이 이 카탈로그에서 제시된 상위 및 하위 가격 사이에 있는 경우, 과세가격은 거래가격방법에 따라 결정된다. 이러한 경우 과세가격은 송장 가격에 운송과 보험 비용을 더한 것이다.

중고차의 신고 가격이 하위 카탈로그 가격보다 낮은 경우, 과세가격은 합리적인 방법(fall-back value)에 따라 결정된다. 이러한 경우에는 과세가격은 하위 카탈로그 가치에 운송 및 보험 비용을 가산한 것이다."

이러한 평가 방법이 WTO 협정의 원칙에 부합하는가?

정답은 195면을 보라.

다." 캐나다 관세청 Memorandum D13-10-2(강조는 저자가 추가).

3.5 정답

지식점검

동종·동질 또는 유사 물품의 식별

- 송장 제2호, 2007. 2. 1.

  네덜란드에서 수입한 이 장미들은 에쿠아도르에서 온 평가대상 물품과 동종·동질 또는 유사하지 않다. WTO 협정 제15조 (d)에 따라, "평가대상 물품과 동일한 국가에서 생산되지 않은 물품을 '동종·동질 물품' 또는 '유사 물품'으로 간주되지 않는다."

- 송장 제3호, 2006. 11. 15.

  협정의 제2조 또는 제3조에 따른 평가는 동종·동질 또는 유사 물품은 "평가대상 물품과 동시 또는 거의 동시에 수출될" 것을 요구한다. 평가대상 물품은 발렌타인데이 시장을 위해 2007. 2. 9.에 수출된 반면, 이 화물은 3개월 이상 빠른 2006. 11. 1.에 수출되었다.

  물품이 "동시 또는 거의 동시에 수출"되어야 한다는 WTO 관세평가협정 기준은 분명히 신축성이 있다. 하지만, 가격이 발렌타인데이 또는 다른 기념일 무렵의 높은 수요와 같은 계절적 요인에 영향을 받는다고 알려진 생화 산업과 같은 산업에서는 선적일 간에 3개월을 초과하는 차이는 너무 크다.

- 송장 제4호, 2007. 2. 10.

  협정의 제15조는 "동종·동질 물품"을 "물리적 특성, 품질 및 평판을 포함한 모든 면에서 동일한 물품"으로 정의한다. "유사 물품"은 "동일한 기능을 수행할 수 있게 하고 상업적으로 상호 대체사용이 가능할 만큼 비슷한 특성과 비슷한 구성요소를 갖고 있는 물품"이다.

이 송장에 기재된 물품은 평가 대상 물품과는 다른 등급의 장미(짧은 줄기 대 긴줄기)일 뿐만 아니라 다른 종류의 장미(미니 장미 대 하이브리드 티 장미)이다. 장미 산업에서 이러한 차이, 특히 등급은 상업적으로 중요하고 세관이 그것들을 평가 대상 물품과 동종·동질 또는 유사하다고 판단하지 못할 수 있다.

• 송장 제5호, 2007. 2. 10.
이들 물품은 평가대상 물품과 상품명세상 동종·동질이며, 동시 또는 거의 동시에 수출되었고, 동일한 국가에서 생산되었다. 이 물품은 평가대상 물품과 동일한 판매자가 생산하지 않았고(Agro Rose Farms 對 Cotopaxi Farms), 다른 거래 단계(도매 對 소매 식료품 시장)로 보이며, 동일한 수량으로 판매되지 않았다(10,000단위 對 100단위).

그럼에도 불구하고, 제15조 (e)는 "평가대상 물품과 동일한 사람이 생산한 동종·동질 물품 또는 유사 물품이 없는 경우에만" 다른 생산자에 의해 판매된 물품이 제2조에 따른 평가의 기초로 사용될 수 있다고 규정한다.

마찬가지로, 협정 제2조는 동일한 거래 단계와 실질적으로 동일한 수량의 판매를 충족하는 판매가 발견되지 않는 경우에는, "거래단계 및/또는 수량에 기인하는 차이를 고려하여 조정한" 다른 판매거래가 사용될 수 있다고 규정한다.

지식점검

적정한 단위 판매가격의 식별

이 기간 동안, 48달러의 단위 가격으로 1,955단위가 판매되었다. 이것은 제시된 다른 단위 가격의 합산 수량을 초과한다. 따라서 가장 많은 수량의 단위 가격은 48달러이며, 공제가격 산출의 기초로 사용되어야 한다. 48달러가 개별 최대 물량이나 가장 최근 물량의 단위 가격이 아니더라도 그렇다.

사례연구

제7조에 따른 중고 자동차의 평가

위 3.4에서 언급한 바와 같이, 세관은 신고서 및 입증 서류의 진실성 또는 정확성에 대하여 "합리적인 의심"이 있는 경우 「**세관 당국이 신고가격의 진실성이나 정확성을 의심할 만한 사유가 있는 경우에 관한 각료 결정**(Decision Regarding Cases Where Customs Administrations Have Reasons to Doubt the Truth or Accuracy of the Declared Value)」에 따라 신고 가격을 부인할 수 있다. 그러나 신고된 가격이 카탈로그 가격보다 낮다는 사실 그 자체만으로는 일반적으로 신고 가격을 거부할 충분한 이유가 되지 않을 것이다. 이는 그 낮은 가격이 할인의 결과, 시장 조건의 변화, 수입차량의 상태, 또는 당사자들의 거래에 영향을 미치는 많은 다른 요인에 기인한 것일 수 있기 때문이다. 더욱이, 사례의 사실관계에 따르면, 신고된 거래가격을 카탈로그 가격으로 대체하는 것은 제7조에 따라 금지된 "최저과세가격 제도"를 사용하는 것으로 간주될 수 있다.

제 4 장

시행과 운영

4.1 통화 환산

> **제9조**
> 1. 과세가격를 결정하기 위하여 통화환산이 필요한 경우, 사용될 환율은 관련 수입국의 권한 있는 당국에 의해 정당한 절차에 따라 공표되어야 하며, 각 공표문서가 대상으로 하고 있는 기간 동안 상거래에서 사용된 통화의 현재 가치를 가능한 한 효과적으로 수입국 통화로 반영해야 한다.
> 2. 사용될 환율은 각 회원국에서 규정하는 바에 따라, 수출 또는 수입 시점에 유효한 환율이어야 한다.

일반적으로 수입자는 기초가 된 판매 거래가 외국 통화로 이루어졌다 하더라도 과세가격은 수입국의 내국 통화로 신고해야 한다. 이 경우 수입자는 외국 통화를 어떤 환율로 변환해야 하는가?

규칙이 없는 경우, 국가들은 보호적 또는 차별적 목적으로 환율을 사용할 수 있다. 예를 들어, 특정 물품의 수입자가 특별한(불리한) 환율을 사용하도록 요구할 수 있으며, 이것은 수입물품의 과세가격과 이에 따라 수입자가 납부해야 할 관세 및 세금을 상승시킬 것이다.

WTO 협정은 특정한 환율이나 환산 방법을 규정하지는 않고 있다. 그러나 협정 **제9조**는 투명성과 예측가능성을 증대시키기 위해 세 가지 요건을 규정하고 있다.

이는 다음과 같다.

- 사용될 환율은 “권한 있는 당국”(중앙은행, 재무부 또는 외환시장일 수 있다)에 의하여 정당한 절차에 따라 공표된 것이어야 함
- 해당 환율은 상업적 거래에서 수입국 통화에 대한 외국 통화의 현재 가치를 최대한 효과적으로 반영해야 함
- 국가는 모든 수입에 관하여 해당 물품이 수출된 날에 유효한

환율 또는 수입일에 유효한 환율 중 하나를 사용해야 함.

통화들에 대한 상업적 환율은 (아주 적은 금액이라도) 매일 변한다. 그러나 세관과 수입자들이 이러한 변화를 따르도록 요구하는 것은 모든 세관에 새로운 환율을 배포하거나 신고 처리 시스템의 환율표를 갱신하는 것과 같이 중대한 행정적 어려움을 초래할 수 있다.

따라서 협정은 국가별로 세관당국이 평가 목적상 주기적 환율을 사용하도록 하는 유연한 방식을 채택할 수 있도록 허락한다. 예를 들어, 세관당국은 자국통화에 대하여 "안정적인" 외국통화에 관하여는 주간 또는 심지어 분기와 같이 오랜 기간 동안 변하지 않는 동일한 환율을 사용하고, 덜 안정적인 통화에 대해서는 일일 환율을 사용할 수 있다. 언급한 바와 같이, 주기적 환율은 지정된 기간 동안 상업적 거래에서 해당 통화의 현재 가치를 "가능한 한 효과적으로" 반영해야 하며, 모든 경우에 환율과 그 적용 기간이 공표되어야 한다.

4.2 수입자의 절차적 권리

WTO 관세평가협정은 수입자와 세관 간에 상당한 수준의 협력을 요구한다. 평가를 위해 세관이 필요로 하는 정보(물품에 관하여 지급한 가격, 계약 조건, 동종·동질 또는 유사 물품의 이전 판매 정보, 외국에서의 생산 비용 또는 국내시장에서의 재판매 비용 등)는 대개 수입자에게 있다. 이러한 이유로, 협정은 세관에게 수입자를 상대로 질문하고 정보를 얻을 수 있는 권리를 부여한다. 한편으로, 평가 과정의 공정성과 투명성을 보장하고 세관과 무역업자간에 더 큰 협력을 증진하기 위하여, 협정은 수입자들에게 특정한 절차적 권리와 보호를 제공한다.

WTO 회원국의 법률에서 반드시 고려해야 할 권리와 보호는 다음과 같다.

4.2.1 비밀 정보의 보호

> **제10조** 관계당국은 성격상 비밀이거나 또는 관세평가 목적을 위해 비밀로 제공된 모든 정보를 엄격하게 비밀로 취급하여야 하고 사법절차와 관련해서 공개가 요구되는 경우를 제외하고 이러한 정보를 제공한 당사자나 정부기관의 분명한 허가가 없는 경우에는 공개하지 않아야 한다.

세관과 그 밖의 정부 당국은 수입자, 다른 당사자 또는 정부로부터 관세 평가목적으로 취득한 비밀 정보를 보호해야 한다. 그들은 법원 절차에서 요구된 경우나 그 정보를 제공한 당사자나 정부의 특정한 허가가 있는 경우에만 이 정보를 공개할 수 있다.

세관과 다른 당국이 엄격하게 보호해야 하는 비밀 정보란 무엇인가? 협정은 두 가지 일반적인 기준을 제시한다.

1. "성격상" 비밀인 정보
2. 비밀로 분류되어 제공된 정보

구체적인 사례에서 이들 기준의 해석은 각 WTO 회원국들에게 맡겨져 있다. 일반적으로 말해, "성격상" 비밀인 정보에는 경쟁에서 수입자에게 해를 미치기 때문에 통상 대중적으로 공개하지 않는 수입자의 가격, 공급자에 관한 정보, 특정 계약 조건 또는 다른 재무적이거나 상업적인 정보를 포함한다.

4.2.2 불복 청구권

> **제11조**
> 1. 각 회원국의 법률은 수입자 또는 관세를 납부할 의무가 있는 자에게 제재 없이 과세가격 결정에 관하여 불복 청구할 수 있는 권리를 제공해야 한다.
> 2. 제재 없이 일차적인 불복 청구할 수 있는 권리는 특정 세관 당국 내의 소속기관이나 독립된 기관에 할 수 있다. 그러나 각 회원국의 법률은 제재 없이 사법당국에 불복 청구할 수 있는 권리를 제공해야 한다.
> 3. 불복청구에 대한 결정은 청구인에게 통지되어야 하고, 결정에 대한 이유는 서면으로 제공되어야 한다. 아울러 해당 청구인에게 추가적인 불복 청구할 수 있는 권리가 있음을 통보해야 한다.

수입자 또는 관세를 납부할 책임이 있는 자(수입자의 관세채무를 보증하는 보증인 등)에게는 사법 당국에 불리한 관세평가 결정에 불복할 권리와 서면으로 결정을 받을 권리를 부여하여야 한다.

WTO 회원국은 수입자가 세관(예를 들어, 지방 세관이 내린 결정에 대해서는 세관 본부에게) 또는 행정 심판소와 같이 독립적인 기구에 최초의 불복을 청구하도록 요구할 수 있다.

불복청구권은 제재 없이 이용할 수 있어야 한다. 즉, 수입자는 벌금 또는 불이익의 위협으로 인해 자신의 불복청구권 행사를 방해받아서는 안 된다. GATT 평가협정에 대한 협상 당시, 일부 국가에서는 평가 사건이 형사 법원에서 심리되었는데, 형사 법원은 수입자가 패소하면 벌금을 부과하였다.[1)]

하지만, **제11조에 관한 주해**에서 명시된 바와 같이, 정상적인 법원 비용과 변호사 수수료의 지급은 이러한 취지의 "벌금"으로 간

1) GATT 다자간 무역 협상 그룹 "비관세 조치(Non-Tariff Measures)" 하위 그룹 "관세 문제(Customs Matter)", Customs Valuation, MTN/NTM/W/20, 8 (1975. 9. 29.)을 보라.

주되지 않으며 (이는 민사소송의 패소자가 법원비용과 변호사비용을 지급하는 소위 "영국식 규칙"을 적용하는 사법권(司法權)을 수용하기 위한 것임이 분명하다), WTO 회원국들은 불복을 허용하기 전에 문제가 된 세액의 납부를 요구할 수 있다.

4.2.3 설명 받을 권리

> **第16조** 서면으로 요청할 경우, 수입자는 자신의 수입물품에 대한 과세가격이 어떻게 결정되었는지에 관하여 수입국의 세관당국으로부터 서면으로 설명을 받을 권리를 가진다.

불복청구권과 밀접히 연관되는 것이 해당 가격이 어떻게 결정되었는지에 대해 세관으로부터 설명을 받을 수입자의 권리이다. 세관의 결정에 관하여 효과적인 불복을 하기 위해 (또는 불복 제기를 할지 여부를 결정하기 위해), 수입자는 그 결정에 대한 이유를 들어야 한다.

세관의 서면 설명은 수입자가 요청하는 경우에만 요구된다. 수입자 자신이 신고한 거래가격에 기초하여 관세평가가 행해지는 경우에는 일반적으로 설명이 필요하지 않을 것이다. 하지만 세관이 신고된 가격을 부인하고 수입물품을 대체 방법에 따라 평가하는 경우 설명은 중요하다. 이러한 경우에, 수입자는 평가의 기초, 산출방법 및/또는 세관이 고려한 정보를 분명하게 알 수 없을 수 있기 때문이다.[2)]

---

2) 第16조는 1971년 산업제품 무역위원회(CTIP)가 작성한 "주해 초안" 제11호(제1장의 주석 35에 관한 부분 참조)에서 발전한 것으로 보이는데, 여기서 "세관 당국은 수입자 또는 수출자에게 그들이 요청할 경우, 사업 기밀의 비밀보호가 안전하게 보장된 상태에서, 특히 송장 가격이 수용되지 않은 경우에, 그들의 물품에 관하여 과세가격이 어떻게 산출되었는지를 설명해야 한다"고 규정하고 있다.

제16조의 원칙은 대체적 평가방법의 사용에 관한 협정의 다른 조항에서 보다 구체적으로 다시 언급된다. 특히, **제1조 제2항(a)**(거래가격방법)은 해당 가격이 특수관계에 영향을 받았다고 확인되는 경우 신고된 특수관계자 간 가격이 거부되어야 한다고 생각되는 이유를 세관이 통지할 것을 규정하고 있다.

마찬가지로 세관이 합리적인 방법(fall-back)을 적용하는 경우, **제7조 제3항**은, 수입자가 요구할 경우 가격을 결정하는데 사용된 방법에 관하여 서면으로 설명하도록 규정한다. 마지막으로, 세관이 산정가격을 산출하기 위해 생산자가 제공한 정보 이외의 정보를 사용하는 경우, **제6조에 관한 주해**는, 요청이 있는 경우 세관은 수입자에게 해당 정보의 출처와 이것이 사용된 용도를 통보하도록 규정한다.

GATT 평가협정에 관한 협상 기록은, 이러한 특정한 경우에 서면 설명을 요구하는 것은 투명성을 증진하고 효과적인 불복 청구를 가능하게 하는 것뿐만 아니라, 특수관계자 간 거래에서 신고된 가격을 부인하고 재량을 기초로 인상된 가치로 대체하는, 세관의 자의적인 결정에 대한 견제로서 의도된 것이라는 점을 시사한다.[3)]

GATT 평가협정에 대한 협상 당시, 다수의 국가들은 세관이 대체적 평가방법을 사용하는 경우 투명성을 증진시키기 위해 이러한 CTIP 원칙이 새로운 협정에 포함되어야 한다고 제안했다. MTN/NTM/W/20, 9-10(1975. 9. 29.)을 보라.

3) "미국의 수출자들은 브뤼셀가격정의를 사용하는 국가들과 수입자와 수출자가 '사업상 관련되었을' 때마다 '가격인상(uplifts)'을 적용함에 있어 문제를 겪어 왔다. 브뤼셀가격정의에 따라 업무를 하는 세관공무원들은 특수관계자 간 상품 또는 독점적인 구매권을 가진 구매자의 수입물품에 관하여 (과세가격을) 고정된 비율로 증가시킨다. 이것은 거래에 수반되는 실제 비용을 항상 반영할 수는 없다. 문제는 세관 공무원들이 (가격)인상을 계산하는데 실제 비용을 사용하지 못하면서, 어떻게 그 인상률을 산출했는지 설명하지 못하는 것과 관련된다. 따라서 관세평가에 대한 국제적 규칙은 CTIP 제11호를 반영해야 한다. 즉, 세관공무원들은 수입자나 수출자가 요청하는 경우 그들의 물품에 관하여 과세가격이 어떻게 산출되었는지를 설명해야 한다."

4.2.4 법과 결정의 공표

> **제12조** 이 협정을 이행하기 위한 법률, 규칙, 사법 판결 및 일반적으로 적용되는 행정 결정은 1994년 GATT 제10조의 규정에 따라 관련 수입국에 의하여 공표되어야 한다.

제12조는 WTO 회원국들이 이 평가협정을 시행하는데 일반적으로 적용되는 모든 국가 법률, 규정, 사법 판결 및 행정 결정을 GATT 제10조에 "부합하게" 공표하도록 규정한다.

GATT 제10조는 GATT의 일반적인 투명성과 적정한 절차를 보장한다. 이는 기본적으로 WTO 회원국들에게 다음을 요구한다.

1. 무역과 관련한 법률, 규정, 결정 및 협정을 "각 정부 및 무역업자가 숙지할 수 있는 방식으로 신속히" 공표할 것(제10조 제1항)
2. 공표 이전에 일반적인 적용 조치를 시행하지 않을 것(제10조 제2항)
3. 위에 언급된 법률, 규정, 결정 및 협정을 통일적이고 공정하고 합리적인 방식으로 관리할 것. 이러한 맥락에서, 당사국들은 특히 관세 문제와 관련된 행정조치의 신속한 재검토 및 정정을 위한 재판소 또는 절차를 설치하거나 유지해야 할 것(제10조 제3항)[4]

제12조(및 GATT 제10조)의 공표 의무는, 특정 화물이나 특정 회사에 대한 행정 결정 또는 법원 판결과 같이 특정 거래만을 다루는 조치와는 반대로, "일반적으로 적용"되는 무역상의 조치에만 적

MTN/NTM/W/20, 10.

4) WTO 무역원활화 협상 그룹, Article X of GATT 1994 – Scope and Application: Note by the Secretariat, TN/TF/W/4, 4 (2005. 1. 12.)을 보라.

용된다.[5] 또한, 회원국들은 비밀 정보의 보호를 위해 필요할 경우 결정 또는 다른 법적 조치의 공표를 유보할 수 있다.[6]

평가위원회의 초기 결정은 회원국들이 관세 평가에 대한 모든 국가 법률(법, 규정 등)을 3개의 WTO 언어(영어, 스페인어, 프랑스어) 중 하나로 WTO 사무국에 제출할 것을 요구한다.[7] 회원국들이 제출한 법률 및 규정의 본문은 WTO 웹사이트에서 공개적으로 열람할 수 있다. 게다가, 협정 제22조는 회원국들이 "이 협정과 관련된 자국의 법률 및 규정의 변경 그리고 그 법률 및 규정의 집행에 있어 변화"를 평가위원회에 통지하도록 요구한다. 이러한 통지도 웹사이트를 통해 공개적으로 이용할 수 있다.

WTO 회원국들의 관세평가 법령은 문서번호 G/VAL/N/*에 따라 WTO 웹사이트를 통해 접근할 수 있다.

4.2.5 보증에 기한 물품의 반출

> **제13조** 수입물품에 관한 과세가격을 결정하는 과정에서 과세가격의 최종결정을 지연할 필요가 있는 경우, 보증이 요구될 때에 그 수입자가 해당 물품에 관하여 부과될 수 있는 최대 관세 지급액을 부보하는 담보, 예치금 또는 그 밖의 적절한 증서의 형태로 충분한 보증을 제공한다면, 해당 물품의 수입자는 세관당국으로부터 수입물품을 반출할

5) Ibid. (GATT 제10조 제1항에 따른 WTO 상소 기구 및 패널 해석의 검토), 행정 결정이 "미래 사례에 적용되는 원칙이나 기준을 제정하거나 개정하는 경우" 일반적인 것으로 간주될 수 있으므로 공표되어야 한다.

6) 이것은 GATT 제10조 제1항("이 항의 규정은 체약국에 대하여 법률의 시행을 저해하거나, 기타 방법으로 공익에 반하거나, 특정 기업의 정당한 상업상의 이익을 침해할 수 있는 비밀 정보를 공적 또는 사적으로 공개할 것을 요구하지 않는다.")에 따른 것임.

7) WTO 관세평가위원회, Decisions concerning the Interpretation and Administration of the Agreement on Implementation of Article VII of the GATT 1994 (Customs Valuation), G/VAL/5, 5 (1995. 10. 13.)(부록)을 보라.

수 있어야 한다. 각 회원국의 법률은 이러한 상황에 관한 규정을 마련해야 한다.

세관이 수입자의 신고 가격에 이의를 제기하는 경우, 수입자는 종종 판매를 입증하는 거래에 관한 그 밖의 서류를 입수하여 제공해야 하는데, 수입자는 이들을 이미 이용할 수 있을 수도 그렇지 않을 수도 있다. 또는, 수입자는 단순히 통관에 필요한 서류(상업송장과 같은)를 제출하지 않았을 수도 있다. 이러한 상황의 해결에는 복잡한 문제들을 수반하며 물품의 통관이 지체될 수 있다.

세관이 수입 시점에 최종적인 평가 결정을 내릴 수 없는 경우 등에서, 협정은 필요한 경우 잠재적인 관세채무를 부보할 수 있는 충분한 보증(담보, 현금 예치 등)의 제공을 조건으로, 수입자에게 그들의 물품을 세관으로부터 반출할 수 있는 중요한 절차적 권리를 부여한다. 이 요구사항이 결여되면, 물품은 국경에서 세관에 의해 보관되어 평가 문제가 해결될 때까지 추가부담을 시키고 수입자에게 고객에 대한 인도지연 위험에 처하게 할 수 있다.

4.3 세관의 검증

4.3.1 진실성과 정확성을 검증할 권리

제17조 이 협정의 어느 규정도 관세평가 목적을 위해 제출된 진술, 문서 또는 신고의 진실성 또는 정확성에 관하여 이를 확인하고자 하는 세관당국의 권리를 제한하거나 그 권리에 의문을 제기하는 것으로 해석되지 않아야 한다.

협정에 따라, 거래가격 — 실제로 지급하였거나 지급하여야 할 가격 — 은 관세평가의 우선적인 기초이다. 수입자가 부주의, 과실 또는 사기로 인한 것인지를 불문하고 지급하였거나 지급하여야 할 "실제" 금액이 아닌 가격을 세관에 신고하는 경우 협정은 세관이 이를 수용할 의무를 부담하지 않는다. 게다가, 협정 **제17조**는 어떠한 신고나 수입자에 의해 제출된 증빙 서류의 진실성 또는 정확성에 대해 질문하고 조사할 권리를 재확인한다.

세관당국의 검증 권리는 협정의 **부속서 III 제6항**에 다시 언급되어 있으며, 다음과 같이 규정한다.

> 제17조는 협정을 적용할 때 세관당국이 관세평가 목적으로 제출된 진술, 문서 또는 신고의 진실성 또는 정확성과 관련하여 조사할 필요가 있을 수 있다는 것을 인정한다. 그러므로 이 조는 예를 들면, 과세가격의 결정과 관련하여 세관에 신고 또는 제출된 가치의 요소가 완전하고 정확한지 여부를 검증할 목적으로 조사가 이루어질 수 있음을 인정한다.
>
> 회원국들은 이러한 조사에서 자국의 법률과 절차에 따라 수입자의 충분한 협조를 요구할 권리를 갖는다.

비록 세관 통제에 대한 이 원칙이 특별해 보이지 않더라도, 그 실무적인 이행은 몇몇 세관 당국 특히 개발도상국들에게는 오래된 관심사였다. 쟁점은 입증책임이다. 거래가격을 부인하기 위해, 수입자가 신고한 송장 가격이 정확하지 않거나 불완전하다는 사실을 세관이 입증해야 하는가? 만약 그렇다면, 어느 정도 수준의 입증이 필요한가? 지급된 실제 금액에 대한 증거는 사기가 의심되는 수입자의 통제 하에 있기 때문에, 세관은 특히 수출자와 수입자가 공모하여 행동하는 경우에는 그 증거를 확보하는데 어려움을 겪을 수 있다.

(a) 기술위원회의 권고 의견

1980년대 기술위원회는 이러한 우려로 인하여 일련의 권고 의견을 통해 도쿄라운드 규범에 따른 세관의 권리를 명확히 하였다. 이들 권고 의견은 아래와 같다.

1. 제17조를 조건으로, 가격이 동종·동질 물품의 일반적인 시장가격보다 낮다는 단순한 사실이 거래가격을 부인할 근거는 아니며,[8)]
2. 평가협정은 세관에 허위 서류를 신뢰하도록 요구하지 않으며,[9)]
3. 협정의 조항보다는, 국가별 법률과 규정에 따라 세관 또는 수입자가 과세가격의 결정 과정에서 입증책임을 부담하는지 여부를 결정한다.[10)]

그럼에도 불구하고, 입증에 대한 부담은 개발도상국 회원국들에게 여전히 걱정거리로 남아 있었고, 적어도 일부는 도쿄라운드 평가규정에 동의하지 않았다.[11)]

(b) 우루과이라운드 각료회의 결정

입증책임의 문제는 인도 정부의 제안에 의하여 우루과이라운드에서 중요한 협상 대상이 되었다. 인도는 신고 가격이 (ⅰ) "관련

8) 기술위원회, 동종·동질 물품에 관한 일반적인 시장가격보다 낮은 가격의 인정 여부, 권고의견 2.1, WCO 편람.

9) 기술위원회, 허위문서에 대한 처리, 권고의견 10.1, WCO 편람.

10) 기술위원회, 협정 제17조 및 부속서 III 제6항의 적용, WCO 편람 권고의견 19.1; Group of Negotiations on Goods(GATT), Negotiating Group on MTN Agreements and Arrangements, Communications from the Customs Co-operation Council, MTN.GNG/NG8/W33 (1988. 8. 29.).

11) Group of Negotiations on Goods(GATT). Negotiating Group on MTN Agreement and Arrangements, MTN Agreements and Arrangements: Special and Differential Treatment for Developing Countries, Note by the Secretariat, MTN.GNG/NG8/W/2 (1986. 5. 4.).

된 거래 바로 직전의 일련의 거래에서 확인된 가격보다 낮거나" (ii) "제조국에서 직접 수입되는 동종·동질 물품과 관련된 거래에서 확인된 가격보다 낮은 경우"에는, 세관이 신고 가격의 유효성을 입증할 부담을 수입자에게 전가하는 것을 허용할 수 있는 "적절한 신축성"을 협정에 규정해야 한다고 제안했다.12)

인도가 제안한 조건은 그대로 받아들여지지는 않았다. 하지만, 그 협상은 입증책임의 문제를 명확히 하는 WTO 각료회의 결정을 도출하였다. 바로 이것이 「**세관당국이 신고가격의 정확성 또는 진실성을 의심할 만한 사유가 있는 경우에 관한 결정**(Decision Regarding Cases Where Customs Administrations Have Reasons to Doubt the Truth or Accuracy of the Declared Value)」이다. 이 결정은 세관이 평가 신고 또는 입증 서류의 진실성 또는 정확성에 "합리적 의심"을 갖는 경우 수입자에게 신고가격이 실제로 지급하였거나 지급하여야 할 총금액을 나타내는 것임을 보여주는 정보 또는 서류를 제출할 책임을 부여한다.

세관이 신고서 또는 입증 서류의 진실성 또는 정확성을 "의심할 만한 이유"가 있는 경우 …

- 세관은 수입자에게 추가적인 정보/서류를 요청할 수 있다
- 제출된 정보에 기초하여(있을 경우), 여전히 합리적 의심을 갖는다면 세관은 거래가격을 부인 수 있다. 그러나
  - 세관은 요청이 있는 경우 서면으로, 수입자에게 그 의심에 관한 이유를 통보해야 한다.
  - 세관은 수입자에게 답변할 합리적인 기회를 주어야 한다.
  - 세관은 수입자에게 최종 결정을 서면으로 통보해야 한다.

12) Group of Negotiations on Goods(GATT), Negotiating Group on MTN Agreements and Arrangements, Communication from India, MTN.GNG/NG8/W/9 (1987. 9. 30.). 평가협정의 역사에 관하여 1.2에서 언급한 바와 같이, 인도의 제안은 브라질과 여러 다른 개발도상국들의 지지를 받았다.

이 결정의 전문은 부록 2에 수록되어 있다.

(c) "의심할 만한 이유"

세관이 수입자에게 정보를 제공할 것을 요구하는 것을 정당화하는 충분히 "의심할 만한 이유"는 무엇인가? 물품의 통관을 위해 제출된 문서들이 일관되지 않거나 불규칙한 것은 명백히 "의심할 만한 이유"이다. 그러나 사기가 언제나 명백한 것은 아니다. 우루과이라운드 각료회의 결정도 이 문구를 더 이상 자세히 설명하고 있지 않다.[13] 위 결정은 일반적으로 사기를 통제하기 위하여 세관이 선택할 수 있는 방법이라는 맥락에서 의미를 가질 수는 있다.

교토협약에서 정의한 바와 같이, 현대적 세관 통제는 이동 기반, 수입 건별 통제가 아니라 무역업자의 장부 및 기록에 대한 통관 후 심사를 이용할 것을 강조하며, 어떤 무역업자와 거래가 검사되어야 할 것인지와 그 검사 범위를 결정하기 위한 위험 분석에 의존한다.[14] WCO와 대부분의 WTO 회원국들은 지식기반의 위험평가와 통관 후 심사 체계가 효과적인 관세 평가 통제의 기초라는 입장을 취하고 있다.[15]

위험 기반 시스템의 목적은 통제되지 않을 경우 심각한 영향을 미치는 위반가능성이 가장 높은 거래에 세관 자원을 집중하는 한편, 간섭 없이 세관 통관할 수 있도록 무역 균형을 맞추는 것이다. 위험 기반 시스템 하에서, 세관 당국은 지능, 과거 경험 또는 확률을 기반으로, 세관에 제출될 경우 통제를 위해 선별되어야 하

---

13) 결정 자체의 용어는 의심스러운 허위 송장을 다루는 미국 세관 실무에서 파생된 것으로 보인다. GATT 관세평가위원회, Report by the Technical Committee on Customs Valuation Concerning the Effects of False Invoicing on Customs Valuation, VAL/W/32 (1985. 11. 7.)(제17항) 참조.

14) 교토협약, 기준 6.4 및 6.6.

15) 예를 들어, WTO 관세평가위원회의 Minutes of the Meeting of 30 September – 1 October 2002, G/VAL/M31 (2002. 10. 31.) 참조.

는 거래를 식별하는 "위험 프로파일" 또는 위험 지표의 조합을 구축한다. 위험 지표는 특정한 상품 코드나, 물품의 원산지, 관련 거래 당사자의 법규준수 이력, 세관 신고 과정, 운송 형태나 경로 등이 될 수 있다.

따라서 "의심할 만한 이유"는 세관이 위험평가 원칙을 이용하여 평가 오류 또는 사기에 대해 높은 위험을 보이는 것으로 식별하는 일종의 "위험 프로파일"이라고 볼 수 있다. 수입 거래가 해당 프로파일과 일치하는 경우, 세관은 우루과이라운드 각료회의 결정을 적용하여 수입자에게 의심되는 신고가격을 뒷받침하는 추가 정보나 서류를 제출할 것을 요구할 수 있다.

4.3.2 평가 데이터베이스

수입자의 신고가 진실하고 정확한지에 대해 "의심할 만한 이유"는 신고된 가격이 동일한 물품에 대한 과거의 가격과 불일치함을 확인함으로써 뒷받침될 수 있다. 이러한 목적뿐만 아니라 "동종·동질" 또는 "유사" 물품에 관한 가격결정이 쟁점이 되는 평가 결정들을 지원하기 위해, 일부 세관에서는 평가 데이터베이스를 개발하였다. 이러한 데이터베이스는 이전에 인정된 과세가격 및 관련 거래의 세부정보를 저장하며, 가격 카탈로그, 세관 심사 결과 또는 선적전 검사 회사로부터 받은 가격자료와 같이 다른 출처로부터의 가격 정보도 포함할 수 있다. 이 데이터베이스에 접속함으로써 세관 사용자는 의심스러운 신고를 보다 신속하고 정확하게 교차 확인하거나, 협정 제2조나 제3조의 적용을 위해 필요한 가격들을 얻을 수 있다.

2004년, 기술위원회는 각 국가 관세행정의 이익을 위해 평가 데이터베이스의 사용에 관한 지침을 발행하였다.[16] 이 지침서는

16) WTO 관세평가위원회, Technical Committee on Customs Valuation – Response to the Terms of Reference for the Work of the Technical Committee on

평가 사기에 대한 개발도상국의 우려를 해소하기 위해 "실용적인 수단을 찾고 평가하라"는 WTO 각료회의 도하 명령에 대한 응답이다.[17] 이 지침은 포함되어야 할 자료의 출처, 자료의 기밀 보장, 기록의 저장 기간 및 데이터베이스의 잠재적인 사용에 관한 권고를 담고 있다. 또한, 이 지침서는 평가 데이터베이스가 예를 들어 신고

WCO 지침 위험평가 도구로서 평가 데이터베이스의 사용	
세관공무원은: • 다른 위험 요소들이 존재하는 경우에만 (일반적으로) 평가데이터베이스와 차이에 기초하여 거래를 통제할 수 있다. • 심사를 위해 특정한 수입 신고서를 대상으로 교차 검사를 수행하기 위해 데이터베이스를 사용할 수 있다.	세관 공무원은: • 오로지 데이터베이스 가격(들)과의 차이만을 기초로 신고가격을 부인해선 안 된다. • 신고가격을 데이터베이스의 가격으로 대체해선 안 된다. • 최저 가치를 설정하기 위한 도구로 데이터베이스 가격을 사용해선 안 된다. • 평가 데이터베이스를 사용하기 위해 (보증에 따라 수입물품의 위해 (보증에 따라 수입물품의 반출을 허락하는) 협정 제13조의 요건을 무시해선 안 된다. • 신고가격의 진실성과 정확성을 평가하기 위하여 오로지 평가 데이터베이스에만 의존해선 안 된다.

Customs Valuation in Connection with Concerns on the Accuracy of the Declared Value: Supplement, G/VAL/54/Suppl.1 (2004. 10. 13.)(WCO의 "위험평가 도구로서 국가 평가 데이터베이스의 개발 및 사용에 관한 지침"의 본문을 포함한다).

17) WTO 관세평가위원회, Terms of Reference for the Work of the Technical Committee on Customs Valuation in Connection with Concerns on the Accuracy of the Declared Value, G/VAL/51 (2002. 12. 11.).

가격을 종전에 인정된 가격으로 대체하거나 최저 가치 시스템을 확립하는 수단으로 오용될 수 있다는 일부 WTO 회원국들의 우려를 다루고 있다.

세관이 신고된 가격을 "의심할 만한 이유"를 확인하기 위한 기초로서 과거의 가격을 사용하는 것과 관련하여, 기술위원회의 지침서는 신고가격과, 동일한 물품에 대한 과거의 가격과의 차이는 그 자체로 신고된 가치의 진실성 또는 정확성에 대한 잠재적 위험을 보여주는 신뢰할 만한 지표는 아니라고 명시하고 있다(비정상적으로 큰 불일치가 아닌 경우). 이는 상당한 가격하락을 포함한 가격의 차이는 국제무역의 한 부분이기 때문이다. 하지만, 가격 차이는 다른 위험 요인과 조합하는 경우 통제 대상 수입 화물을 선정하는데 사용될 수 있다.

기술위원회의 평가 데이터베이스 지침 전문은 부록 4에 실려 있다.

사례연구

평가 데이터베이스의 사용

다음의 평가 실무는 한 아시아 국가에서 사용된다고 보고되었다.

세관공무원들은 수입자가 신고한 가격을 그들의 평가 데이터베이스와 대조하여 확인한다. 해당 신고가격이 이전에 같은 품목번호로 수입된 물품의 평균 가격보다 상당히 낮은 경우, 세관공무원은 수입자들에게 신고 가격을 뒷받침할 수 있는 추가 서류나 정보를 요구할 수 있다. 최종 평가의 결정을 유보하면서, 신고인이 평가 데이터베이스의 평균가격을 기초로 계산된 관세 및 제세에 상당하는 금액으로 보증 또는 담보를 제공하는 경우 세관은 해당 물품의 조건부 반출을 허용한다.

수입자가 60일 이내에 증빙 서류나 정보에 대한 세관의 요청을 이행할 수 없는 경우, 세관은 신고 가격을 부인하고, 평가의 기초로서 협정

제7조에 따라 조건부 반출 담보 또는 보증의 금액을 근거로(즉, 평가 데이터베이스에 의해 주어진 해당 물품의 평균 가격에 기초하여) 관세 및 그 밖의 조세를 징수한다.

질문 가격을 평가하기 위해 이러한 평가 데이터베이스 가격을 사용하는 것은 협정의 원칙에 부합하는가?

정답은 227면을 보라.

4.3.3 일반적으로 인정된 회계원칙

협정의 일반 주해는 세관 당국은 해당 조항에 적절한 국가에서 "**일반적으로 인정된 회계원칙**에 부합하는 방식으로 작성된 정보를 활용"할 것을 요구한다.

즉, 세관은 수입자가 제출한 비용 또는 가격자료가 일반적으로 인정된 회계원칙, 즉 "GAAP"에 따라 작성되었다면, 해당 정보를 작성하는데 사용된 방법을 이유로 해당 비용 또는 가격자료를 거부할 수 없다.

일반적으로 인정된 회계원칙 – 정의

1. "일반적으로 인정된 회계원칙"은 어떠한 경제적 자원과 의무가 자산과 부채로 기록되어야 하는지, 자산 및 부채에 있어 어떤 변화가 기록되어야 하는지, 자산과 부채 및 자산과 채무의 변화는 어떻게 측정되어야 하는지, 어떤 정보가 공개되어야 하고 어떻게 공개해야 하는지, 어떤 재무제표를 작성할 것인지에 관하여 특정 시기에 특정 국가 내에서 인정된 합의 또는 실질적이고 권위있는 지지를 말한다. 구체적인 관행과 절차뿐만 아니라 일반적 적용에 대한 광범위한 지침이 이러한 기준이 될 수 있다.

출처: 주해 – 일반주해.

그 의도는 세관당국은 수입자가 제출한 비용이나 가치를 평가할 때 기업체들이 일반적으로 그들의 재무제표 및 회계 기록을 작성할 때 사용하는 것과 동일한 기준을 사용하도록 하는 것이다. 이 의무는 다시 말해 관세평가는 가능한 최대한으로 상업 서류와 상관행에 기초해야 한다는 협정의 기본 원칙 중 하나의 증거라고 할 수 있다.[18)]

아직 회계기준에 대한 완전한 국제적 일치가 이루어지지 않았기 때문에, 한 국가의 "일반적으로 인정된 회계원칙"은 다른 나라의 회계원칙과 같지 않을 수 있다. 따라서 주해는 관세평가목적으로 사용되는 GAAP는 협정에 따른 평가 방법에 "적절"해야 한다고 규정하고 있다.

예를 들어, 제출된 자료가 제6조의 산정가격방법에 따른 제조자의 이윤 및 일반경비인 경우, 세관은 해당 제조자가 위치한 생산국의 GAAP에 따라 제출된 자료를 평가해야 한다. 반면, 쟁점이 제5조 공제가격방법에 따른 판매자의 이윤 및 일반경비인 경우, 적절한 GAAP는 공급자가 해당 물품을 재판매하는 수입국의 것이 될 것이다.

회계원칙의 일관성에 대한 문제는 다음의 사례에서 가장 빈번하게 제기된다.

- 산정가격방법(제6조)에 따른 재료 및 가공에 대한 비용 또는 가치의 결정
  제6조에 대한 설명에서 지적한 바와 같이, 생산자가 부담한 특정 비용이 산정가격에 포함되어야 하는지 여부는 "해당 물품이 생산된 국가에서 적용되는 일반적으로 인정된 회계원칙에 부합되는 것을 조건으로 생산자의 상업적 회계"를 기초

18) 이 원칙은 협정의 서문에 직접적으로 반영되어 있다(과세가격은 "상업적 관행에 일치하는 단순하고 공평한 기준"을 기초로 하여야 한다). 각주 35번이 포함된 1.2.1. 본문 참조(무역위원회의 평가 원칙 초안 6: "평가 시스템은 … 가능한 최대한으로 상업 문서에 기초하여야 한다").

로 결정되어야 한다.

- 구매자가 판매자에게 제공한 생산지원의 비용 또는 가격의 결정(제8조)

  제8조에 관한 주해에 명시된 바와 같이, 수입물품에 생산지원의 비용 또는 가격을 배분하는 방법은, 첫 번째 수입거래나 일련의 거래들 또는 자산의 내용연수에 걸쳐 배분하는지에 관계없이, GAAP에 따라야 한다(앞서 2.2.4의 생산지원에 대한 설명 참조).

  마찬가지로, GAAP은 신고된 생산지원의 비용이나 가치가 적절하게 계산되었는지 여부를 결정하는 데도 관련이 있을 수 있다. 예를 들어, GAAP은 구매자가 제조자에게 제공한 중고공구, 금형 또는 주형에 관하여 제시된 가격이 적절한 감가상각 방법 및 비율을 반영하는지 여부를 정의해야 한다.

4.3.4 세관 당국 간의 정보 교환

산정가격방법을 제외하고, 신고된 과세가격은 대부분의 경우에 해당 관세가 납부되고 물품이 위치하며 거래에 대해 법적으로 책임 있는 당사자를 찾을 수 있는 수입국에서 이용가능한 상업적 기록을 기초로 하여 세관의 검증이 가능해야 한다.[19] 따라서, 구매

19) 역사적 기록에서 알 수 있듯이, 수입국의 기록에 대한 의존은 이 협정의 발전을 이끄는 근본적인 원칙이었다. "과세가격의 결정은 가능한 최대한으로 수입국에서 이용가능하고 해당 물품에 관련된 상업 서류에 기초해야 한다. … [이는] 관세가 납부되는 국가에서 명세를 확인할 수 있어야 하는 실무적인 필요에서 비롯된 것이다. 수입국 밖에서만 가능한 확인은 결론이 나지 않고 성가실 수 있다." GATT 다자간 무역협상그룹 "비관세 조치" 하위 그룹 "관세문제", Customs Valuation : Addendum, MTN/NTM/W/20/Add.9 (1976. 2. 17.).
서울고등법원 2020. 10. 30. 2020누34638 판결: 「관세법 시행령 제29조에 규정된 과세가격 결정 배제 규정에 위반되지 않는 범위 내에서 국내에서 입수할 수 있는 자료를 토대로 이 사건 물품의 디자인 비용을 산정하였다고 봄이 상당하므로, 이를 토대로 한 이 사건 처분은 적법하다.」 (譯註)

자가 수입물품에 대해 지급한 금액, 구매자가 해외 제조자에게 공급한 생산지원의 가격, 수입국에서 얻은 판매의 수익금 등은 수입국에서 구매자의 사업 및 금융기록에 반영되어야 한다.

그럼에도 불구하고, 세관 당국이 해당 물품의 원산국 또는 수출국의 외국 판매자 또는 제조자에게 거래에 관한 정보를 요구하는 경우가 있을 수 있다. 명백한 예시는 외국의 생산 비용이 쟁점이 되는 산정가격방법에 따라 물품이 평가되는 경우이다. 그러나 다른 평가 방법하에서도 외국 판매자의 기록이나 신고가 수입국의 세관 당국에 유용할 수 있다. 특히, 사기가 의심되는 특정 상황에서, 예를 들어 수입물품에 대해 지급한 가격에 대한 구매자의 신고서와 판매자의 청구서 또는 실제 영수증을 비교하기 위해 이 정보가 필요할 수 있다.

협정 자체에는 이러한 확인에 관하여 세관 당국들의 협조를 요구하는 법적 의무나 메커니즘은 아직 없다. 세관당국이 신고가격의 진실성이나 정확성을 의심할 만한 사유가 있는 경우에 관한 우루과이라운드 각료 결정은 "한 회원국이 상호 합의한 조건으로 다른 회원국을 지원하는 것은 이 협정의 적용과 관련하여 전적으로 적절하다"고 인식하고 있다.[20] 하지만, 이러한 방법은 다른 국제

---

20) WTO 관세평가위원회, Marrakesh Ministerial Decisions and Texts Relating to Customs Valuation, G/VAL/1 (1995. 4. 27.). WTO 각료들이 회원국의 관세 당국 간 협력을 장려한 것은 평가에 관한 사기를 퇴치할 때 개발도상국들이 겪는 "실무적 어려움"에 대한 응답이었다. (GATT) 물품에 관한 협상 그룹, MTN 협정 및 협약에 관한 협상 그룹, Agreement on Implementation of Article VII : Submission by Brazil, MTN.GNG/NG8/W/57 (1989. 11. 22.) 참조:
"6. 개발도상국의 자원 및 결과적인 인프라의 부족과 관련된 문제 … 와는 별개로, 국제적이고 접근 가능한 데이터 저장소의 부재 및 (수입자와 수출자 간 특수관계(영향)의 결정, 가격의 비교 등을 위해 허용하는) 정보를 제공하는데 있어 많은 무역 파트너들의 다소 제한적인 협력은 브라질세관 당국에도 똑같이 큰 고민거리이다.
7. 따라서 브라질은 협상 그룹이 … 협정 내에서 기술적인 협력과 정보 교환을 위한 메커니즘을 개선시킬 방법들을 검토해야 한다고 생각한다."

법률 기구에서도 찾아볼 수 있다.

(a) 양자/지역적 상호지원협약

정보 교환을 위한 하나의 일반적인 방법은 세관 대 세관의 "상호지원협약"이다. 이러한 양자 또는 지역적 협약에 따라, 세관 당국들은 그들의 관세법령의 집행을 위해 요구된 정보를 교환할 조건을 규정한다. 이러한 협약은 예를 들어, 수입국 세관이 수입자의 신고서를 검증하거나 가격 사기 혐의 사건을 조사하는데 필요한 수출신고서, 송장, 선적 서류 등을 수출국 세관 당국으로부터 얻을 수 있는 공식적 요청 및 회신 방법을 규정한다.

WCO의 「**관세 문제에서 상호 행정 지원에 관한 양자 간 협정 모델**(Model Bilateral Agreement on Mutual Administrative Assistance in Customs Matters)」은 국가당국이 양자 협상에서 사용할 수 있는 양식을 제공한다. WCO 웹사이트(www.wcoomd.org)에서 확인할 수 있다.

(b) 나이로비 협약

대표적인 다자간 세관 상호간 지원 협정은 1977년 나이로비 협약이다.[21] 이 협약의 부속서 II는 평가 정보의 교환에 대해 규정하고 있다. 수입국의 세관 당국이 "심각한 관세 범죄가 발생했다고 믿을 만한 충분한 이유"를 가진 경우, 두 국가가 이 협약의 회원국이며 협약의 평가 부속서를 수용하였다면, 상업 송장, 수출신고서, 가격표, 무역 카탈로그 등과 같은 거래에 관련된 정보를 수출국 세관에 요청할 수 있다.

---

21) 나이로비 협약—관세 범죄의 예방, 조사 및 진압을 위한 상호 행정 지원에 관한 국제 협약—은 관세협력이사회(현재의 세계관세기구)의 주도로 체결되었다. 이 협약 제18조는 각국이 어떤 조항이나 부속문서를 유보한 채 이 협약을 수락하도록 허용한다. 협약 본문과 해설은 WCO 웹사이트 www.wcoomd.org에서 확인할 수 있다.

나이로비 협약은 한정된 수의 가입국을 가지고 있으며, 그 중 선진국은 거의 없다.[22] 세관당국은 이 협약에 따라 "주권, 보안, 다른 중요한 국가적 이익을 침해하거나 민간 또는 공공 기업의 적법한 상업적 이익을 침해할 것"이라고 판단하는 지원 요청을 거부할 수 있기 때문에 그 적용범위도 제한적이다.

(c) 정보 교환에 대한 도하 결정

1998년 WTO 제네바 각료회의[23]에 이어, 인도 정부는 수입 가격신고에 "의심할 만한 이유"가 있는 수입국 세관 당국이 수출국 세관 당국으로부터 수출자가 해당 물품에 대해 신고한 가치를 확보할 수 있도록 허용하자는 공식적인 WTO 기반의 다자간 해결책을 만들 것을 제안하였다.[24] 많은 WTO 회원국이 개발도상국의 이행 부담을 완화하기 위한 즉각적인 수단으로서 이 제안을 지지했지만, 다른 회원국들은 특히, 구매자와 판매자가 공모하여 그들의 각 세관 당국에 허위가격을 신고하는 경우에 사기의 문제를 다루는데 이 해결책의 효용성이 있을 것인지 의문을 제기하였다. 또한 데이터 보호에 관한 각국 법률의 상충, (모든 국가에서 세관의 필수적

22) 2006. 7.자로, 평가 사기 분야의 지원과 관련한 부속서 II는 단지 35개 체약국에 의해 비준되었으며, 이들은 대부분 개발도상국이다.

23) WTO, 각료회의, 제2차 회의, 각료선언, WT/MIN(98)/DEC/1 (1998. 5. 25.). 제네바 각료선언 제9항은 우루과이라운드 협정 및 결정의 시행과 관련하여 WTO 회원국들에 의해 제안될 수 있는 권고안을 포함하여 WTO의 향후 업무를 위하여 권고안을 마련할 것을 WTO 일반이사회에 명령했다.

24) "수입국 관세 당국이 의심되는 상황에서 수출국의 관세 당국에 수출신고서에 기재된 수출 가격에 대한 정보를 시기적절하게 요구하고 얻을 수 있도록 하는 다자간 해결책이 제안되었다." WTO 일반이사회, Preparations for the 1999 Ministerial Conference: Proposals Regarding the Implementation of the Agreement on Implementation of Article VII of the GATT 1994 in Terms of Paragraph 9(a)(i) of the Geneva Ministerial Declaration' Communication from India, WT/GC/W/227 (1999. 7. 5.). 인도는 다자간 기반의 해결책을 지지하면서, 모든 무역 상대방과 각각 양자간 상호 지원 협정을 협상하는 대안은 "이 문제에 대한 실용적이고 지속적인 해결책이 아니다"라고 언급했다.

통제나 검증이 이루어지지 않는) 수출 신고 자료의 품질, 그리고 수출국 세관 당국의 잠재적인 부담에 관한 우려도 있었다.[25)]

그럼에도 불구하고, WTO 평가위원회와 WTO 일반이사회 모두에서 이 제안에 대한 후속 논의와 협상 끝에, 2001년 11월 WTO 각료들은 다음과 같은 결정을 내렸다.

> 수입 회원국의 세관 당국이 신고가격의 진실성 또는 정확성을 의심할 합리적인 근거가 있는 경우, 관련 물품의 가격에 대해 수출 회원국의 세관당국으로부터 지원을 요청할 수 있다. 이러한 경우에, 수출 회원국은 관련물품의 수출 가격에 대한 정보를 제공하는 것을 포함하여 자국의 국내법령과 절차에 부합하게 협조 및 지원을 제공해야 한다. 이와 같이 제공된 모든 정보는 관세평가협정 제10조에 따라 취급되어야 한다.
>
> 또한, 관세평가위원회는 신고가격의 정확성에 관하여 여러 수입 회원국의 세관 당국이 제기한 정당한 우려를 인식하여, 수출가격에 관한 정보 교환을 포함하여 그러한 우려를 다루기 위한 실질적인 방법을 확인 및 평가하고, 늦어도 2002년 말까지 일반이사회에 보고할 것을 지시한다.[26)]

따라서 정보 교환에 관한 도하 결정은 나이로비 협약보다 "가벼운" 기준에 바탕을 두고 있다. "심각한 관세 범죄가 발생했다고 믿을 만한 충분한 이유"를 필요로 하는 나이로비 협약과 달리, 도하 결정은 수입국 세관이 수입자의 신고서의 진실성 또는 정확성에 대한 "합리적 의심"에 기초하여 지원을 요청할 수 있다. 반면 도

---

25) WTO 관세평가위원회, Minutes of the Meeting of 7, 13, 24, and 29 November 2000, G/VAL/M/17 (2001. 2. 14.); WTO, Report of the Chairman of the Committee on Customs Valuation to the General Council, G/VAL/36 (2000. 12. 7.); WTO 일반이사회, Report of the Chairman of the Committee on Customs Valuation to the Chairman of the General Council, WT/GC/49 (2001. 9. 24.) 참조

26) WTO 각료회의 제4차 회의, Implementation–Related Issues and Concerns: Decision of 14 November 2001, WT/MIN(01)/17 문단 8.3 (2001. 11. 20.).

하 결정은 그 적용범위(수출 가격 정보의 교환에만 적용)가 보다 제한이며, 수출국 세관 당국이 자국의 국내법령과 절차에 부합하지 않는 경우 그 요청을 거절하는 것을 허용한다.

결정 본문에서 언급된 바와 같이, 그러한 정보가 교환되는 경우, 협정 제10조는 관련 세관 당국에 일반적인 비밀유지 의무를 부여한다. 즉, 사법적 절차에 따른 경우를 제외하고, 비밀 정보는 이 정보를 제공한 정부의 특별한 허가가 없이는 공개될 수 없다.[27]

마지막으로, 그 조건에서 명백히 알 수 있듯이, 도하 결정은 정보 교환에 관한 WTO 각료회의의 결정일 뿐 아니라 수출 가격 정보의 교환을 포함한 평가 사기에 관한 개발도상국 회원국의 우려를 다루기 위하여 "실질적인 방법을 확인하고 평가해야 하는" 기술위원회에 대한 명령이다.

이 책을 쓰는 현재, 평가 사기에 대한 우려를 다루는 "실질적인 방법"에 대한 논의는 아직 진행 중이다.[28] 그러나 기술위원회는

---

27) 그러나 WTO 회원국들 간에는 비밀 정보의 공개가 수출국의 법령을 위반하는 경우, 해당 비밀 정보가 수출국 정부의 특정한 허가 없이 수입국의 사법 절차 과정에서 공개될 수 있는지 여부에 관하여 일부 이견이 있는 것으로 보인다. G/VAL/35 (2003. 9. 30.) 참조.

28) WTO, Report of the Committee on Customs Valuation to the General Council on Paragraph 8.3 of the Ministerial Decision on Implementation–Related Issues and Concerns (WT/MIN(01)/17), G/VAL/50 (2002. 12. 11.)[2002년 말 현재 도하 명령(Doha Mandate) 상태] 참조. 수출 가격에 관한 정보 교환과 관련한 도하 명령은 관세 관련 정보의 교환을 위한 제안을 검토하는 도하라운드 무역원활화 협상의 결과에 따라서는 불필요해 질 수 있다. WTO, 무역원활화 협상 그룹, Communication from India, TN/TF/W/123/Rev. 1 (2007. 10. 1.) 참조.

(이하 譯註)이 책의 집필시는 무역원활화협정이 체결되기 전이어서 논의되는 상황만 기술되어 있어 이후 사항을 간단하게 정리하자면 무역원활화협정(Agreement on Trade Facilitation: ATF)은 2013년 12월 제9차 WTO 각료회의에서 타결되었으며, 2014년 11월 무역원활화협정의 WTO 편입을 위한 개정의정서가 채택된 이후 회원국의 2/3 이상이 의정서 수락을 위한 국내 절차를 완료함에 따라 2017년 2월 22일에 정식 발효되었다.

ATF는 크게 전문(preamble)과 제1절 내지 제3절의 3개 절로 구분된다. 전

중요한 기여를 하였다. WTO 평가위원회의 자문 요청에 따라, 기술위원회는 세관 당국이 평가 사기 방지를 위해 취할 수 있고 취해야 할 방법에 관한 종합적인 보고서를 발표했다.[29] 이 보고서는 또한 관세평가 정보의 교환에 대한 가이드를 포함하고 있는데, 이는 (1) 수입국 세관 당국이 수출국 세관 당국에게 정보를 요청하기 전에 취해야 하는 평가 검증 조치에 관한 체크리스트와 (2) 수출국과 수입국 양국 세관 당국 모두에게 적용될 수 있는, 평가 정보 교환을 위한 권고 절차로 구성되어 있다.

기술위원회의 이 보고서는 부록5에 전문이 수록되어 있다.

4.4 특별·차등 대우

다른 WTO 협정들과 마찬가지로, WTO 관세평가협정은 개발도상국 회원국들에게 이행의 어려움과 비용을 완화하기 위한 특정

문에는 협정의 법적 정당성, 무역원활화의 필요성 및 개도국 지원의 원칙을 정하였고, 제1절의 12개 조항은 GATT 제V조, 제VIII조, 제X조와 관련된 기술적 조항들을 규정하고 있다. 제2절은 개도국 지원에 대한 내용, 제3절은 최종규정으로 협정 발효와 운영에 대한 기술적인 사항으로 구성되어 있다.

특히 상품의 반출 및 통관을 다루는 제7조와, 수출입절차를 다루는 제10조는 통관절차에 대한 기술적인 내용과 의무를 다루는 것으로 ATF의 핵심규정이다. 이 이전에 통관절차의 간소화와 투명화를 위하여 WCO의 주도로 교토협약(1973년), 이를 수정한 개정교토협약(1999년)을 체결 운용하고 있었으나 강제력이 없었다. 그러나 ATF는 WTO 차원에서 운영되므로 회원국의 관세당국뿐만이 아니라 통관절차와 관련된 모든 정부부처에 적용되고, 나아가 WTO 분쟁해결절차에 WTO체결국은 강제적으로 적용대상이 된다는 점에서 차이가 있다. 우리나라는 개정교토협약을 수용하기 위하여 이미 국내법에 수용되었으나 ATF가 발효되면서 개정하였다(관세법 제240조의4,5,6 및 같은 법 시행령 제245조의2,4,5 등).

29) WTO 관세평가위원회, Technical Committee on Customs Valuation Response to the Terms of Reference for the Work of the Technical Committee on Customs Valuation in Connection with the Concerns on the Accuracy of the Declared Value (G/VAL/51), G/VAL/54 (2003. 5. 16.).

양해 또는 "특별·차등 대우"를 허용한다.

WTO 관세평가협정에 따라 개발도상국 회원국들이 이용할 수 있는 양해는 다음과 같다.

4.4.1 협정의 적용 유예(제20조 제1항 및 부속서 III 제1항)

1979년 도쿄라운드 평가규정 (WTO 관세평가협정의 전신)에 가입하지 않은 개발도상국 회원국들은 WTO 사무총장에 통보하고, "WTO 협정이 자국에서 효력이 발생한 날로부터 5년을 초과하지 않는 기간" 동안 이 협정 전부의 적용을 유예할 수 있다.

"개발도상국"과 "최빈개발도상국"

"선진국"과 "개발도상국"은 WTO 평가협정 또는 다른 협정에서는 정의되어 있지 않다. 그보다는 WTO 회원국 스스로가 "선진국"인지 또는 "개발도상국"인지를 선언한다. WTO 회원국의 약 3분의 2는 개발도상국이다.

"최빈개발도상국"은 개발의 측면에서 매우 불리한 것으로 간주되고 빈곤을 극복하지 못할 위험이 더 높은 50개국들로 구성된 유엔의 국가 범주이다.

WTO의 개발도상국에 대한 추가 정보는 무역과 개발에 관한 WTO 웹사이트 www.wto.org/english/tratop_e/devel_e/d1who_e.htm 참조.

협정 부속서 III 제1항은 개발도상국들의 유예 연장 요청을 허용하며, 이에 대해 다른 WTO 회원국들은 상당한 근거가 제시되는 경우 "호의적인 고려"를 베풀어야 한다. 2002년 말까지, 이러한 규정에 따라 WTO 개발도상국 회원국들에게 부여된 모든 유예와 연장은 종료되었다.

4.4.2 가격표 및 공식적 최저가격 사용 유지(부속서 III 제2항)

과세가격의 우선적인 기초는 수입물품에 대하여 실제로 지급하였거나 지급하여야 할 가격인 거래가격이다. 이것은 **제1조**에 규정된 이유 중 하나로 인해 수용될 수 없는 경우가 아니라면, 거래가격의 낮고 높음에 관계없이, 과세가격은 무역업자들 스스로 간에 결정한 그 가격에 기초해야 한다는 것이다. 따라서 원칙적으로 세관이 수입자의 거래가격 대신에 수입물품을 평가하는 "공식적인" 가격표를 사용하거나, 수입자의 신고가격이 "공식적인" 최저가치 이하이면 수용을 거부하는 것은 금지되어 있다.

그러나 협정 부속서 III 제2항에 따라 허용된 이 금지에 관하여 하나의 예외가 인정된다.

> 현재 공식적으로 설정된 최저가격을 기초로 물품을 평가하는 개발도상국은 회원국이 동의하는 조건 하에서 제한적이고 과도기적인 기초로 그와 같은 가격을 유지할 수 있도록 유보하는 것을 희망할 수 있다.

새로 가입하는 국가들은 가입 의정서와 관련한 협상 과정에서 이러한 양해를 요청할 수 있다. 이 조건에서 명백히 알 수 있듯이, 이 규정은 회원국이 그 이전에 그렇게 하지 않았다면, 평가를 위해 새로이 최저가격을 적용하는 것을 허용하지는 않는다.

2007. 4.자로, 모든 WTO 회원국은 이 유보조항을 적용하고 있지 않다.30)

4.4.3 산정가격방법 적용 유예(제20조 제2항 및 부속서 III 제3항)

개발도상국은 산정가격방법과 관련하여 두 가지 예외사항을 적용할 수 있다. 산정가격방법은 세관이 외국으로부터 비용 정보를 입수하고 검증할 것을 요구한다는 점에서 이행하는데 특별한 어려

---

30) WTO 관세평가위원회, Agreement on Implementation of Article VII of the GATT 1994: Invocation of Special Provisions Available to Developing Country Members: Note by the Secretariat, G/VAL/2/Rev.24 (2007. 4. 27.).

움이 따른다. 그러한 이유에서, 개발도상국은 다음의 예외사항을 적용받을 수 있다

1. "산정가격방법"의 적용 유예. 이 양해는 1979년 도쿄라운드 규칙의 회원국이 아닌 개발도상국들에게 허용된다. 이는 3년의 기간 동안 운영되지만, 협정의 다른 모든 조항이 발효된 이후에만 시작된다(즉, 회원국의 5년 협정 적용 유예가 만료된 후).
2. 공제가격과 산정가격방법의 적용 순서를 바꿀 수 있는 수입자의 권리를 제한할 수 있다. 개발도상국들은 공제가격방법에 앞서 산정가격방법을 사용하고자 하는 수입자의 요청을 세관이 거절할 수 있도록 규정적용 유보를 할 수 있다. 이것은 수입자에게 순서를 바꿀 수 있는 일방적인 권리를 제공하는 협정 제4조에 대한 예외사항이다.

4.4.4 수입자의 동의 없는 "초공제" 방법 적용(부속서 III, 제4항)

개발도상국 회원국들은 수입자의 요청 여부와 관계없이 수입국에서 추가 가공이 이뤄진 물품도 공제가격방법에 따라 물품을 평가할 수 있다.

이러한 특별·차등 대우 규정을 요청하였거나 그 적용 하에 있는 개발도상국 회원국들은 WTO 사무국이 작성한 문서에서 확인할 수 있으며, 이 문서는 정기적으로 갱신된다. 가장 최근의 버전은 WTO 웹사이트(www.wto.org)에서 문서번호 "G/VAL/2"로 조회[31]할 수 있다.

---

31) 현재 이 조항 유보를 적용하는 국가는 없다(G/VAL/2/Rev.2427, 2007. 4.)(譯註).

4.5 정답

평가 데이터베이스의 사용

세관이 수입자가 제출한 신고서의 진실성 또는 정확성을 의심할 만한 이유가 있고, 수입자가 그러한 의심을 해소하기 위한 정보의 요청에 응하지 않는 경우, 세관은 「**세관당국이 신고가격의 진실성이나 정확성을 의심할 만한 사유가 있는 경우에 관한 결정**(Decision Regarding Cases Where Customs Administrations Have Reasons to Doubt the Truth or Accuracy of the Declared Value)」에 규정된 절차를 적용하여 거래가격방법의 사용을 거부할 수 있다. 하지만 협정에 따라, 세관은 순차적 순서에 따라 남은 평가방법을 적용하여 수입물품을 평가하려고 시도해야 한다.

이 사례연구에서, 수입자가 정보 및 입증 서류에 대한 세관의 요청에 응답하지 않은 경우에, 동종·동질 또는 유사 물품의 거래가격, 공제가격 또는 산정가격방법 적용을 검토하지 않고 곧바로 제7조(합리적인 방법)를 적용한 것으로 보인다.

게다가, 세관이 수입물품과 같은 품목번호 범주에 속하는 물품의 데이터베이스 과거 평균 가격으로 대체하는 것은 제7조에 따라 금지된 "자의적" 가치로 간주될 수 있다. 품목번호 범주는 협정에서 동종·동질 또는 유사 물품으로 간주되는 것보다 더 넓은 범위의 물품을 포함할 수 있다. 예를 들어, 품목번호 범주 "포켓 담배 라이터"는 일회용 수입 플라스틱 라이터와 재사용이 가능한 수입 도금 라이터 모두를 포함할 수 있다. 이들은 평가협정의 목적으로 정의된 용어로서 동종·동질 또는 유사한 것으로 간주되지 않을 것이다. 따라서 같은 품목번호 범주에 해당하는 물품을 기준으로 계산된 평균 가격은 자의적인 것으로 간주될 수 있다.

데이터베이스가 협정에서 규정하고 있는 동종·동질 또는 유사한 물품으로 구분되어 있다 하더라도, 신고가격을 평균값으로 대체하는 것은 문제가 있다. 협정 **제2조** 및 **제3조**에 따라, 동종·동질 또는 유사 물품의 거래가격이 하나 이상 확인되는 경우, "그중 가장 낮은 가격이 수입물품의 과세가격을 결정하는데 사용되어야 한다." 여기서 주목해야 할 점은, 도쿄라운드에서 협정이 처음 논의될 당시, 동종·동질 또는 유사물품의 거래가 둘 이상 확인되는 경우 평균 가격의 사용을 허용하자는 제안이 있었다는 점에 유의해야 한다. 이 제안은 받아들여지지 않았다.[32] 평가 데이터베이스가 동종·동질 또는 유사 물품의 가격으로 구성된 경우, 평균보다는 과거의 거래가격을 선택하여야 한다.

마지막으로, 위험평가 도구로서 평가 데이터베이스의 사용에 관한 기술위원회의 지침(4.3 참조)에 명시된 바와 같이, 일반적으로 신고가격과, 동일한 물품에 대한 평가데이터베이스 가격의 차이 그 자체만으로 신고서의 진실성 또는 정확성을 의심할 충분한 이유가 되지는 않는다. 일반적으로, 통제 결정을 정당화하기 위해서는 물품의 원산지국, 거래에 관련된 당사자들의 법규준수 이력 등 다른 위험인자들도 존재해야 한다. 그러나 이것은 지침일 뿐 WTO 평가협정 원칙은 아니다.

---

32) 예: GATT 다자간 무역 협상 그룹 "비관세 조치" 하위 그룹 "관세 문제" Customs Valuation: Spain, MTN/NTM/W/189 (1978. 9. 18.) (스페인은 "수입물품의 과세가격를 결정하기 위해, 하나 이상의 동종·동질 또는 유사 물품의 거래가 있는 경우, 우리는 가중평균에 해당하는 가치를 사용할 것을 제안한다"라는 입장을 밝혔다.)

제 5 장

관리 및 분쟁해결

5.1 WTO 및 WCO 평가위원회

제18조 기구

1. 이 협정에 따라 각 회원국 대표로 구성되는 관세평가위원회(이 협정에서는 "위원회"라 한다)를 설치한다. 위원회는 의장을 선출하고, 이 협정의 운영 또는 목적의 증진에 영향을 미칠 수 있는 특정 회원국의 관세평가제도의 시행과 관련된 사항을 협의할 기회를 회원국에게 부여하고, 회원국이 위원회에 부여되는 그 밖의 임무를 수행하기 위하여 통상적으로는 일년에 한 번 또는 이 협정의 관련 규정에 달리 예정한 바에 따라 회의를 개최한다. 세계무역기구 사무국은 위원회의 사무국 역할을 담당한다.
2. 관세협력이사회(이 협정에서는 "CCC"라 한다)의 주도로 관세평가기술위원회(이 협정에서는 "기술위원회"라 한다)를 설치한다. 기술위원회는 이 협정 부속서 II에 규정된 의무를 수행하고 부속서 II에 포함된 절차규정에 따라 운영된다.

제18조는 이 협정의 관리를 지원하기 위한 두 개의 위원회, 즉 WTO 전체 회원국의 대표로 구성된 관세평가위원회와 세계관세기구 주도로 운영되는 관세평가기술위원회의 설치를 규정하고 있다.

5.1.1 WTO 관세평가위원회

관세평가위원회는 WTO 회원국들에게 협정의 이행과 관련하여 발생하는 문제들을 논의할 수 있는 포럼을 제공한다. 위원회는 특히 회원국들이 다른 나라의 관세평가제도 또는 일반적인 협정의 이행과 관련하여 가질 수 있는 질문이나 우려들을 논의하기 위하여 만들어졌다.

WTO 위원회 회의록

4.2 파나마 대표단은 회원국들에게 … 파나마는 [콜롬비아]에 의해 부과된 특정 관세 조치의 발효로 인해 콜롬비아로의 수출에 심각한 어려움을 겪고 있다고 통보했다. …

4.3 이 [관세평가 조치]는 … Colón 자유무역지대에서 … 파나마의 활동에 부정적인 영향을 미쳤다. 이곳은 파나마에서 가장 중요한 자유무역지대로서, 파나마 운하의 대서양 쪽에 위치하고 있으며, 파나마의 주요 경제 진입 지점을 대표하며 파나마 GDP의 8%에 기여하고 있다 … [콜롬비아]에 의해 채택된 조치들은 신발, 양말, 섬유, 가스, 기타 가정용 전기제품, 성냥, 담요 및 기타 상품 … 을 포함한 다양한 상품들에 영향을 미쳤다 … 이 [평가 조치들]은 94년도 GATT 제7조 및 관세평가협정의 맥락에서 검토될 필요가 있다.

파나마 대표단은 … 이러한 조치들에 대하여 더 자세히 알아보고자 … 콜롬비아에 [서면] 질의를 제출하였다.

4.4 콜롬비아 대표는 자국 대표단이 파나마로부터 질의를 받았으나 답변에 필요한 내부 심의가 끝나지 않았다고 하였다, 그러나 가능한 한 빨리 그렇게 할 것이라고 진술하였다.

4.5 캐나다 대표는 자국 대표단은 파나마의 질의에 대한 콜롬비아의 답변을 받기를 기대한다고 말하였다.

4.6 파나마 대표는 자국 대표단이 콜롬비아의 답변을 받기를 기대하며, 이 사안이 다음 회의에서 위원회 안건으로 유지되기를 희망한다고 진술하였다.

4.7 중국 대표는 제기된 우려에 동조하였다. 자국 대표단은 방금 파나마로부터 내용을 알았기 때문에 자세한 언급은 어렵다고 하였다. 하지만, 초기의 반응은 이해당사자들이 우려되는 관세 조치의 영향에 대하여 논의할 만한 가치가 있어 보이며, 콜롬비아가 위원회에 관련 해결안을 회람해 줄 것을 요청하였다.

4.8 콜롬비아 대표는 질문과 의견들을 세심하게 메모했으며, 다음 회의에서 충분한 답변을 할 수 있도록 자신의 수도(본부)에 전달하겠다고 말했다.

4.9 홍콩, 중국의 대표도 이 문제에 대한 소식을 자국 대표단에게 계속하여 알려줄 것을 요청하였다.

4.10 말레이시아와 태국 대표는 홍콩, 중국의 진술을 지지하였다.

4.11 위원회는 진술들에 대해 주목하고 다음 회의에 이 문제를 회부하기로 동의하였다.

출처: WTO 관세평가위원회, 2006. 4. 25. 회의록, G/VAL/M/41 (2006. 5. 24.).

예를 들어, 위원회 회의에서 한 WTO 회원국은 특정 제품에 대한 기준 가격의 사용, 평가 방법의 잘못된 적용 가능성, 또는 그 국가의 수출자들이 직면한, 이 협정에 부합하지 않는 행정 관행에 관하여 다른 회원국에게 문의할 수 있다. 회원국들이 위원회 회의에서 대화를 통해 이행에 관한 쟁점들을 명확히 하고 해결함으로써 공식적인 분쟁해결 절차를 피하고자 하는 것이다.

위원회는 수년 동안 (이자 비용 및 소프트웨어에 관한 처리[1] 등과 같은) 협정규정을 해석하는, 중요한 결정뿐만 아니라 협정의 관리 및 위원회의 업무 절차에 관한 결정들도 채택하였다. 이들 해석 및 행정 결정들의 내용은 관세평가위원회 문서 G/VAL/5(1995. 10. 13.)에서 확인할 수 있으며, 부록 3에 수록되어 있다.

위원회의 또 다른 중요한 기능은 회원국의 평가 법령을 검토하는 것이다. 제22조는 회원국들이 자국 법률 및 행정 절차를 이 협정의 규정에 일치시키도록 요구하고 있다. 협정은 명시적으로 다음과 같은 특정 요소들을 각국의 법령에 포함하도록 규정하고 있다.

- 수입자의 불복청구권(제11조)
- 수입자가 최종 평가가 지연되는 물품에 관하여 세관으로부터 물품을 반출할 권리(제13조)
- 과세가격에 국제 운송비용을 포함 또는 제외할 것인지의 문제(제8조)

반면에, 국내 법령의 구조 — 한 국가가 국내 법률에 WTO 협정의 규정들을 이행하기 위해 선택하는 방법 — 는 특정 헌법 및 법률 구조 내에서 각 회원국의 재량에 맡겨진다.

앞서 언급한 바와 같이, 회원국들은 위원회가 검토할 수 있도록 자국의 평가 법률 및 규정들을 WTO 사무국에 제출하여야 하고,

---

1) 앞의 2.1(이자 비용 및 소프트웨어에 관한 위원회 결정에 대한 논의)을 보라.

이후 사무국은 해당 문서를 모든 회원국에게 회람한다.[2] 또한, 회원국들은 쟁점별 체크리스트를 작성해야 하는데, 여기에서 협정의 특정 조항 및 위원회의 결정을 이행하는 방법에 관하여 설명해야 한다. 이 "체크리스트"는 위원회가 회원국들의 국내 법령을 검토하는 시작점이 될 수 있도록 만들어진 것이다.[3]

위원회의 그 밖의 중요한 정규 업무들은 다음과 같다.

- 통보된 국가별 법률의 업데이트, 유예 요청 등과 같은 위원회 업무 및 협정 이행에 관한 연차 보고서의 WTO 상품무역이사회 제출(제23조에 따라 요구됨)
- 개발도상국의 협정 적용 유예 및 특정 조항에 대한 적용 유보 요청에 대한 결정. 여기에는 그러한 요청에 대한 회원국의 반대를 해결하고, 유보의 승인을 위한 조건들을 설정하는 것을 포함(상기 4.4의 특별·차등 조치 참조)
- WCO 또는 WTO 회원국들이 제공하는 관세평가와 관련된 기술적인 지원 및 역량 강화 활동에 대한 모니터링
- 선적전검사(PSI) 제도(이에 관하여는 자체적인 위원회가 없음)가 사용되는 국가의 식별을 포함하여 선적전검사에 관한 협정의 이행 및 운영에 대한 모니터링

위원회는, 필요에 따라 더 자주 열릴 수도 있지만, 일반적으로 1년에 두 번 — 봄에 한번, 가을에 한번 — 의 공식 회의를 제네바에서 개최한다. WTO 회원국은 누구나 참석할 수 있다. 일반적인 WTO의 의사결정 절차(WTO 협정 제9조)에 따라 위원회의 결정은

---

2) 앞의 4.2(제12조에 따른 평가 법률 및 결정의 공표에 대한 논의)을 보라.

3) 협정 제22조에 따른 국가 법령의 통지 및 회람과 쟁점 점검표에 관한 결정(Decisions on Notification and Circulation of National Legislation in Accordance with Article 22 of the Agreement and Checklist of Issues), G/VAL/5(부록 3에 있음); GATT 관세평가위원회, Minutes of the Meeting Held on 13 January 1981, VAL/M/1, 11 (1981. 2. 27.)을 보라.

참석한 회원국의 합의에 의해 채택된다.

WTO 가입 국가들과 WTO 일반이사회에서 옵서버 지위를 부여받은 다른 정부들은 옵서버 자격으로 참석할 수 있다. UNCTAD, WCO, 세계은행 및 IMF와 같은 WTO 자매 국제기구들도 옵서버로 참석할 수 있다. 위원회가 적용하는 절차 규칙에 따라, 옵서버들은 회의에 초청받아 발언할 수도 있지만, (특별히 요청되지 않는 한) 제안을 제시하거나 의사결정에 참여할 수는 없다.[4)]

관세평가위원회는 WTO 회원국 중에서 1년 임기의 회장을 선출한다. WTO 사무국 직원들이 이를 지원하며, 이 중 한 명이 위원회의 비서 역할을 한다. 위원회의 회의록은 WTO 웹사이트에서 문서번호 G/VAL/M/*로 확인할 수 있다.

5.1.2 관세평가기술위원회

기술위원회의 임무는 부속서 II에 정의된 바와 같이, 협정의 "기술적인 수준에서 해석 및 적용에 대한 통일성'을 확보하는 것이다.

기술위원회의 회원은 WTO 회원국들의 대표들로 구성되는데, 이들은 일반적으로 관세전문가들이다(WTO 회원국이 아닌 WCO 회원국은 옵서버로서 기술위원회에 참여할 수 있다). 기술위원회는 브뤼셀에 있는 WCO 본부에서 1년에 두 번 만나고, WTO 관세평가위원회와 관세협력이사회(WCO의 공식 명칭)에 보고한다. 기술위원회의 활동에 대한 보고는 통상 제네바 WTO 평가위원회 회의에서 WCO 대표가 직접 행한다.

---

4) WTO 평가위원회는 약간의 수정을 가하여 WTO 일반이사회에서 사용되는 회의 진행 규칙을 동일하게 적용한다. 관세평가위원회, Minutes of the Meeting of 12 May 1995, G/VAL/M/1 (1995. 8. 11.); WTO, Rules of Procedure for Sessions of the Ministerial Conference and Meetings of the General Council, WT/L/161 (1996. 7. 25.); WTO, Rules of Procedure for Meetings of the Committee on Customs Valuation, G/L/146 (1997. 2. 24.)을 보라.

WTO 평가위원회와 마찬가지로 기술위원회는 회원국 대표 중 1년 임기의 의장을 선출한다. 기술위원회는 WCO 사무국의 지원을 받으며, 이 중 한 명이 위원회의 비서 역할을 한다.

협정은 기술위원회에 많은 중요한 업무를 맡기고 있다. 여기에는 (i) (중고자동차의 평가 방법과 같이) 회원국들의 관세평가제도의 일상적인 운영에서 발생하는 특정 기술적 문제들에 대한 조언 제공, (ii) 회원국에 대한 훈련 또는 다른 형태의 기술적인 지원 제공의 촉진, (iii) 제19조에 따른 WTO 분쟁 패널에 대한 기술적인 지원의 제공[5] 및 (iv) 요청이 있는 경우, 평가 실무에 대한 연구와 보고를 통해 WTO 평가위원회를 일반적으로 지원하는 업무가 포함된다.

관세평가기술위원회

주요 결과물

기술위원회는 다음을 수행하여야 한다.

- 협정의 해석 지침으로서 예해, 사례 연구 및 기타 문서의 기초(起草),
- WTO 위원회 및 WCO 이사회에 대한 업무 보고,
- 협정 제19조 따라 회부된 사안에 관하여 WTO 패널에게 보고.

운영 방법

기술위원회는 다음을 수행할 수 있다.

- 협정의 해석 지침으로서 예해, 사례 연구 및 기타 문서의 검토 및 기초(起草),
- WCO 이사회의 지침에 따라 권한 내에서 필요한 목적을 위해 필요할 수 있는 작업 기구의 설립 및 작업 지시,
- 해당 권한 내의 문제와 관련하여 WCO 작업 기구 및 국제적인 정부 및 무역 기구와의 협력, 공동 프로젝트의 추진 또는 정보 및 경험의 공유,
- 개발도상국 회원국들에게 보다 체계적인 형태의 기술 지원을 제공하기 위하여 각 윤번(輪番) 회의의 일부를 "테마"[6] 세미나로 할애.

---

5) 아래 5.3의 분쟁 해결을 보라.

6) TCCV 내부규칙으로 업무절차(Working procedures for the Technical Committee

필요한 자원

기술위원회 회의는 브뤼셀에 있는 WCO 본부에서 일반적으로 1년에 2번, 통상 5일 동안 개최된다.

WCO 사무국은 다음과 같은 책임이 있다.

(a) 다음을 포함하여 각 회의의 준비
- 행정적인 준비,
- 마지막 회기로부터 8주 이내에, 기술적, 그 밖의 사안에 관한 기술위원회 회원국의 의견 요청,
- 마지막 회기 8주 후에, 3개 공식 언어로 의제 초안을 배포하고, 그 의제 초안은 적절하게 업데이트해야 함,
- 작업 문서에 대한 논평 작성 등,
- 모든 작업 문서들을 3개 공식 언어로 회의 일자 3주 전에 기술위원회 회원국들이 볼 수 있도록 확보.

(b) 다음을 포함한 회의 그 자체
- 보고서 및 제안서 제출,
- 회의 진행 지원,
- 토론 내용의 기록,
- 보고서 초안 작성.

(c) 다음을 포함한 회의 후속 조치
- 최종 회의 보고서의 작성 및 기술위원회의 회원국들에게 배포,
- 기술위원회가 채택한 문서를 WCO 이사회 및 WTO 위원회의 승인 후 가제식(加除式) 편람 형식으로 출판.

출처: 세계관세기구.

기술위원회가 회원국들에게 제공하는 조언은 "권고의견"의 형식을 취할 수 있으며, 이는 어떤 회원국(들)이 구체적인 사실관계에

---

on Customs Valuation) 제3조에 따라 필요시 특정주제에 대한 테마미팅(theme meetings on specific topics, when the need arises)을 할 수 있도록 되어 있고 이것은 평가규정 자체가 아닌 제도운영에 대한 특정주제를 다룬다(譯註).

대해 제기한 질문에 대한 답변이다. 조언 또는 정보가 보다 일반적인 경우, 기술위원회는 권고의견 대신에 다음의 것들을 발행한다.

- 예해
  "협정 조문 자체의 축조 독해가, 그 적용에 관한 추가 지침에 의해 유용하게 보완될 수 있는 상황을 명확히 하기 위한 의도로 협정 조문 일부에 대한 일련의 의견으로 구성된 논문."
- 해설
  "협정의 하나 또는 그 이상의 조항으로부터 그 성격상 일반적으로 발생하는 문제에 관한 기술위원회의 견해를 설명한 것."
- 사례 연구
  "실제 상업적 거래를 기반으로 한 복잡한 일련의 사실을 보여주는 것으로, 이는 협정의 하나 또는 그 이상의 조항의 실무적 적용을 입증하는데 사용될 수 있다."
- 연구
  "협정과 관련된 질문, 특히 부속서 II 제2조 (b)에 따라 기술위원회에 제출된 질문으로서, 앞선 문서들에 의해 보다 적합하게 다뤄질 수 없는 질문에 대한 심도 깊은 조사 결과를 제시."[7)]

이 책에서도 많이 참조된 바 있는 이 기술위원회의 권고의견과 기타 문서들은 WCO 사무국이 편집하여 WCO 편람으로 출판한다.

---

7) WCO, Texts Issued by the Technical Committee, WCO 편람. 부속서 II 제2조 (b)는 기술위원회의 책무에는 "요청된 바와 같이 이 협정과 관련한 평가 법률, 절차 및 관행에 대하여 연구하고, 그 연구 결과에 대한 보고서를 작성하는 것"을 포함하도록 규정하고 있다.

5.2 통지

개별 WTO 회원국들의 협정 운영에 투명성을 높이기 위해, WTO 회원국들은 협정 및 WTO 관세평가위원회의 결정에 따라 특정, 정의된 문제에 대해 WTO 사무국에 공식, 통지함으로써 다른 회원국에게 통보해야 한다.

모든 WTO 회원국은 평가와 관련된 자국의 법령, 규정 또는 행정 절차들을 변경할 경우 이를 다른 회원국들에게 통보해야 한다(**협정 제22조**). 마찬가지로, 앞 절에서 언급된 바와 같이 WTO 평가위원회의 결정에 따라 모든 회원국들은 자국의 평가 법령을 제출해야 하고, 평가 관행에 대한 정보를 도출하기 위해 의도된 설문지 또는 "쟁점별 체크리스트"에 관하여 서면으로 답해야 한다.

일부 WTO 회원국들은 협정에 따라 추가적인 통지 의무를 가진다. 협정 적용에 있어 5년 유예나 연장 신청 또는 제6조(산정가격방법) 적용의 3년 유예를 신청하기를 희망하는 개발도상국들은 WTO 회원국들에게 마찬가지로 통지해야 한다.

WTO 관세평가협정에 따라 요구되는 통지에 대한 보다 자세한 설명 및 이 통지 작성의 지원에 대해서는, 부록 6에 수록된 발췌문인 「통지요건에 대한 기술협력 핸드북(Technical Cooperation Handbook on Notification Requirements」(WT/TC/NOTIF/VAL/1, 1996. 9. 9.)을 참조하라.

5.3 분쟁 해결

제18조 협의 및 분쟁의 해결

1. 이 협정에서 달리 규정된 경우를 제외하고는 이 협정에 따른 협의 및 분쟁해결에 「분쟁해결 양해규정」이 적용된다.
2. 만약 다른 회원국 또는 다른 회원국들의 조치의 결과로 어떤 회원국이 이 협정에서 정하는 이익이 직접 또는 간접으로 무효화 또는 침해되거나 이 협정의 어떤 목적 달성이 방해된다고 생각한다면, 이러한 쟁점 사실의 상호 원만한 해결에 도달하기 위하여 해당 회원국 또는 해당 회원국들에게 협의를 요청할 수 있다. 각 회원국은 다른 회원국이 협의의 요청에 대해 호의적인 고려를 하여야 한다.
3. 기술위원회는, 요청이 있는 경우, 협의에 참가한 회원국들에게 조언과 지원을 제공해야 한다.
4. 분쟁 당사자의 요청이나 자체 결정으로 이 협정이 규정에 관련된 분쟁을 검토하기 위하여 설치된 패널은 기술위원회에 기술적인 고려가 필요한 문제점에 대한 검토를 요구할 수 있다. 패널은 특정 분쟁에 대한 기술위원회의 위임사항을 정하고 기술위원회의 보고서 제출기한을 정한다. 패널은 기술위원회의 보고서를 고려해야 한다.
   기술위원회가 이 조항에 따라 회부된 문제에 합의에 도달하지 못한 경우에 패널은 분쟁당사자로 하여금 패널에 동 사안에 대한 자신의 견해를 제시할 수 있는 기회를 부여해야 한다.
5. 패널에 제출된 비밀정보는 그러한 정보를 제출한 자, 기관 또는 당사국의 공식적인 승인이 없이는 공개되지 않는다. 패널에 이러한 정보를 요청하였으나 패널에 이러한 정보의 공개가 승인되지 않은 경우에, 해당 정보를 제출한 자, 기관 또는 당국의 승인 하에 비밀이 아닌 자료 요약본이 제공되어야 한다.

2006. 10. WTO 평가위원회 회의에서, 필리핀 대표는 자국의 주요 수출자 중 하나가 태국 관세 당국과 겪고 있는 문제를 제기하였다. 이 필리핀 회사는 담배를 제조하여 태국에 있는 특수관계 회사인 유통업체에게 수출하였다. 분명, 그 해 8월부터 태국 당국은

담배에 대해 신고된 가격을 거부하기 시작하였는데, 이는 당사자들이 세금 부담을 줄이기 위해 낮은 가격을 책정했다고 의심하였기 때문이었다. 그러나 해당 회사는 태국 세관이 태국 담배 시장의 80%를 지배한다고 알려진 국영 기업인 태국담배전매회사의 이익을 보호하기 위하여 사실상 자신의 모든 수입물품에 대해 13~16%까지 신고 가격을 체계적으로 "인상"시켜, 연간 3,700만 달러의 추가 관세 및 조세를 부담시켰다고 주장하였다.

태국의 관세평가 조치로 인해 자국의 수출자들도 영향을 받은 EU와 다른 WTO 회원국들 역시 이 논의와 이어진 WTO 위원회 회의에 참여하였다. 그러나 논의를 통해 분쟁이 된 실무관행이 명확해졌지만, 회원국들은 필리핀이 만족할 만한 해결책을 도출하지 못했다. 따라서 2008년 초에 필리핀은 공식적인 WTO 분쟁 절차를 개시하기로 결정하였다.[8)]

이처럼 WTO 회원국들 간의 관세평가 분쟁은 「**WTO 분쟁해결에 관한 규정 및 절차에 대한 양해**(WTO Understanding on Rules and Procedures Governing the Settlement of Disputes)」에 규정된 협의 및 분쟁해결 절차를 통하여 해결된다. 이 양해규정은 WTO 평가협정 제19.1조에 인용되어 포함되어 있으며, 일반적으로 GATT 또는 기타 WTO 다자간 협정 중 하나(어느 것이든 간에)에 따라 WTO 회원국 간에 발생하는 분쟁을 해결하는데 사용되는 것과 동일한 분쟁해결 메커니즘이다. 제19조는 이 분쟁해결양해규정의 절차에 추가로 몇 가지 특별절차들을 포함하고 있는데, 이들은 주로 분쟁해결 절차에서 기술위원회의 역할에 관한 것들이다.

---

8) WTO 관세평가위원회, Minutes of the Meeting of 6 October 2006, G/VAL/M/42 (2006. 12. 14.); WTO 관세평가위원회, Minutes of the Meeting of 8 May 2007, G/VAL/M/43 (2007. 5. 25.); WTO 관세평가위원회, Minutes of the Meeting of 18 October 2007, G/VAL/M/44 (2007. 11. 8.); Felipe F. Salvosa II, WTO Asked to Settle RP–Thai Cigarettes Row, GMANews.TV, 2008. 2. 14., www.gmanews.tv/story/80640/BusinessWorld를 보라.

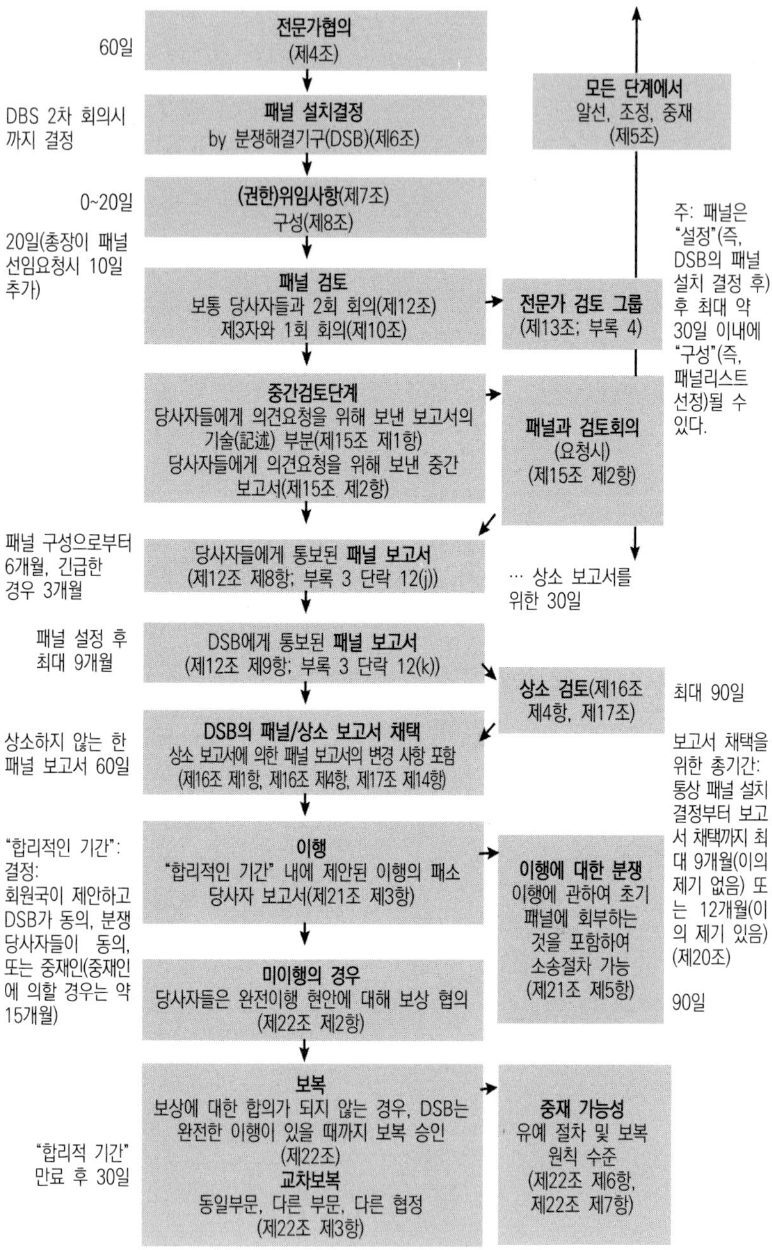
60일
전문가협의
(제4조)
DBS 2차 회의시
까지 결정
패널 설치결정
by 분쟁해결기구(DSB)(제6조)
모든 단계에서
알선, 조정, 중재
(제5조)
0~20일
(권한)위임사항(제7조)
구성(제8조)
20일(총장이 패널
선임요청시 10일
추가)
주: 패널은
"설정"(즉,
DSB의 패널
설치 결정 후)
후 최대 약
30일 이내에
"구성"(즉,
패널리스트
선정)될 수
있다.
패널 검토
보통 당사자들과 2회 회의(제12조)
제3자와 1회 회의(제10조)
전문가 검토 그룹
(제13조; 부록 4)
중간검토단계
당사자들에게 의견요청을 위해 보낸 보고서의
기술(記述) 부분(제15조 제1항)
당사자들에게 의견요청을 위해 보낸 중간
보고서(제15조 제2항)
패널과 검토회의
(요청시)
(제15조 제2항)
패널 구성으로부터
6개월, 긴급한
경우 3개월
당사자들에게 통보된 패널 보고서
(제12조 제8항; 부록 3 단락 12(j))
… 상소 보고서를
위한 30일
패널 설정 후
최대 9개월
DSB에게 통보된 패널 보고서
(제12조 제9항; 부록 3 단락 12(k))
상소 검토(제16조
제4항, 제17조)
최대 90일
상소하지 않는 한
패널 보고서 60일
DSB의 패널/상소 보고서 채택
상소 보고서에 의한 패널 보고서의 변경 사항 포함
(제16조 제1항, 제16조 제4항, 제17조 제14항)
보고서 채택을
위한 총기간:
통상 패널 설치
결정부터 보고
서 채택까지 최
대 9개월(이의
제기 없음) 또
는 12개월(이
의 제기 있음)
(제20조)
"합리적인 기간":
결정:
회원국이 제안하고
DSB가 동의, 분쟁
당사자들이 동의,
또는 중재인(중재인
에 의할 경우는 약
15개월)
이행
"합리적인 기간" 내에 제안된 이행의 패소
당사자 보고서(제21조 제3항)
이행에 대한 분쟁
이행에 관하여 초기
패널에 회부하는
것을 포함하여
소송절차 가능
(제21조 제5항)
90일
미이행의 경우
당사자들은 완전이행 현안에 대해 보상 협의
(제22조 제2항)
"합리적 기간"
만료 후 30일
보복
보상에 대한 합의가 되지 않는 경우, DSB는
완전한 이행이 있을 때까지 보복 승인
(제22조)
교차보복
동일부문, 다른 부문, 다른 협정
(제22조 제3항)
중재 가능성
유예 절차 및 보복
원칙 수준
(제22조 제6항,
제22조 제7항)

[그림 10] 분쟁해결절차

WTO 공식 분쟁해결 절차([그림 10] 참조)는 협의 단계부터 시작되는데, 여기서 당사국 정부는 공식적인 소송을 피하겠다는 희망을 가지고 자신들 간에 문제 해결을 위한 협상을 시도해야 한다.[9] 제소국은 위반 조치를 취한 국가(또는 국가들)에게 서면으로 "협의 요청서"를 제출하게 된다. 이 요청서는 문제가 되는 조치뿐만 아니라 그 주장의 법적 근거를 적시한다. 이 분쟁에 "실질적인 무역 이익"을 가지는 다른 WTO 회원국들은 협의 참여를 요청할 수 있으나, 실제로 참여할 수 있는지 여부는 요청을 받은 당사국의 동의에 달려있다. 또한, WTO 평가협정 제19.2조는 당사자들은 분쟁 해결에 필요할 수 있는 기술적인 조언 및 지원을 WCO 기술위원회에 요청할 수 있도록 하고 있다.

이러한 협의가 성공적인 경우, 일반적으로 당사자들은 분쟁해결기구(DSB)에 "상호 합의 해결방안"을 통지하게 된다. 실제로 WTO 분쟁의 절반가량은 이 협의 단계에서 어떻게든지 해결된다.

분쟁해결기구란 무엇인가?

"분쟁해결기구(일반이사회의 다른 형태)는 모든 WTO 회원국으로 구성된다.
분쟁해결기구는 사건을 검토할 전문가 '패널'을 구성하고, 패널의 불복에 대한 결정 또는 결과에 대해 수용 또는 거부할 독점적인 권한을 가진다. 이 기구는 결정 및 권고의 이행을 감시하고, 해당 국가가 결정에 따르지 않는 경우 보복을 허가할 권한을 갖는다."

출처: WTO 분쟁해결게이트웨이.

협의가 성공하지 못한 경우, 60일 이후에 제소국은 분쟁해결기구에 사건을 결정할 패널의 설치를 요청할 수 있다. 패널은 세 명

9) WTO 분쟁 절차에 따른 설명은 WTO 분쟁해결게이트웨이 "WTO에서의 분쟁 해결 소개"에 기초한다.

(또는 당사자들이 동의하는 경우 다섯명)의 독립적이고 "자격을 갖춘 개인들"로 구성된 특별 심판 기구이며, 이들은 분쟁 당사국이 아닌 국가의 국민들(당사자들이 달리 정하지 않는 이상)이다. 분쟁 당사자들은 먼저 WTO 사무국이 지명한 후보들(회원국들의 추천을 기초로 사무국이 유지하는 상시적인 전문가 리스트에서 주로 선택된다)을 기초로 상호 합의를 통해 패널 구성원 선정을 시도한다. 만약 당사자들이 패널 구성에 동의하지 못하는 경우, 어느 한 당사자의 요청으로 WTO 사무총장이 패널 구성원을 지명하게 된다.

패널은 당사자들이 제출한 서면 및 구두 증거와 주장뿐만 아니라 전문가들의 보고서 또는 증언을 토대로 해당 문제를 결정하게 된다. 특히 관세평가에 관한 전문지식과 관련하여, 협정 **제19.4조**는 패널에 대한 지원으로 기술위원회가 "기술적 검토가 필요한 질문들에 대한 조사를 수행"하고 그 결과를 보고하도록 하고 있다.

분쟁해결절차에 규정된 일정에 따라, 패널의 최종 보고서는 일반적으로 6~9개월 이내에 발행되지만, 부패하기 쉬운 물품과 같이 긴급한 사건에서는 3개월이 기한이다. 일단 패널 보고서가 발행되면, 분쟁해결기구 구성원(즉, WTO 회원국)의 "부정적" 의견 일치로 해당 보고서가 거부되거나 분쟁 당사국 중 하나(또는 모두)가 상소를 제기하는 경우를 제외하고는, 분쟁해결기구는 60일 이내에 해당 패널 보고서를 채택하게 된다.

상소는 7명으로 구성된 상소기구에서 3명의 위원이 심리하게 된다. 이들은 "일반적으로 법률, 국제무역과 [WTO 평가 및 기타 WTO 협정]의 해당 문제에 대해 입증된 전문성을 가진 공인된 권한 있는 사람들"이며, 어느 정부에도 소속되어 있지 않다. 상소기구 위원들은 4년 임기로 선출되며, 1회에 한하여 연임할 수 있다. 상소 결정 시, 상소 기구는 새로운 증거를 고려하는 것이 아니라 단지 법률의 요점 또는 패널의 법적 해석만을 검토한다. 상소 결정은 패널의 법적 조사 결과와 결론을 유지, 수정 또는 뒤집을 수 있다. 일반적으로, 상소 절차는 반드시 60일 이내에 종결되어야 하며, 최대 90일까지만 연장 가능하다. 그러면 분쟁해결기구는 30일 이내에 상소 보고서를 승인하거나 기각해야 하며, 기각은 “부정적” 의견 일치에 의해서만 가능하다.

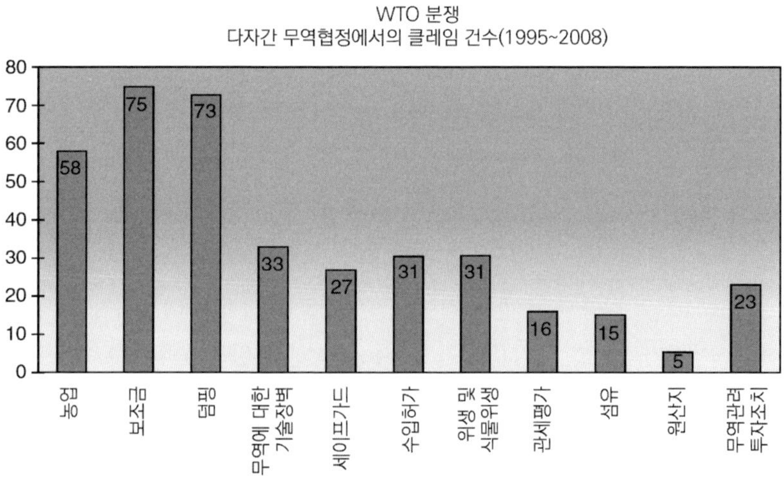

[그림 11] 주제별 WTO 분쟁사례의 클레임

분쟁해결기구의 결정이 한 WTO 회원국에 대한 것인 경우, 해당 국가는 반드시 정해진 기한 내에 패널 보고서나 상소 보고서의 권고 사항에 따라야 한다. 이는 일반적으로 그 국가가 위반 조치를 철회해야 함을 의미한다. 이 분쟁해결규정에는 해당 조치를 철회하지 않을 경우 보상 협상 규정 및 최후의 수단으로서 무역제재의 사용을 포함한, 분쟁해결기구 결정 이행에 관한 추가 규칙과 절차들을 담고 있다.

WTO 분쟁해결절차에 관한 자세한 가이드, 교육 자료 및 사례

연구뿐만 아니라 개별 분쟁 사건들의 문서는 WTO 웹사이트의 WTO 분쟁해결 게이트웨이(https://www.wto.org/english/tratop_e/dispu_e/dispu_e.htm)[10)]에서 확인할 수 있다.

WTO 초기 15년 동안, 공식적인 분쟁 해결 절차로 이어진 관세 평가 이슈와 관련된 사건은 비교적 적었다. 1995.부터 2008. 5.까지 협의 요청에 의해 시작된 총 376개의 분쟁 사건 중 단지 16건(약 4%)의 관세평가 클레임이 포함되었다([그림 11] 참조). 다른 다자간 협정—특히 반덤핑 협정, 농업에 관한 협정, 보조금 및 상계관세에 관한 협정—에 대한 위반이 이 기간 동안 제기된 사건들에서 훨씬 더 흔하게 다루어졌다.[11)]

지금까지 평가 분쟁 사건들에 대해 몇 가지 일반화가 이루어질 수 있다. 첫째, 거의 모든 사건들은 같은 질문이나 쟁점 즉, 특정 제품(주로 섬유나 소비재 같이 민감한 물품들)에 대한 거래가격 대신에 최저가격 또는 기준가격의 사용과 관련된 것이다. 둘째, 평가 사건들은 GATT 1994 또는 반덤핑 협정과 같은 하나 또는 그 이상의 다른 다자간 협정에 따른 클레임을 포함하는 경우가 많다. 그리고 마지막으로, 평가 클레임을 포함하는 거의 모든 사건들은 패널 설치 없이 "협의 단계"에서 합의되었거나 기타 방법으로 해결되었다.

관세평가 쟁점을 다루는 WTO 분쟁해결 사건들에 대한 요약은 부록 7에서 확인할 수 있다.

---

10) 지속적인 홈페이지 개편이 있음에도 분쟁해결 게이트웨이의 주소는 아직 유효하다. 다만, 이 주소는 WTO 전체분쟁해결 내역을 열람할 수 있는 곳으로 관세평가 분쟁해결 게이트웨이는 https://www.wto.org/english/tratop_e/dispu_e/dispu_agreements_index_e.htm 사이트에서 협정별(Customs valuation) 메뉴를 누르면 관세평가의 분쟁해결 내역(18건, 2022년 5월말 기준)을 확인할 수 있다(譯註).

11) WTO, Update of Dispute Settlement Cases, WT/DS/OV/33 (2008. 6. 3.).

제 6 장

결 론

이 책 집필 당시 WTO 평가협정은 15년이 되었다. 모든 경제 개발 단계를 대표한다고 할 수 있는 153개의 WTO 회원국에서 협정은 각양각색의 수입 무역거래에 적용되고 있다. 이전 GATT 평가 규범을 고려하면, 이러한 평가 규칙들은 30년 이상 국제적 실무에서 사용되어 왔다. 그렇다면 WTO 회원국들은 협정에 대해 어떻게 생각하는가? 주요 결점이 있다면 무엇이고 어떠한 개선이 이루어질 수 있는가? 공통 관세평가 규칙의 미래는 무엇인가?

6.1 선진국과 개발도상국의 구분?

WTO 관세평가 시스템에 대한 주된 의문은 1970년대 후반 도쿄라운드 평가규정에 관한 협상 당시부터 존재했던 것처럼, 개발도상국과 최빈개발도상국의 요구를 적절하게 수용하는지 여부일 것이다. 앞서 설명한 바와 같이, WTO 협정이나 그 전신인 GATT 평가규정에서 이루어진 주된 변화는 개발도상국에 의해 비롯된 것으로, 이들 국가는 전형적으로 관세율이 높았고 정부 세입상 관세에 대한 의존도가 높았기 때문에 개발도상국들에게 불균형적인 영향을 미치는 수입자의 사기에 관하여 이 협정이 자국을 보호할 충분한 도구를 제공하지 않는다는 우려에서 기인한 것이었다. 이에 따라 도쿄라운드 협상에서 개발도상국들은 다른 보호수단들 중에서도 특히 과도기 동안 최저가격시스템을 계속하여 사용할 수 있도록 하는 「제7조의 이행에 관한 협정의 의정서(Protocol to the Agreement on Implementation of Article VII)」를 포함시키는데 성공하였다. 우루과이라운드 협상에서는, 사기가 의심될 경우에 세관과 수입자 간 입증책임의 균형을 명확하게 하기 위하여 회원국들은 **「세관당국이 신고가격의 정확성이나 진실성을 의심할 만한 사유가 있는 경우에**

관한 각료 결정(Ministerial Decision Regarding Cases Where Customs Administraions Have Reasons to Doubt the Truth or Accuracy of the Declared Value)」에 합의하였다. 그리고 최근 몇 년 동안, 개발도상국들은 수입자의 신고가격을 검증하기 위한 국가 세관당국간 정보교환에 대한 구속력 있는 규칙들과 같이, 사기를 다루기 위한 협정의 다양한 변화를 제안하고 있다.[1)]

선진국과 개발도상국의 분열로 인해 협정이 어려움을 겪고 있는가? 한 자극적인 평론에서는 협정이 선진 무역 국가들에 의해, 그들의 특정 무역 체제를 보충하기 위한 그들의 이익을 위해 설계되었다고 말하며, 일부 개발도상국의 상황에는 적절하지 않다고 한다.[2)]

이 평론에 따르면, "선진 무역 국가"에서는 관세율이 낮고, 관세는 정부 세입의 작은 부분을 차지하며, 소수의 거대하고 정교한 무역업자들이 그 국가 수입 중 상당한 비중을 담당하고 있으며,[3)] 전체 수입의 대부분이 대량 화물로 구성되어 있다. 이러한 무역 환경에서는, 수입자가 신고한 물품에 대한 가격이 평가의 기초가 되는 "거래가격" 시스템이 보다 실용적인데, 이는 수입자가 정부를 속일 동기가 적고, 사기가 발각되지 않는다고 해도 정부 세입에 미

---

1) 앞의 4.3.4 참조. 다른 최근 "사기방지"에 대한 제안들은, 현행 구매 수수료와 수입국에서 제공된 기술 및 디자인 비용을 과세가격에서 제외하는 규정을 없애는 것과, 내수시장 및 수출시장 가격을 평가의 기초로 사용하는 것을 허용하는 것을 포함하고 있다. WTO, Committee on Customs Valuation, Report of the Committee on Customs Valuation to the Trade Negotiations Committee on the Implementation-Related Issues in Accordance with Paragraph 12 of the Ministerial Declaration, G/VAL/49 (2002. 11. 25.).

2) J. M. Finger와 P. Schuler, Implementation of Uruguay Round Commitments: The Development Challenge(1999. 10.); WTO, Committee on Customs Valuation, Minutes of the Meeting of 7 May 2002, G/VAL/M/28 (2002. 7. 18.).

3) 예를 들어, 미국에서는 세관이 810,000명의 수입자로부터 물품신고를 받고 있지만, 그중 3,000명에 불과한 수입자들이 수입하는 물량의 비중이 전체의 약 75%(가격기준)를 차지하고 있다. 미국 관세국경보호청, CBP Trade Strategy Fiscal Years 2009~2013, 6.

치는 영향이 미미하기 때문이다. 또한, 이들 선진 무역국들은 사후심사 및 회계기술, 수입자의 기록 유지 의무 및 시행 법률 그리고 신고, 위험평가 및 사기를 적발할 수 있는 표적선정에 관한 자동화된 시스템과 같이, 이러한 시스템을 관리하고 집행하기 위한 기관, 기술 및 프로세스를 구축해 왔다. 그에 반해, 많은 개발도상국에서는 무역체제 및 주요 조건들이 상당히 다르다고 주장하는데, 이들 국가에서는 수입자의 대부분이 소량 화물을 취급하는 소규모 비정기적인 무역업자들로 구성되어 있고, 세관도 일반적으로 제한적인 인프라와 초보적인 행정 능력만을 갖고 있다.

이 협정이 소수의 선진 무역국들에 의해 만들어져 다른 국가들에게 강제되었다는 견해는 도쿄라운드 협상 기록에 대한 "주관적"이고 불완전한 재평가로 논란이 되고 있다.[4] 1.2.2에서 다시 언급했듯이, 결국 GATT 평가 규범이 된 초기 협상 본문은 유럽공동체의 대표들에 의해 작성되었고, 미국, 캐나다, 호주와 같은 선진 무역국들의 평가 제도에서 가져온 개념들을 통합하였다. 틀림없이 이 본문은 "선진무역국가"의 취향이었는데, 이는 특수관계자간 거래의 평가, 생산지원의 평가 및 사용료의 처리와 같은 규정들이 아웃소싱 및 유사한 글로벌 제조 운영에 관여하는 대규모 다국적 수입자들을 유치하는 국가들에게 보다 중요할 수 있기 때문이다. 하지만, 도쿄라운드 협상의 후반 단계에서는, 「제7조의 이행에 관한 협정의 의정서(Protocol to the Agreement on Implementation of Article VII)」 수용을 강요할 정도로, 개발도상국들이 더 많이 참여하게 된 것도 사실이고, 앞에서 설명한 바와 같이 이 의정서는 개발도상국이 협정의 일부 또는 전부의 이행을 유예할 수 있는 권리를 포함하고 있었다. 협정의 최종 문안은 당시 개발도상국과 최빈개도국이 겪었던 모든 관세 문제 또는 심지어 핵심적인 관세 문제조차도 다

4) G/VAL/M/28의 3 참조(미국 및 유럽연합 대표들의 논평).

루지 않았을 수도 있지만, 일련의 평가 규칙으로서 그들의 특정한 상황에 대한 일부 중요한 양보를 포함하였다.

협상 기록에 대한 다양한 견해와는 별개로, WTO 평가협정이 선진 무역 국가의 환경에 보다 적합한가? 당연히, 정부들은 불확실한 결과들과 사기 및 세입 감소로부터 보호하기 위한 불충분한 수단들을 가지고, 그들의 세입 징수에 직접적인 영향을 미치는 제도 변화를 두려워한다. 그러나 개발도상국과 선진무역국가들 모두의 무역업자들에게 긍정적인 이점도 있으며, 대체 제도와 비교하여 이 WTO 협정을 평가할 때에 이러한 이점이 반드시 고려되어야 한다. WTO 제도는, 예를 들어 세관이 결정하는 관념적인 가치 또는 정부 당국이 결정한 가격표가 아니라 수입자의 상업적 기록에 기초하고 있기 때문에 무역업자들에게 보다 공정하고 투명하게 설계되어 있다.[5] 협정 규정 및 「세관당국이 신고가격의 정확성이나 진실성을 의심할 만한 사유가 있는 경우에 관한 각료 결정(*Ministerial Decision Regarding Cases Where Customs Administraions Have Reasons to Doubt the Truth or Accuracy of the Declared Value*)」은 세관이 신고가격을 거부하고 증액하는 권한을 제한한다. 협정에 명시적으로 정의된 상황을 제외하고는, 세관은 세관공무원 또는 정부당국이 해당 물품의 가치라고 믿는 가격이 아니라 수입자가 그의 공급자와 협상한 할인을 포함한 실제거래를 관세평가의 기초로서 사용해야 한다. 게다가, 세관 재량 — 및 그에 따라 뇌물을 갈취할 수 있는 가능

5) 주 2(나중에 번호에 맞추어 수정)에서 인용된 자료에서, 그 저자들은 무역업자들과 협력하여 가격표를 공표하고 주기적으로 재검토한다면 세관이 좀 더 관리하기 단순하기 때문에 일부 개발도상국에는 가격표 평가 시스템이 좀 더 적합할 수도 있다고 주장한다. 하지만 그 저자들도 알고 있다시피, 상대적으로 적은 상품들이 아닌 제품들에 대하여 가격표를 작성(및 최신상태를 유지)하는 것은 실무적으로 가능하지 않다. 무역에서 모든 물품에 대한 가격표를 유지하는 것에 대한 행정적인 복잡성을 상상해보라. HS품목분류 시스템은 5,000여 개 이상의 제품군을 가지고 있다!

성 — 에 대한 제한은 일반적으로 큰 기업보다 부패로 인해 더 고통을 받고 있는 작은 무역업자들에게 이익이 되는 것으로 보인다.[6]

6.2 세관현대화의 필요성

그럼에도 불구하고, 협정에 대한 이 비평의 기초가 되는 본질적인 요점은 인정되어야 한다. 오늘날 관세 전문가들은 효율적인 세관 통제는 관세평가 또는 다른 관세절차의 영역에서든 위험관리 기술의 사용, 사후심사, 무역업자와 다른 세관 당국과의 정보교환이 필요하다고 인식하고 있다.

이들은 일반적으로 교토협약에 기술된 현대화된 세관 절차 및 행정 조치들이다. 인적 자원의 개발, 관세 조직의 재구성, 무역업자와의 새로운 업무관계 정립, 법률 및 규제 변화, 정보 기술의 구현 등을 내포하는 이러한 종류의 세관현대화는 개발도상국들에게 상당한 비용을 수반할 수 있는데, 이들은 다른 보다 긴급한 우선순위가 있을 수 있다. 따라서 이러한 종류의 세관현대화가 없는 경우, 어떤 국가는 명목상으로는 WTO 평가 규칙을 채택할 수 있지만, 세입 징수를 보호하기 위해 가격표와 평가 데이터베이스를 공격적으로 사용하고, 수입자의 신고가격을 빈번하게 거부하고 최후의(합리적인) 평가방법에 의존하는 등 협정의 규정 및 목적에 부합하지 않는 관행들을 적용할 수도 있다.

6) 예를 들어, C. W. Gray and D. Kaufmann, "Corruption and Development", Finance & Development, 35 (1998) 7 참조.

이행 과제

개발도상국의 관점

- "동종·동질 또는 유사" 물품의 가격 데이터에 대한 세관의 접근성 부족
  특히 중고 물품(가전제품, 자본 설비, 자동차, 의류), 리스 설비, 제품 샘플, 신제품에 대한 평가 목적에서 그러함
- 수입자가 제출/보유한 불완전하고 믿을 수 없는 문서와 기록
  특히 비공식 무역상("보따리(셔틀)" 무역상, "여행가방" 무역상)의 수입물품 또는 인접국의 자유무역지역으로 부터의 수입물품과 관련하여 그러함
- 저가평가, 이중 송장 및 기타 수입 사기들
  예를 들어, 추적을 회피하기 위한 현금 지급, 전체 지급액 중 일부만 공개, 운송비용
- 관련 관세 기술 전문가 및 정보 자원의 부족
  특히 기술적인 평가 규정, 회계 및 감사, 사기 조사; 기술적이고 복잡한 특수관계자간 이전가격 모델의 확인에서
- (숙련된) 세관 직원들의 높은 이직률
- 불충분한 지원 법률 체계
  평가 위반에 대한 벌칙, 관세 심사를 위한 수입자의 자료 보관
- 정부 의무 세입 징수 목표
- 정보 기술의 부족 또는 불충분
  특히 효율적인 가격 기준 및 평가 위험 관리에 필요한 응용 프로그램 및 데이터베이스
- 이행 지원에 필요한 행정/관리상 변경 범위에 대한 세관 당국 또는 정부 내 인식 부족; 변화에 대한 저항
- 특정 WTO 규칙의 명확성 부족 또는 적용의 어려움
  특히, 구매수수료, 독점 대리인/유통업자에게 주어진 특별 할인, 이전 가격 책정, 평가 데이터베이스의 사용, 사기가 의심될 경우의 입증 책임

출처: WTO 평가 세미나, 개발도상국 보고서(2003~2007).

협정은 개발도상국들이 직면한 과제들을 인정하면서, 선진국들로 하여금 개발도상국 회원국들이 "상호 합의된 조건"을 이행하는 것을 돕도록 장려하고 있다.[7] 하지만, 선진국들에게 구체적인

7) WTO 평가협정, 제20조 제3항("선진국 회원국은 기술지원을 요청하는 개발

약속이 요구되지 않고, 지원이 제공되지 않을 경우 이 협정에 따른 개발도상국들의 의무가 면제되지 않기 때문에 이 점에 대해서는 이 협정은 구속력이 없다. 더욱이, 1970년대 후반 도쿄라운드 협상 당시, 기술 지원에 관한 이 조항이 본문에 포함되었을 때에는, 국가들은 새로운 평가 제도의 효과적인 이행을 지원하기 위해 요구되는 광범위한 세관현대화의 변화, 그리고 개발도상국이 필요로 하는 이행 지원의 종류와 정도를 충분히 인식하지 못하였을 것이다. 많은 선진국 회원국들과 국제기구들은 실제로 관세평가에 관한 기술적인 지원을 제공해 왔지만, 제공된 지원 및 지원받는 국가들은 전체적인 협력 프로그램의 일부로서가 아니라, 기부하는 국가의 정치적, 전략적 또는 그 밖의 국가적 고려에 의해 결정되었다.

6.3 새로운 법적 규범

최소한 예측 가능한 미래에, 개발도상국의 이행에 관한 비판에 응답하던지 그렇지 않던지 간에, WTO 평가협정의 내용에 근본적인 변화가 있을 것 같지는 않다. 일반적으로, WTO 회원국들은 15년 이상 세관 당국 및 수천의 무역업자들이 적용하고 의존하던 시스템을 붕괴시키는 것을 꺼려할 뿐만 아니라, 153개 국가들 간의 합의를 도출하는 데에서의 어려움을 고려할 때 협정을 재협상하는 것을 꺼려하는 것으로 보인다. 도쿄라운드 규칙 이후 실질적인 법적 변화가 있었던 경우, 이러한 변화는 협정 본문 자체의 변경이 아닌 각료 회의의 결정 또는 WTO나 GATT 평가위원회의 해석상

도상국 회원국들에게 상호합의된 조건에 따라 기술지원을 제공한다. 이를 기초로 선진국 회원국들은 특히, 직원 훈련, 이행조치에 대비한 지원, 관세평가 방법론에 관한 정보출처에 대한 접근 및 이 협정에서 정하는 규정의 적용에 관한 자문을 포함하는 기술지원 계획을 수립해야 한다”).

결정의 형태로 이루어졌다는 점에 주의할 필요가 있다.

평가협정의 변화 없이도 선진국과 개발도상국 간 이행 차이는 좁혀지고 있다. 우리는 개발도상국에서의 기술적인 지원 업무 과정에서, 세관공무원들이 WTO 평가 규정을 점점 더 정교하게 이해하고 있다는 것을 발견했다. 이는 아마도 기부국들이 제공한 수년간의 훈련 및 기술지원 프로그램, 인터넷을 통한 정보 및 기술자원에 대한 접근성의 증대, 지역적·국제적 포럼에서 동료들 간 의견 교환 또는 단순히 일상적으로 이 협정에 따른 평가 문제를 다루는 실무적인 경험에서 비롯된 것일 수 있다. 더욱이, 여러 개발도상국들은 그들의 절차 및 제도를 업그레이드하기 위해 폭넓은 세관현대화 노력을 기울이고 있으며, 이를 통해 위에서 설명한 "선진국" 모델에 가까워지고 있다. 또한 많은 국가들은 WCO에서 "21세기 현대적이고 효과적인 세관 절차에 대한 청사진"이라고 불리는 교토협약을 비준하였다.

일부 개발도상국에게는 여전히 세관현대화에 필요한 비용과 노하우가 장애물로 남아있다. 그러나 여기서 해결책은 공식적인 WTO 조치에서 찾을 수 있을 것이다. 이 조치는 관세평가 규칙의 영역이 아니라, 도하라운드와 관련하여 2004. 8.에 시작된 "무역원활화"에 대한 잠재적인 협정에 관한 새로운 WTO 협상에서 나타난다.

이러한 무역원활화 협상의 일반적인 주제는 "운송 중인 물품을 포함하여, 물품의 이동, 반출 및 통관을 보다 신속하게 하는" 규칙이다.[8] 다른 제안들 중에서도, 새로운 협정은 모든 WTO 회원국으로 하여금 사후 심사를 포함하여 세관통제 시스템에 기초한 위험관리 및 수입자 신고서의 진실성 또는 정확성에 대해 의심이 있는 경우 각국 세관 당국 간 정보 교환 시스템—달리 말하자면, 평

8) WTO, Doha Work Programme: Decision Adopted by the General Council on 1 August 2004, WT/L/579 (2004. 8. 2.)(부속서 D).

가협정의 충분하고 효과적인 이행을 위해 중요한 것으로 확인된 동일한 세관절차 — 의 이행을 요구할 수 있다.

단순히 WTO 회원국들에게 새로운 규칙과 의무를 부과한다고 해서 개발도상국들의 이행 과제가 해결되는 것은 물론 아니다. 협상 중인 무역원활화협정의 새로운 점은 선진국과 국제기구들의 "충분하고 효과적인 기술 지원 및 역량 강화 조치"의 제공에 대해 개발도상국과 최빈개발도상국들의 약속이 명시적으로 조건화된다는 것이다. 따라서 개발도상국과 최빈개발도상국이 요청한 기술지원이 이루어지지 않는다면 새로운 조치의 이행에 대한 그들의 의무는 없으며, WTO 분쟁 절차에서도 다른 회원국들은 이에 대한 책임을 물을 수 없다. 따라서 무역원활화 협정으로부터 실제 결과를 얻어내기 위해서 이러한 기술적인 지원을 제공하는 것은 협상의 주요 지지자인 선진국과 선진개도국들의 이익이 될 것이다.

6.4 미래

그럼 WTO 평가 시스템의 미래는 어떻게 될까?

WTO나 지역별 시장접근협상들이 수입 관세를 추가로 인하시키는 데 성공하였기 때문에, 장기적으로는 관세평가 쟁점들은 줄어들고 논쟁의 강도도 약해질 것이다. 만약 관세와 국경세가 마침내 없어지게 된다면, 평가 규칙의 필요성과 이 규칙의 적용에서 발생할 수 있는 분쟁들 역시 사라질 것이다. 하지만, 그러한 자유 무역에 대한 이상이 실현되지 않는 한, 그리고 그때까지는 관세평가 규칙의 공통시스템은 필요할 것이다. WTO 평가협정은 무역의 원활화와 정부의 세입 징수라는 요구의 균형을 가장 잘 맞추는 세계 무역 공동체가 선택한 평가 규칙이기 때문에 아마도 지금과 같은 형태로 계속하여 사용될 것이다.

다른 협상 및 타협의 산물과 마찬가지로 WTO 평가 규칙들도 완벽하지 않다. 협정의 일부 조항들은 명확하지 않다. 예를 들어, WCO 기술위원회는 로열티 문제 하나만을 가지고도 13개의 권고의견을 내야 할 필요를 느꼈다! 하지만, 이러한 WCO의 해석적 결정들이 보여주는 바와 같이, 이 협정은 회원국들이 이러한 종류의 모호성과 평가 기법 또는 정책에 대한 다른 질문들을 논의하고 해결할 수 있는 메커니즘(즉, WCO와 WTO 위원회)을 제공한다. 이 협정의 더 어려운 과제는 WTO 평가제도의 효과적인 이행에는 위에서 설명한 것처럼 특정 관세 행정 및 집행 능력이 요구된다는 것이다. 그러나 또한 언급했듯이, 이 과제들은 WTO 회원국들이 그들 간에 진행 중인 세관현대화 노력 — 무역원활화에 관한 새로운 WTO 협정으로 가속화되고 있는 — 에 의해 충족되고 있으며, 만약 그 노력이 성공적이라면 모든 국가들은 같은 수준에서 협정을 적용할 수 있는 능력을 가지게 될 것이며 그로 인하여 의도하였던 혜택들을 충분하게 실현하게 될 것이다.

부 록

〈부록 1〉 WTO 평가협정문
〈부록 2〉 WTO 우루과이라운드 각료회의 결정
〈부록 3〉 WTO/GATT 평가위원회 결정
〈부록 4〉 세계관세기구 평가 데이터베이스 지침
〈부록 5〉 세계관세기구: 관세평가 사기 방지 조치
〈부록 6〉 평가 통지 요구에 관한 WTO 핸드북
〈부록 7〉 WTO 분쟁 해결 사례 요약 – 관세평가
〈부록 8〉 WTO 웹사이트 및 공식 문서
〈보론〉 관세평가의 이해를 위한 기본 개념

〈부록 1〉

WTO 평가협정문

일반서설

1. 이 협정에서 과세가격의 제1차적인 기초는 제1조에 정의된 "거래가격"이다. 제1조는 제8조와 함께 해석되어야 하고, 제8조는 특히 관세 목적을 위하여 가격의 일부를 구성하는 것으로 간주되는 특정 요소를 구매자가 부담하지만 실제 지급하였거나 지급할 수입품의 가격에는 포함되어 있지 않은 경우에 실제 지급하였거나 지급할 가격을 조정하도록 규정하고 있다. 또한 제8조는 화폐형태가 아닌 특정 상품 또는 용역의 형태로 구매자로부터 판매자에게로 귀속되는 특정한 고려사항을 거래가격에 포함시키도록 규정하고 있다. 제2조부터 제7조까지는 제1조의 규정에 따라 과세가격을 결정할 수 없는 경우에 이를 결정하는 방법을 규정하고 있다.
2. 제1조의 규정에 따라 과세가격이 결정될 수 없는 경우 일반적으로 세관당국과 수입자 간에 제2조 또는 제3조의 규정에 따라 가격의 기초를 결정하기 위한 목적의 협의과정이 있어야 한다. 예를 들면 수입자는 수입항의 세관당국이 즉시 입수할 수 없는 동종·동질 또는 유사수입품의 과세가격에 관한 정보를 가지고 있을 수 있다. 반면에 세관당국은 수입자가 손쉽게 입수할 수 없는 동종·동질 또는 유사수입품의 과세가격에 관한 정보를 가지고 있을 수 있다. 양 당사자간의 협의과정은 상업적 비밀보호요건을 조건으로 과세가격의 적절한 기초를 결정하기 위한 목적의 정보교환을 가능하게 한다.
3. 제5조 및 제6조는 해당 수입품, 동종·동질 또는 유사수입품의 거래가격을 기초로 과세가격을 결정할 수 없는 경우에 이를 결정하기 위한 두 개의 기준을 규정하고 있다. 제5조 제1항에 따른 과세가격은 수입된 상태로 수입국 내 관련이 없는 구매자에게 판매되는 가격을 기초로 결정된다. 또한 수입자는 자신이 요청하는 경우 수입후에 추가 가공되는 상품이 제5조의 규정에 따라 평가되도록 요구할 수 있는 권리를 갖는다. 제6조의 규정에 따른 과세가격은 산정가격을 기초로 결정된다. 이러한

두 가지의 기준은 어느 정도의 어려움을 내포하고 있으며, 이 때문에 수입자에게는 제4조의 규정에 따라 두 가지 방식의 적용순위를 선택할 수 있는 권리를 가진다.

4. 제7조는 선행하는 조문의 어떠한 규정에 따라서도 과세가격을 결정할 수 없는 경우 과세가격을 결정하는 방법을 규정하고 있다.

회원국들은,
다자간 무역협상을 고려하고,
1994년도 GATT의 목적을 증진하고 개발도상국의 국제무역을 위하여 추가적인 이익을 확보할 것을 **희망하고,**
1994년도 GATT 제7조 규정의 중요성을 인정하고 같은 규정의 시행에서 통일성과 확실성을 제고하기 위하여 같은 규정의 적용을 위한 규칙을 발전시켜 나가기를 **희망하며,**
자의적 또는 가공적인 과세가격의 사용을 배제하는, 공정하고 통일되고 중립적인 관세목적의 상품평가체제가 필요함을 **인정하고,**
관세목적의 물품평가의 기초는 가능한 한 평가대상 상품의 거래가격이 되어야 함을 **인정하며,**
과세가격은 상업적 관행과 일치하는 단순하고 공평한 기준을 기초로 하여야 하며 평가절차는 공급원 간의 구별없이 일반적으로 적용되어야 함을 **인정하고,**
평가절차가 덤핑방지를 위해 사용되어서는 안 된다는 점을 인정하면서,
다음과 같이 **합의한다.**

제1부 관세평가규칙

제1조

1. 수입품의 과세가격은 거래가격, 즉 수입국에 수출판매되는 상품에 대하여 실제로 지급했거나 지급할 가격을 제8조의 규정에 따라 조정한 가격이며 다음 조건을 충족하여야 한다.
   (a) 구매자가 물품을 처분 또는 사용할 때 아래 제한 이외의 제한이 없어야 한다.
      (i) 수입국 내의 법률 또는 행정당국에 의하여 부과되거나 요구되

는 제한

(ii) 해당 물품이 재판매될 수 있는 지리적인 지역을 한정하는 제한, 또는

(iii) 물품의 가치에 실질적으로 영향을 미치지 않는 제한

(b) 판매 또는 가격이 평가대상 물품에 관하여 가격을 결정할 수 없게 하는 어떠한 조건 또는 고려사항에 의해 좌우되어서는 안 된다.

(c) 제8조의 규정에 따라 적절한 조정이 이루어질 수 없는 한, 구매자에 의한 상품의 추후 재판매, 처분 또는 사용에 따른 수익금의 일부가 직접 또는 간접적으로 판매자에게 귀속되어서는 안 된다.

(d) 구매자와 판매자 간에 특수관계가 없어야 하고, 또는 양자 간에 특수관계가 있을 경우 그 거래가격을 제2항의 규정에 따른 관세의 목적상 수용할 수 있어야 한다.

2. (a) 거래가격을 제1항의 목적상 수락할 수 있는지를 결정할 때에는 구매자와 판매자가 제15조에서 의미하는 바와 같이 상호 특수관계가 있다는 사실이 그 자체만으로 거래가격을 수락할 수 없는 것으로 간주하는 근거가 되지 않는다. 이러한 경우 판매를 둘러싼 상황을 검토하여야 하고, 그 관계가 가격에 영향을 미치지 않는다는 조건하에 거래가격을 수용한다. 수입자에 의해 또는 그 밖의 방법으로 제공된 정보에 비추어 세관당국이 그 관계가 가격에 영향을 미쳤다고 판단할 수 있는 근거를 가지고 있는 경우 세관당국은 그 근거를 수입자에게 통보하고 수입자는 답변할 수 있는 합리적인 기회를 가진다. 수입자가 요청하는 경우 그 근거를 서면으로 통보하여야 한다.

(b) 특수관계가 있는 자 간의 판매에 있어서, 거래가격이 동시 또는 거의 동시에 형성되는 다음 가격중 아래 어느 하나와 매우 근접하다는 사실을 수입자가 입증하는 경우에는 언제나 이러한 거래가격이 수락되며 제1항의 규정에 따라 상품이 평가된다.

(i) 동종·동질 또는 유사상품을 동일한 수입국으로 수출하기 위하여 특수관계가 없는 구매자에게 판매한 경우 그 거래가격

(ii) 제5조의 규정에 따라 결정되는 동종·동질 또는 유사상품의 과세가격

(iii) 제6조의 규정에 따라 결정되는 동종·동질 또는 유사상품의 과세가격

위의 기준을 적용할 때 거래단계, 거래수량, 제8조에 열거된 요소 그리고 특수관계자 간의 판매에서는 판매자가 부담하지 않지만 특수관계가 없는 판매자와 구매자 간의 판매에서는 판매자가 부담하는 비용의 차이로서 입증된 것에 관하여는 적절한 고려가 있어야 한다.

(c) 제2항 (b)에 규정된 기준은 수입자의 주도로 그리고 비교의 목적으로만 사용되어야 한다. 대체가격을 제2항 (b)에 따라서 결정할 수 없다.

제2조

1. (a) 수입품의 과세가격이 제1조의 규정에 따라 결정될 수 없는 경우, 과세가격은 동일한 수입국으로 수출을 위하여 판매되고 평가대상 물품과 동시 또는 거의 동시에 수출되는 동종·동질 물품의 거래가격이다.

   (b) 이 조를 적용할 때 평가대상 상품과 동일한 거래단계에서 실질적으로 동일한 수량으로 판매되는 동종·동질상품의 거래가격이 과세가격을 결정하는데 사용된다. 이러한 판매가 존재하지 않는 경우 다른 거래단계에서 및/또는 다른 수량으로 판매되는 동종·동질상품의 거래가격이 거래단계 및/또는 수량에 기인하는 차이를 고려할 수 있도록, 조정하여 사용된다. 단, 이 경우의 조정은 조정으로 인하여 가격이 증가되거나 감소되는지 여부와 관계없이 조정의 합리성과 정확성을 명백히 확립하는 입증된 증거를 기초로 하여야 한다.

2. 제8조 제2항에 규정되어 있는 비용 및 부담금이 거래가격에 포함된 경우, 운송거리 및 운송형태의 차이로 인하여 발생하는 수입품과 해당 동종·동질 물품 간의 비용 및 부담금의 중요한 차이를 고려한 조정이 이루어져야 한다.

3. 이 조를 적용할 때 동종·동질상품의 거래가격이 둘 이상 있을 경우 그 중 가장 낮은 가격이 해당 수입물품의 과세가격을 결정할 때 사용된다.

제3조

1. (a) 수입물의 과세가격이 제1조 및 제2조의 규정에 따라 결정될 수 없을

경우, 과세가격은 동일한 수입국으로 수출하기 위하여 판매되고 평가대상 물품과 동시 또는 거의 동시에 수출되는 유사 물품의 거래가격이다.

(b) 이 조를 적용할 때 평가대상 물품과 동일한 거래단계에서 실질적으로 동일한 수량으로 판매되는 유사물품의 거래가격이 과세가격을 결정하는데 사용되어야 한다. 이러한 판매가 없는 경우에는 다른 거래 단계에서 및/또는 다른 수량으로 판매되는 유사물품의 거래가격을 거래 단계 및/또는 수량에 기인하는 차이를 고려하여 조정하여 사용한다. 단, 이러한 조정은, 조정으로 인하여 가격이 증가되거나 감소되는지 여부와 관계없이 조정의 합리성과 정확성을 명백하게 확립할 수 있는 입증된 증거를 기초로 하여야 한다.

2. 제8조 제2항에 언급된 비용 및 부담금이 거래가격에 포함되는 경우, 운송거리 및 운송형태의 차이로 인하여 발생하는 수입물품과 해당 유사물품 간의 비용 및 부담금의 중요한 차이를 고려한 조정이 이루어져야 한다.

3. 이 조를 적용할 때 유사물품의 거래가격이 둘 이상 있는 경우 그중 가장 낮은 가격이 수입물품의 과세가격을 결정하는데 사용된다.

제4조 수입물품의 과세가격이 제1조, 제2조 및 제3조의 규정에 따라 결정될 수 없는 경우에는 제5조의 규정에 따라 과세가격을 결정하고, 제5조의 규정에 따라 과세가격을 결정할 수 없는 경우에는 제6조의 규정에 따라야 한다. 다만, 수입자의 요청이 있는 경우, 제5조와 제6조의 적용순위를 바꿀 수 있다.

제5조

1. (a) 해당 수입물품과 동종·동질 또는 유사물품이 수입된 상태 그대로 수입국에서 판매되는 경우, 이 조의 규정에 따른 수입물품의 과세가격은 해당 수입물품, 동종·동질 또는 유사물품이 평가대상 물품의 수입시기와 동시 또는 거의 동시에 해당 수입물품 또는 동종·동질 또는 유사물품이 그러한 물품의 수입자와 특수관계가 없는 자에게 가장 많은 수량으로 판매되는 단위가격에서 다음을 공제한 가격을 기초로 하여야 한다.

(i) 통상적으로 지급했거나 지급할 것으로 합의한 수수료, 또는 동종·동류의 수입물품이 수입국 내에서 판매될 때 통상적으로 가산되는 이윤 및 일반경비

(ii) 수입국 내에서 발생하는 통상적인 운송비, 보험료 및 관련 비용

(iii) 필요한 경우, 제8조 제2항에 규정된 비용 및 부담금

(iv) 물품의 수입 또는 판매로 인하여 수입국 내에서 지급하여야 할 관세 및 다른 내국세

(b) 수입물품, 동종·동질 또는 유사 수입물품의 어느 것도 평가대상 상품의 수입과 동시 또는 거의 동시에 판매되지 않은 경우, 과세가격은, 달리 제1항 (a)의 규정을 따르는 조건으로, 해당 물품의 수입 후 가장 빠른 날에 그러나 수입 후 최대 90일 이내에 수입된 것과 동일한 상태로 수입국 내에서 판매된 해당 수입물품, 동종·동질 또는 유사 수입물품의 단위가격을 기초로 한다.

2. 해당 수입물품, 동종·동질 또는 유사 수입물품 중 어느 것도 수입될 때와 동일한 상태로 판매되지 않는 때에는 수입자의 요청이 있으면, 과세가격은 수입물품이 추가 가공된 후에 수입국 내에서 해당 물품의 수입자와 특수관계가 없는 구매자에게 가장 많은 수량으로 판매된 단위가격을 기초로 하되 가공에 따라 부가된 가치 및 제1항 (a)에 규정된 공제액을 적절히 고려한다.

제6조

1. 이 조의 규정에 따른 수입물품의 과세가격은 산정가격(computed value)을 기초로 한다. 산정가격은 다음 금액의 합으로 구성된다.

(a) 수입물품의 생산에 사용된 재료 및 조립 또는 그 밖의 가공에 소요되는 비용 또는 가치

(b) 수출국의 생산자가 평가대상 물품과 동종·동류의 물품을 수입국으로 수출하기 위하여 판매할 때 통상적으로 반영되는 것과 동등한 이윤과 일반경비

(c) 제8조 제2항에 따라 회원국이 선택한 평가방법을 반영하기 위해 필요한 제반 다른 경비의 비용 또는 가치

2. 회원국은 자국 영토 내에 거주하지 않는 자에게 산정가격을 결정할 목

적으로 회계장부 또는 그 밖의 기록을 검사를 위해 제출하게 하거나 또는 이에 대한 접근을 허용하도록 요구하거나 강제할 수 없다. 다만, 생산자가 동의하고 수입국 당국이 당사국 정부에 충분한 시간을 두고 미리 통지하고 당사국 정부도 그 조사를 반대하지 않는 경우에는 이 조의 규정에 따라 과세가격을 결정할 목적으로 해당 물품의 생산자가 제공한 정보를 수입국 당국이 수입국 국내에서 검증할 수 있다.

제7조

1. 수입품의 과세가격을 제1조부터 제6조까지의 규정에 따라 결정할 수 없을 경우, 이 협정 및 1994년도 GATT 제7조의 원칙과 일반규정에 부합되는 합리적인 기준에 따라 수입국 내에서 입수가능한 자료를 기초로 과세가격을 결정한다.
2. 이 조의 규정에 따라 결정되는 과세가격은 다음을 근거로 하여서는 안 된다.
   (a) 수입국에서 생산된 상품이 수입국 내에서 판매되는 가격
   (b) 두 개의 선택가능한 가격 중 높은 가격을 관세목적상 채택하도록 규정하는 제도
   (c) 수출국 국내시장에서의 판매가격
   (d) 제6조의 규정에 따라 동종·동질 또는 유사상품에 관하여 결정된 산정가격이 이외의 생산비용
   (e) 수입국 이외의 국가로의 수출가격
   (f) 최저과세가격, 또는
   (g) 자의적 또는 가공적 가격
3. 수입자가 요청하는 경우 이 조의 규정에 따라 결정된 과세가격과 이러한 가격을 결정하기 위하여 사용한 방법을 수입자에게 서면으로 통지하여야 한다.

제8조

1. 제1조의 규정에 따라 과세가격을 결정할 때 수입물품에 관하여 실제 지급하였거나 지급하여야 할 가격에 아래의 금액을 가산한다.
   (a) 구매자가 부담하지만 물품에 관하여 실제로 지급하였거나 지급하여야 할 가격에 포함되지 않은 아래 금액

(i) 수수료 및 중개료. 다만 구매수수료를 제외한다.

(ii) 관세목적상 해당 물품과 일체로 취급되는 컨테이너비용

(iii) 인건비 또는 재료비 해당 여부에 관계없이 포장에 소요되는 비용

(b) 수입품의 생산 및 수출판매와 관련한 사용을 위하여 구매자가 무료 또는 인하된 가격으로 직접 또는 간접적으로 공급한 아래의 물품 및 용역의 가치(value) 중 실제 지급했거나 지급할 가격에 포함되지 아니한 부분으로서 적절히 배분하여 산출한 금액

(i) 수입물품에 결합되는 재료, 구성요소, 부분품 및 이와 유사한 물품

(ii) 수입물품의 생산에 사용되는 공구, 금형, 주형 및 이와 유사한 물품

(iii) 수입물품의 생산과정에 소요되는 재료

(iv) 수입국 이외의 장소에서 행해지고 수입물품의 생산에 필요한 기술, 개발, 공예, 디자인, 설계 및 고안

(c) 구매자가 평가대상 물품의 판매조건으로 직접 또는 간접적으로 지급하여야 하지만 실제 지급했거나 지급할 가격에는 포함되어 있지 않은 평가대상 물품 관련 사용료 및 라이선스료

(d) 수입물품을 추후 재판매, 처분 또는 사용하여 생긴 수익금 중 판매자에게 직접 또는 간접적으로 귀속되는 부분의 가치

2. 각 회원국은 다음에 해당하는 금액에 관하여는 그 전부 또는 일부를 과세가격에 포함시킬지 여부를 자국 법률에 규정하여야 한다.

(a) 수입항 또는 수입장소까지의 수입물품 운송비용

(b) 수입항 또는 수입장소까지의 수입품 운송과 관련되는 적하비, 양하비, 및 취급수수료

(c) 보험료

3. 실제 지급했거나 지급할 가격에 관한 (이 조에 따른) 가산금은 객관적이고 수량화할 수 있는 자료만을 기초로 하여야 한다.

4. 과세가격을 결정할 때 실제 지급했거나 지급할 가격에 이 조에 규정된 경우를 제외하고는 어떠한 금액도 가산하여서는 안 된다.

제9조

1. 과세가격을 결정하기 위하여 통화환산이 필요한 경우, 적용할 환율은

관련 수입국의 권한 있는 당국이 정당한 절차에 따라 공표한 것으로서 각 공표문서가 대상으로 하고 있는 기간과 관련하여 상거래에 사용되는 통화의 현재가치를 가능한한 효과적으로 수입국의 통화로 반영하는 것이어야 한다.

2. 적용할 환율은 각국에서 규정하는 바에 따라 수출시 또는 수입시의 유효한 환율이어야 한다.

제10조 성격상 비밀이거나 또는 관세평가 목적을 위해 비밀로 제공되는 모든 정보는 관계당국에 의하여 엄격히 비밀로 취급되어야 하고 관계당국은 사법절차에서 공개가 요구되는 경우를 제외하고 해당 정보를 제공한 당사자 또는 정부의 명시적인 허가 없이 이를 공개하지 않는다.

제11조

1. 각 회원국의 법률은 관세의 과세가격 결정에 관하여 수입자 또는 그 밖의 관세를 납부할 의무가 있는 자에게 제재없이 불복청구할 수 있는 권리를 부여하여야 한다.
2. 제재없는 일차적인 불복청구 권리는 특정 세관당국내의 소속 기관이나 독립된 기관을 상대방으로 할 수 있다. 그러나 각 회원국의 법률은 제재 없이 사법당국에 불복청구할 수 있는 권리를 부여하여야 한다.
3. 불복청구에 관한 결정은 청구인에게 통지되어야 하고, 결정에 관한 이유는 서면으로 제공되어야 한다. 또한 해당 청구인에게 추가로 불복청구할 수 있는 권리가 있다는 사실을 통지하여야 한다.

제12조 이 협정을 이행하기 위한 법률, 규칙, 사법재판 및 일반적으로 적용되는 행정결정은 1994년 GATT 제10조의 규정에 따라 관련 수입국에 의하여 공표된다.

제13조 수입품의 과세가격을 결정하는 과정에서 과세가격의 최종결정을 지연할 필요가 있는 경우, 해당 물품의 수입자는 해당 물품에 관하여 부과될 수 있는 최대 관세액에 지급액을 부보하는 담보, 예치 또는 그 밖의 적절한 증서의 형태로 충분한 보증을 제공한다면 세관당국에서 수입물품을 반출할 수 있다. 각 회원국의 법률은 이러한 상황에 대한 규정을 마련하여야 한다.

제14조 이 협정 부속서 I의 주해는 이 협정을 구성하는 불가분의 일부를 구성하며 이 협정의 해당 조항은 각각의 주해와 연관하여 해석되고 적용되어야 한다. 부속서 II와 III도 이 협정의 불가분적 일부를 구성한다.

제15조

1. 이 협정에서,
   (a) "수입품의 과세가격"은 수입물품에 종가관세를 부과하기 위한 물품 가격을 의미한다.
   (b) "수입국"은 수입국 또는 수입관세영역을 의미한다.
   (c) "생산"은 재배, 제조 및 채광을 포함한다.
2. 이 협정에서,
   (a) "동종·동질물품"은 물리적 특성, 품질 및 평판을 포함하여 모든 면에서 동일한 물품을 의미한다. 그 밖의 점에서는 정의에 일치하는 물품은 외양상 경미한 차이가 있더라도 동종·동질물품에서 제외되지 않는다.
   (b) "유사물품"은 모든 면에서 동일하지는 않지만 동일한 기능을 수행할 수 있게하고 상업적으로 상호 대체사용이 가능할 만큼 유사한 특성과 유사한 구성요소를 가진 물품을 의미한다. 물품의 품질, 평판 및 상표의 존재는 물품의 유사성 여부를 결정할 때 고려되는 요소이다.
   (c) "동종·동질물품" 및 "유사물품"이라는 용어는 수입국 내에서 행하여졌음을 이유로 제8조 제1항 (b)(iv)에 따라 조정이 되지 않은 기술, 개발, 공예, 디자인, 설계, 고안을 결합하거나 반영한 물품을 포함하지 않는다.
   (d) 평가대상 물품을 생산한 국가에서 생산되지 않은 상품은 "동종·동질상품" 또는 "유사상품"으로 간주되지 않는다.
   (e) 평가대상 상품을 생산한 생산인이 생산한 동종·동질상품 또는 유사상품이 없는 경우에만 다른 인이 생산한 상품이 고려된다.
3. 이 협정에서 "동종·동류상품"은 어느 특정산업 또는 산업부문에서 생산된 품목군 또는 범위에 속한 상품을 의미하며 동종·동질 또는 유사상품을 포함한다.

4. 이 협정의 목적상 아래 각호의 경우에 해당하는 인에 한하여 특수관계가 있는 것으로 간주한다.
   (a) 양 당사자가 상호 사업상의 임원 또는 관리자인 경우
   (b) 양 당사자가 법률상 인정되는 사업상의 동업자인 경우
   (c) 양 당사자가 고용주와 피고용인인 경우
   (d) 특정인이 양 당사자의 의결권 있는 발행 주식 또는 지분을 직접·간접으로 5% 이상 소유, 통제, 보유하는 경우
   (e) 양 당사자 중 일방당사자가 타방당사자를 직접·간접 지배하는 경우
   (f) 양 당사자가 제3자에 의하여 직접·간접 지배되는 경우
   (g) 양 당사자가 제3자를 직접·간접으로 공동 지배하는 경우
   (h) 양 당사자가 동일 친족의 구성원인 경우
5. 표현 여부에 관계없이 일방당사자가 타방당사자의 독점 대리인, 독점 공급권자 또는 독점 영업권자로 사업상 제휴관계에 있는 경우 제4항의 기준에 해당하면 이 협정의 목적상 특수관계가 있는 것으로 간주한다.

제16조 수입자는 서면요청으로 자신의 상품에 대한 과세가격이 어떠한 방법으로 결정되었는지에 관하여 수입국의 세관당국으로부터 서면으로 설명받을 권리를 가진다.

제17조 이 협정의 어느 규정도 관세평가 목적상 제출된 진술, 문서 또는 신고의 진실성 또는 정확성에 관하여 이를 확인하고자 하는 세관당국의 권리를 제한하거나 그에 반대하는 것으로 해석되지 않는다.

제2부 관리, 협의 및 분쟁해결

제18조 기구

1. 이 협정에 따라 각 회원국 대표로 구성되는 관세평가위원회(이 협정에서는 "위원회"라 한다)가 설치된다. 위원회는 자체 의장을 선출하고, 이 협정의 운영 또는 목적의 증진에 영향을 미칠 수 있는 특정 회원국의 관세평가제도의 시행과 관련된 사항을 협의할 기회를 회원국에게 부여하고 회원국에 의해 위원회에 부여되는 그 밖의 임무를 수행할 목적으로 통상적으로는 매년 1회 또는 이 협정의 관련 규정에 달리 예정한 바에 따라 회의를 개최한다. 세계무역기구 사무국은 위원회의 사무국 역

할을 담당한다.

2. 관세협력이사회(이 협정에서는 "CCC"라 한다)의 후원하에 이 협정 부속서 II에 규정된 업무를 수행하고 부속서 II에 규정된 의사규칙에 따라 운영되는 「관세평가에 관한 기술위원회」(이 협정에서는 "기술위원회"라 한다)를 설치한다.

제19조 협의 및 분쟁해결

1. 이 협정에서 달리 규정된 경우를 제외하고는 이 협정에 따른 협의 및 분쟁해결에는 「분쟁해결 양해규정」이 적용된다.
2. 특정 회원국은 다른 회원국 또는 다른 회원국이 취한 조치의 결과로 이 협정에서 정하는 이익이 직접·간접적으로 무효화 또는 침해되거나 이 협정의 목적달성이 방해된다고 판단할 경우, 그 쟁점에 관하여 상호 만족할 수 있는 해결에 도달하기 위하여 해당 회원국에 대하여 협의를 요청할 수 있다. 각 회원국은 다른 회원국의 협의요청에 관하여 호의적으로 고려하여야 한다.
3. 기술위원회는 요청이 있는 경우, 협의에 참여하는 회원국에게 조언과 지원을 제공한다.
4. 이 협정의 규정과 관련된 분쟁을 검토하기 위해 설치된 패널은, 분쟁당사자의 요청 또는 자체 결정에 따라, 기술위원회에게 기술적 고려가 필요한 사안에 대한 검토를 실시할 것을 요청할 수 있다. 패널은 특정 분쟁에 관한 기술위원회의 위임사항을 정하고 기술위원회의 보고서 제출기한을 지정한다. 패널은 기술위원회의 보고서를 고려하여야 한다. 이 항에 따라 회부된 사안에 관하여 기술위원회가 합의에 도달하지 못하는 경우, 패널은 분쟁당사자로 하여금 패널에서 그 사안에 대한 자신의 견해를 제시할 수 있는 기회를 부여한다.
5. 패널에 제출된 비밀정보는 이를 제공하는 사람, 기관 또는 당국의 공식적인 승인이 없이는 공개되지 않는다. 패널에 대하여 이 같은 정보제공이 요청되었으나 패널이 정보공개를 승인하지 않은 경우, 정보를 제출한 자, 기관 또는 당국의 승인하에 이러한 정보에 관한 평문(平文) 요약문이 제공된다.

제3부 특별 및 차등대우

제20조

1. 1979년 4월 12일자 「관세와 무역에 관한 일반협정 제7조의 이행에 관한 협정」의 당사자가 아닌 개발도상국 회원국은 세계무역기구(WTO)협정이 자국에 대하여 효력이 발생한 날로부터 5년을 초과하지 아니하는 기간동안 이 협정의 적용을 연기할 수 있다. 이 협정의 적용을 연기하고자 하는 개발도상국 회원국은 세계무역기구 사무총장에게 이를 통보해야 한다.
2. 제1항에 추가하여 1979년 4월 12일자 「관세와 무역에 관한 일반협정 제7조의 이행에 관한 협정」의 당사자가 아닌 개발도상국 회원국은 이 협정의 그 밖의 모든 규정의 적용시부터 3년을 초과하지 아니하는 기간동안 제1조 제2항 (b)(iii) 및 제6조의 적용을 연기할 수 있다. 이 조항에 명시된 규정의 적용을 연기하고자 하는 개발도상국 회원국은 세계무역기구 사무총장에게 이를 통보한다.
3. 선진국 회원국은 기술지원을 요청하는 개발도상국 회원국에게 상호 합의된 조건에 따라 이를 제공한다. 이를 기초로 선진국 회원국은 특히, 인력훈련, 이행조치의 준비에 대한 지원, 관세평가방법에 관한 정보출처에의 접근 및 이 협정의 규정의 적용에 관한 자문을 포함하는 기술지원계획을 수립해야 한다.

제4부 최종 조항

제21조 유보 이 협정의 어느 조항에 대하여도 다른 회원국들의 동의가 없이는 유보할 수 없다.

제22조 국내입법

1. 각 회원국은 이 협정의 규정이 자국에 대하여 적용되는 날 이전에 국내의 법률, 규정 및 행정절차를 이 협정의 규정에 합치시킬 것을 보장한다.
2. 각 회원국은 이 협정과 관련이 있는 국내의 법률 및 규정과 이러한 법률 및 규정의 시행상의 변경을 위원회에 통보한다.

제23조 검토 위원회는 이 협정의 목적을 고려하여 매년 그 이행 및 운영

을 검토한다. 위원회는 상품무역이사회에 이러한 검토대상 기간 동안의 진전상황을 매년 통보한다.

제24조 사무국 관세협력이사회(CCC) 사무국이 행정적인 지원을 하는 기술위원회에 명시적으로 부여된 임무를 제외하고는, 이 협정에 관한 사무처리는 세계무역기구 사무국이 담당한다.

부속서 I 주해(Interpretative Notes)

총설

• 평가방법의 적용순위

1. 제1조부터 제7조까지는 수입품의 과세가격이 이 협정의 규정에 따라 어떻게 결정될 것인지를 규정하고 있다. 평가방법은 적용순서에 따라 규정되어 있다. 관세평가를 위한 가장 우선적인 방법은 제1조에 규정되어 있으며, 이 규정된 조건이 충족되는 때에는 언제나 이 조 규정에 따라 수입물품을 평가한다.
2. 과세가격을 제1조의 규정에 따라 결정할 수 없을 때에는 그 이후의 조항을 순차적으로 적용하여 그중 과세가격을 결정할 수 있는 첫 번째 조항에 따라 과세가격을 결정한다. 제4조에 규정된 경우를 제외하고, 특정한 조항에 따라 과세가격을 결정할 수 없는 경우에만 순차적으로 그 다음 조항을 적용할 수 있다.
3. 수입자가 제5조와 제6조의 순위를 바꾸어 줄 것을 요청하지 않은 경우에는 정상적인 적용순서를 따라야 한다. 수입자가 이와 같이 요청하였으나 제6조의 규정에 따라 과세가격을 결정하는 것이 불가능하다고 판명된 때에는, 제5조의 규정에 따라 이를 결정할 수 있다면 과세가격은 제5조의 규정에 따라 결정된다.
4. 과세가격이 제1조부터 제6조까지의 규정에 따라 결정될 수 없는 경우 제7조의 규정에 따라 결정된다.

• 일반적으로 인정된 회계원칙의 사용

1. "일반적으로 수락된 회계원칙"은 어떠한 경제적 자원 및 의무가 자산 및 채무로서 기록되어야 할 것이지, 자산 및 채무에 관한 어떤 변화가

기록되어야 할 것인지, 자산 및 채무의 변화는 어떻게 측정되어야 할 것이지, 어떤 정보가 공개되어야 하고 이를 어떻게 공개해야 할 것인지와 어떤 재무제표를 작성할 것인지에 관하여 특정시기에 특정국에서 인정된 합의 또는 실질적이고 권위있는 지지를 말한다. 이러한 기준은 구체적인 관행과 절차뿐만 아니라 일반적으로 적용되는 개괄적인 지침이 될 수 있다.

2. 이 협정의 목적상, 각 회원국의 세관당국은 해당 조항에 적절한 것으로서 국내에서 일반적으로 인정된 회계원칙에 부합하게 작성된 정보를 활용해야 한다. 예컨대 제5조의 규정에 따른 통상적인 이윤 및 일반경비는 수입국의 일반적으로 인정된 회계원칙에 부합하는 방식으로 작성된 정보를 활용하여 결정된다. 다른 한편 제6조의 규정에 따른 통상적인 이윤 및 일반경비는 생산국의 일반적으로 인정된 회계원칙에 부합하는 방식으로 작성된 정보를 활용하여 결정된다. 또 하나의 예로서 수입국에서 행해진 제8조 제1항 (b)(ii)에 규정된 생산지원 요소의 결정은 해당 수입국의 일반적으로 인정된 회계원칙에 부합하는 방식으로 작성된 정보를 이용하여 이루어진다.

제1조에 관한 주해(Note)

• 실제로 지급했거나 지급할 가격

1. 실제로 지급했거나 지급할 가격이란 수입물품에 관한 대가로 구매자가 판매자에게 또는 판매자를 위하여 지급했거나 지급할 총지급금액이다. 지급이 반드시 화폐 이전의 형태를 취할 필요는 없다. 지급은 신용장 또는 양도가능한 증서에 의해 이루어질 수 있다. 지급은 직접 또는 간접적으로 이루어질 수 있다. 간접적인 지급의 일례는 판매자가 지고 있는 채무의 전부 또는 일부를 구매자가 청산하는 경우이다.
2. 구매자가 자신의 부담으로 행한 활동은, 제8조에서 조정하도록 규정하고 있는 사항을 제외하고, 비록 판매자에게 이익이 되는 것으로 간주되더라도 판매자에 대한 간접적 지급으로 인정할 수 없다. 따라서 이러한 활동의 비용은 과세가격을 결정할 때 실제로 지급했거나 지급할 가격에 가산하지 않는다.
3. 다음의 부담금 및 비용은 수입물품에 관하여 실제로 지급했거나 지급할

가격과 구별되는 경우 과세가격에 포함되지 않는다.

(a) 산업설비, 기계 또는 장비와 같은 수입물품에 관하여 수입후에 행한 건설, 설치, 조립, 유지 또는 기술적 지원을 위한 부담금

(b) 수입후의 운송비용

(c) 수입국의 관세 및 제세

4. 실제로 지급했거나 지급할 가격은 수입물품에 관한 가격을 가리킨다. 따라서 수입물품에 관련되지 않은 배당금 또는 구매자가 판매자에게 지급하는 그 밖의 금액은 과세가격의 일부가 아니다.

• 제1항 (a)(iii)

실제로 지급했거나 지급할 가격을 수용할 수 없게 만들지 않는 제한은 물품의 가치(value)에는 실질적으로 영향을 미치지 않는 제한이다. 이러한 제한의 예는 판매자가 자동차의 구매자에게 모델연도가 개시되는 특정일 이전에는 자동차를 판매하거나 전시하지 않도록 요구하는 경우가 있다.

• 제1항 (b)

1. 판매 또는 가격이 평가대상 물품과 관련하여 가치를 결정할 수 없게 하는 어떠한 조건 또는 고려 사항에 좌우되는 경우, 거래가격은 관세목적상 수용되지 않는다. 여기에 해당하는 예는 다음과 같다.

(a) 구매자가 특정 수량의 다른 물품을 함께 구매하는 조건으로 판매자가 수입물품의 가격을 결정하는 경우

(b) 수입물품의 가격이 구매자가 판매자에게 판매하는 다른 물품의 가격에 따라 좌우되는 경우

(c) 수입물품이 판매자가 완제품의 일정 수량을 받는 것을 조건으로 판매자가 공급하는 반제품인 경우와 같이, 수입물품과 관계 없는 지급형태를 기초로 가격이 결정되는 경우

2. 그러나 수입물품의 생산 또는 시장판매(marketing)에 관련되는 조건이나 사정(consideration)이 거래가격을 부인하는 이유가 될 수는 없다. 예컨대 구매자가 판매자에게 수입국에서 행해진 공학 기술 및 도면을 제공한다는 사실은 제1조의 목적상 거래가격을 부인하는 이유가 되어서는 안 된다. 마찬가지로 구매자가 비록 판매자와의 합의에 의하더라도 그 자신의 부담으로 수입물품의 시장판매에 관련되는 활동을 수행할

경우, 이러한 활동의 가치(value)는 과세가격의 일부가 되지 않으며 이러한 활동을 이유로 거래가격을 부인할 수 없다.

제2항

1. 제2항 (a)와 (b)는 거래가격의 수용 여부를 입증하는 상이한 수단을 규정하고 있다.
2. 제2항 (a)는 구매자와 판매자가 특수관계자인 경우에는 거래를 둘러싼 상황을 조사하여 이러한 관계가 가격에 영향을 미치지 않았다면 거래가격을 과세가격으로 수용해야 한다고 규정한다. 이는 구매자와 판매자가 관련이 있는 모든 경우를 조사해야 한다는 의미가 아니다. 이러한 조사는 가격의 수용가능성에 관하여 의문이 있을 때에만 요구된다. 세관당국이 가격의 수용가능성에 관하여 의문이 없다면 수입자에게 더 이상의 정보를 요청하지 않고 해당 가격을 수용하여야 한다. 예를 들면 세관당국이 해당 특수관계를 미리 조사해 두었거나, 또는 구매자와 판매자에 대한 상세한 정보를 이미 가지고 있어서, 이러한 조사 또는 정보에 의하여 구매자와 판매자 간의 관계가 가격에 영향을 미치지 않았음을 이미 납득하고 있을 수 있다.
3. 세관당국이 추가적인 조사없이는 해당 거래가격을 수용할 수 없을 때에는 세관당국은 자신이 판매를 둘러싼 상황을 조사할 수 있도록 하는데 필요한 추가적인 상세한 정보를 제공할 수 있는 기회를 수입자에게 부여하여야 한다. 이와 관련하여 세관당국은 구매자와 판매자 간의 특수관계가 가격에 영향을 미쳤는지 여부를 결정하기 위하여 그들의 상업적 관계를 조직하는 방법과 해당 가격이 결정된 방법을 포함하여 거래의 관련 측면을 조사할 준비가 되어 있어야 한다. 구매자와 판매자가 제15조에 규정된 바와 같은 특수관계자이라고 하더라도 특수관계가 없었던 경우와 마찬가지로 상호간에 판매하고 구매하는 것을 입증할 수 있다면 가격이 특수관계에 의해 영향을 받지 않았다는 것을 입증하는 것이다. 예를 들면 해당 산업의 정상적인 가격책정관행에 부합되게 가격이 결정되었거나 또는 판매자가 그와 관계가 없는 구매자에게 판매가격을 결정하는 것과 같은 방법으로 가격을 책정하였을 경우에는 가격이 관계에 의해 영향받지 않았음이 입증된다. 또 하나의 예로서 해당 가격이 모든

비용에, 대표적인 기간(예: 1년 기준) 동안에 동종·동류의 물품판매에서 실현되는 기업의 전반적 이윤을 나타내는 이윤을 가산한 금액을 회수할 수 있도록 보장할 수 있을 만큼 적절하다는 것을 증명하면 가격이 특수관계로부터 영향을 받지 않았음이 입증되는 것이다.

4. 제2항 (b)는 거래가격이 세관당국에서 이미 수락한 기준가격에 매우 근접하며, 따라서 제1조의 규정에 따라 수용될 수 있음을 입증할 수 있는 기회를 수입자에게 부여한다. 제2항 (b)에 규정된 비교 기준이 충족되는 경우에는 제2항 (a)에 따른 영향 문제를 조사할 필요가 없다. 세관당국이 제2항 (b)에 규정된 기준중의 하나가 충족되었음을 더 이상의 상세한 조사 없이 인정할 수 있는 충분한 정보를 이미 갖고 있는 경우에는 수입자에게 해당 비교 기준을 충족할 수 있음을 입증하도록 요구할 이유가 없다. 제2항 (b)에서 "특수관계가 없는 구매자"라는 용어는 어떠한 특별한 경우에도 판매자와 특수관계가 없는 구매자를 의미한다.

제2항 (b) 어느 한 가격이 다른 가격에 "거의 근접"한지의 여부를 결정할 때에는 다수의 요소를 고려하여야 한다. 이러한 요소는 수입물품의 성격, 산업자체의 성격, 물품이 수입되는 계절 및 가격 차이가 상업적으로 중요한지 여부를 포함한다. 이러한 요소는 경우에 따라서 달라지므로 각각의 경우에 고정된 비율과 같은 획일적인 기준을 적용하는 것은 불가능하다. 예컨대 거래가격이 제1조 제2항 (b)에 규정된 "비교" 가격에 거의 근접한지를 결정할 때 어느 특정 유형의 물품에 관하여는 가격의 경미한 차이도 수용할 수 없는 반면에 다른 유형의 물품에 관한 사안에서는 큰 차이를 수용할 수도 있다.

제2조에 관한 주해

1. 제2조를 적용할 때 세관당국은 가능한 경우에는 언제나 평가대상 상품과 동일한 거래 단계 및 실질적으로 동일한 수량의 동종·동질물품 판매를 이용한다. 이러한 판매를 발견할 수 없는 경우에는 다음 세 가지 조건 중 어느 하나에 부합되는 동종·동질물품의 거래를 사용할 수 있다.
   (a) 거래 단계는 같지만 수량이 다른 판매
   (b) 거래 단계는 다르지만 실질적으로 수량이 동일한 판매, 또는
   (c) 거래 단계 및 수량이 모두 다른 판매

2. 위의 세 가지 조건의 어느 하나에 부합되는 판매를 발견한 경우에는 각각의 경우에 맞게 다음 요소를 조정하여야 한다.
   (a) 수량 요소들만
   (b) 거래 단계 요소들만, 또는
   (c) 거래 단계 및 수량 요소들 모두
3. "및/또는(and/or)"이라는 표현은 판매를 이용하고 위에 기술된 세 가지 조건 중 어느 하나에 관하여 필요한 조정을 행할 때 융통성을 허용한다.
4. 제2조의 목적상 동종·동질 수입물품의 거래가격이란 제1조에 따라 이미 수용된 과세가격을 제1항 (b) 및 제2항에 규정된 바에 따라 조정한 것을 의미한다.
5. 거래 단계의 다름 또는 수량의 다름으로 인한 조정을 하기 위한 조건은, 이러한 조정이 가격의 증감을 초래하는지 여부와 무관하게 조정의 합리성과 정확성을 명백하게 확립하는 입증된 증거, 예컨대 거래단계별 또는 수량 단위별 가격들을 포함하고 있는 유효한 가격표를 기초로 하여야 한다는 점이다. 이런 예로써 평가대상인 수입물품의 수량이 10단위이지만 거래가격이 존재하는 유일한 동종·동질물품의 거래수량이 500단위로 되어 있으며 판매자가 수량에 따른 할인을 허용하고 있음이 인정될 때에는 판매자의 가격표에서 10단위에 적용되는 가격을 이용하여 필요한 조정을 행할 수 있다. 이 경우 그 가격표가 다른 수량의 거래를 통하여 선의인 것으로 입증된다면 10단위에 해당하는 거래가 반드시 있었어야 할 필요는 없다. 그러나 이러한 객관적인 척도가 없을 경우에는 제2조의 규정에 따라 과세가격을 결정하는 것은 적절하지 못하다.

제3조에 관한 주해

1. 제3조를 적용할 때 세관당국은 가능한 경우에는 언제나 평가대상 물품과 동일한 거래 단계 및 실질적으로 동일한 수량의 유사물품 판매를 이용한다. 이러한 판매를 발견할 수 없는 경우에는 다음 세 가지 조건 중 어느 하나에 부합되는 유사물품의 거래를 활용할 수 있다.
   (a) 거래 단계는 같지만 수량이 다른 판매
   (b) 거래 단계는 다르지만 실질적으로 수량이 동일한 판매, 또는
   (c) 거래 단계 및 수량이 모두 다른 판매

2. 위의 세 가지 조건의 어느 하나에 부합되는 판매를 발견한 경우에는 각각의 경우에 맞게 다음 요소를 조정하여야 한다.
   (a) 수량 요소들만
   (b) 거래 단계 요소들만, 또는
   (c) 거래 단계 및 수량 요소들 모두
3. "및/또는(and/or)"이라는 표현은 판매를 이용하고 위에 기술된 세 가지 조건 중 어느 하나에 관하여 필요한 조정을 행할 때 융통성을 허용한다.
4. 제3조의 목적상 유사 물품의 거래가격이란 제1조에 따라 이미 수용된 과세가격을 제1항 (b) 및 제2항에 규정된 바에 따라 조정한 것을 의미한다.
5. 거래 단계의 다름 또는 수량의 다름으로 인한 조정을 하기 위한 조건은, 이러한 조정이 가격의 증감을 초래하는지 여부와 무관하게 조정의 합리성과 정확성을 명백하게 확립하는 입증된 증거, 예컨대 거래단계별 또는 수량 단위별 가격들을 포함하고 있는 유효한 가격표를 기초로 하여야 한다는 점이다. 이런 예로써 평가대상인 수입물품의 수량이 10단위이지만 거래가격이 존재하는 유일한 유사 수입물품의 거래수량이 500단위로 되어 있으며 판매자가 수량에 따른 할인을 허용하고 있음이 인정될 때에는 판매자의 가격표에서 10단위에 적용되는 가격을 이용하여 필요한 조정을 행할 수 있다. 이 경우 그 가격표가 다른 수량의 거래를 통하여 선의인 것으로 입증된다면 10단위에 해당하는 거래가 반드시 있었어야 할 필요는 없다. 그러나 이러한 객관적인 척도가 없을 경우에는 제3조의 규정에 따라 과세가격을 결정하는 것은 적절하지 못하다.

제5조에 관한 주해

1. "가장 많은 수량으로 판매되는 … 물품의 단위가격"은 수입 후 최초 거래 단계의 판매에서 그러한 물품의 수입자와 특수관계가 없는 자에게 가장 많은 단위가 판매되었을 때의 가격을 의미한다.
2. 이러한 예로써 물품은 대량 구매에 관하여 유리한 단위 가격을 적용하는 가격표에 따라 물품이 판매되는 경우를 들 수 있다. 다량의 구매에 대하여는 유리한 단위가격을 허용하는 가격표를 기준으로 상품을 판매하는 경우가 있다.

판매수량	단위가격	판매 횟수	가격별 총판매량
1~10단위	100	5단위 10회 3단위 5회	65
11~25단위	95	11단위 5회	55
25단위	90	30단위 1회 50단위 1회	80

특정한 가격으로 판매된 최대 단위수량은 80이다. 따라서 최대의 총량으로 판매되는 단위가격은 90이다.

3. 또 다른 예로서 두 가지의 거래가 이루어지는 경우가 있다. 먼저 500단위가 단위당 95 화폐단위로 판매되고, 그 뒤에 400단위가 단위당 90 화폐단위로서 판매된다. 이 예에서는 특정한 가격에 판매된 최대 단위수량은 500이다. 따라서 가장 많은 수량의 단위가격은 95이다.
4. 세 번째의 예로서 다음과 같이 여러가지의 서로 다른 각각 서로 다른 가격에 판매되는 경우가 있다.

(a) 판매내역

판매량	단위가격
40단위	100
30단위	90
15단위	100
50단위	95
25단위	105
35단위	90
5단위	100

(b) 합계

총 판매수량	단위가격
65단위	90
50단위	95
60단위	100
25단위	105

이 예의 경우, 특정한 가격으로 판매된 최대 단위수량은 65이고, 따라서 가장 많은 수량의 단위가격은 90이다.

5. 제1항에 규정된 바와 같이 수입물품의 생산 및 수출목적 판매와 관련하여 사용하도록 제8조 제1항 (b)에 명시된 요소를 무료 또는 인하된 가격으로 직접·간접 공급하는 자에 대한 수입국 내에서의 판매는 제5조의 목적상 단위가격을 결정할 때 고려하지 않아야 한다.
6. 제5조 제1항에서 규정하고 있는 "이윤 및 일반경비"는 전체로서 취급되어야 하는 것을 유의해야 한다. 공제를 위한 수치는, 수입자가 직접 제출하거나 수입자를 대신하여 제출되는 수치가 동종·동류의 수입물품을 수입국에서 판매할 때 얻은 금액에 불합치하지 않는 한, 그 정보를 기초로 결정되어야 한다. 수입자가 제출한 수치가 이러한 금액과 불합치하는 경우, 이윤 및 일반경비에 해당하는 금액은 수입자가 직접 제출하거나 또는 수입자를 대신하여 제출되는 정보 이외의 관련 정보를 기초로 계산될 수 있다.
7. "일반경비"는 해당 물품을 판매하기 위한 직접비 및 간접비를 포함한다.
8. 물품의 판매를 이유로 납부하여야 하는 지방세로서 제5조 제1항 (a)(iv)의 규정에 따라 공제되지 않는 금액은 제5조 제1항 (a)(i)의 규정에 따라 공제한다.
9. 제5조 제1항의 규정에 따른 수수료 또는 통상의 이윤 및 일반경비를 결정할 때 특정한 물품이 다른 물품과 "동종·동류의" 것인지의 여부는 관련 상황에 따라 사안별로 결정되어야 한다. 평가대상 물품을 포함하여 필요한 정보가 제공될 수 있는 가장 한정된 범위의 동종·동류의 수입물품의 수입국에서의 판매가 조사되어야 한다. 제5조의 목적상 "동종·동류 물품"에는 평가대상 물품의 수출국으로부터의 수입물품뿐만 아니라 다른 국가로부터의 수입물품도 포함된다.
10. 제5조 제1항 (b)의 목적상 "가장 빠른 날"은 그 날까지 단위가격을 결정할 수 있을 정도로 수입물품 또는 동종·동질 또는 유사 수입물품이 충분한 물량으로 판매된 날을 의미한다.
11. 제5조 제2항의 방식이 적용되는 경우, 추가적인 가공에 의하여 부가된 가치에 대한 공제액은 이러한 작업의 비용에 관련되는 객관적이고 수량화할 수 있는 자료를 기초로 결정된다. 인정된 산업방식, 비법, 건설방법 및 그 밖의 산업 관행은 계산의 기초를 구성한다.

12. 제5조 제2항에 규정된 평가방법은 추가적인 가공을 행한 결과 수입물품이 동질성을 상실한 경우에는 일반적으로 적용할 수 없다고 인정되고 있다. 그러나 수입물품의 동질성이 상실된다 할지라도 가공에 의하여 부가된 가치를 큰 어려움이 없이 정확히 결정할 수 있는 경우가 있을 수 있다. 한편, 수입물품의 동질성은 유지되지만 수입국에서 판매된 물품 중에서 사소한 요소를 구성하므로 이러한 평가방법이 정당화되지 않는 경우도 있을 수 있다. 이상의 점을 고려하여 이러한 유형에 관한 상황은 사안별로 검토되어야 한다.

제6조에 관한 주해

1. 일반적으로 과세가격은 수입국에서 쉽게 입수할 수 있는 정보를 기초로 이 협정에 따라 결정된다. 그러나 산정가격을 결정하기 위해서는 평가대상 물품의 생산비용과 수입국 외부에서 얻어져야 하는 다른 정보를 조사하는 것이 필요할 수 있다. 더구나 대부분의 경우에 물품의 생산자는 수입국 당국의 관할권 밖에 있게 된다. 산정가격 방법은 일반적으로 구매자와 판매자가 특수관계에 있는 경우와 생산자가 필요한 원가계산서를 수입국의 행정당국에 제출하고 필요한 경우 후속 검증에 대하여 모든 편의를 제공할 준비가 되어 있을 경우에만 사용할 수 있다.
2. 제6조 제1항 (a)에 규정된 "비용 또는 가격"은 생산자가 직접 제출하거나 또는 생산자를 대신하여 제출되는 평가대상 물품의 생산에 관한 정보를 기초로 결정된다. 이 경우 생산자의 회계장부가 물품의 생산국에서 적용되는 일반적으로 인정된 회계원칙에 부합되는 한 이를 기초로 한다.
3. "비용 또는 가격"은 제8조 제1항 (a)(ii) 및 (iii)에 명시된 요소의 비용을 포함하여야 한다. 이는 또한 수입물품의 생산과 관련하여 사용하기 위해 구매자가 직접 또는 간접적으로 공급한 제8조 제1항 (b)에 명시된 요소의 가격으로서 제8조에 관한 주해의 관련 규정에 의하여 적절히 배분된 가격을 포함한다. 수입국에서 수행되는 제8조 제1항 (b)(iv)에 명시된 요소의 가격은 이러한 요소를 생산자가 부담하는 경우에만 포함시킨다. 이 항에 규정하는 요소의 비용 또는 가격은 산정가격 결정시 이중계산되어서는 안 되는 것으로 이해되어야 한다.

4. 제6조 제1항 (b)에 규정된 "이윤 및 일반경비의 금액"은 생산자가 직접 제출하거나 또는 생산자를 대신하여 제출되는 수치가 동종·동류 물품을 생산자가 수입국에 수출판매할 때 통상적으로 반영되는 금액과 불합치하지 아니하는 한, 그 자료에 기초하여 결정되어야 한다.
5. 이와 관련하여 "이윤 및 일반경비의 금액"은 전체로서 취급되어야 한다는 점에 유의해야 한다. 이것은 특정한 경우에 생산자의 이윤이 낮고 일반경비가 높더라도 이윤과 일반경비를 합한 금액은 동종·동류의 물품판매에 통상 반영되는 것에 합치할 수도 있다는 의미이다. 이러한 상황은 예컨대, 특정 상품이 수입국에서 처음 출시되었으며 생산자는 첫 출시에 따르는 높은 일반경비를 상쇄할 수 있도록 무이윤 또는 아주 낮은 이윤을 취하고 있는 경우 발생할 수 있다. 생산자가 특별한 상업적 상황 때문에 수입물품의 판매로 낮은 수준의 이윤을 실현하고 있음을 증명할 수 있는 경우, 생산자가 실제이윤 수치를 정당화할 수 있는 근거있는 상업적 합리성을 가지고 있으며 그의 가격책정 방법이 관련 산업계에 있어서의 통상적인 가격책정 방법을 반영하고 있는 한 생산자의 실제이윤 수치가 고려되어야 한다. 이러한 상황은 예컨대 예측할 수 없는 수요의 격감 때문에 생산자가 일시적으로 가격을 인하해야 할 경우, 또는 수입국에서 생산되고 있는 범주의 상품을 보완하고 경쟁력을 유지하기 위해 낮은 이윤을 감수하는 경우에 발생할 수 있다. 이윤 및 일반경비로서 생산자 자신의 생산자가 수입국에의 수출을 위하여 수출국내에서 생산한 평가대상 상품과 동종 또는 동류의 상품 수치가 통상적으로 반영되는 수치와 합치하지 않을 경우에는 이윤 및 일반경비의 금액은 상품의 생산자가 직접 제출하거나 또는 생산자를 대신하여 제출하는 정보외의 관련 정보를 기초로 할 수 있다.
6. 산정가격 결정을 위하여 생산자가 직접 제출하였거나 또는 생산자를 대신하여 제출된 정보 이외의 정보를 사용하는 경우, 수입국 당국은 수입자의 요청시 이러한 정보의 공급원, 사용한 자료 및 이러한 자료를 기초로 한 계산내역을 제10조의 규정에 따라 수입자에게 통보하여야 한다.
7. 제6조 제1항 (b)에 규정된 "일반경비"에는 제6조 제1항 (a)에 포함되지 않는, 상품생산 및 수출판매를 위한 직접 및 간접비가 포함된다.

8. 특정 물품이 다른 물품과 "동종·동류" 물품인지의 여부는 관련 상황을 고려하여 사안별로 결정되어야 한다. 제6조의 규정에 따른 통상적인 이윤 및 일반경비를 결정할 때 평가대상 물품을 포함하여 필요한 정보를 제출받을 수 있는 가장 좁게 한정된 물품군 또는 범위에 속하는 물품의 수입국에 대한 수출판매가 검토되어야 한다. 제6조의 목적상 "동종·동류의 물품"은 평가대상 상품과 동일한 국가로부터수입된 것이어야 한다.

제7조에 관한 주해

1. 제7조의 규정에 따라 결정되는 과세가격은 과거에 결정된 과세가격을 가능한 한 최대한 기초로 하여야 한다.
2. 제7조의 규정에 따라 채택되는 평가방법은 제1조부터 제6조까지에 규정된 방법에 따라야 하지만, 이러한 방법을 적용할 때 합리적인 융통성을 발휘하는 것이 제7조의 목적 및 규정에 합치된다.
3. 합리적인 융통성의 몇 가지 예는 다음과 같다.
   (a) 동종·동질물품: 동종·동질물품이 평가대상 물품과 동시에 또는 거의 동시에 수출되어야 한다는 요건은 융통성 있게 해석될 수 있다. 평가대상 물품의 수출국 이외의 국가에서 생산된 동종·동질 수입물품이 관세평가의 기초가 될 수 있다. 제5조 및 제6조의 규정에 따라 이미 확정된 동종·동질수입물품의 과세가격이 사용될 수 있다.
   (b) 유사물품: 유사상품이 평가대상 물품과 동시에 또는 거의 동시에 수출되어야 한다는 요건은 융통성 있게 해석될 수 있다. 평가대상 물품의 수출국 이외의 국가에서 생산된 유사수입품이 관세평가의 기초가 될 수 있다. 제5조 및 제6조의 규정에 따라 이미 확정된 유사수입물품의 과세가격이 사용될 수도 있다.
   (c) 공제가격방법: 해당 물품이 제5조 제1항 (a)에서 규정한 바와 같이 "수입된 것과 동일한 상태"로 판매되어야 한다는 요건은 융통성 있게 해석될 수 있다. "90일" 요건은 융통성 있게 운용될 수 있다.

제8조에 관한 주해

제1항 (a)(i) "구매수수료"라는 용어는 평가대상 물품을 구매할 때 수입자가 그의 대리인에게 해외에서 수입자를 대리하는 용역의 대가로 지급하는 보수를 말한다.

제1항 (b)(ii)

1. 제8조 제1항 (b)(ii)에 규정되어 있는 (생산지원) 요소를 수입물품에 배분하는 데에는 두 가지 요인이 관계된다. 해당 요소자체의 가격과 그 가격을 수입물품에 배분하는 방법이다. 이들 요소의 배분은 상황에 적절한 합리적인 방법으로, 그리고 일반적으로 인정된 회계원칙에 따라 행하여져야 한다.
2. 요소의 가격과 관련, 수입자가 그와 특수관계 없는 판매자로부터 주어진 비용으로 해당 요소를 취득하는 경우 그 비용이 해당 요소의 가격이 된다. 그 요소가 수입자 또는 그와 특수관계 있는 자가 생산한 경우 그 생산비용이 해당 요소의 가격이 된다. 수입자가 과거에 해당 요소를 이미 사용한 적이 있었다면, 그 요소가 해당 수입자에 의해 취득되었는지 또는 생산되었는지를 불문하고, 그 취득 또는 생산에 소요된 당초의 취득 또는 생산 비용은 해당 요소의 가격을 결정하기 위하여 해당 요소의 사용분을 반영하여 하향 조정된다.
3. 일단 해당 요소의 가격이 결정되면 해당 가격을 수입물품에 배분할 필요가 있다. 이에는 다양한 가능성이 있다. 예를 들면, 수입자가 일시에 전액에 대한 관세를 납부하고자 하는 경우에는 이 가격을 첫번째의 선적분에 전액 배분할 수 있다. 다른 예로서 수입자는 첫번째 선적시까지 생산된 단위수량에 이 가격을 배분하도록 요구할 수 있으며, 또 다른 예로서 계약 또는 확약이 되어 있는 예정 생산량 전부에 관하여 이 가격을 배분하도록 요구할 수 있다. 사용되는 배분방법은 수입자가 제출한 서류자료에 따라 달라진다.
4. 위의 실례로서, 수입자는 생산자에게 수입물품의 생산에 사용될 주형을 제공하고, 10,000단위를 구매하는 계약을 체결한다. 최초의 선적분 1,000단위가 도착될 때까지 생산자는 이미 4,000단위를 생산하였다. 수입자는 세관당국에 대하여 주형가격을 수입물품 1,000단위, 4,000단위 또는 10,000단위로 배분하여 줄 것을 요청할 수 있다.

제1항 (b)(iv)

1. 제8조 제1항 (b)(iv)에 명시된 요소에 관한 금액의 가산은 객관적이고 수량화할 수 있는 자료를 기초로 하여야 한다. 가산할 금액을 결정할 때

수입자 및 세관당국에 대한 부담을 최소화하기 위하여 가급적 구매자의 상업적 기록체제에서 쉽게 이용할 수 있는 자료를 사용하여야 한다.

2. 구매자가 구입하거나 임대하여 제공한 요소에 관한 추가금액은 해당 구입비용 또는 임대료가 된다. 공공의 영역에서 입수할 수 있는 요소에 관하여 해당 요소의 사본을 취득하기 위한 비용을 제외하고는 금액을 가산할 수 없다.
3. 가산하여야 할 금액을 쉽게 계산할 수 있는지 여부는 특정 기업의 회계 방법뿐만 아니라 기업의 구조, 경영 관행에 좌우된다.
4. 예를 들면, 여러 국가로부터 각종 상품을 수입하는 회사는 특정 상품에 귀속하는 비용을 정확히 표시할 수 있는 방법으로 수입국 밖에서 자체의 디자인 센터에 기록을 유지할 수도 있다. 이러한 경우 제8조의 규정에 따라 직접적인 조정이 적절히 이루어질 수 있다.
5. 또 다른 사례로서, 특정 회사는 수입국 밖에서의 디자인 센터 비용을 특정 상품에 배분하지 않고 일반적 간접 경비로서 기록할 수도 있다. 이 경우에는 그 디자인센터의 총비용을 디자인 센터의 혜택을 받는 총생산량에 배분하고 이러한 배분 비용을 수입물품에 단위기준으로 부가함으로써, 제8조에 따른 적절한 조정이 이루어질 수 있다.
6. 물론 위의 상황에서의 편차에 관하여는 적절한 배분방법을 결정할 때 상이한 요소를 고려할 필요가 있다.
7. 관련 요소의 생산이 다수의 국가 및 일정 기간 이상에 걸치는 경우, 조정은 수입국 밖에서 해당 요소에 실제로 가산된 금액에 한정하여야 한다.

제1항 (c)

1. 제8조 제1항 (c)에 규정된 사용료 및 라이선스료에는 특히 특허권, 상표권 및 저작권과 관련된 지급을 포함할 수 있다. 그러나 수입물품을 수입국에서 재현생산하기 위한 권리의 비용은 과세가격을 결정할 때 실제로 지급했거나 지급할 가격에 가산되지 않는다.
2. 수입물품을 분배하거나 재판매하는 권리에 관한 대가로 구매자가 지급하는 금액은 이러한 지급이 해당 수입물품을 수입국에 수출하기 위한 판매의 조건이 아니면, 수입물품에 관하여 실제로 지급했거나 지급하여야 할 가격에 가산되지 않는다.

제3항 제8조의 규정에 따라 추가하는 것이 요구되는 금액에 관하여 객관적이고 수량화할 수 있는 자료가 없는 경우, 거래가격은 제1조의 규정에 따라 결정될 수 없다. 일례로서 킬로그램 단위로 수입하고 수입 후 용액으로 제조되는 특정 상품이 수입국 내에서 리터 단위로 판매되는 가격을 사용료가 지급된다. 만일 사용료가 일부는 수입물품을 기초로 하고, 나머지는 수입물품과 관계가 없는 다른 요인(예: 수입물품이 국내 원료와 혼합되어 별도로 구분 인식할 수 없을 경우, 또는 사용료를 구매자와 판매자 간의 특별한 금융계약과 구별할 수 없을 경우)을 기초로 하고 있을 경우에는 사용료에 해당하는 금액을 가산하고자 하는 시도는 부적절한 것이다. 그러나 이 사용료의 금액이 수입물품만을 기초로 하고 쉽게 수량화될 수 있는 경우에는 실제로 지급했거나 지급할 가격에 해당 금액을 가산할 수 있다.

제9조에 관한 주해

제9조의 목적상 "수입시점"은 관세목적상의 수입신고 시점이 포함될 수 있다.

제11조에 관한 주해

1. 제11조는 수입자가 평가대상 물품에 관하여 세관당국이 내린 평가결정에 불복할 수 있는 권리를 부여하고 있다. 불복은 우선 세관당국 내에서 상급기관을 상대로 제기할 수 있으며 최종적으로 사법기관을 상대로 불복할 수 있는 권리를 갖는다.
2. "제재 없이"라는 용어는 수입자가 불복청구할 수 있는 권리를 행사하였다는 이유만으로 벌금을 부과하거나 벌금 부과의 위협 하에 놓여서는 안 된다는 것을 의미한다. 정상적인 소송비용과 변호사보수의 지급은 벌금으로 간주되지 않는다.
3. 그러나 제11조의 규정은 불복 제기 전에 회원국이 이미 부과된 관세를 완납하도록 요구하는 것을 금지하지 않는다.

제15조에 관한 주해

제4항 제15조의 목적상 '인(persons)'이라는 용어는 필요한 경우 법인을

포함한다.

제4항 (e) 이 협정의 목적상, 일방이 타방에 대해 법적 또는 실질적으로 구속 또는 지시를 행사하는 위치에 있는 경우, 일방은 타방을 지배하는 것으로 본다.

부속서 II 관세평가 기술위원회

1. 이 협정 제18조의 규정에 따라 기술적 차원에서 이 협정의 해석 및 적용의 통일성을 보장하기 위한 목적으로 관세협력이사회의 주도 하에 기술위원회를 설치한다.
2. 기술위원회의 임무는 다음을 포함한다.
   (a) 회원국의 관세평가제도를 일상적으로 운영할 때 발생하는 구체적이고 기술적인 문제점을 조사하고 제시된 사실을 기초로 적절한 해결방안에 관한 자문의견 제공
   (b) 요청이 있을 경우, 이 협정과 관련이 있는 평가법령, 절차 및 관행을 연구하고 연구결과에 관한 보고서 작성
   (c) 이 협정의 운영 및 지위의 기술적 측면에 관한 연례보고서의 작성 및 배포
   (d) 수입물품에 관한 관세목적상의 평가에 관련된 모든 문제에 관하여 회원국 또는 위원회에서 요청하는 정보 및 조언의 제공, 이러한 정보 및 조언은 권고의견(advisory opinion), 예해(commentaries) 또는 해설(explanatory notes)의 형태를 취할 수 있다.
   (e) 요청이 있을 경우, 이 협정의 국제적인 수용을 증진하기 위한, 회원국에 대한 기술 지원의 촉진
   (f) 이 협정 제19조의 규정에 따라 패널에서 회부하는 사안에 관한 조사 수행
   (g) 위원회가 부여하는 그 밖의 임무의 수행

일 반

3. 기술위원회는 특정사안 특히 회원국, 위원회 또는 패널이 회부하는 사안에 관하여 합리적인 단기간내에 업무를 종결할 수 있도록 노력하여야 한다. 패널은 제19조 제4항에 규정된 바와 같이 기술위원회의 보고서

제출기한을 설정하고 기술위원회는 그 기한 내에 보고서를 제출한다.

4. 기술위원회는 자신의 업무활동과 관련하여 필요한 경우에는 관세협력 이사회 사무국의 지원을 받는다.

대 표

5. 각 회원국은 기술위원회에서 자국을 대표하는 권리를 갖는다. 각 회원국은 기술위원회에서 자기 나라를 대표할 1명의 대표와 1명 또는 그 이상의 교체대표를 지명할 수 있다. 이와 같이 기술위원회에서 대표되는 회원국을 이 부속서에서는 “기술위원회 회원국”이라고 한다. 기술위원회 회원국의 대표는 기술위원회 회의시 고문의 도움을 받을 수 있다. 세계무역기구 사무국도 옵저버의 자격으로 기술위원회 회의에 참석할 수 있다.
6. 세계무역기구 회원국이 아닌 관세협력이사회 회원국은 기술위원회의 회의에 1명의 대표와 1명 또는 그 이상의 교체대표를 참석시킬 수 있다. 이러한 대표는 옵저버로서 기술위원회 회의에 참석한다.
7. 기술위원회 의장의 승인을 조건으로, 관세협력이사회 사무총장(이하 부속서에서는 “사무총장”이라고 한다)은 세계무역기구 회원국도 아니고 관세협력이사회 회원국도 아닌 정부의 대표와 국제 정부간 및 무역기구의 대표들로 하여금 기술위원회의 회의에 옵저버로서참석하도록 초청할 수 있다.
8. 기술위원회 회의에 임명되는 대표, 교체대표 및 고문의 명단은 사무총장에게 통보된다.

기술위원회 회의

9. 기술위원회는 필요에 따라, 그러나 최소한 1년에 2회 이상 소집된다. 각 회의의 일자는 기술위원회에 의하여 직전 회의에서 결정된다. 회의일자는 기술위원회의 특정 회원국이 기술위원회 회원국의 과반수에 의한 동의를 얻어 요청하거나 또는 긴급한 경우 의장이 요청하여 변경될 수 있다. 이 조항의 1문에도 불구하고 이 협정 제19조의 규정에 의하여 패널에 의해 회부된 안건의 심의를 위하여 필요한 경우 기술위원회가 소집된다.

10. 기술위원회의 회의는 달리 결정되지 아니하는 한, 관세협력이사회의 본부에서 개최된다.
11. 사무총장은 기술위원회의 모든 회원국과 제6항 및 제7항에 따라 포함된 국가 또는 국제기구에게 긴급한 경우를 제외하고는 최소한 30일전에 기술위원회의 각 회의 개시일을 통보한다.

의 제

12. 사무총장은 각 회의의 잠정의제를 작성하여 긴급한 경우를 제외하고는 기술위원회의 회원국과 제6항 및 제7항에 포함된 국가 또는 국제기구에게 최소한 회의 30일 전까지 배포한다. 의제에는 기술위원회가 바로 전 회의에서 포함시키기로 승인한 모든 사항, 의장이 스스로의 발의로 포함시킨 모든 사항과 사무총장, 위원회 또는 기술위원회의 회원국이 포함시킬 것을 요청한 모든 사항을 포함한다.
13. 기술위원회는 매 회의 시작시 의제를 결정한다. 회의중 의제는 언제나 기술위원회에 의해 변경될 수 있다.

임원과 업무수행

14. 기술위원회는 회원국의 대표 중에서 1인의 의장과 1인 또는 그 이상의 부의장을 선출한다. 의장 및 부의장은 각각 1년의 기간 동안 재직한다. 퇴직하는 의장 및 부의장은 재선될 자격이 있다. 기술위원회의 회원국을 더이상 대표하지 아니하는 의장 또는 부의장은 자동적으로 그 권한을 상실한다.
15. 의장이 회의 또는 회의의 일부를 궐석하는 때에는 부의장이 회의를 주재한다. 이 경우 부의장은 의장과 동일한 권한과 임무를 갖는다.
16. 회의의 의장은 기술위원회의 회의과정에 의장으로 참석하며 기술위원회 회원국의 대표로서 참석하는 것은 아니다.
17. 이러한 규칙에 의하여 자신에게 부여된 그 밖의 권한을 행사하는 것 이외에 의장은 각 회의의 개회 및 폐회를 선언하고 토의를 지휘하며 발언권을 부여하고 또한 이들 규칙에 따라 회의과정을 통제한다. 의장은 또한 발언자의 발언이 부적절한 경우에는 발언자에게 의사규칙에 따르도록 명령할 수 있다.

18. 특정사항에 대한 토의중에 회원국 대표는 의사진행상 이의를 제기할 수 있다. 이 경우 의장은 즉시 판정을 내린다. 위 판정에 대해 이의가 있을 경우, 의장은 이를 회의에 제출하여 판정을 구한다. 이 판정은 번복되지 아니하는 한 계속 유효하다.
19. 사무총장 또는 사무총장이 지명하는 관세협력이사회 사무국 직원은 기술위원회 회의의 사무국 업무를 담당한다.

의결정족수 및 투표

20. 기술위원회 회원국 대표의 단순 과반수로 의결정족수가 구성된다.
21. 기술위원회의 각 회원국은 한표의 투표권을 갖는다. 기술위원회의 결정은 출석회원국 3분의 2 다수결에 의한다. 기술위원회는 특정사항안에 관한 투표결과에 관계없이 관련 토의에서 상이한 견해가 표명된 사안에 관하여 상세한 보고서를 작성하여 위원회 및 관세협력이사회에 제출할 수 있다. 이 항의 위의 규정에도 불구하고 기술위원회는 패널이 회부한 안건에 관하여는 만장일치로 결정한다. 패널이 회부한 안건에 대하여 기술위원회가 합의에 도달하지 못하는 때에는 기술위원회는 그 문제에 관한 사실을 상술하고 회원국의 견해를 명시하는 보고서를 제출한다.

언어 및 기록

22. 기술위원회의 공식언어는 영어, 프랑스어 및 스페인어로 한다. 이들 세 가지 언어중 어느 하나로 발언되는 연설 또는 진술은 모든 대표가 번역이 필요없다고 합의하지 아니하는 한 즉시 다른 공식언어로 번역되어야 한다. 그 밖의 언어로 발언되는 연설 및 진술은 동일한 조건에 따라 영어, 프랑스어 및 스페인어로 번역되며, 이 경우 관련 대표는 영어, 프랑스어 또는 스페인어 번역을 제공한다. 영어, 프랑스어 및 스페인어만이 기술위원회의 공문서에 사용된다. 기술위원회의 검토를 위한 비공식문서 및 통신문은 공용어 중의 하나로 제출된다.
23. 기술위원회는 모든 회의의 보고서를 작성하며 의장이 필요하다고 간주할 경우에는 회의의 의사록 또는 요약기록을 작성한다. 의장 또는 의장이 지명한 자는 위원회 및 관세협력이사회의 매 회의시에 기술위

원회의 업무에 관하여 보고한다.

부속서 III

1. 제20조 제1항의 규정에 의하여 개발도상국 회원국에 대하여 이 협정 규정의 적용을 5년간의 유예하는 것은 실제로 특정 개발도상회원국에게는 불충분할 수 있다. 이 경우 개발도상회원국은 제20조 제1항에 규정된 기간이 만료되기 전에 이러한 기간의 연장을 요청할 수 있고 해당 개발도상회원국이 타당한 사유를 제시할 수 있는 경우에 회원국은 그 요청을 호의적으로 고려할 것으로 양해된다.
2. 현재 공식적으로 설정된 최저가격을 기초로 물품을 평가하는 개발도상국은 회원국들이 동의하는 기간과 조건에 따라, 제한적이고 과도기적으로 이같은 가격을 계속 사용할 수 있도록 유보하는 것을 희망할 수 있다.
3. 협정 제4조의 규정에 의하여 수입자의 요청에 따라 평가방법의 적용순위를 변경하는 것이 자국에 실질적인 곤란을 초래할 수 있다고 판단하는 개발도상국은 다음과 조건에 따라 제4조에 관하여 유보하는 것을 희망할 수 있다.

   "… 국 정부는 제5조와 제6조의 적용순위를 변경하고자 하는 요청에 대하여 세관당국이 동의하는 경우에만 협정 제4조의 관련 규정을 적용할 수 있음을 규정할 권리를 유보한다."

   만일 개발도상국이 이러한 유보를 행할 경우, 회원국은 협정 제21조에 따라 이에 동의한다.
4. 개발도상국은 협정 제5조 제2항에 관하여 다음과 같이 유보를 희망할 수 있다.

   "… 국 정부는 수입자의 요청 여부에 관계없이 협정 제5조 제2항이 이 조항의 관련 주석의 규정에 따라 적용된다고 규정할 권리를 유보한다."

   개발도상국이 이러한 유보를 행할 경우, 회원국은 협정 제21조의 규정에 따라 동의한다.
5. 일부 개발도상국은 협정 제1조의 이행이 독점 대리인, 독점 유통권자 및 독점 영업권자에 의한 자국의 수입에 관련되는 한 그 이행에 문제점이 있을 수 있다. 이러한 문제점이 이 협정을 적용하는 개발도상국 회

원국에게 실제로 발생할 경우, 이러한 회원국의 요청시 적절한 해결방안을 모색하기 위해 그 문제에 대한 연구가 이루어진다.

6. 제17조는 협정을 적용할 때 세관당국이 관세평가를 위하여 자신에게 제출된 진술, 문서, 또는 신고의 진실성 또는 정확성에 관하여 조사할 필요가 있을 수 있다는 것을 인정한다. 따라서 이 조는 예컨대, 과세가격 결정과 관련하여 세관에 신고 또는 제출된 가격요소가 완전한지 및 정확한지 여부를 확인할 목적으로 조사가 행해질 수 있음을 인정한다. 회원국은 그 조사에서 회원국은 자국의 법령 절차에 따라 수입자로부터 충분한 협조를 요구할 권리를 가진다.
7. 실제로 지급했거나 지급할 가격은 수입물품의 판매조건으로 구매자가 판매자에게, 또는 구매자가 판매자의 의무를 이행하기 위하여 제3자에게 실제로 지급하였거나 지급할 모든 금액을 포함한다.

〈부록 2〉

WTO 우루과이라운드 각료회의 결정

세계무역기구
G/VAL/1
1995년 4월 27일
관세평가위원회

평가평가에 관한 마라케시 각료회의 결정

마라케시 각료회의에서 결정된 각료회의 권고에 따라, 다음의 결정을 위원회의 채택을 위하여 제출한다.

Ⅰ. 세관 당국이 신고가격의 진실성이나 정확성을 의심할 만한 사유가 있는 경우에 관한 결정

관세평가위원회는,
거래가격이 「1994년도 GATT 제7조의 이행에 관한 협정」(이하 "협정"이라고 한다)에 따른 평가의 가장 우선적인 기초라는 사실을 재확인하고,
세관당국이 신고가격을 뒷받침하여 위하여 무역업자가 제출한 문서나 서류의 정확성이나 진실성을 의심할 만한 사유가 있는 사례를 검토하여야 한다는 점을 인정하고,
이 과정에서 세관당국은 무역업자의 정당한 상업상 이익을 침해하지 않아야 한다는 점을 강조하고,
협정 부속서 III의 제6항 및 관세평가 기술위원회 관련 결정을 고려하면서,
다음과 같이 결정한다.

1. 가격신고서가 제출되고 세관당국이 이 신고서를 뒷받침하기 위하여 제출된 문서나 서류의 진실성이나 정확성을 의심할 만한 사유가 있는 경우 세관당국은 신고가격이 제8조 규정에 따라 조정된 수입물품에 관하여 실제로 지급하였거나 지급하여야 할 총금액임을 나타내는 서류 또는 그 밖의 증빙 자료를 포함한 추가적인 설명을 수입자에게 요청할 수 있

다. 만일 그 추가 정보를 받은 후에, 혹은 추가 정보가 제출되지 않는 경우에도 신고가격의 진실성이나 정확성에 관하여 합리적인 의심이 남는 경우 세관당국은 제11조 규정에 유의하면서 수입물품의 과세가격은 제1조에 따라 결정될 수 없다고 판단할 수 있다. 세관당국은 최종 결정을 내리기에 앞서서,요청이 있는 경우 서면으로, 개별 사항 또는 작성된 서류의 진실성 또는 정확성을 의심하는 이유에 관하여 의사교환을 해야 하고 수입자는 답변을 제출할 수 있는 합리적인 기회를 부여받아야 한다. 세관당국은 최종 결정이 내리지면 수입자에게 그 결정과 근거를 서면으로 통지하여야 한다.

2. 한 회원국이 상호 합의된 조건으로 다른 회원국을 지원하는 것은 이 협정 적용에 부합한다.

Ⅱ. 최저가격과 독점대리인, 독점유통업자, 독점영업권자에 의한 수입과 관련된 결정

관세평가위원회는,
아래의 결정문을 채택하기로 한다.

I

개발도상국이 부속서 III 제2항의 조건 하에서 공식적으로 설정한 최저가격을 유지하도록 유보조항을 설정하면서 정당한 이유를 제시하는 경우, 위원회는 해당 유보요청을 호의적으로 고려해야 한다.

유보조항이 승인될 경우 부속서 III 제2항에서 규정하고 있는 조건은 관련 개발도상국의 발전, 재정 및 무역상의 필요성을 충분히 고려하여야 한다.

Ⅱ

1. 많은 개발도상국들은 독점대리인, 독점유통업자 및 독점영업권자에 대한 수입물품의 평가과정에 존재할 수 있는 문제에 관심이 있다. 개발도상국 회원국들은 제20조 제1항에 따라 협정을 적용하기에 앞서 최대 5년의 유예기간을 가진다. 이러한 맥락에서, 이 규정을 적용하는 개발도상국 회원국들은 적절한 연구수행과 적용을 용이하게 하는데 펼요한 조치를 취하는데 그 기간을 활용할 수 있다.

2. 이 점을 고려할 때 위원회는 관세협력이사회가 부속서 II 규정에 따라 독점대리인, 독점유통업자 및 독점영업권자에 의한 수입과 관련한 부분을 포함하여 문제될 수 있는 부분으로 확인된 분야에 관한 개발도상국들의 연구 수립 및 수행을 지원하도록 권고한다.

〈부록 3〉

WTO/GATT 평가위원회 결정

세계무역기구
G/VAL/5
1995년 10월 13일
관세평가위원회

「1994년 GATT 제7조(관세평가)의 이행에 관한 협정」의 해석 및 이행에 관한 결정

WTO 관세평가위원회는 1995년 5월 12일 회의에서 협정의 해석 빛 이행에 관한 다음의 결정문을 채택하였다. G/VAL/W/1 문서의 A절과 B절에 포함된 이러한 결정들은 원래 도쿄라운드 관세평가위원회에서 채택되었다. WTO 위원회는 A절에 포함된 결정들은 수정없이 채택하였으나 B절의 결정문은 WTO 상황에 맞게 채택하였다. 위원회는 G/VAL/W/1 문서의 B.3절에 명시된 문서의 규제 철폐 절차에 관하여는 일반이사회가 해당 문제에 대한 결정을 내릴 때까지 어떠한 조치도 취하지 않기로 결정하였다.

A. 협정의 해석에 관한 결정

A.1 협정 영문본 제8조 제1항 (b)(iv)의 "undertaken"이라는 단어의 의미

1983년 3월 3일 도쿄라운드 위원회에서 채택(VAL/M/6, 제18항)

위원회는 협정 제8조 제1항(b)(iv)의 맥락에서 "undertaken(행하여진)"이라는 영어 단어는 "carried out(수행된)"의 의미로 이해된다는 데에 합의하였다. 이 협정의 프랑스어판이나 스페인어판에는 영향이 없다는 점을 주의하여야 한다.

A.2 협정 제8조 제1항 (b)(vi)의 "개발(development)" 항목의 언어적 일관성(VAL/M/13)

1985년 5월 9일~10일 도쿄라운드 위원회 회의에서 의장은 다음과 같은 성명을 발표하였다.

"협의가 진행되었고 그 협의에 비추어 보면 다음 문장을 포함시키더라도 이 협정에 따른 권리와 의무가 침해되지 않고 필요한 경우 위원회 회원국이 해당 문제를 다시 논의할 수 있다는 양해를 전제로 다음 문장을 본 회의의 회의록에 포함함으로써 이 문제를 해결할 것을 제안한다.

"(위원회문서 VAL/W/24/Rev. 1의 제6항에 언급된 바와 같이 협정체약국들은 제8조 제1항 (b)에서 영어판의 "development", 프랑스어판의 "travauz d'étude" 및 스페인어판의 "creación y perfeccionamiento"라는 용어는 영어의 "research", 프랑스어의 "recherche" 및 스페인어의 "investigación"가 제외되는 것으로 이해하였다. 그러나 서명국 중 하나인 아르헨티나는 제8조 제1항 (b)에 사용된 바와 같이 스페인어표현 "creación y perfeccionamiento"은 가격의 일부를 "creación y perfeccionamiento"에서 제외할 수 있는 것으로는 해석할 수 없다고 보았다.

A.3 수입물품의 과세가격상 이자 비용의 처리에 관한 결정(VAL/6/Rev. 1)

1984년 4월 26일 도쿄라운드 위원회에서 채택(VAL/M/9, 제38항), 1984년 9월 24일 위원회에서 (프랑스어판과 스페인어판에 한하여) 개정(VAL/M/10, 제17항).

GATT 제7조의 이행을 위한 협정의 각 체약국들은 다음과 같이 합의한다.

수입물품의 구매와 관련하여 구매자가 체결한 금융약정 하에서의 이자비용은 다음과 같은 경우에는 과세가격의 일부로 간주되지 않는다.

(a) 이자비용이 물품에 관하여 실제로 지급하였거나 지급하여야 할 가격과구분되고

(b) 금융약정이 서면으로 체결되었으며

(c) 필요한 경우 구매자가 다음 사항을 입증할 수 있는 경우

- 해당 물품이 실제로 지급하였거나 지급하여야 할 가격으로서 신고된 가격으로 실제로 판매된다는 것과
- 제시된 이자율이 금융이 제공된 국가 및 그 시점에 그러한 거래에서 통용되는 수준을 초과하지 않는다는 것

이 결정은 해당 금융을 판매자, 은행 또는 그 밖의 자연인이나 법인이 제공하였는지 여부와 상관없이 적용되어야 한다. 또한 적절한 경우 물품

이 거래가격 이외의 방법으로 평가되는 경우에도 적용되어야 한다.

각 체약국은 이 결정에 관한 적용 일자를 위원회에 통지하여야 한다.

A.4 데이터 처리장치를 위한 소프트웨어 전달매체 평가에 관한 결정(VAL/8)

1984년 9월 24일 도쿄라운드 위원회에서 채택(VAL/M/10, 제7항)

관세평가위원회는 다음과 같이 결정한다.

1. GATT 제7조의 이행에 관한 협정('협정')에 따라 거래가격이 평가의 가장 우선적인 기초라는 것과 거래가격을 전달매체에 기록된 데이터 처리장치용 데이터나 명령(소프트웨어)에 관하여 적용하는 것은 협정에 전적으로 부합한다는 것을 재확인한다.
2. 전달매체에 기록된 데이터 처리장치용 데이터 또는 명령(소프트웨어)에 관한 독특한 상황[1]과 일부체약국들이 다른 접근방법을 추구해 오고 있는 점을 고려하면 그 체약국들이 희망하는 바대로 다음의 관행을 채택하는 것 또한 협정에 부합할 수 있다.

   데이터 또는 명령을 수록하고 있는 수입물품인 전달매체의 과세가격을 결정할 때, 해당 전달매체 자체의 비용이나 가격만 고려하여야 한다. 그러므로 데이터 또는 명령의 비용이나 가격이 해당 전달 매체의 비용이나 가격과 구분된다면 데이터 또는 명령의 비용이나 가격은 과세가격에 포함되지 않는다.

   이 결정의 목적상 "전달매체"라는 표현은 집적회로, 반도체 및 그러한 회로 또는 장치를 결합한 유사한 장치들을 포함하지 않는다. "데이터 또는 명령"이라는 표현은 음향, 영화 또는 영상의 기록물을 포함하지 않는다.
3. 이 결정 제2항에서 규정하고 있는 관행을 채택하는 체약국은 관세평가위원회에 그 적용 일자를 통보해야 한다.
4. 이 결정 제2항의 관행을 채택하는 체약국들은 일부체약국이 거래가격 관행을 계속 사용하는데 관하여 차별대우하지 않고 최혜국대우의 원칙하에서 그 관행을 시행하여야 한다.

1) VAL/M/10 제5항을 보라.

A.5 프랑스어본 협정 제2조 및 제3조에 관한 주해 제1항의 수정

1990년 3월 20일 도쿄라운드 위원회 회의 참조(VAL/M/26, 제24항)

프랑스어본 협정 제2조 및 제3조에 관한 주해 제1항에 관하여 첫 번째 문장의 "la vente(판매)"를 "celui(그것)"으로 대체하고 두 번째 문장을 "En l'absence d'une telle vente … differente"로 바꾸는 제안에 관하여 아무런 반대도 없었다(VAL/W/49/Add. 4).

B. 협정의 이행 및 위원회의 업무 절차에 관한 결정(WTO 상황에 맞추어 수정)

B.1 관세평가 협정에 따른 유보

1981년 1월 13일 도쿄라운드 위원회에서 채택(VAL/M/1, 제36항 및 부속서 II)

1. 1995년 1월 1일 이전에 WTO 협정을 수용한 회원국이 협정 제21조에 따라 한 유보는 1995년 2월 1일까지 특정 회원국으로부터 (사무국을 경유하여) 위원회에 반대의사가 통보되지 않는 한, 다른 회원국들이 수락한 것으로 간주한다. 다만, 1995년 2월 1일 이전에 사무국으로 통보한 특정 회원국 또는 회원국들의 요청이 있는 경우 그 기한은 30일 동안 연장된다.
2. 1995년 1월 1일 또는 그 이후에 WTO 협정을 수용한 회원국들은 그 이전에 회원국들이 수용한 모든 유보를 수락하는 것으로 간주한다. 1995년 1월 1일 또는 그 이후에 WTO 협정을 수용한 회원국들의 유보는, WTO 협정 유보의 효력이 발생하기 30일 이전에 특정 회원국으로부터 (사무국을 경유하여) 위원회에 반대 의사가 통보되지 아니하는 한, 다른 회원국들이 수락한 것으로 간주한다. 다만, 앞서 언급된 기간이 만료되기 이전에 사무국으로 통보된 특정 회원국 또는 회원국들의 요청이 있는 경우, 그 기한은 30일 동안 연장된다.
3. 부속서 III 제2항에 따른 유보의 경우 유보를 하고자 하는 회원국은 최저과세가격(또는 유사한 제도)을 유지하고자 하는 조건을 포함한 제안서를 정해진 경로로 (사무국을 경유하여) 위원회에 제출하여야 한다. 이 제안서는 해당 유보에 관한 조건의 합의를 도출하기 위하여 위원회

에서 논의될 것이다. 합의는 가능한 한 빨리 이루어져야 하고 협정 제20조 제1항의 가능성에 따라 회원국이 해당 조항을 적용하는 날보다 빨라야 한다.

4. 유보는 다음의 경우에는 적용되지 않는다:
   - 협정 제21조에 따른 유보의 경우 제1항 및 제2항에 규정된 기간 내에 다른 회원국이 유보를 반대하는 경우, 또는
   - 부속서 III 제2항에 따른 유보의 경우, 해당 회원국이 협정의 적용을 받는 시점까지 유보의 내용(조건)에 대한 합의가 이루어지지 않은 경우

   유보의 수용가능 여부에 관하여 소수 의견이 있는 경우 유보희망 회원국의 요청에 따라, 상호수용 가능한 해결책을 모색하기 위하여 위원회가 해당 내용을 심의한다.
5. 다른 회원국들은 협정 부속서 III 제3항 또는 제4항에 따라 개발도상국이 행한 유보에 동의한 것으로 간주한다.

B.2 협정 제22조에 따른 국내 법령의 통보 및 회람

1981년 1월 13일 도쿄라운드 위원회에서 채택(VAL/M/1, 제37항)

(i) 회원국들은 가능한 빨리 자국의 관세평가에 관한 법령(법률, 규정 등)의 전문을 3개의 WTO 공식 언어 중 하나로 번역하여 사무국에 제출하고 사무국은 이를 제출된 언어로 다른 회원국들에게 위원회 문서로서 회람한다. 특정 회원국의 법령이 WTO 공식언어로도 이용할 수 있다는 일반적인 관심이 위원회에 표명된다면 해당 법령을 번역하여 위원회 문서로서 회람한다. 그 경우 특정 국가의 법령이 WTO 공식언어로 되어 있지 않다면 원문도 사무국에 제출되어야 하고 그 원문은 검증목적에 제공된다.

(ii) 협정 제20조 제1항 및 제2항의 적용을 받을 수 있는 개발도상국 회원국의 국내 법령 내용은 개발도상국 회원국이 협정의 적용을 받기 이전에 위원회에 제공되어야 한다.

(iii) WTO 위원회는 1995년 5월 12일 회의에서 도쿄라운드 서명국이자 자국 법령에 관하여 이미 검토를 받은 회원국들의 경우 WTO 관세평가협정 하에서도 유효한 도쿄라운드 관세평가협정에 따라 통보된 법령이 포함된 문서를 특정하여 그 법령이 계속 유효하다고 인정하는 회

원국들의 의견을 WTO 사무국에 전달할 수 있도록 결정하였다. 사무국은 이러한 통보를 WTO 문서로 회람하여야 한다(G/VAL/M/1, 제29항부터 제35항까지).

B.3 쟁점별 체크리스트

1981년 5월 5일 도쿄라운드 위원회에서 채택(VAL/M/2, 제52항)

(i) "위원회는 회원국들이 체크리스트에 포함된 사항들을 서면으로 응답해야 한다고 결정했다."[2)]

(ii) WTO 위원회는 1995년 5월 12일 회의에서 도쿄라운드 서명국이자 자국 법령에 관하여 이미 검토를 받은 회원국들의 경우에는 WTO 관세평가협정에 따라 체크리스트에 대한 응답이 계속 유효하다는 것을 표명하는 회원국의 의견을 WTO 사무국에 보낼 수 있도록 결정하였다(G/VAL/M/1, 제36항부터 제39항까지).

B.4 기술적 지원에 관한 정보

1985년 5월 9~10일 도쿄라운드 위원회에서 승인(VAL/M/13, 제8항)

"… 각 회원국들의 계획에 따라 개발도상국 회원국에게 보다 더 많은 정보를 제공하기 위한 기술적인 지원에 관하여 더 높은 투명성을 확보할 필요가 있는지 여부와 관련하여 위원회의 마지막 회의에서 제기된 사안에 관하여(VAL/M/1, 제18항), 위원회는 특정한 활동에 관하여 기술위원회를 위하여 제공되는 정보 문서를 WTO 문서로서도 사용할 수 있도록 하는데 동의하였다. …"

부록 쟁점별 체크리스트

1. 제1조에 관한 질문
   (a) 특수관계자 간의 판매
      (i) 특수관계자 간의 판매에 특별한 규정이 적용되는가?
      (ii) 일견 관계회사 간의 가격이라는 사실이 개별 가격이 영향을 받았다고 간주하는 근거로 고려되는가?

2) 이 체크리스트는 부록에 실려 있다.

(iii) 수입자가 요청할 경우 앞서 언급된 근거가 서면으로 제공될 수 있는 근거 규정은 무엇인가? [제1조 제2항(a)]

(iv) 제1조 제2항 (b)를 어떻게 수용하였는가?

(b) 분실 또는 손상된 물품의 가격

분실 또는 손상된 물품의 평가와 관련하여 특별 규정이나 실무적인 약정이있는가?

2. 수입자에게 제5조 및 제6조의 적용 순서를 바꿀 수 있는 선택권을 허용하는 제4조를 어떻게 수용하였는가?

3. 제5조 제2항은 어떻게 수용하였는가?

4. 제6조 제2항을 어떻게 수용하였는가?

5. 제7조에 관한 질문

(a) 제7조에 따라 가격을 결정하기 위한 규정은 무엇인가?

(b) 제7조에 따라 결정된 과세가격을 수입자에게 통지하기 위한 규정은 무엇인가?

(c) 제7조 제2항의 금지 사항은 규정되어 있는가?

6. 제8조 제2항의 선택권은 어떻게 처리되는가? FOB가 적용되는 경우 공장인도가격(ex－factory price)도 수용될 수 있는가?

7. 제9조 제1항에 요구된 바와 같이 환율은 어디에 공표되는가?

8. 제10조에 따른 기밀유지를 보장하기 위해 어떠한 조치가 취해지는가?

9. 제11조에 관한 질문

(a) 수입자 또는 다른 자에게 주어진 불복청구권은 무엇인가?

(b) 상위의 심급으로 상소할 권리를 어떻게 통지하는가?

10. 제12조에 따라 요청된 다음의 출판물 정보를 제출하시오

(a) (i) 관련 자국법률

(ii) 협정의 적용에 관한 규정

(iii) 협정과 관련된 일반적 적용에 대한 사법적 판결 및 행정적 결정

(iv) (iv) 이행 또는 적용의 규칙과 관련된 일반법 또는 특별법

(b) 추가 규칙의 출판이 예상되는가? 어떠한 주제가 다루어 질 것인가?

11. 제13조에 관한 질문

(a) 제13조(마지막 문장)의 의무는 각각의 법령에서 어떻게 처리되는가?

(b) 추가적인 설명이 기술되어 있는가?

12. 제16조에 관한 질문

(a) 세관당국이 과세가격이 어떻게 결정되었는지에 관하여 서면으로 설명하도록 요구하는 조항이 관련 국내법령에 포함되어 있는가?

(b) 위 요구와 관련하여 추가적인 규정이 있는가?

13. 협정의 주해는 어떻게 포함되어 있는가?

14. 수입물품 과세가격에서 이자 비용의 처리에 관한 결정에 관한 규정은 어떻게 수용되었는가?

15. 데이터 처리장치를 위한 소프트웨어 전달매체의 평가에 관한 결정 제2항의 적용을 받는 국가인 경우 이 항의 규정을 어떻게 수용하였는가?

– 이상의 모든 질문에 관하여 참조표시를 요청합니다.

〈부록 4〉

세계관세기구 평가 데이터베이스 지침

(World Customs Organization Valuation Database Guidelines)

세계무역기구
G/VAL/54/Suppl.1
2004년 10월 13일
관세평가위원회
원문: 영어/프랑스어/스페인어

관세평가 기술위원회－신고가격의 정확성에 관한 우려와 관련된 관세평가 기술위원회의 업무위임사항에 관한 응답(G/VAL/51)

부록

2004년 10월 7일자의 첨부 연락은 관세평가 기술위원회 위원장이 전송한 서신과 함께 회원국들에게 회람중이다.

2004년 8월 27일 브뤼셀

도하(Doha) 결정 제8절 제3항에 따른 관세평가 기술위원회의 위임에 따라 2003년 5월 관세평가 기술위원회가 WTO 관세평가위원회에 통보한 해당 위임사항에 관한 응답으로, 본인은 위험평가 도구로서 국가별 평가 데이터베이스의 개발 및 사용에 관한 지침의 본문을 제출하게 된 것을 영광으로 생각합니다.

위원장

관세평가 기술위원회

위험평가 도구로서 국가적 평가 데이터베이스의 개발 및 사용에 관한 지침

전문

1. 이 지침은 국가 평가 데이터베이스의 개발 및 사용과 관련된 여러 가지 문제를 다룬다. 국가 평가 데이터베이스는 수입물품에 관하여 신고된 과세가격의 진실성 또는 정확성과 관련된 잠재된 위험을 평가하기 위해 세관당국이 다른 위험 도구와 함께 사용할 수 있는 위험평가 도구이다. 데이터베이스의 정보는 이전에 수입된 물품에 관한 과세가격과 그 밖의 관련 정보를 반영한 최신의 정보이어야 한다. 이러한 가격은 수입물품의 대체가격(substitute value)으로서나, 최소가격(minimum value)을 결정하기 위한 메커니즘으로서 수입물품에 대한 과세가격을 결정하는데 사용될 수는 없다. 또한 상당한 수준의 하락을 포함한 가격의 차이가 국제무역의 일부임을 인식하면, 신고가격과 데이터베이스 가격의 차이가 그 자체로 결정 6.1의 규정에 따라 신고된 가치의 진실성 또는 정확성에 관한 잠재적인 위험의 신뢰성 있는 지표는 아니다.
2. 평가 데이터베이스를 사용하는 세관당국은 데이터베이스가 위험평가 도구로 사용되고 데이터베이스에 저장된 정보가 정기적으로 업데이트 되도록 모니터링 메커니즘을 확립해야 한다.

소개

3. 일반적으로 WTO 관세평가협정으로 더 잘 알려진「1994년도 GATT 제7조의 이행에 관한 협정」("협정")은 수입물품의 관세평가를 위한 공정하고 통일적이며 중립적인 시스템을 도입하여 상업적 관행에 부합하고 자의적 또는 가공적 과세가격의 사용을 방지한다.
4. 이 시스템에 따른 물품의 평가를 위한 기초는, 가능한 한 최대한, 수입국으로 수출하기 위하여 판매된 때에 물품에 관하여 실제로 지급하였거나 지급하여야 할 가격을 협정 제8조의 규정에 따라 조정한 수입물품의 거래가격이다.
5. 과세가격이 거래가격방법을 사용하여 결정될 수 없는 경우 협정은 5가지 다른 방법을 순차적으로 사용하도록 규정하고 있다.
6. 세관은 신고가격의 진실성 또는 정확성에 관하여 스스로를 만족시킬 권리가 있다. 세관은 적절한 위험평가 및 관리절차를 적용함으로써 실용적인 방법으로 이 권리를 행사할 수 있다. 그러한 절차들에서 데이터베이스를 적절히 사용할 수 있다.
7. 평가 데이터베이스에 포함된 데이터는 적절한 기밀유지 규정에 따라 다루어져야 한다.
8. 개정 교토협약의 일반 부속서 지침 제6장(세관통제)은 세관통제의 맥락에서 위험평가 및 위험관리의 개념에 관한 다음 정의를 포함하고 있다.

   위험평가(Risk assessment): "미리 결정된 표준, 목표 위험수준 또는 그 밖의 기준에 관한 위험수준을 평가하고 비교함으로써 위험관리 우선순위를 체계적으로 결정하는 것"

   위험관리(Risk management): "위험이 내포된 운송이나 배송을 처리하는 데 필요한 정보를 제공하는 관리절차 및 실무의 체계적인 적용"

9. 관세평가의 맥락에서 위 개념들을 적용하면 위험평가 메커니즘은 선택적이고 집중화되어야 한다. 신고가격의 진실성이나 정확성과 관련한 잠재적인 위험을 측정하는 수단으로서 모든 수입물품에 관하여 단순한 통계 또는 가격 지표를 포괄적인 기준으로 적용하는 것은 적절하지 않다. 평가 데이터베이스의 개발 및 사용은 위에서 언급한 위험평가 및 관리

절차를 고려해야 한다.

데이터베이스의 사용

10. 세관당국은 평가 데이터베이스를 오직 위험평가 도구로만 사용할 수 있다. 평가 데이터베이스는 수입물품 신고가격의 진실성이나 정확성에 관한 잠재적 위험을 평가하기 위해 특별히 설계되어야 한다.
11. 세관당국은 일반적으로 데이터베이스 관리 시스템을 통해 신고가격과 이전에 수용된 가격을 비교할 수 있다. 가격변동이 국제무역의 정상적인 일부임을 인식하면 그러한 비교의 결과는 그 자체만으로 잠재적 위험에 대한 포괄적이거나 충분한 지표를 의미하지 않는다. 따라서 특정 제품에 관한 신고가격과 데이터베이스 가격 간의 비정상적으로 큰 차이는 잠재적인 위험요소가 될 수 있지만, 그 차이는 신고가격과 관련하여 추가적인 조치가 적절한 것인지 여부를 결정할 때, 증빙서류의 부족, 수입자의 과거 문제 등과 같은 다른 잠재적인 위험요인과 함께 고려되어야 한다.
12. 데이터베이스 기술을 적절하게 적용하는 것이 명확한 상황에서 잠재적 위험이 존재한다고 인식할 수 있는 경우 세관은 여러 가지 조치를 적용할 수 있다. 예를 들면 세관은 특정 수입자의 작업을 조사하고 적절한 모니터링 조치를 취할 수 있다. 그 밖에 신고가격의 진실성 또는 정확성과 관련하여 위험을 나타내는 구체적인 징후가 있는 경우 세관당국은 모든 관련 위험요인을 고려한 후에도 신고가격의 진실성 또는 정확성에 의심을 가진다면 WTO 관세평가위위원회 결정 6.1에 명시된 절차에 따를 수 있다. 그 절차는 수입자에게 신고가격을 뒷받침할 수 있는 추가 증거자료를 제출하도록 요청하는 것부터 시작된다. 잠재적인 위험이 있는 경우 세관 당국이 취할 수 있는 조치의 또 다른 예는 수입자에 대한 수입 후 감사(심사)이다.
13. 세관당국은 신고가격과 데이터베이스 가격이 차이가 있는다는 사실만을 근거로 신고가격을 부인할 수 없다. 오히려 데이터베이스에 저장된 가격들은 세관이 적용하는 다른 지표와 함께 잠재적인 위험에 대한 지표로서만 기능하여야 하며 신고가격의 진실성이나 정확성에 관한 세

관의 의심을 강화하거나 없애는 데에 도움이 되는 초기 지표 정보에 불과하다.

14. 데이터베이스는 검증을 위한 특정 수입신고 건의 표적조사를 위하여 교차 점검을 수행하기 위한 위험평가 도구로 사용될 수도 있다.
15. 일반적으로 평가 데이터베이스는 원산지, 품목분류, 수입자약력, 수출자약력 등과 같은 수입/수출 과정의 다른 측면과 연계된 위험평가를 아우르는 보다 광범위한 데이터베이스의 일부를 구성해야 한다.
16. 각 세관당국은 자체 필요에 따라 권한 있는 국가 평가 데이터베이스에 접근할 수 있는 권한을 가진 직원을 결정해야 한다.
17. 데이터베이스는 위험평가의 맥락에서 어떠한 단계에서도 사용될 수 있다. 즉, 수입신고서 접수 이전, 신고서 제출시점(신고서에 입력된 데이터의 검증), 통관절차 진행 중, 및/또는 물품이 반출된 이후

데이터베이스 사용에 관한 주의사항

18. 세관당국은 다음의 행위를 해서는 안 된다.
    - 수입물품의 대체가격 또는 최소가격을 결정하는 메커니즘으로서 수입물품의 과세가격을 결정하기 위하여 데이터베이스를 사용하는 것
    - 신고가격과 데이터베이스 가격의 차이 만을 근거로 신고가격을 부인하는 것
    - 평가 데이터베이스를 활용하기 위하여 WTO 평가협정 제13조의 요건(충분한 보증에 따른 수입물품의 반출 관련)을 무시하는 것
    - 신고가격의 진실성이나 정확성을 평가하기 위한 다른 기법[수입 후 심사(post-importation audit)]의 대체수단으로 평가 데이터베이스를 사용하는 것

데이터베이스에 포함될 데이터

19. 평가 데이터베이스에 포함될 데이터는, 평가를 위한 위험평가 정책의 틀 내에서, 특정 회원국의 위험관리 정책의 개발 상태에 따라 다양할 수 있고 WCO 데이터 모델과 관련된 요소에 기초해야 한다.
20. 위험평가 도구로서의 평가 데이터베이스의 유용성은 신고가격의 진실

성이나 정확성을 결정할 때 데이터의 신뢰성과 관련성에 달려 있다. 따라서 데이터에는 협정에 따라 결정된 이전 수입의 과세가격이 포함되어야 한다. 또한 데이터에는 평가방법(예: 거래가격방법, 산정가격방법 등)과 과세가격에 포함된 요소(예: 생산지원, 권리사용료, 판매수수료 등)도 포함될 수 있다. 아울러 당사자들이 특수관계자지 여부와 같은 수입신고서의 다른 데이터들도 포함될 수 있다.

21. 데이터베이스에 포함될 데이터는 일반적으로 이전 수입물품의 수입신고서 및 증빙서류에서 확인되는 데이터이다. 또한 데이터베이스는 위험평가 목적을 위해 타당하고 선뢰성 있는 다른 데이터를 포함할 수도 있다.
22. 자동화된 데이터베이스에서 사실상 모든 데이터는 검색 접근이 가능한 키워드를 구성할 수 있다. 예를 들어 "원산지"에 관한 검색을 수행하면 최소한 특정기간 동안 해당 국가로부터 모든 물품의 수입에 대한 정보를 찾을 수 있고 그 국가에서 수출되는 물품의 유형에 관한 다양한 정보를 제공할 수 있어야 한다.

데이터의 유효성

23. 위험평가 도구로서의 기능을 적절하게 수행하기 위해서는 데이터베이스의 데이터가 최근의 것이고 최신화되어야 한다. 최근의 것이고 최신화된 것인지 여부는 관련된 상품, 가격변동의 빈도 및 그 밖의 관련요인에 따라 달라질 수 있다.

교차검증 가능성

24. 데이터베이스는 잠재적 위험을 포함할 가능성이 있는 수입을 표적화하고, 그 출발점에서 검증을 위한 관련 수입을 선별하기 위한 교차검증을 수행하는 수단으로 사용될 수 있다.
25. 따라서 예를 들어 협정 제1조 제1항 (d), 제2항 및 제15조 제4항의 규정에 따라, 구매자/수업자가 공급자/판매자와 특수관계에 있고 그 특수관계가 가격에 영향을 미쳤으며 이로 인해 신고가격이 부인되었던 사실이 확인된다면 해당 시스템에 그 구매자/수입자와 공급자/판매자

간의 거래와 관련된 향후 모든 신고서를 선별하는 기능을 부여하고 그에 따라 세관은 이 특수관계가 여전히 존재하는지 만일 존재한다면 그로 인해 여전히 동일한 효과가 발생하고 있는지 여부를 확인할 수 있을 것이다.

26. 마찬가지로, 협정 제8조 제1항 a)의 규정에 따라, (구매수수료 이외의) 수수료가 구매자/수입자와 공급자/판매자 간의 거래와 관련하여 지급되었고, 결과적으로 신고가격이 조정되었던 사실이 확인되면 시스템은 해당 구매자/수입자와 공급자/판매자 간 거래에 관하여 향후 모든 신고서를 선별할 수 있어야 하고 그에 따라 세관은 이러한 유형의 지급이 여전히 이루어지고 있는지를 확인하고 적절한 경우 이에 따라 해당 신고가격을 조정할 수 있다.

27. 이상의 내용은 협정의 여러 다른 조항(제1조의 적용요건, 생산지원, 사용료, 재판매수익 등)에도 동일하게 적용된다.

모니터링 메커니즘

평가 데이터베이스를 사용하는 세관당국은 데이트베이스 시스템이 이 지침에 기술된 위험평가 목적으로만 사용되고 있는지를 확인하고 데이터베이스의 정보가 정기적이고 지속적으로 업데이트되는 것을 보장하기 위한 모니터링 메커니즘을 확립해야 한다.

〈부록 5〉

세계관세기구: 관세평가 사기 방지 조치

세계무역기구
G/VAL/54
2003년 5월 16일
관세평가위원회
원문: 영어/불어/스페인어

신고가격의 정확성에 대한 우려와 관련한 관세평가기술위원회의 업무 위임 사항에 대한 관세평가기술위원회의 회신(G/VAL/51)

첨부문서는 각료 선언 제8.3항(WT/MIN(01)/17)에 대한 업무와 관련한 관세평가위원회가 부여한 위임 사항에 대한 관세평가기술위원회의 회신을 포함하고 있다.

WORLD CUSTOMS ORGANIZATION
ORGANISATION MONDIALE DES DOUANES
ORGANIZACIÓN MUNDIAL DE ADUANAS

TECHNICAL COMMITTEE
ON CUSTOMS VALUATION
–
16th Session
–

VT0330E1

Brussels, 2 May 2003.

신고가격의 정확성에 대한 우려와 관련한 관세평가기술위원회의 업무 위임 사항에 대한 관세평가기술위원회의 회신

1. 관세평가기술위원회는 WTO 문서 G/VAL/51에 명시된 업무 위임 사항의 모든 쟁점들을 검토하였으며, 이는 관세 사기 방지를 위해 회원국 관세 당국 간 협력 강화의 중요성을 강조한 도하 결정 8.3의 권한에서

나온 것이다.

2. 기술위원회는 회원국 정부들이 WTO 관세평가협정의 효율적인 이행을 위해 필요한 법적/행정적 체계를 갖추어야 한다는 점을 인식했다. 이 체계는 다음과 같은 요소로 구성된다. (1) 진실하고 정확한 가치 신고를 촉진하기 위한 지원적 성격의 법적 체계, (2) 규정 불이행을 다루고 자발적 규정준수를 지원하기 위한 포괄적 제재 제도, (3) 수입자에게 불복청구권을 제공하는 법적 체계, (4) 관세평가와 이의 준수를 관리하는 정책 및 절차, (5) 행정적, 기술적 역량, (6) 무역의 특정 부문(예: 비공식 부문)을 다루는 전략, 및 (7) 무역 업계와의 파트너십. 이러한 요소들에 관해서는 아래의 20에서 27항에서 보다 상세히 논의한다.
3. 이러한 중요한 기반을 염두에 두고, 기술위원회는 업무 위임사항에서 요청한 바에 대해 관세평가위원회에 다음과 같은 회신을 제공한다.

   1) 신고된 가격의 정확성에 대한 우려를 해소하기 위해 위원회 또는 그와 관련된 기관에서 검토된, 특히 수출 가격에 대한 정보 교환을 포함하여 다음의 사항을 다루기 위한 실질적인 방안에 대한 기술적인 측면을 검토한다.

      • 해당 요소들은 G/VAL/W/102 부록에서 제공된 양식에 포함되어 있다. 이는 TCCV의 현재 작업(예: TCCV가 검토중에 있는 관세평가 정보의 교환에 대한 가이드 초안)을 참고할 수 있다.

4. 기술위원회는 문서 G/VAL/W/102의 부록에 포함된 양식의 각 요소들을 검토했다. 파트 A에 대해서: 요청하는 당국이 제공해야 할 세부사항(1~18항목)으로, 기술위원회는 제공되어야 할 세부사항에 대해서는 엄격한 규정이 필요하지 않다는 입장이다. 핵심은 요청하는 당국이 수출거래를 확인하는데 필요한 최소한의 자료 항목을 제공하는 것이다.
5. 인도는 파트 B의 4번 항목(요청하는 당국이 원하는 정보, 기타사항은 명시하시오)에 대해 구체적인 설명을 요청하였다. 기술위원회는 이 항목은 수입국의 관세 당국이 상황에 따라 요청할 수 있는 잔여 정보나 지원을 포함하기 위해 고안된 것이라는 인도가 제시한 설명에 주목했다. 이러한 정보에는 진짜가 아닌 것으로 의심되는 송장의 진위 여부 검증에 필요한 정보를 예로 들 수 있다.

6. 인도는 Part C의 2번 항목에 대해서도 설명을 요청했는데, Part C의 2번 항목은 요청받은 당국이 제공하는 정보는 사법 절차에서 공개될 수 있다고 명시하고 있다. 몇몇 대표단의 지원을 받은 인도는 이 (2번)항목은 평가협정 제10조를 상기시키는 역할을 하는데, 이 제10조는 기밀 정보를 제공한 사람이나 당국의 명시적 허락이 없이도, 재판 절차 과정에서 공개하도록 요구할 수 있는 범위 내에서는 기밀 정보의 공개가 허용되어도 좋다는 의견을 갖고 있었다. 이들 대표단은 또한, 도하 결정(8.3항)이 구체적으로 제10조를 언급했으며, 교환되는 정보가 재판 절차에서 사용될 수 없다면 이는 아무 소용이 없다고 지적했다. 여러 다른 대표단은 제10조는 수출자가 수출국 정부에 제출한 정보는 다루지 않는다는 견해를 갖고 있었다. 게다가, 이들 대표단은 수출국 당국의 기밀 정보가 수입국의 재판 절차에서 사용되기 전에 수출국 당국이 동의해야 한다고 생각했다. 그럼에도 불구하고, 기술위원회는 정보의 기밀성은 해당 기밀 유지 규정에 따라 고려되어야 한다는 점에 동의하였다.
7. 위 4~6단락에서 제시된 의견들을 고려하여, 기술위원회는 문서 G/VAL/W/102의 부록에 포함된 요소들에 대한 검토를 완료했다.
8. 기술위원회는 관세평가 정보의 교환에 관한 가이드의 검토를 마쳤다. 이 가이드는 세관 당국 간의 평가 정보의 교환을 촉진하기 위해 작성된 것이다. 이 가이드는 (1) 수출국 세관 당국으로 정보를 요청하기 전에 수입국 세관 당국이 취해야 할 평가 검증 조치에 관한 체크리스트와 (2) 수입 및 수출국의 세관 당국 모두에 적용되는 평가 정보 교환을 위한 일련의 권고 절차로 구성된다. 가이드에 포함된 특정 요소, 즉 정보 요청 시 수입국이 제공해야 할 해당 물품의 식별을 위한 세부명세는 G/VAL/W/102의 부속서 Part A에 포함된 요소들과 유사하다. 기술위원회가 작성한 이 가이드의 사본은 이 회신의 일부이며, 첨부되어 있다.

• 정보의 교환 약정을 통한 양자 간 접근방식

9. 양자 간 접근은 많은 사례에서 정보 교환을 위한 바람직한 방안으로 확인되었다. 양자 간 접근방식은 관세평가 및 기타 세관 문제 모두에 유용하다. 이는 특정한 기대사항, 기밀성, 세이프가드 등과 같은 관련 당사자들의 특정 요구를 해결할 수 있는 유연성을 제공한다. 많은 회원국

이 다양한 양자 간 관세 상호 지원 협정을 체결하여 긍정적인 결과를 얻었다. 대부분의 경우 이러한 협정은 사기 혐의를 입증하거나 검증하기 위한 지원을 제공하는데 사용된다. WCO는 양자 협정 모델을 개발하였는데, 이는 모든 관세 문제에 관한 상호 행정 지원 및 정보 교환과 관련한 양 당사자 간의 양자 협정 협상의 기초로 사용될 수 있다. 특히, 양자 협정 모델 제3조 제2항은 과세가격의 정확한 결정을 보장하기 위한 정보 제공을 다루고 있다.

10. 정보 교환에 대한 양자 간 접근에는 다음과 같은 실질적인 장애가 있을 수 있다. 즉, (1) 특히 모든 무역 상대국들과 양자 협정을 체결하는 것은 어렵고 복잡한 과정이 될 수 있다. (2) 당사국들간 행정능력과 무역의 서로 다른 수준은 동등한 기반 위에서의 양자 협정의 협상 및 관리를 방해할 수 있다. (3) 정보의 기밀성은 매우 존중되어야 하지만, 이로 인해 그들이 원하는 대로 정보를 교환하려는 세관 당국의 능력이 제한될 수 있다.

11. 상기의 관점에서, 여러 회원국들은 양자 간 접근이 유일한 또는 이상적인 해결책이 되어서는 아니 되며, 많은 경우에 정보 교환을 위한 다자간 접근 방식을 선호하는 입장을 지지했다.

- 세관 당국이 물품의 가치에 관한 최종 결정 및/또는 검증에 사용하는 기술 또는 절차

12. 기술위원회는 물품의 가치를 결정하고 검증하기 위한 많은 기술 및 절차를 확인했다. 이 기술 및 절차는 물품의 수입 전에 시작하여 모든 수입 후의 확인(checks)이 완료될 때까지 계속된다. 이러한 기술 및 절차에는 다음이 포함되지만 이에 국한되는 것은 아니다.

- 특별한 가치 신고 양식의 사용
- 과세가격의 진실성 및 정확성을 보장하기 위한 가치 신고, 증빙 문서 또는 기록 또는 필요한 경우 물품의 검사를 포함한 국경에서의 검증
- 평가 위험 관리: 평가 위험 관리의 목표는 가장 위험이 높은 분야를 대상으로 평가 사기에 대한 관리에 집중함으로써 효율적인 방법으로 자원을 배분할 수 있도록 하는 것이다. 여기에는 법규준수를 보장하기 위한 적절한 일반 및 특별 통제를 수행하기 위해 평가 사기 및 평

가 사기 동향 및 방법론의 측면에서 위험 영역을 식별하는 과정을 포함한다. 세관 당국은 다양한 관련 정보원을 수집, 분석 및 사용하는 능력을 향상시키기 위해 특별한 정보 전략을 개발할 필요가 있다. 평가 위험평가 도구 중 하나는 국가 평가 데이터베이스를 사용하는 것이다(업무 위임 사항의 2번 사항에 대한 회신 참조).

- 수입업자와의 대화: 신고가격와 관련된 문제에 대한 질문 및 우려와 관련하여 수입업자와 적극적인 대화를 유지하는 것은 신고가격의 정확성에 대한 의심을 없애고 사기 의혹을 해소할 수 있다.
- 세관 당국이 신고가격의 진실성이나 정확성을 의심할 만한 사유가 있는 경우에 대한 결정 6.1 및 기술위원회 사례연구 13.1에 명시된 접근 방식의 적용.
- 평가 통제 목적을 위한 통관－후 심사 기법: 이 절차를 통해 세관공무원은 물품 통관 후에 수입자가 보유한 장부, 기록 및 기타 상업 자료의 심사를 통해 해당 신고서의 진실성과 정확성을 검증할 수 있다.
- 사기 조사를 위한 조사 및 정보 기술, 이는 평가/통관 기능과 조사 및 정보 기능 간의 면밀한 조정을 요구한다.

13. 기술위원회가 개발한 '관세평가 통제 핸드북'은 올바른 평가 관리를 보장하기 위한 적절한 통제 메커니즘과 절차를 유지하는 방법에 대한 가이드를 회원국 세관당국에 제공한다.
14. 통제 핸드북은 가격 신고를 통제하는 수단 및 평가협정에 규정된 각 평가 방법에 대한 물품의 과세가격을 검증하는 수단을 명시하는데, 이는 다음을 보장하기 위한 것이다. (1) 거래가격 방법의 사용을 위한 조건이 충족된다. (2) 신고 가격이 해당 수입물품에 대하여 구매자가 지급한(지급하여야 할) 총 금액을 포함한다. (3) 신고 가격이 협정 제8조에 따라 필요한 모든 가산요소를 포함한다. (4) 표시된 경우, 대체 평가 방법이 올바르게 사용되고 있다. 이 수단들은 평가 결정의 사용, 가격 신고서와 증빙 문서들을 확인하는 절차, 수입자의 구내에서 심사를 수행하는 방법 등 신고서의 진실성이나 정확성에 관한 추가 조사를 하는 기법을 포함한다.
15. 이 통제 핸드북은 특수관계자 간의 거래, 구매 수수료, 생산지원, 권리

사용료와 같은 보다 복잡한 요소를 검증하는 수단에 대해서도 논의하고 있다. 이 핸드북은 세입 위험 영역의 목록 및 평가 통제를 위한 전산화 모델을 포함한다. 또한, 위험 영역 목록과 관세평가 통제를 위한 전산화 모델이 포함되어 있다. 또한, 평가 통제 조직과 관련된 다른 대안들도 강조하고 있다.

• 정보교환을 위한 이상적인 시간 및 전달 방법

16. 기술위원회는 정보 요청이 서면 또는 전자적으로 이루어져야 한다는 점에 동의했다. 요청받은 세관 당국은 전자적 요청에 대한 서면 확인을 요구할 수 있다. 상황상 필요한 경우 구두 요청도 가능하다. 이러한 요청은 서면 또는 전자적 수단을 통해 가능한 한 빨리 확인되어야 한다.

17. 응답 시간은 요청된 정보의 특성, 자원의 가용성뿐만 아니라 정보의 수집 및 전송을 위한 기술 개발 정도에 따라 크게 달라지기 때문에, 정보 교환에 대한 이상적인 시간 프레임은 고정될 수 없다. 따라서 (정보교환) 요청에 신속하게 응답하는 것도 중요하지만 상황에 따라 유연성이 필요하다고 할 수 있다.

18. 정보 요청에 대한 회신은 가능한 한 신속하게, 그리고 가급적 상호 합의한 시간 내에 전달하는 것이 중요하다.

• 수출 가격에 대한 정보 교환을 위한 연락 지점의 유용성

19. 연락 지점은 신속하고 간단하며, 효과적인 정보 교환을 위해 필수적이다. 정보 요청을 전달함에 있어 요청하는 행정 공무원을 지원하기 위해서는, 평가 정보 교환에 책임이 있는, 가급적 본부 수준의 관할 사무소가 각 세관 당국에서 식별되어야 한다. WCO는 회원국 정부의 연락 지점에 관한 정보를 중앙 집중화할 것이다.

추가적 관련 고려사항들

20. 본 회신의 2항의 소개에서 언급했듯이, 기술위원회는 세관 법적 및 행정적 체계에는 다음과 같은 여러 필요한 구성요소가 있다는 점을 인식하였다. 즉,

• 진실하고 정확한 가격 신고를 촉진하기 위한 지원적 성격의 법적 체계

21. 이러한 법률 준수 체계는 (1) 수입자가 정확하고 진실한 과세가격을 신고하도록 하여야 하며, (2) 수입자의 자체 평가 의무를 포함하여 수입자에게 (과세가격)신고에 대한 책임을 전가해야 하고, (3) 수입자가 장부, 기록 및 증빙 서류를 유지하도록 요구하고 세관이 여기에 접근할 수 있도록 허용해야 한다.

- 규정 불이행을 다루고 자발적 법규준수를 지원하기 위한 포괄적 제재 제도

22. 여기에는 (1) 규정 불이행의 심각성을 기준으로 이를 다루는 법적 벌칙 및 강제규정, (2) 수입자가 실수나 위반 사항을 세관에 신고하고 이를 자발적으로 시정하는 경우 벌칙을 면제하거나 경감시키는 규정, (3) 정부에 신고된 가치로 물품을 구매할 권리를 부여하거나 법규 준수 수입자에게 혜택(예: 검사의 완화)을 제공하는 것과 같이 과소 평가를 예방하는 규정이 포함되어야 한다.

- 수입자에게 불복청구권을 제공하는 법적 체계

23. 평가협정 제11조에 따라, 사법 당국에 최종 항소권을 포함하여 수입자에게 불복청구권을 부여하는 불복 체계는 과세가격의 결정에 관한 투명성과 공정성을 보장하고 관세 행정 내에서 통일되고 일관된 평가 관행을 발전시키는 데 도움이 될 것이다.

- (관세)평가와 이의 준수를 위한 정책 및 절차

24. 평가협정 제12조에 따라, 여기에는 평가 정책 및 절차의 개발 및 출판, 보다 큰 투명성 및 공정성을 위한 무역의 참여를 포함해야 한다. 이는 평가 규정의 높은 이해를 증진시키고, 법규준수의 향상에 기여하며, 진실하고 정확한 신고를 독려할 것이다. 이러한 정책 및 절차는 법규준수 규정에도 적용되어야 한다.

- 행정적, 기술적 역량

25. 모든 회원국의 세관 당국은 신고가격의 진실성과 정확성에 대한 우려를 해결하는 효과적이고 효율적인 절차와 도구를 사용할 수 있도록 그들의 행정적, 기술적 능력을 개발하는 적절한 업무 프로그램을 확립하기 위해 최선의 노력을 다해야 한다(업무 위임 사항의 4번 항목에 대한 회신 참조).

- 무역의 특정 부문을 다루는 전략

26. "비공식 부문"의 무역, 독점 대리인 거래 및 다국적 기업 내 이전가격 책정과 같이 세관 당국에 어려움을 줄 수 있는 사례를 관리하기 위한 적절한 전략이 개발되어야 한다.

• 무역 업계와의 파트너십

27. 무역업계와 세관당국 간의 상호 신뢰가 강화되어야 한다. 무역업계와 세관당국 모두가 평가협정과 무역 흐름의 다양성에 대한 협정의 적용 가능성에 대한 포괄적인 이해를 발전시킬 수 있도록 하는 훈련 프로그램이 수립되어야 한다.

2) 위험평가 도구로서 평가 데이터베이스의 개발 및 사용에 관한 가이드를 마무리하기 위한 노력을 강화한다. 위원회는 또한 TCCV가 다른 국제기구에 의해 수행되고 있는 유사한 작업과 협력 및 조정을 탐색할 것을 촉구한다.

28. 기술위원회는 위험평가 도구로서 평가 데이터베이스의 개발 및 사용에 관한 가이드라인의 완성을 지속적으로 추구하며 현재 초안을 검토하고 있다. 초안을 작성하면서, WCO 사무국은 ASYCUDA와 관련한 UNCTAD의 경험으로부터 도움을 얻기 위해 UNCTAD와 접촉했다. 또한 수많은 회원국 정부가 그들의 관세평가 데이터베이스 경험에 대한 정보를 제출하였다. 2003. 4. 24.과 25.에 WCO에서 열린 심포지움에서 회원국들은 위험평가 도구로서의 데이터베이스 사용에 관한 정보를 제공했다.

29. 기술위원회는 관세평가위원회에 완성된 최종 가이드라인을 제출할 것이다.

3) 다른 기구의 관련 업무를 고려하여, 관세평가에서 사기 및 사기 혐의와 관련된 경우에 적절한 세관 도구, 메커니즘 및 관행을 제안하고, 과세가격에 관한 정보 교환의 맥락에서 그러한 경우를 구별할 수 있는 가능성을 제안한다.

사기 또는 사기 혐의와 관련된 관세 도구, 메커니즘 및 관행

30. 이 회신에서 앞서 설명한 많은 도구들은 사기 및 사기 혐의를 포함한

사안을 해결하는데 매우 유용하게 사용된다. 세관 당국은 사기가 시도될 기회 및 발생을 예방하거나 최소화하는데 필수적인 역할을 하는 여러 가지 도구, 메커니즘 및 관행을 갖춰야 한다. 여기에는 다음이 포함되어야 한다. (1) 일반 행정 권한에 대한 규정을 포함한 적절한 일반 법률 체계, (2) 적절하고 잘 작동하는 세관 절차 및 통제, (3) 국제 무역 및 상업 관행에 관한 지식, (4) 수입 검증, 위험 분석 및 통제 역량, (5) 수입 후 통제, (6) 수입 후 심사 역량 및 그러한 심사를 수행할 권한, (7) 수입자들의 프로파일링과 추적 및 적절한 기록유지를 위한 내부 정보 시스템, (8) 경제 운영자들의 수입 의무와 재정적 성격의 추가 의무 사이의 관련성을 고려한 내부 정보 시스템, (9) 수입자의 회계 또는 재정적 (은행 포함) 기록을 조사하는 수단, (10) 관세 사기와 관련된 제재 및 처벌의 부과를 위한 법적 기반 시스템, (11) 물품 반출과 세입 보호를 위한 보증 시스템, (12) 사기가 의심되는 사안을 식별하기 위한 자동화 및 선별 시스템, (13) 사기를 입증하는 증거 수집을 돕기 위한 상호 및/ 또는 다자간 상호 행정 지원 협정.

31. 세관 당국은 평가 사기 및 사기 혐의와 관련하여 WCO 및 WCO의 각 위원회가 개발한 다양한 모든 도구들에 대하여, 모든 접근 권한을 가져야 하며, 이를 사용할 운영 능력을 개발했어야 한다. 이러한 도구 중 다수는 현재 개발 중이지만 2003년까지는 모두 사용할 수 있을 것이다. 이러한 도구들은 다음을 포함한다.[1)]

- 수입 후 심사 과정
- 평가 사기에 관한 위험평가 과정
- 거짓 또는 이중 송장을 사용한 상업적 사기를 방지하는 모델 작업
- WTO 평가협정에 따른 사기 통제를 위한 필수 요소에 대한 출판물
- 상업적 사기를 방지하기 위한 조치 매뉴얼
- 고위 세관 공무원을 위한 상업적 사기 매뉴얼
- 상업 사기 수사관을 위한 핸드북

---

1) http://www.wcoomd.org/en/topics/key-issues/cep/instruments-and-tools.aspx 여러 가지 매뉴얼이나 핸드북을 참고할 수 있다(譯註).

사기와 사기 혐의 간의 구분

32. 각 정부는 국내 법령으로 사기에 대한 정의를 내릴 수 있다. 하나의 국제적 정의는 '관세 범죄의 예방, 조사 및 억제에 관한 상호 행정 지원에 관한 국제 협약'(통상 "나이로비 협약"이라고 함) 제1조 (c)항에서 찾아볼 수 있다. 나이로비 협약에서 사기(fraud)는 "관세법 위반자가 세관을 속여 수출입 관세 및 기타 조세의 전부 또는 일부를 회피하거나 관세법에 규정된 금지행위 및 제한규정의 적용을 회피하거나 관세법에 반하여 어떠한 이익을 취하는 관세 범죄"라고 규정하고 있다. 또한, "관세 범죄"는 관세법 위반 또는 위반을 시도하는 것으로서 제1조 (b)항에 정의되어 있다.

33. 사기와 사기 혐의 간의 구분과 관련하여, 그러한 구분은 사기를 밝히는데 필요한 입증 책임과 그 책임을 충족시킬 수 있는 증거에 달려 있다. 평가 사기를 밝히는데 필요한 입증 책임을 명시하는 국내 법률이 마련되어야 한다. 입증 책임을 충족시키는 충분한 증거가 있는 경우 사기 혐의가 확인되고 사기가 성립된다. 평가협정의 어떠한 조항도 행정당국이 평가 사기의 경우에 엄격한 집행 규정을 제정하는 것을 막지 않는다.

4) 신고 가격의 정확성에 대한 우려를 다루는데 적합한 실무적인 기술 지원 및 역량 배양 계획을 포함하여, 세관 당국 간 협력과 지원을 다루는 원칙 및 실무에 관한 자료와 정보를 제공할 것.

세관 당국 간 협력과 지원을 다루는 원칙 및 실무

34. 관세 당국 간의 협력과 지원은 여러 형태를 취할 수 있으며, 공통 관심사항인 특정 문제를 해결하기 위해 설계된 특정 협력 메커니즘의 설정에 대한 세미나 또는 공동 훈련 활동을 포함한다. 관세법 위반 및 사기 방지와 관련하여, 현재 개별 행정 당국 간의 협력과 지원을 제공하는데 선호되는 방법은 (1) 세관 협력 협정, (2) 상호 행정 지원 협정으로 구성된다. 이들 협정은 과세가격의 정확한 결정과 관련한 문제를 포함하여 다양한 관세 이슈를 해결하는, 신뢰할 수 있고 헌신적이며 체계적인 지원을 위한 구체적 기반을 제공한다. 이러한 협정은 당사자의

실제 요구가 다루어지도록 함과 동시에 모든 관련 당사자들의 권리와 관련된 모든 필요한 보호장치가 고려되도록 보장할 수 있다.

35. 관세평가의 영역에서, 세관 당국 간 협력의 주요 속성은 평가협정의 실제 적용에서 얻은 교훈을 공유하는 능력과 협정 집행을 위한 모범 사례의 교환이다.

36. 기술위원회가 "세관 당국 간 협력과 지원을 다루는 … 실무에 관한 자료 및 정보 제공" 요청에 회신하는데 도움을 주기 위해, WCO 사무국은 가치 정보의 교환과 관련한 현재 실무 관행에 대한 설문지를 배포했다. 50개 이상의 회원국 및 옵저버들로부터 응답을 받은 결과, 세관 당국 간의 가치 정보의 교환은 일반적인 관행이며 대부분의 응답자들에게 합리적으로 잘 작동하는 것으로 나타났다.

신고가격의 정확성에 대한 우려를 다루는데 적절한 실무적 기술 지원 및 역량 배양 계획

37. 기술 지원 및 역량 배양 계획의 제공은, 과세가격 신고와 그에 따른 통제가 세입 보호를 위한 충분한 기반임을 보장하는 방식으로 평가 규정을 이행하는 데 있어 발생하는 문제를 처리할 수 있는 능력에 상당한 영향을 미칠 것이다.

기술위원회는 현재 국제적인 수준에서 이니셔티브의 주요 부분인 역량 배양에 중점을 두는 것에 전적으로 동의한다. 수혜국 정부의 특정 요구에 맞게 기술 지원 및 역량 배양 노력을 맞추는 것이 중요하다.

기존의 기술 지원 형식

38. 세관 공동체는 이미 다음을 확립하기 위한 집중적인 기술 지원 및 역량 배양 계획을 개발한 바 있다.
    - 평가협정에 대한 포괄적인 이해
    - 적절하고 투명한 국내법령, 규정 및 정책
    - 현대적인 수입 후 심사 시스템
    - 현대적인 위험 관리 프로그램
    - 현대적인 보증 시스템

- 컴퓨터 시스템
- 행정적/사법적 불복청구에 관한 절차
- 사기 혐의 사례의 조사 절차
- 상기 기능에 관한 세관 공무원의 적절한 훈련
- 자발적 법규준수를 촉진하는 절차
- 양자 또는 다자 간 상호 행정 지원 협정

39. 또한, 평가협정의 해석 및 적용에 있어 정부를 지원하기 위해 다음과 같은 자원을 이용할 수 있다.
    - 평가 통제 핸드북
    - 기초 평가 교육 모듈

40. 또한, 기술위원회는 평가협정의 이행 및 적용에 관한 실무 경험을 교환하는데 각 정부들을 지원하는 대체 수단을 수립했다. 이 지원은 기술위원회의 윤번 회의에서 열리는 테마 회의이다. 각 테마 회의는 대표단이 결정한 토픽이나 토픽시리즈에 전념한다. 현재기준 기술위원회 3가지 테마 회의를 위한 그 테마들은 아래와 같다.
    - 평가 위험을 관리하는데 위험평가의 적용(2000. 5.)
    - 수입 이후 심사 환경에서의 평가 관리(2001. 5.)
    - 관세평가협정의 이행 및 적용에 있어 행정적인 고려사항(2002. 4.)

41. 이들 회의에는 각 회원국 당국들뿐 아니라 민간 부문의 초청 연사가 참석한다. 그들은 평가협정의 적용을 통해 배운 지식과 교훈을 보다 실무적으로 전달하는 것으로 회원국들로부터 평가받고 있다.

42. WCO 사무국 및 다른 기부 기구(회원국 정부 포함)들이 최빈개발국과 개발도상국 회원국들에게 제공한 국가별 및 지역별 평가 기술 지원 프로그램과 WCO 펠로우십 프로그램은 매우 효과적이었다. WCO와 협력하여 다른 국제기구들도, 예를 들어 WCO/USAID(미국 국제 개발기구) 프로그램과 같이 이러한 분야에 더 많은 동기부여가 될 수 있었다. 또한, 기술위원회는 회원국 정부들이 양자 간 및 지역적인 기술 지원을 제공한다는 점에 주목했다.

43. 기술위원회는 모든 역량 배양 계획은 예비 진단 결과가 해당 세관 당국을 위한 개별 맞춤 프로그램의 기반을 형성하는 방식으로 수행되어

야 한다고 강조했다.

신(新) 역량 배양 계획

44. WCO 사무국은 현재 WCO Customs Capacity Building Framework을 개발 중이다. 이 체계는 회원국들이 오늘날의 국제 무역 환경에서 효과적이고 효율적인 현대적 세관당국이 되도록 보다 잘 갖출 수 있게 지원하고, 또한 기부 단체 및 정부들의 지원을 동원하기 위한 것이다.
45. Customs Capacity Building Framework는 다음을 위해 설계된 7가지의 개별적이지만 상호 관련된 부분으로 구성될 것이다.
    - 각국 정부, 국제기구 및 기부 기관에 효과적인 세관 행정의 중요성을 홍보한다.
    - 개발도상국 세관 당국의 역량 배양 프로젝트에 관여하는 WCO 직원, 회원국 정부의 세관 전문가들 및 민간 부문의 컨설턴트들을 위한 표준화된 진단 및 프로젝트 설계와 이행 가이드를 홍보한다.
    - WCO의 협약, 지침 및 모범 사례 접근 방식을 촉진한다.
    - WCO 및 회원국 정부의 고위 공무원을 위해 정보 및 마케팅 도구를 제공한다(고위 세관 공무원에게 국제기구 및 다른 정부 공무원들과의 토론/협상에 완전히 참여하는 데 필요한 정보를 보다 잘 제공하기 위하여).
    - 세계 은행/IMF와 같은 기부 기관들이 세관 능력 배양 요구를 이해하고 정확하게 진단하고, 실질적인 결과를 성취할 수 있는 프로그램을 설계하도록 지원한다.
46. 기술위원회는 또한 WCO의 역량 배양 도구 편람(Compendium of Capacity Building Tools)이 모든 회원들에게 제공되었다는 점에 주목했다. 이 편람은 WCO 사무국을 통해 현재 이용할 수 있는 광범위한 역량 배양 제품을 확인하고 설명하기 위해 개발되었다.

신고 가격의 정확성에 관한 우려를 다루는데 적절할 수 있는 잠재적인 추가역량 배양의 주도권

47. 제안된 역량 배양 노력은 특정 사례들에 대해 일하고 멘토링하는 정부

의 "자매 결연(twinning)"이다. 또한 수입자들과 상공회의소를 이 노력에 참여시키는 것도 중요하다.

48. 마지막으로, 무역업계는 수출국 및 수입국 세관 당국 모두에 정확하고 모호하지 않은 정보를 제공하는 중요한 역할과 책임이 있다. 무역업계가 자기의 책임을 보다 잘 이행할 수 있도록 하기 위해, 다음과 같은 조치가 고려되어야 한다.

- 세관에 제출되는 상업 송장의 정확성을 확립(또는 검증)하는 방법을 확인 및 조사하고, 해당 송장에 대한 권장 콘텐츠 데이터 세트를 고안하기 위해 적절한 국제기구와 협력할 것. 그 목적은 수입자들로부터 보다 직접적으로 이전에 검증된 거래를 확인(필요한 경우)하도록 유도할 수 있는 수입물품에 대한 보다 완전한 명세를 받기 위한 것이다. 이러한 정보는 평가협정 제1조가 부적절할 때뿐만 아니라 비교 가격 요청에 대해서도 제2조 및 제3조의 확대 적용에 사용될 수 있다.
- "가격 신고"의 기능적 사용을 조사하고, 신뢰할 수 있는 데이터 제공에 있어 수입자의 의무를 강화할 수 있는 적절한 권고안을 제공할 것
- 비공식 무역을 경험하고 있는 세관 당국의 관세평가에 관한 비공식 무역 부문의 역할 및 영향(경제적 영향 포함)을 연구할 것. 이 분야에서 세관 당국이 직면한 문제를 파악하고 국제적 또는 국가적 전략 해결책을 개발할 것
- 지역 상공회의소를 포함한 민간 부문과 협력하여, 비즈니스 및 관세기밀표준을 준수하면서 비즈니스 실무 기술 및 무역 트렌드에 대한 현지 세관당국의 직원을 위한 교육 프로그램을 개발하고 제공할 것

결론

49. 기술위원회는 위원회의 업무 위임 사항에 응답할 수 있게 된 것을 기쁘게 생각하며, 위원회의 요청에 따라 이와 관련하여 추가 작업을 수행할 준비가 되어 있다.

부록: 관세 평가 정보의 교환에 대한 지침

전문

이 지침은 세관 당국 간의 평가 정보의 교환을 용이하게 하기 위해 작성되었다. 이는 (1) 수출국의 세관 당국에 정보를 요청하기 전에 수입국의 세관 당국이 취해야 할 평가 검증 조치에 관한 체크리스트와 (2) 수입국 및 수출국 세관 당국 모두에 적용되는 평가 정보의 교환에 대한 일련의 권고 절차로 구성되어 있다.

WTO 평가협정의 규정에 따라, 관세 목적의 물품의 평가를 위한 기초로서, 가능한 한 최대한으로 물품의 거래 가치이어야 한다. 만약 (관세평가위원회의 결정 6.1 및 관세평가기술위원회의 결정 6.1의 적용에 관한 사례 연구 13.1을 고려하여) 수입국의 세관 당국이 신고된 가치의 진실성이나 정확성을 의심할 만한 합리적인 근거를 가지고 있다면, 그 당국은 수입물품의 과세가격이 제1조의 규정에 따라 결정될 수 없다고 결론 내릴 수 있다.

세관 당국 간의 평가 정보의 교환은 신고가격의 진실성이나 정확성을 의심할 만한 합리적인 근거가 있고 사기가 의심될 때 사용할 수 있다. 이 정보는 과세가격을 결정하는 기초로 사용해서는 아니 된다.

정보 교환은 효과적인 평가 통제 솔루션의 일부일 뿐이며, 보다 포괄적인 접근 방식의 일부여야 한다. 성공적인 평가 통제는 세관 당국의 개혁과 현대화에 대한 장기 전략에 달려있다. 특히, 세관당국은 관세평가 통제 체제 개선의 기초가 되는 정보 기반 위험평가 및 통관 후 심사 시스템을 사용하는 통제 메커니즘에 의존해야 한다. 집중적인 역량 배양 및 기술 지원 노력 또한 요구된다.

평가 정보를 요청함에 있어, 요청하는 정부는 요청받는 정부에 대한 관련 자원 및 비용의 영향을 염두에 두어야 한다. 요청과 관련된 재정적인 이익과 정보제공에 필요한 노력 간의 비례의 원칙을 고려해야 하며, 경솔한 요청은 피해야 한다.

본 지침의 절차에 따라 제공된 모든 정보는 해당 기밀 유지 규정에 따라 다뤄져야 한다.

수출국 세관 당국에게 정보를 요청하기 전에 수입국 세관 당국이 취해야 할 평가 검증 조치에 관한 체크리스트

1. 수출국의 세관 당국에게 정보를 요청하기 전에, 요청하는 당국은 가능한 한 수입국에서 모든 적절한 검증 절차가 수행되었는지 확인하여야 한다. 아래 목록은 전부는 아니지만 요청하는 당국에게 요청할 내용을 확인하는 체크리스트를 제공하고 있다.

과세가격 신고 또는 통관 절차

(a) 모든 적절한 문서가 세관에 제공되고 검사되었을 것. 여기에는 다음이 포함될 수 있다.

(i) 세관 신고서
(ii) 선하 증권
(iii) 상업 송장
(iv) 판매 계약서
(v) 가격신고서
(vi) 지급 및 은행 기록
(vii) 라이선스 및 보증 계약과 같은 기타 법적 문서
(viii) 관련 서신

(b) 내부 (세관) 조사 및 분석이 수행되었을 것. 여기에는 다음이 포함될 수 있다.

(i) 동일한 수입자의 이전 수입 기록이 확인되었을 것
- 세관 신고서
- 신고된 가치
- 납부된 관세
- 평가 방법
- 기타 과거 기록들

(ii) 위험평가 및 위해 분석 절차가 완전히 수행되었을 것, 여기에는 적절한 데이터베이스 자원의 사용이 포함될 수 있다.

수입자의 상태와 관련한 확인 사항

여기에는 다음의 사항이 포함될 수 있다.

(a) 관세범죄 기록의 조사 여부
(b) 세무 당국과의 법규 준수의 확인 여부
(c) WCO CEN 데이터베이스의 점검 여부

수입자와의 연락

(a) 수입자가 세관당국의 의심할 만한 이유를 서면으로 통지받았는지 여부
(b) 수입자가 추가 정보를 제출할 것을 요청 받았는지 및 수출자와 수입자 간의 서신 사본을 포함하여 제공되어야 할 증거의 수준을 통지받았는지 여부
(c) 수입자가 적절하게 면담을 하였는지 여부

수입 후 심사 과정에서 확인할 사항(적절한 경우)

(a) 거래와 관련된 재무 기록의 검증
(b) 무역 거래자의 시스템 검증
(c) 계약서를 포함한 상업 기록의 검토
(d) 수입업자와의 면담

2. 관련 체크리스트 항목을 따른 후에도, 신고가격의 진실성이나 정확성을 의심할 만한 합리적 근거가 여전히 있고, 사기가 의심되는 경우, 가능한 한 범위에서 다음 권장 절차에 따라 수출국의 세관 당국에 지원을 요청할 수 있다.

과세가격 결정 자료의 교환을 위한 권장 절차

1. 수출국의 세관 당국에 요청하는 평가 관련 정보는 수입자가 신고한 과세가격의 진실성이나 정확성 및 의심되는 사기혐의를 확인하는 데 필요한 정보에 한정되어야 한다. 요청된 정보는 수출국의 세관 당국에 제출된 수출신고서/통관신고서 기재 사항에 명시된 물품의 가치를 포함할

수 있다.

2. 세관 당국 간의 평가 정보 교환을 위한 적절한 조건을 규정하기 위해 양자 또는 다자 간 상호 행정 지원 협정의 사용이 권고된다.
3. 평가 정보 교환에 관한 의사소통은 해당 목적을 위해 지정된 적절한 사무소 간에 이루어져야 한다. 해당 세관 당국은 WCO 사무총장에게 지정된 사무소를 통지하여야 한다. 사무총장은 회원국들이 WCO 회원국 웹사이트에서 지정된 사무소들에 관한 정보를 이용할 수 있도록 할 것이다.
4. 정보 요청은 서면 또는 전자적으로 이루어져야 한다. 요청받은 세관 당국은 전자적 요청에 대한 서면 확인을 요구할 수 있다. 상황에 따라 필요한 경우 구두로 요청할 수 있다. 그러한 요청은 가능한 빨리 서면 또는 요청 및 피요청 정부가 받을 수 있는 경우 전자적인 방법으로 확인되어야 한다.
5. 정보 요청은 다음 사항을 명시해야 한다.
   (a) 요청 목적 및 요청된 정보의 유형
   (b) "체크리스트"에 따라 요청하는 세관 당국이 취한 조치
   (c) 물품 식별에 필요한 정보 및 수출 신고서/통관신고서. 다음이 포함될 수 있다.
      (i) 물품에 관한 세부 사항(이름, 수량, 품목번호, 선적 표시, 포장 번호, 송장 번호 등)
      (ii) 수입자/구매자/수하인의 이름 및 주소
      (iii) 수출자/판매자/송하인의 이름 및 주소
      (iv) 운송 수단 및 운송 서류 번호
      (v) 출발/수출 일자 및 장소
      (vi) 도착/수입 일자 및 장소
   (d) 요청하는 당국이 유용하다고 판단하는 기타 정보
6. 요청받은 세관 당국은 행정적으로 가능한 한 빨리 요청한 세관 당국에 요청을 수령하였음을 통지하여야 한다.
7. 요청된 정보는 수출국의 법률 및 행정 규정에 따라, 그리고 세관 당국의 역량 및 가용 자원의 한도 내에서, 가급적 상호 합의된 기간을 기준으로 가능한 한 빨리 제공되어야 한다. 정보 요청에 대한 회신은 가능한 한

완전하고 정확하게 요청된 정보를 제공하여야 한다. 회신에는 적절한 경우, 다음 정보가 포함될 수 있다.

(a) 수출 화물이 확인되었는지 여부

(b) 수출 통관 서류가 검증되었는지 여부

(c) 세관 당국의 기록이 참조되었는지 여부

(d) 해당 정보를 다른 관련 정부 기관에서 구했는지 여부

(e) 수출자/판매자/송하인과 협의하였는지 여부

8. 요청받은 세관 당국이 신속하게 해당 정보를 제공할 수 없는 경우, 요청한 세관당국에 정보 제공이 불가능하거나 지연된 이유를 통지하여야 한다.

〈부록 6〉

평가 통지 요구에 관한 WTO 핸드북

세계무역기구
WT/TC/NOTIF/VAL/1
1996년 9월 9일
원문: 영어

통지 요구에 대한 기술 협력 핸드북

1994년도 GATT 제7조의 이행에 관한 협정

1. 통지 요구에 대한 핸드북의 이 절은 1994년도 GATT 제7조의 이행에 관한 협정에 따른 통지 의무를 다룬다. 이 절은 다음의 5개 부로 구성된다.

   제1부: 통지 요구 개요
   제2부: 통지 의무 목록
   제3부: 가이드라인과 형식에 관한 문서
   제4부: 통지 "모의" 예시
   제5부: 협정문

2. 가입국의 경우, 통지서 제출 마감 기한은 각 가입 의정서에 따라 결정된다.

> 주: 이 통지 요구에 대한 핸드북은 각 협정(들)에 따른 통지 의무에 대한 법적 해석을 구성하지 않는다. 이는 회원국들이 통지 의무를 준수할 수 있도록 지원하기 위해 사무국이 작성하였다.

VAL－Ⅰ

1994년도 GAIT 제7조의 이행에 관한 협정 통지 요구사항 개요

(A) 입법 관련 통지 요구사항

(Ⅰ) 도쿄라운드 관세평가협정 비서명 회원국

(ⅰ) 국가 법령의 통지 및 회람

완전한 전체 법령의 통지는 1995년 5월 12일 첫 회의에서 WTO 관세평가위원회가 채택한 결정에 의해 다루어지는데, 여기에서는 도쿄라운드 협정 비서명 회원국들은 관세평가에 대한 도쿄라운드 위원회가 "국가 법령의 통지 및 회람"에 관해 규정한 절차를 채택해야 한다고 합의하였다. (G/VAL//5 para.B.2(i) 및 (ii)).

- 회원국들은 자국의 관세평가와 관련한 법령(법률, 규정 등)의 전문을 3개의 WTO 공식 언어 중 하나로 가능한 한 빨리 사무국에 제출하며, 위원회는 이것을 위원회 문서로서 제출된 언어로 다른 회원국들에게 회람한다. 위원회에 특정회원국의 텍스트가 다른 WTO 공식 언어로도 이용할 수 있다는 일반적인 관심이 표명되는 경우, 이 텍스트는 번역되어 위원회 문서로 회람된다. 국가 법령이 WTO 공식 언어가 아닌 경우, 원문 역시 사무국에 제출되어야 하며, 이는 검증목적으로 공개될 것이다.
- 협정 제20조 제1항 및 제2항 규정을 이용할 수 있는 개발도상국 국내법령의 텍스트는, 개발도상국이 협정 규정의 적용을 시작하기 이전에 위원회에 제공될 것으로 이해된다.

(ⅱ) 법령, 규정 및 이들의 집행에 대한 변경

제22조 제2항의 통지 요구사항은 회원국들의 관세평가 법률 및 규정에 도입된 변경 또는 수정과 관련되며, "각 회원국은 이 협정과 관련한 자국의 법률 및 규정과 그러한 법률 및 규정의 집행상의 변경에 대하여 위원회에 통보해야 한다"라고 규정하고 있다.

(iii) 쟁점별 체크리스트

WTO 관세평가위원회는 1995년 5월 12일 회의에서 도쿄라운드 관세평가위원회가 국내법령의 최초 조사의 기초로서 역할을 하도록 정교하게 만든 쟁점별 체크리스트 시스템을 계속하기로 합의하였다.

WTO 위원회는 또한 도쿄라운드 협정 비서명 회원국들은 해당 회원국이 관세평가협정의 적용을 시작한 시점 또는 그 이후 가능한 한 빨리 쟁점별 체크리스트에 대한 답변을 제출해야 한다는 데 동의하였다.

(Ⅱ) 도쿄라운드 관세평가협정 서명 회원국

도쿄라운드 관세평가협정 서명국이자 자국 법령을 검토받은 회원국의 경우, WTO관세평가위원회는 1995년 5월 12일 회의에서, 이들 회원국은 도쿄라운드 관세평가협정에 따라 통지한 쟁점별 체크리스트에 대한 응답과 해당 법률이 여전히 유효하다는 사실을 사무국에 전달하여야 한다는 데 동의하였다. 또한, 1996년 4월 25일 위원회 회의에서, 이들 회원국은 도쿄라운드 관세평가협정에 따라 통지된 쟁점별 체크리스트에 대한 응답이 WTO 관세평가협정에서 더 이상 유효하지 않은 경우에만 쟁점별 체크리스트에 대한 응답을 제출해야 한다는 점에 동의하였다. 회원국의 관세평가 법률 및 규정에 대한 개정은 제22조 제2항에 따라 위원회에 통지되어야 한다.

(B) 개발도상국에 의해 발동된 특별 및 차등 조항에 대한 통보

(Ⅰ) 도쿄라운드 관세평가협정 비서명 회원국

제20조 제1항은 도쿄라운드 관세평가협정 서명국이 아닌 개발도상국이, WTO 협정이 그 나라에 대해 효력이 발생한 날로부터 5년을 초과하지 않는 기간 동안 WTO 관세평가협정의 적용을 유예할 수 있도록 한다. 이 규정은 나아가 "이 협정의 적용을 유예하고자 하는 개발도상국 회원국은 그에 따라 WTO 사무총장에게 이를 통보해야 한다"고 명시하고 있다. 이 통보는 가급적 해당 개발도상국 회원국에 대한 WTO 협정의 수락 시점에 이루어져야 한다.

제20조 2항은 도쿄라운드 관세평가협정 서명국이 아닌 개발도상국이, WTO 관세평가협정의 다른 모든 규정을 적용한 이후 추가로 3년의 기간 동안 동 협정의 특정 규정의 적용을 유예할 수 있도록 한다. 이 규정을 적용하고자 하는 개발도상국 회원국들은 "그에 따라 WTO 사무총장에게 통

보"하여야 한다. 이 통보는 가급적 늦어도 해당 개발도상국 회원국이 관세평가협정의 적용을 시작하기 이전에 이루어져야 한다.

부속서 III의 제1항은 관세평가협정 제20조 제1항에 규정된 5년의 유예기간을 적용한 개발도상국 회원국이 동 기간의 연장을 요구할 수 있도록 한다. 이러한 요청은 제20조 제1항에 규정된 유예기한이 만료되기 전에 위원회에 통보되어야 한다.

부속서 III의 제2항은 "현재 공식적으로 설정된 최저가격을 기초로 물품을 평가하는" 개발도상국들이 "회원국들이 동의한 조건하에서 제한적이며 과도기적인 기초로 그와 같은 가격을 유지할 수 있도록" 유보할 수 있게 한다. 이와 관련하여, WTO 관세평가위원회는 1995. 5. 12. 회의에서 이들 유보에 관해 도쿄라운드 관세평가 위원회가 설정한 절차를 채택하기로 합의하였다.

부속서 III의 제2항에 따른 유보의 경우, 유보를 하고자 하는 회원국은 최저 과세가격(또는 유사한 제도)를 유지하고자 할 때의 조건이 포함된 제안서를 (사무국을 경유하여) 위원회에 통보하여야 한다. 이러한 제안서는 해당 유보의 조건에 대한 합의에 도달하기 위해 위원회에서 논의될 것이다. 합의는 가능한 한 빨리 이루어져야 하며, 늦어도 제20조 제1항의 가능성을 이용한 회원국이 협정의 규정을 이행하기 시작하는 날보다 늦지 않게 이루어져야 한다.

이러한 유보를 하고자 하는 개발도상국 회원국은 WTO 협정을 수락할 당시에 유보를 해야 한다. 그런 다음 해당 회원국은 위원회에 이 시스템을 유지하고자 하는 조건에 대한 제안서를 제출하여야 한다. 이 제안서는 개발도상국 회원국에 대한 관세평가협정의 적용일 이전에 제출되어야 하며, 위원회가 그러한 조건에 대한 합의에 이를 수 있는 충분한 시간을 제공해야 한다.

부속서 III의 제3항은 개발도상국 회원국이 수입자의 제5조와 제6조의 순서 변경 요청을 거절할 수 있는 자국 세관 당국의 권리를 가질 수 있도록 한다. 이 유보에 대한 통보는 가급적 WTO 협정을 수락한 시점 또는 해당 개발도상국 회원국이 관세평가협정을 적용하기 전에 이루어져야 한다.

부속서 III의 제4항은 개발도상국 회원국이 수입자의 요청 여부와 관계없이 협정 제5조 제2항을 적용할 수 있는 자국 세관 당국의 권리를 가질 수 있도록 한다. 이 유보의 통보는 가급적 WTO 협정을 수락한 시점 또는 해당 개발도상국 회원국이 관세평가협정을 적용하기 전에 이루어져야 한다.

(Ⅱ) 도쿄라운드 관세평가협정 서명 회원국

도쿄라운드 관세평가협정 서명 회원국의 경우, 1995. 1. 31. 총회 (WT/L/38)에서 채택된 "1979년 관세평가협정에 따라 개발도상국들이 발동한 관세평가협정의 적용 유예 및 유보 규정의 WTO 관세평가협정에서의 계속적 적용"에 관한 결정을 고려하여, 도쿄라운드 관세평가협정에 따라 이루어진 적용 유예 및/또는 유보 발동의 통지는 WTO 관세평가협정하에서도 계속 유효하다.

VAL-II
1994년 GATT 제7조의 이행에 관한 협정(관세평가)
통지 의무

구분	통지 요건	조치 유형	주기성	양식	통지 회원국	통지처
1	1994년 GATT 제7조의 이행에 관한 협정 제20조 제1항	관세평가협정 적용 연기	관련 회원국에 대한 WTO 협정 발효시 1회	없음	WTO 회원국-임시(도쿄라운드규칙 체약국이 아닌 개발도상회원국)	WTO 사무총장
2	1994년 GATT 제7조의 이행에 관한 협정 제20조 제2항	관세평가협정 제1조 제2항 (b)(iii) 및 제6조의 적용 연기	관련 회원국에 대한 WTO 협정 발효시 1회 또는 관세평가협정의 다른 조항의 적용 이전	없음	WTO 회원국-임시(도쿄라운드규칙 체약국이 아닌 개발도상회원국)	WTO 사무총장
3	1994년 GATT 제7조의 이행에 관한 협정 제22조 제2항	법률, 규정 및 이행 방식의 변경 (제22조에 관한 통지 언어 관련: 관세평가위원회 발급 문서	임시	없음	WTO 회원국-임시	관세평가위원회
4	1994년 GATT 제7조의 이행에 관한 협정 부속서 III 제1항	관세평가협정 적용연기의 연장	관세평가협정 제20조 제1항에 따른 기간 만료 이전	없음	WTO 회원국들(개발도상국 회원국으로서, 도쿄라운드규칙 체약국이 아닌 제20조 제1항의 적용국과 5년의 유예 기간이 만료되지 않은 도쿄라운드규칙 체약국들)	관세평가위원회
5	1994년 GATT 제7조의 이행에 관한 협정 부속서 III 제2항	최저가격에 대한 유보	해당 회원국에 대한 WTO 협정 발효 즉시	없음	WTO 회원국들-임시(도쿄라운드규칙 체약국이 아닌 개발도상국 회원국들)	관세평가위원회
6	1994년 GATT 제7조의 이행에 관한 협정 부속서 III 제3항	제4조(평가방법에 대한 순차적 적용)에 대한 유보	해당 회원국에 대한 WTO 협정 발효 즉시	없음	WTO 회원국들-임시(개발도상국 회원국들)	관세평가위원회
7	1994년 GATT 제7조의 이행에 관한 협정 부속서 III 제4항	제5조 제2항(추가 가공된 수입물품 가격)에 대한 유보	해당 회원국에 대한 WTO 협정 발효 즉시	없음	WTO 회원국들-임시(개발도상국 회원국들)	관세평가위원회

구분	통지 요건	조치 유형	주기성	양식	통지 회원국	통지처
8	1994년 GATT 제7조의 이행에 관한 협정 제22조 국내 법령의 통지 및 회람에 관한 결정(1995. 5. 12. WTO 위원회 채택)	국내 법령의 통지 도쿄라운드 협정에 따른 법령 유효성 통보-해당되는 경우	1회(관세평가협정이 발효되고 가능한 빨리) 1회(관세평가협정이 발효되기 전) 1회(가능한 빨리)	없음 없음 없음	WTO 회원국(관세 평가협정 적용을 연기하고 도쿄라운드규칙 체약국인 개발도상국회원국 제외) 관세평가협정 적용 연기한 개발도상국 회원국 도쿄라운드규칙 체약국이었던 WTO 회원국	관세평가위원회 관세평가위원회 관세평가위원회
9	1994년 GATT 제7조의 이행에 관한 협정 사안별 체크리스트에 대한 결정 (1995. 5. 12. 및 1996. 4. 25. WTO 위원회 채택)	사안별 체크리스트에 대한 응답	1회(관련 회원국이 협정 적용을 받는 시점 이후 가능한 빨리)	G/VAL/W/5 (부속서)	WTO 회원국(관세 평가협정 적용을 연기하고 도쿄라운드규칙 체약국인 개발도상국 회원국 제외)	관세평가위원회
10	1994년 GATT 제7조의 이행에 관한 협정 수입물품 과세가격에서 이자비용의 처리에 관한 결정 (G/VAL/5 para.A.3-1995. 5. 12. WTO 위원회에서 채택)	회원국이 해당 결정을 적용하기로 한 일자	1회	없음	WTO 회원국-임시	관세평가위원회
11	1994년 GATT 제7조의 이행에 관한 협정 데이터 처리장치를 위한 소프트웨어 전달 매체의 평가에 관한 결정 (G/VAL/5 para. A.4-1996. 5. 12. WTO 위원회에서 채택)	해당 결정 제2항에 규정된 관행의 적용 일자	임시	없음	WTO 회원국-임시	관세평가위원회

〈부록 7〉

WTO 분쟁 해결 사례 요약 – 관세평가

세계무역기구 분쟁 해결 사례 요약[1] 관세평가 1995~2022. 6월말 기준

1) 원저서상에는 WTO 분쟁해결기구에 통지된 협의 요청서상 GATT 제7조 또는 WTO 관세평가협정에 대한 법적 해석이 요구되는 WTO 분쟁해결 사건은 집필시점인 2009. 5. 기준, DS371(2008. 2. 7.)을 마지막으로 16건의 분쟁해결 사건목록을 보여주고 있으나, 협정별 분쟁해결 사이트(https://www.wto.org/english/tratop_e/dispu_e/dispu_agreements_index_e.htm)에는 18건의 내역이 게재되어 있다. DS591(2019. 11. 15.)을 마지막으로 3건이 추가되었으므로 19건이 되어야 하나, 이 사이트에서는 원서에 게재된 분쟁 사건번호 DS25(1995. 12. 12.)을 DS(1995. 10. 3.)와 분쟁의 쟁점이 같다고 보아 DS25(1995. 12. 12.)은 제외하고 18건으로 표시한 것으로 보인다(譯註).

피고	원고	평가 내용	결과/상태	사건번호	개시일자
콜롬비아	유럽공동체	쟁점 품목은 감자(원산지: 벨기에, 네덜란드, 독일)로 안티덤핑이 주요 쟁점이었으나 평가협정과 관련하여서는 제10조(정보보호)가 관련	필리핀 요청에 따라 패널 구성(2020. 8. 24.)	DS591	2019. 11. 15.
러시아	유럽공동체	품목(paper and paperboard, palm oil and its fractions, refrigerators and combined refrigerator-freezers) 분류에 대한 쟁점 등	러시아는 DSB의 추천 및 결정에 따라 이행하였음을 통보(2016. 11. 10.)	DS485	2014. 10. 31.
페루	과테말라	과테말라가 수출한 쌀, 설탕, 옥수수, 우유 및 낙농품에 대하여 페루가 추가 관세를 부과	• 페루는 DSB의 추천에 따라 자국의 가격범위시스템을 수정 • 과테말라와 페루는 DSU의 제21조 및 제22조에 규정에 의해 상호합의 통보(2016. 4. 11.)	DS457	2013. 4. 12.
태국	필리핀	• 수입 담배를 세관 유치에서 반출하기 위해 수입자에게 요구된 보증금의 계산 및 최종 평가 금액을 결정하는데 "자의적으로 사전-결정된 가치"의 사용 • 수입 담배의 가치를 결정하기 위한 근거 및 방법에 관하여 수입자에게 설명을 제공하지 않고 공표하지도 않음 • 기밀 정보의 공개	필리핀 요청에 따라 패널구성(2008. 11.)	DS371	2008. 2. 7.
태국	유럽공동체	• 유럽공동체로부터 수입된 주류 및 기타 제품의 관세평가를 위해 "자의적 가치"의 사용 • 자의적 가치("평가 가치")는 수입자가 제공한 거래가격과 관계없이, (3) 태국 시장에서 해당 물품의 도매가격에서 (1) 표준이익률 및 일반경비와 (2) 지급된 관세 및 내국세를 공제하여 계산된 것이라고 주장 • 추가로, 설명이나 공개되지 않는 출처를 근거로 세관 당국이 표준 이익률 및 일반경비를 고정시켰다고 주장	협의 중	DS370	2008. 1. 25.

피고	원고	평가 내용	결과/상태	사건번호	개시일자
콜롬비아	파나마	콜롬비아가 자유무역협정에 서명한 국가를 제외한 모든 국가에서 원산 및/또는 수입되는 특정 물품에 대해 관세평가를 위한 지표 단가 혹은 추정 가격을 사용	• 패널 결정, 2009. 4. 27.(WT/DS366/R), 파나마 승소의견 패널은 콜롬비아가 관세평가 목적으로 지표가격을 사용하는 것이 순차적 방식으로 제1조, 제2조, 제3조, 제5조, 제6조를 적용하는 협정에 따른 의무에 "그와 같이" 부합하지 않는다고 결정 • 패널은 콜롬비아가 관세평가 목적으로 지표가격을 사용하는 것이 순차적 방식으로 1, 2, 3, 5, 6조를 적용하는 협정에 따른 의무에 "그와 같이" 부합하지 않는다고 결정 • 패널은 또한 콜롬비아가 두 개의 가치 중 높은 가치를 사용하거나 최저가격을 대상 물품의 과세가격으로 사용하도록 의무화하는 지표가격 사용이 협정 제7조 제2항 (b) 및 (f)에 "그와 같이" 부합하지 않으며, 이에 따라 그러한 방법은 제7조 제1항에 따라 허용된 협정의 "원칙 및 일반 규정에 부합하는 [관세평가의] 합리적 방법"에 해당하지 않는다고 결정	DS366	2007. 7. 12.
콜롬비아	파나마	파나마 및 기타 특정 국가 및 관세영역에서 생산 및/또는 수입되는 특정 물품의 관세평가에 대한 지표 단가 또는 추정 가격의 사용	• 상호합의 해결책 통지 • 콜롬비아는 문제가 된 조치들을 철회했고, 당사자들은 "세관 협력 및 교류 협정" 체결(2006. 12. 1.)	DS348	2006. 7. 20.
멕시코	과테말라	특정 제품의 관세평가를 위해 공식적으로 설정된 최저가격 사용	상호합의 해결책 통지(상세설명 제외)(2005. 8. 29.)	DS298	2003. 7. 22.
아르헨티나	브라질	최저 과세가격 기준으로 결정된 수입 가금류의 관세평가	• 평가 문제는 더 이상 진행되지 않음 • WTO 패널 제시 및 결정 분쟁 내용은 반덤핑협정 관련 내용만 포함(WT/DS241/R (2003. 4. 22.))	DS241	2001. 11. 7.

피고	원고	평가 내용	결과/상태	사건번호	개시일자
벨기에	미국	수입 쌀의 관세평가를 위한 기준가격 사용과 관세평가 결정의 투명성 부족	• 상호합의 해결책 통지 • 벨기에는 "제출된 새로운 증거를 기초로 쟁점 관세를 재결정"하였고, 당사자 동의를 통해 문제 해결(2002. 1. 2.)	DS210	2000. 10. 12.
루마니아	미국	특정 제품의 관세 평가를 위해 공식적으로 설정된 최저가격 사용	(i) 과세가격을 결정하기 위해 최저기준가격을 사용하지 않기로 함 (ii) WTO 협정의 평가 방법과 세관당국이 신고가격의 진실성 및 정확성을 의심할 만한 이유가 있는 경우에 관한 결정의 무조건적인 사용을 재확인하는 "특별 법적 조치"를 이행하기로 함 (iii) 평가 데이터베이스 시스템을 신고가격의 수용 여부 결정 목적이 아닌 위험평가 과정의 도구로서만 사용하기로 함 미국은 위험평가에 관한 자료를 루마니아에게 제공하고 위험평가와 관련된 기술지원을 제공하는 방법과 수단을 확인하기로 합의	DS198	2000. 5. 20.
브라질	미국	특정 제품의 평가를 위한 최저가격 사용	보류 중, 패널 구성에 대한 요청이 없으며 상호합의 해결책에 대한 통보도 접수되지 않음	DS197	2000. 5. 30.
브라질	유럽공동체	특정 제품의 평가를 위한 최저가격의 사용 및 최저가격 설정 조치의 미공표	보류 중, 패널 구성에 대한 요청이 없으며 상호합의 해결책에 대한 통보도 접수되지 않음	DS183	1999. 10. 14.
유럽공동체	인도	쌀에 대한 특정 수입 관세를 결정하기 위해 누적회복시스템(CRS)를 통한 유럽위원회의 제한 조치 결과로 WTO 협정 제1조부터 제7조, 제11조 및 부속서 I을 침해	보류 중, 패널 구성에 대한 요청이 없으며 상호합의 해결책에 대한 통보도 접수되지 않음	DS134	1998. 5. 27.

피고	원고	평가 내용	결과/상태	사건번호	개시일자
아르헨티나	미국	특정 섬유, 의류 및 신발류 수입에 대한 아르헨티나의 "최저 종량관세" 또는 종가 관세율 중 높은 관세 적용에 대한 항소. "최저 종량관세"는 동일한 관세율표 범주의 상품에 대한 "평균" 수입 가격에 대해 WTO 제한 세율인 종가 관세율을 곱하여 결정된다. 기타 주장들 중에서도 미국은 아르헨티나가 종량 관세를 결정하는데 있어 실제 거래가격 대신 "평균수입 가격"을 사용하는 것이 "[…] 양허의 가치를 손상시키기 위해" 평가 방법을 바꾸는 것과 "자의적이거나 가공적인 가치"의 사용을 금지하는 GATT 제7조에 위배된다고 주장했다.	• WTO 패널은 아르헨티나가 부과한 최저 종량 관세는 GATT 제2조에 위배된다고 결정했다. 관세평가 청구건 판단유보(WT/DS56/R 1997. 11. 25.) • 항소기구 상정 패널 보고서 (WT/DS56/AB/R 1998. 3. 27.)	DS56	1996. 10. 4.
유럽공동체	우루과이	DS17 동일 근거	해결 및/또는 미진행	DS25	1995. 12. 12.
유럽공동체	태국	EC 규정은 수입 쌀에 부과되는 관세를 계산하는 독특한 방식을 정의함으로써 GATT 조항 및 WTO 평가협정을 위반한다. 즉, 수입 쌀의 특정 종류에 따라 일정 비율만큼 더하고 수입 가격을 뺀 수입시 해당 제품에 대해 유효한 "조정 구매가격"	해결 및/또는 미진행	DS17	1995. 10. 3.
유럽공동체	미국	특정 곡물 수입에 적용할 관세를 결정하기 위한 EC의 "기준 가격 시스템"의 사용	• 해결됨. 평가 주장에 대한 결정은 없음 • 미국은 EC가 본 문제에 대한 당사국 간 합의를 이행하는 규정을 채택했다는 사실을 고려하여 패널 요청을 철회	DS13	1996. 11. 21.
유럽공동체	캐나다	밀가루 수입에 대한 관세를 결정하기 위해 거래가격이 아닌 EC의 기준 가격 사용	• 해결 및/또는 진행하지 않음 • 패널은 1995년 설치되었지만 더 이상의 조치는 취해지지 않음	DS9	1995. 6. 30.

〈부록 8〉

WTO 웹사이트 및 공식 문서

WTO 웹사이트 검색[1)]

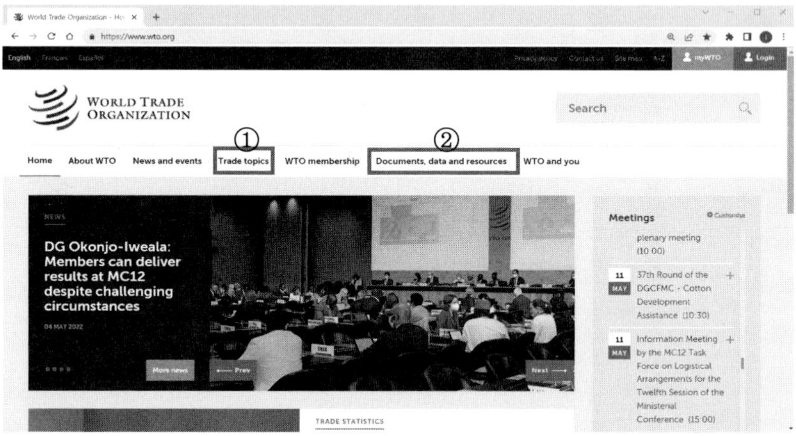

WTO 웹사이트(https://www.wto.org/)에서 관세평가 자료의 접근은 사용하기 쉽게 메뉴로 접속할 수 있도록 되어 있다.

각 메뉴는 게이트웨이로 연결되어 해당 주제의 모든 자료에 대한 링크를 제공한다. 본 텍스트의 참고자료는 각 자료를 찾을 수 있는 위치를 알려준다. 본 자료는 상단에 있는 검색 링크 중 하나 혹은 사이트의 다른 페이지로부터 시작하여 게이트웨이를 통과하는 경로 형태이다.

예를 들어, 관세 평가에 관련된 자료를 찾고자 하면, 본 게이트웨이 열람 및 링크를 통해 이동할 수 있다.

그리고 원서는 1가지 방법만 소개하였으나 1가지 더 추가하여 설명한다.

---

1) 여기 "웹사이트 안내" WTO 소개자료에서 발췌, WTO의 이해, 3(2007)에서 발췌 설명은 10여 년 전 기준 설명으로 현재는 Website의 대폭적인 구조변경이 있었고 예시의 검색엔진도 Mozilla Firefox open−source인 web browser를 사용하였으나 현재는 대다수가 Google의 검색엔진을 사용하고 있어 이를 기준으로 전체를 새롭게 설명한다(譯註).

1. www.wto.org > Trade topics > Goods > Customs Valuation

마우스로 링크를 직접 클릭하거나 사이트 웹페이지 상단에 있는 “trade topics” 링크 위에 마우스를 올려놓으면 브라우저에서 나타나는 드롭 다운 메뉴를 통해 해당 경로를 따라갈 수 있다.

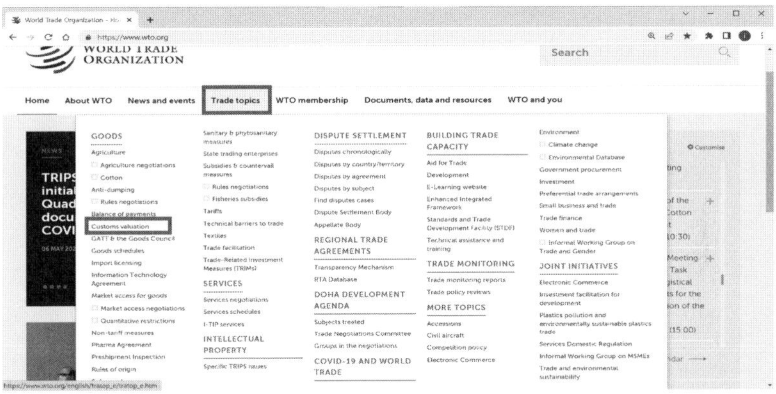

“customs valuation” 링크를 클릭하면 Customs Valuation 게이트웨이에 도달할 수 있다.

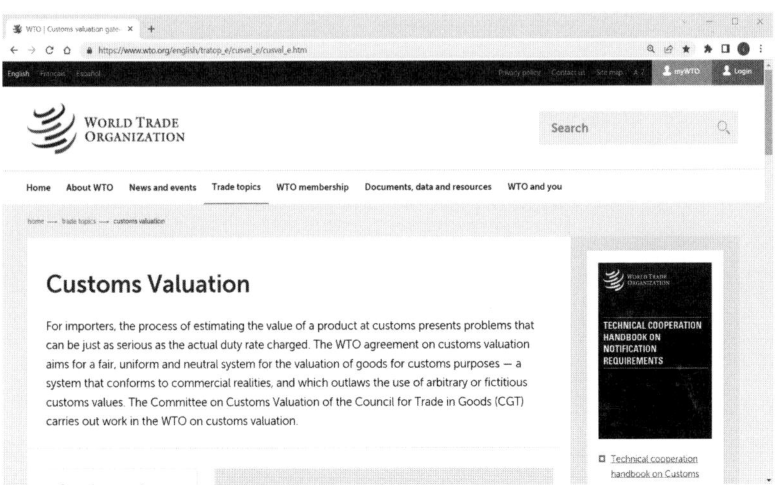

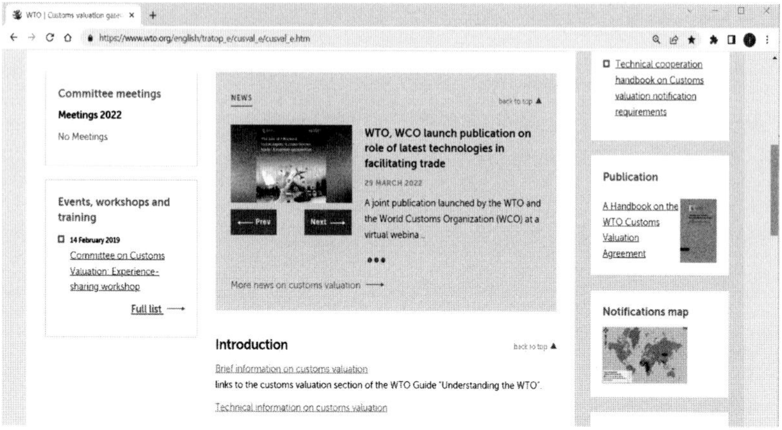

관세평가 게이트웨이에는 평가 관련 문서를 찾는 데에 사용될 수 있도록 사전에 구성된 검색 항목이 포함되어 있다.

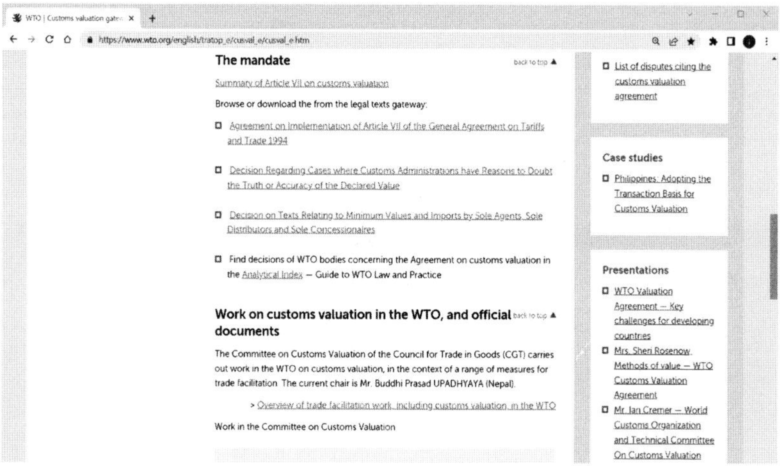

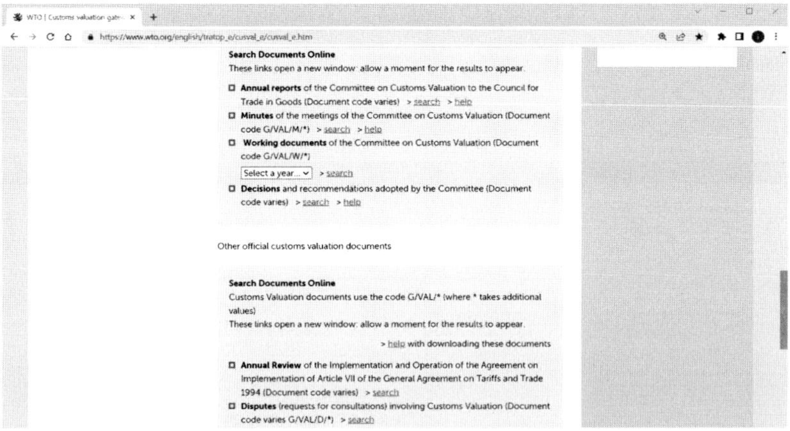

이러한 사전 구성된 검색은 "Search Documents Online"이라고 표시된 Valuation 게이트웨이 상자에 위치한 링크이다. 링크를 클릭하면 온라인 문서에서 관련 문서 목록이 자동으로 검색된다. 그런 다음 관심있는 문서를 선택하고 다운로드할 수 있다.

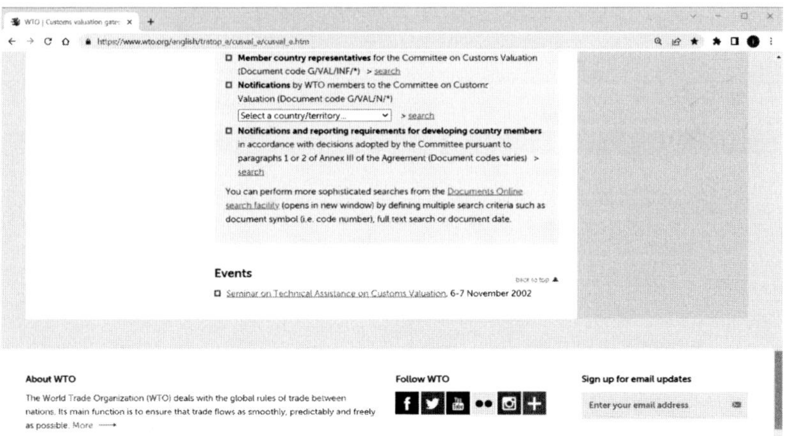

상기는 무역 토픽으로 접속하여 관련자료를 접근하였으나 GATT 자료를 포함한 모든 과거 자료를 한꺼번에 검색 접근할 수 있는 방법으로 다음과 같이 하면 좀더 편리하게 자료에 접근할 수 있다.

2. www.wto.org > Documents, data and resources > Official Documents > legal texts etc

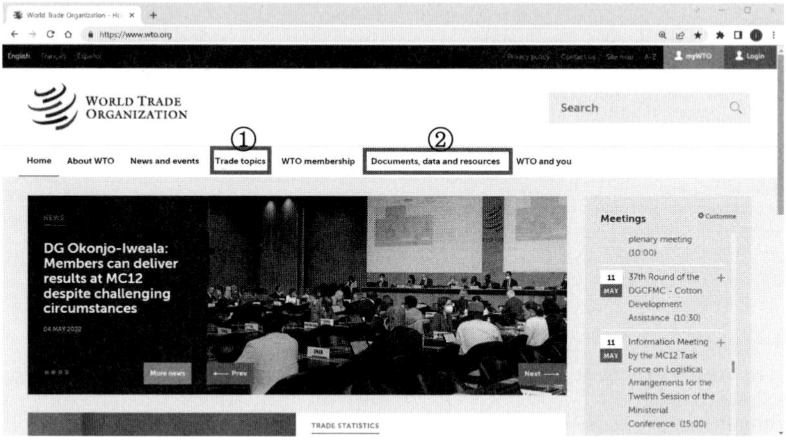

마우스로 링크를 직접 클릭하거나 웹페이지 상단에 있는 “Documents, data and resources” 링크 위에 마우스를 올려놓으면 브라우저에서 나타나는 드롭 다운 메뉴를 통해 해당 경로를 따라갈 수 있다.

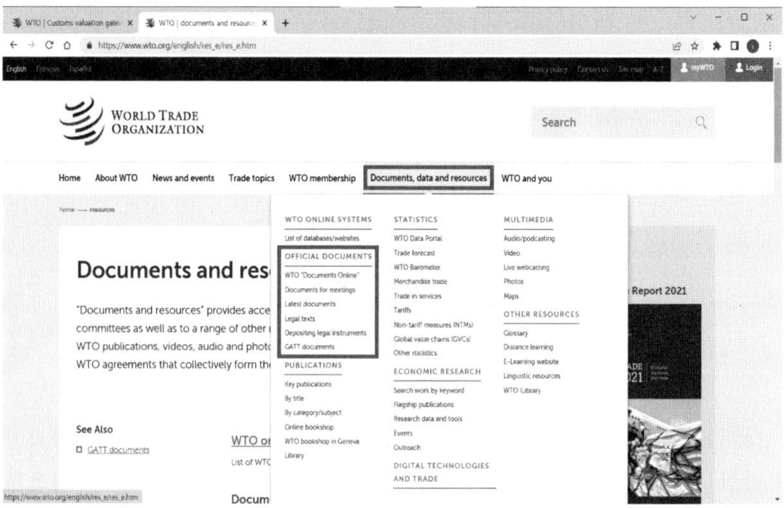

여긴 GATT와 WTO의 모든 Official Documents 등을 제공하는 곳으로 GATT문서를 찾기 위해서는 여기서 접속하는 것이 빠르다.

이러한 웹사이트는 WTO의 상황에 따라 수시로 그 메뉴 구성이나 데이터의 공개 등이 변동될 수 있는 점을 참고하여야 한다.

WTO 관세평가 문서 기호[2)]

모든 공식 WTO 문서에는 고유한 참조 기호가 할당된다.

이러한 기호는 도서 및 기타 대출 항목을 식별하기 위해 도서관에서 일반적으로 사용되는 청구기호(請求記號) 또는 선반번호를 나타낸다. WTO 문서 명명법(또는 분류체계)에 따라, 기호는 발행되는 시리즈, 제목 또는 유형에 따라 다소 복잡할 수 있다.

관세평가 문서에 사용되는 WTO 문서 기호에는 아래와 같은 몇 가지 예가 있다.

G/VAL/54/Suppl.1

G/VAL/N/1/ROM/2

G/VAL/M/30/Add.l

각 기호는 문자, 숫자 및 접미어의 조합으로 구성된다. 문자는 총서, 계열, 형태 그리고 문서의 상태를 식별하는 데 사용되고, 숫자는 순차적인 순서를 나타내기 위해 사용된다. 3자리의 표준 ISO 코드는 회원국(예: 폴란드 PL, 짐바브웨 ZWE 등)을 식별하는 데 사용된다. 모든 문서는 발행된 순서대로 번호가 매겨지고 일부 문서는 하나 이상의 기호가 있을 수 있다.

예:

G/VAL/M/30/Add.1

설명:

2) WTO 문서 게이트웨이 웹페이지 "도움말" 링크를 통해 찾을 수 있는 WTO 문서 및 온라인 문서 배포에 대한 자주 묻는 질문에서 발췌(2004년 6월). https://docs.wto.org/gtd/Default.aspx?pagename=Default&langue=e에서 상세히 확인할 수 있다.(譯註)

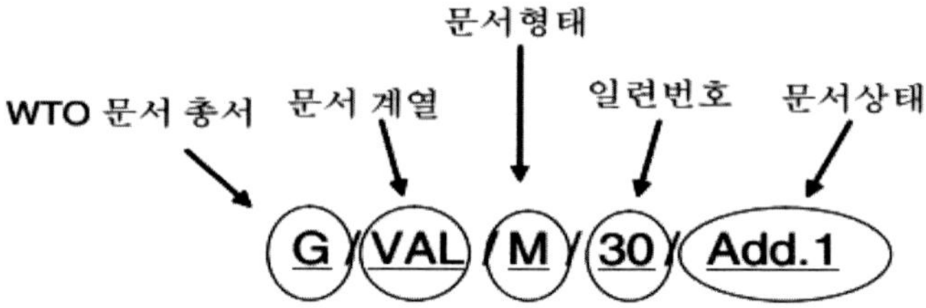

A5

G=WTO 문서 총서(叢書)

WTO 문서는 현재 활동 중인 7개 분야별 활동 및 사무국 당 하나씩 구성[3] 되어 있다. 이러한 **총서를** 식별하는 문자는 모두 문서 기호의 첫 번째 문자에 표현된다.

G	상품무역(Trade in Goods, 1994)
IP	지식재산권(Intellectual Property, 1995년)
JOBS	비공식 제한 문서(Informal restricted documents, 1999년)
S	서비스무역(Trade in Services, 1994년)
TN	무역협상(Trade Negotiations, 2002년)
WT	세계무역감독기구(World Trade Overseeing Bodies, 1995년)
OFFICE	사무행정국(Secretariat administrative, 1995년)

대부분의 관세평가와 관련된 WTO 문서는 상품무역 총서("G")에 해당된다.

VAL=문서 계열(Document Series)

각 문서 총서는 공통적인 항목을 공유하는 특정 문서 모음으로 구성된다. 서로 다른 문서 모음을 계열이라고 한다.

본 책자에서 언급된 계열은 다음과 같다.

WTO 문서 계열

---

3) 현재는 다자간 협정(Plurilateral Agreements), 정보 작업그룹(Informal Working Group), WTO 기본 규칙 및 선정문서(WTO Basic Instruments and Selected Documents(BISD))이 3종이 추가되었다. WTO DOCUMENT NOMENCLATURE, Languages, Documentation and Information Management Division Information Management Service, Updated 2 November 2021 참고.

G/VAL 관세평가(Customs Valuation)
TN/TF/… 무역원활화(Trade Facilitation)
WT/DS/… 분쟁해결(Dispute Settlement)

GATT/Uruguay Round document series: GATT/우루과이라운드 문서 계열
MTN.GNG/… 상품협상그룹[Negotiating Group on Goods(Uruguay Round)]
NTM/… Non Tariff Measures and Quantitative Restrictions (GATT)

Tokyo Round Agreements document series:
VAL/… 관세평가 Customs Valuation

M=Document Type
표준 약어는 문서 기호에 사용되어 특정 속성(예: 공통 구조 또는 특정 유형의 데이터 콘텐츠)을 공유하는 문서를 나타낸다.

GEN 일반(General)
INF 정보(Information)
M 회의록(Minutes)
N 통지(Notification)
Q 질의 및 답변(Questions and Replies)
R 일부 문서 시리즈의 보고서, R은 회의록을 나타내는 데도 사용된다(Report in some document series, R is also used to denote Minutes of meetings)
W 작업(중인) 문서(Working Paper)

30=Serial Number
일련 번호. 이 예에서 일련 번호는 이 문서가 발행된 30번째 관세 평가 회의록임을 나타낸다(A sequential number. In this example, the serial number signifies that this document is the 30th set of customs valuation meeting minutes that have been issued).

Add.1=문서상태(Document Status)
다음 접미사는 기호로 사용되어 문서의 상태를 나타낸다(The following suffixes are used in the symbol to denote the status of a document).

Add.	추가, 부록(Addendum)
Corr.	오류 정오표(Corrigendum)
Rev.	개정판(Revision)
Suppl.	보완(Supplement)

〈보론(補論)〉

관세평가의 이해를 위한 기본 개념

이하에 기술하는 보론은 본 역서의 이해를 돕기 위하여 역자가 정리한 것이다. 역서를 본격적으로 읽어나가기에 앞서서 숙지하거나 혹은 실제지급가격이나 거래가격과 간접지급, 특수관계자 거래가격 영향 여부 판단 등에 관한 부분을 학습할 때 여기에 기술된 개념을 참조하여 확실하게 정리해 둔다면 본문의 이해가 훨씬 용이할 것으로 생각한다.

ㅁ 보론 1: 수출하기 위하여 판매된 때 실제로 지급하였거나 지급하여야 할 가격

WTO 관세평가협정[1](이하 '평가협정') 제1조는 거래가격을 해당물품을 수출하기 위하여 판매하는 때 실제로 지급하였거나 지급하여야 할 가격이라고 정의하고 있다. 수출판매하는 때 확정된다는 것은 수출판매 후 수입신고 시점이나 그 이후에 계산해서 산출하는 가격이 아니라는 것[2]을 의미한다. 위 규정의 내용을 부연 설명하면 다음과 같다.

1. 평가협정 제1조에서 '가격(price)'의 개념

평가협정 제1조에 규정되어 있는 '**실제로 지급하였거나 지급하여야 할 가격**'이라는 문구 중 '실제로 지급하였거나 지급하여야 할' 부분의 의미에 관하여는 비교적 상세한 검토가 행해지고 있지만 평가의 열쇠라 할 수 있는 가격의 의미에 관한 검토는 상대적으로 소홀하다.

평가협정에서 거래물품의 반대급부로서 지급하는 대가의 가치를 나타내는 **가격**(the Price)의 사전적[3] 의미는 **화폐량** 또는 **그 밖의 대가**로서 어떤 것에 대한 교환의 대가로 요구되거나 지급되는 것(The amount of money or other consideration asked for or given in exchange for something else)이다. 이에 따르면 가격은 사전적으로 '화폐의 수량'이나 '그 밖의 대가(other consideration)'이므로 가격을 구성하는 항목으로서 **물품**[4]이나 **용역**이 반

---

1) 'GATT 제7조 이행을 위한 평가협정'이 WTO 체제로 바뀌면서 'WTO 관세평가협정'이라고 부르게 되었다. 위 두 평가협정은 틀이 약간 수정되긴 했으나 내용이 바뀐 것은 거의 없다. 이를 고려하여 '평가협정'이라 하면 기본적으로 WTO 관세평가협정을 가르키는 것이지만 필요에 따라 양 평가협정을 같이 부르는 호칭으로 사용하고 필요 시 구분해서 설명하도록 한다.

2) 가격조정약관(Price review clauses)은 예외라고 볼 수 있으나 이것도 공식(Agreed formula)은 수출판매 시점에 확정되어야 한다는 점에서는 같다.

3) Black's Law Dictionary(11th ed. 2019).

4) 수입물품의 대가를 암호화폐인 비트코인으로 지급한다면 수입물품의 반대급부가 경제적 가치가 있는 무체물에 속하므로 물물교환에 다름없고 거래가격이 배제된다. 거래가격 요건을 갖춘 통화가 되기 위해서는 평가협정 제9조의 요건을 갖추어야 한다. 베네수엘라의 경우는 암호화폐인 'Petro'를 법정화폐로 지정하였으므로 화폐로 볼 수 있다. 우리나라는 아직 비트코인 등 암호화

드시 배제된다고 볼 수는 없다. 요컨대, 거래가격이라는 것은 거래당사자들 간 계약자유의 원칙이 그대로 투사(投射) 반영되어 있는 용어로, 거래당사자들이 서로 합의한 반대급부로서 **화폐**뿐만 아니라 **물품**이나 **용역** 등도 포함되는 것이다.

따라서 사전적 의미만을 놓고 보면 **화폐** 이외에도 그 밖의 대가인 **물품**이나 **용역**도 가치를 결정할 수 있다면[평가협정 제1조 제1항(b)[5]의 반대해석] 거래가격에 포함될 수 있는 것처럼 보인다. 더욱이 평가협정 주해에는 관세평가 시에 일반적으로 인정된 회계원칙인 GAAP(Generally Accepted Accounting Principles)의 적극적인 사용을 지침으로 권장하고 있으며, 이에 따르면 일반적인 회계원칙을 적용하여 가치를 결정할 수 없는 상거래의 분야는 극히 제한적일 것이다.

이상의 내용만 보면, 거래대가가 화폐가 아닌 물품이나 용역이더라도 일반적인 회계원칙을 적용하여 그 가치를 평가할 수 있다면 거래가격에 포함될 수 있다고 해석하는 것이 오히려 자연스럽다고 할 수 있다.

그러나 평가협정의 관련규정을 입체적으로 살펴보면 '**과세가격으로 채택될 수 있는 거래가격**'으로 지급하는 반대급부는 **화폐(금전)로 제한된다**[6]는 점이 명백하다. 즉 특정 물품에 관한 관세평가상 **물품**이나 **용역** 등은 **거래가격**을 구성하는 반대급부가 될 수 없다. 따라서 어떤 **물품**이나 **용역** 등을 금액으로 계산하여 거래가격에 포함시키는 것은 위법한 평가처리이다. 다만, 예외적으로 한정적으로 열거되어 있는 가산요소[7]의 경우에는 화

폐를 법정화폐로 인정하지 않고 있다.

5) 평가협정 제1조 제1항(b): 판매 또는 가격이 평가대상 물품과 관련하여 가치(value)를 결정할 수 없는 조건 또는 사정(condition or consideration)에 좌우되지 않아야 한다. [(b) that the sale or price is not subject to some condition or consideration for which a value cannot be determined with respect to the goods being valued;]

6) 평가협정 제1조에 '해당물품에 대한(for the goods) 실제지급가격'에서 그 '**과세가격으로 채택될 수 있는 거래가격**'은 사실상 화폐뿐이라는 의미가 내포되어 있다. 왜냐하면 가산요소의 한정성으로 가산요소 외의 물품이나 용역의 대가는 **해당물품의 대가**가 아니기 때문이다.

7) 평가협정을 입안하던 초기에 가산요소는 주로 간접지급의 방법으로 지급되어 거래가격에서 누락될 가능성이 높은 항목이라고 보았다. "10. …We recognize, of course, that buyers and sellers may be tempted to arrange the

폐가 아니어도 그 가치를 평가하여 거래가격에 조정가산할 수 있다. 우선 이에 대한 평가협정 일반서설 제1항을 살펴본다.

가. 평가협정 일반서설(General Introductory Commentary)

평가협정의 일반서설은 " 1. …아울러 제8조는 화폐 형태(the form of money, 이하 "**화폐**")가 아닌 특정의 **물품** 또는 **용역**의 형태로 구매자로부터 판매자에게 이전되는 어떤 대가(considerations)를 거래가격에 포함하도록 규정하고 있다.…"고 기술되어 있다.

(일반서설) " 1. …**아울러** 제8조는 **화폐 형태**가 아닌 특정의 물품 또는 용역의 형태로 구매자로부터 판매자에게 이전되는 어떤 대가(certain considerations)를 거래가격에 포함하도록 규정하고 있다.…" **(General Introductory Commentary)** 1. ~ Article 8 also provides for the inclusion in the transaction value of certain considerations which may pass from the buyer to the seller in the form of specified goods or services rather than in **the form of money.** ~

여기서 '어떤 대가(certain consideration)'는 앞의 Black's Law Dictionary에서 가격이라는 정의에 포함되는 '그 밖의 대가(other consideration)'와 다르지 않다. 그리고 분명히 화폐가 아닌 특정의 물품 또는 용역의 형태로 이전되는 대가를 제8조의 가산요소로 거래가격에 포함시켰다고 적고 있다. 즉 본래 **제1조의 거래가격**은 **화폐**로만 구성되지만 **제8조(가산요소)**의 경우에 한하여 예외적으로 **화폐가 아닌 물품이나 용역**을 거래가격에 포함할 수 있도록 규정하고 있다는 설명이다.

앞서 본 규정들을 종합하여 보면 제8조의 가산요소인 생산지원 등의 경우에는 반대급부의 형태로 **물품** 또는 **용역을** 포함할 수 있지만 제1조의 경우에는 오로지 **화폐**만이 반대급부로서 거래가격을 구성할 수 있다고 이

---

transaction so that the price itself reflects only a small element of the value of the goods and that the remainder is transferred between them by some indirect method. We have, therefore, provided, in **Article 7** of our draft, for certain additions to be made to the price paid or payable if these have —not been included in the basic price.", MTN/NTM/W/126, 10항 (1977. 11. 21.) 참조. 여기서 Article 7은 현행 평가협정의 Article 8을 말한다.

해할 수 있다. 이러한 해석은 평가협정이 가산요소를 '**한정적으로 열거**'하고 있다는 점에서도 확인할 수 있으므로 그 부분을 살펴보기로 한다.

나. 가산요소의 한정성

평가협정은 제1조의 거래가격에 조정하여 가산할 수 있는 요소를 제8조에 규정을 두고 있다. 제8조에는 **수수료 및 중개료, 용기비용, 포장비, 생산지원비, 사용료 및 라이선스료, 사후귀속이익**, 그리고 **운임 및 보험료**이다. 이러한 가산요소의 경우에는 화폐뿐만 아니라 **물품이나 용역**도 그 거래대가를 구성할 수 있다. 화폐가 아닐 경우는 그 화폐가치를 평가하여 거래가격에 조정가산한다. 물론 그 과정에서 필요하다면 일반적으로 인정된 회계원칙을 적용할 수 있다.

또한 평가협정은 제1조의 거래가격에 조정가산할 수 있는 요소를 제8조에 규정하면서 그 대가를 **수량화할 수 있어야 한다**[8]는 점과 **그 항목 이외에는 어떤 것도 가산할 수 없다**[9]는 점을 분명하게 규정하고 있다. 그리고 제8조 제1항 (b)는 그 거래가격의 가산비용을 산출하는 방법을 엄격하게 규정하고 있다. 특히, 평가협정은 통상 물품 또는 용역의 형태로 대가를 지급하는 생산지원비용 등의 경우 그 산출과정을 법규화함으로써 평가협정 이용자 간에 분쟁의 소지를 미연에 방지하고 이로 인해 발생될 수 있는 또 다른 비관세장벽을 줄이고자 하는 입법 의도를 가지고 있었던 것으로 보인다.

이상과 같은 여러 규정들을 종합적으로 해석하면 평가협정 제1조에 따라 화폐만이 거래의 반대급부에 해당할 수 있는 것이 원칙이나, 예외적으로 거래에 수반하여 지급되는 **물품** 및 **용역**도 제8조의 가산요소에 한(限)하여서는 대가로서 **거래가격**을 구성할 수 있다는 결론이 도출된다.

다시 정리하면, 본래 어떠한 물품의 반대급부로 무엇을 지급할 것인지는 계약자유의 원칙에 따라 거래당사자들이 임의로 결정할 수 있다. 그러나 평가협정 제1조, 제8조는 관세평가의 기초가 되는 **과세가격으로 채택**

---

8) 제8조 제3항 "실제로 지급하였거나 지급하여야 할 가격에 대한 이 조에 따른 가산은 오직 객관적이고 수량화할 수 있는 자료만을 기초로 하여야 한다."

9) 제8조 제4항 "과세가격을 결정할 때 실제로 지급하였거나 지급하여야 할 가격에는 이 조에서 규정한 것 외에 어떠한 것도 가산되어서는 아니 된다."

될 수 있는 거래가격을 구성하는 **거래대가는 원칙적으로 화폐의 형태로 교부되는 것만이 가능**하고 예외적으로 가산요소의 경우에 한하여 화폐 이외에 물품이나 용역의 형태로 교부되는 것도 포함될 수 있다고 규정되어 있는 것이다.

다. 평가협정 제1조 주해에 대한 오해

평가협정 제1조에 관한 주해 제1항 '**실제로 지급하였거나 지급하여야 할 가격**'을 보면 '**지급방법 및 지급수단**'에 관하여 설명하고 있다. 이 내용 중 지급수단을 설명하는 부분은 "…지급이 반드시 화폐 이전의 형태를 취할 필요는 없다. 지급은 **신용장** 또는 **유통증권**에 의해 이루어질 수 있다. 지급은 직접 또는 간접으로 이루어질 수 있다. 간접지급의 일례는 판매자가 지고 있는 채무의 전부 또는 일부를 구매자가 청산하는 경우이다…"[10]라고 규정하고 있다. 위 부분이 거래가격 산정에 관한 오해를 유발할 수 있으므로 검토할 필요가 있다.

여기서 "**화폐 이전**의 형태를 취할 필요는 없다"는 것은 **물품**이나 **용역**을 반대급부의 지급수단으로 할 수 있다는 것이 아니라 화폐를 현물로 전달(transfer)하는 대신 화폐의 금액이 표시된 **신용장** 또는 **유통증권**의 형식으로 화폐가치를 이전하는 경우를 포함한다는 의미에 불과하다.

그렇다면 거래당사자 간에 합의한 거래의 내용상 화폐가 아닌 물품이나 용역이 반대급부로 포함된 경우에 그 물품이나 용역의 가치를 거래가격 산정 시에 모두 배제하여야 할 것인지의 문제가 제기된다. 앞서 설명한 대로 가산요소 외에는 **화폐**만이 반대급부가 될 수 있다고 해석되므로 **물품**이나 **용역** 등이 가산요소에 해당하는 경우를 제외하고는 화폐가 아닌 물품이나 **용역** 등이 '조건 또는 사정'으로 외견상 존재하고 있을 경우에는 언제나 거래가격에서 배제되어야 하는 것처럼 해석될 수 있다. 그렇다면 화폐가 아니면서 가산요소에 해당되지 않는 **경제적 가치**[11]가 있는 요소를

---

10) ...The payment need not necessarily take the form of a transfer of money. Payment may be made by way of letters of credit or negotiable instruments. Payment may be made directly or indirectly. An example of an indirect payment would be the settlement by the buyer, whether in whole or in part, of a debt owed by the seller...

11) '**경제적 가치(economic value)**'란 어휘의 사용은 EU 등의 유권해석 등에서

거래조건으로 부담하고 있을 경우 어떻게 할 것인가? 이때 거래가격을 과세가격으로 수용하기 위해 적용되는 것이 바로 **간접지급의 법리**이다.

결론부터 말하면 평가협정은 화폐가 아니면서 가산요소에도 해당하지 않는 경제적 가치를 지닌 '조건 또는 사정'을 간접지급 방법으로 처리하여 거래당사자들이 **합의**한 거의 모든 형태의 대가(물품이거나 용역을 불문하고)를 "**과세가격으로 채택할 수 있는 거래가격**"으로 수용할 수 있는 근거를 마련[12)]하고 있다. 평가협정은 거래당사자를 지극히 현명한 경제주체라고 전제하였다. 거래당사자들 중 판매자는 거래가격(단가)과 그 판매수량에 따라 그들의 매출에 따른 최대의 이익이 실현될 것을 기대할 것이고, 구매자인 수입자는 해외로부터 물품을 수입하여 국내시장에 판매하여 그 수익을 수취하는 유통상으로 그 유통 마진이 그들 비즈니스의 본령(本領, Specialty)이다. 이때 구매자인 수입자로서는 물품을 수입하기 이전에 확정된 거래가격을 알지 못하면 국내에서의 판매수익을 예견할 수 없으므로 언제나 거래가격 정보와 그 판매수익의 실현에 대한 정보에 민감할 수밖에 없다. 이러한 설명은 법리적인 설명이 아닐 수 있지만 무역커뮤니티에서 특히 수출입기업들의 삶의 무역현장에서 같이 숨 쉬면서 뛰어보지 않

자주 등장하는 용어로 이 어휘는 역자가 원용(援用)한 것이다. '경제적 가치'에 대한 결정은 개별건을 살펴서 판단해야 한다. 구매자에게 경제적 부담이 되는 것을 거래조건으로 부담시킨다면 거래가격을 구성할 때에 검토하여야 한다. 화폐일 경우 물품의 가격을 구성하므로 문제가 생기지 않으나 화폐가 아닌 물품이나 용역을 부담시키면서 거래가격의 일부를 대체하도록 한다(통상의 간접지급의 형태이다)면 화폐로만 거래할 경우의 화폐가치에서 그 물품이나 용역의 크기 만큼을 차감하여야 할 것이기 때문이다. 예를 들어 거래조건으로 판매자의 경영지원비를 부담하도록 한다면 화폐로 지급하는 해당물품의 가격은 그러한 조건이 없는 경우보다 낮아질 것이다. 그리고 그러한 경영지원비 부담이 있다면 수출판매 시에는 그 경영지원비의 크기를 알 수 없고 해당물품의 수입 이후에 실제발생시에 알 수 있는 것이어서 그 경영지원비 지급조건은 거래가격에서 배제되어야 한다. 그러나 거래가격의 일정률(%)을 거래조건으로 부담하라고 한다면 수량화할 수 있으므로 제1조가 적용될 수 있을 것이다. 물론 경영지원비의 일정률(%) 부담이 거래조건이 아니라 순수히 어떤 계산 기준을 삼기 위한 것이라면 거래가격을 구성하지 않을 수도 있다.

12) 평가협정 일반서설, 제1조와 제8조 제4항, 제1조의 주해, 부속서 III 제7항의 간접지급 규정의 해석에 따라 삼출(滲出)되는 법리이다.

은 사람은 참으로 이해하기 어려울 수도 있다는 생각[13)]이 든다. 무역업자들은 거래물품의 가격을 0.0000...#$(%)이라도 할인받으려고 하거나 더 많이 수취하려 노력하는데, 이와 같은 무역에 관한 관습이 평가협정 입안에 참여했던 각국 대표들에 의해 간접지급의 법리에 담겨있고 평가협정 제1조와 이의 주해 그리고 부속서 III 제7항에 반영되어 있는 것이다. 이 간접지급에 대해서는 보론 2에서 별도로 검토하기로 한다.

2. 수출하기 위하여 판매된 때

평가협정 제1조는 '~해당물품이 수입국으로 **수출하기 위하여 판매된 때**에 실제로 지급하였거나 지급하여야 할 가격 ~'이라고 정의하고 있다. 거래당사자 간에 해당물품 거래가격의 확정 시점은 '**수출 판매하기로 합의한 때**'라고 언명(言明)하고 있는 것이다. 이 때 거래대상이 되는 물품이 확정됨과 동시에 거래대가인 실제로 지급하였거나 지급하여야 할 가격이 확정된다.

평가협정 제1조 법문의 의미는 다른 해석의 오해를 불러일으킬 여지가 있을 수 없을 정도로 분명하다. 수출판매 시점에 해당 물품과 그 거래조건으로 지급하여야 할 대가인 실제로 지급하였거나 지급하여야 할 가격이 확정된다는 의미이다. 수출판매하기로 한 시점은 **절대적 의의**를 가진다. 즉 **실제로 지급하였거나 지급하여야 할 가격**은 수출판매가 일어난 시점에 약정한 대가가 아니면 해당 물품의 대가라 하더라도 거래조건이 아니므로 가산되지 않는다.[14)] 즉, 수출판매를 촉발시키는(trigger) 대가가 거래조건의 대가이다. 평가협정 제8조의 주해 제1항(c)[15)]는 그렇지 않은 경우의 예

---

13) 역자는 거의 40년 가까이 지나는 동안 무역현장에서 그리고 WCO에 근무 시나 해외에 출장다니면서 만났었던 전문가들이 공통으로 이러한 취지로 이야기하고 있는 것을 경험했다.

14) 물품이 미국으로 수입된 후에 특수관계가 아닌 쌍방 간에 합의된 소급적인 가격인상액은 거래가격에 영향을 주지 않는다. 미국 유권해석 547273 (1999. 4. 22.), 547027 (1999. 9. 17.)

15) 평가협정 주해 제8조 제1항(c) 2. 「수입물품을 공급하거나 전매하는 권리에 대한 구매자의 지급은, 그러한 지급이 수입물품을 수입국으로 수출하기 위한 판매의 조건이 아니라면, 수입물품에 대하여 실제로 지급하였거나 지급하여야 할 가격에 가산되지 않는다.」

시를 들고 있다.

3. 실제로 지급하였거나 지급하여야 할 가격(the price actually paid or payable)

해당물품의 거래가격을 구성하는 대가는 '실제로 지급하였거나 지급하여야 할 가격'이다. 그 거래가격은 **수출판매 시점에 합의**한 지급하였거나 지급하여야 할 가격[16]이다. **수출판매 시점**에 기존(旣存)하는 신용채권이나, 해당물품 등을 구매하기 위하여 보증 또는 예치금 등으로 이미 판매자에게 기탁한 현금 등이 있어 이와 상계하는 방법으로 대체(代替)하는 것은 **실제로 지급하였거나 지급하여야 할 가격(the price actually paid or payable)**에서 '**실제로 지급하였거나(actually paid)**'에 해당된다.

재언(再言)하면 평가협정이나 이를 수용한 관세법은 거래가격을, 수출판매하는 물품에 대하여 '실제로 지급하였거나(actually paid) 지급하기로 한(payable) 가격'이라고 하고 있다. 즉 거래가격은 수출판매 시점에 지급하였거나 지급하기로 하였으면 되는 것이고, 수출판매 시점에 지급하기로 약정한 것은 추후에 그 금액을 실제로 지급했는지 여부는 중요하지 않다. 수출판매 이후에 지급한 것으로 확인된 금액은 '실제로 지급한(actually paid)'에 해당하는 것이 아니라 수출판매 시점에 '지급하기로 한(payable)' 가격에 해당하고 그 지급을 구매자가 이행하는 것으로 수출판매 시점에는 '지급하기로 한(payable)' 거래가격에 포섭되는 것이다.

실제지급가격은 물품의 수출판매 시점에 확정되면 변경되지 않는다. 평가협정 제1조가 수출판매 시점에 거래가격이 확정된다는 점을 극명(克明)하게 표현하고 있어 달리 해석될 여지가 없다. '실제지급가격(The Price actually paid or payable)은 '① 'actually paid(실제로 지급하였거나)'와 '② payable(지급하여야 할)'로 구성되어 있다. 이를 각각 나누어 살펴보면 다음과 같다.

---

16) 평가협정 주해 제1조는 "1. 실제로 지급하였거나 지급하여야 할 가격이란 수입물품에 대하여 구매자가 판매자에게 또는 판매자의 이익을 위하여 지급하였거나 지급하여야 할 총금액이다.(The price actually paid or payable is the total payment made or to be made by the buyer to or for the benefit of the seller for the imported goods.)"라고 규정하고 있다.

① 'actually paid[17] (실제로 지급한)' 가격

'실제로 지급하였거나'를 수입신고 시점을 기준으로 적용하기가 쉬우나 위에서 살펴본 바와 같이 평가협정 제1조에 수출판매 시점이라고 명정(明定)하고 있어 신고시점 기준으로 판단할 수는 없다.

즉, 평가협정 제1조는 실제로 지급하였거나 지급하여야 할 가격은 수출판매 시점에 확정된다고 규정하고 있다. 따라서 '실제로 지급한(actually paid)' 것인지 여부는 수출판매 시점에 확정된 것이지, 신고 시점을 기준[18]으로 하는 것은 아니다.

참고로 '실제로 지급한(actually paid)'의 의미와 관련하여서는 WCO 편람 권고의견 8.1(종전거래와 관련된 신용채권의 평가협정에 따른 처리)을 살펴볼 필요가 있다. 권고의견 8.1은 신용채권을 설명하면서 '실제로 지급하였거나 지급하여야 할 가격'에 포함된다고 기술하고 있다. 신용채권은 이미 거래가격을 합의하기 전에 지급된 것이므로 '실제로 지급하였거나 지급하여야 할 가격' 중 '**실제로 지급한**(actually paid)'에 해당한다.

② 'payable(지급하여야 할)' 가격

특정한 물품의 거래가격 결정을 위해서는 일반적으로 지급하기 전에 가격을 합의하기 마련이다. 거래가격 결정은 지급방법 등의 영향을 받긴 하겠지만 그러한 모든 것이 고려되어도 언제나 지급하기 전에 거래가격을 확정하는 절차가 있을 것이고 이것이 '실제로 지급하였거나 지급하여야 할 가격' 중에 '지급하여야 할(payable)[19]' 가격에 해당한다.

---

17) 거래가격은 그 가격을 최종 합의하는 시점에서는 지급형식이나 방법과 관계없이 순수한 반대급부인 '조건 또는 사정'의 크기가 우선 정하여질 것이고 지급방법 등을 정할 것이다. 그리고 지급방법 등을 정하면서 거래당사자간에 이전의 신용채권 등의 대차관계가 없다면 그 가격이 '지급하여야 할 가격'이 될 것이나, 이전에 거래하면서 신용채권이 있어 상계를 하고 실제로 지급하여야 할 가격을 확정한다면 상계 등을 하는 가격이 바로 이미 '실제로 지급된(actually paid)' 가격에 해당될 것이다. WCO 관세평가협정집(이하 'WCO 편람') 권고의견 8.1을 보라.

18) 평가협정 제1조에 따르면 '실제로 지급하였거나 지급하여야 할 가격'은 수출판매 시점을 기준으로 확정되기 때문에 수입신고 시점을 기준으로 지급하여야 할 가격인지 여부를 나누는 것은 타당하지 않다고 생각된다.

19) 구체적인 지급방법이나 이행은 영향을 주지 않는다. 지급방법 등이 거래가격결정에 영향을 미치겠지만 일단 거래가격이 확정이 되면 지급하기로 약정

평가협정의 거래가격은 대가의 지급이행과는 무관하게 구성되어 있다.[20] 신고시점에 지급이 안 되어 있어도 상관없고 끝끝내 지급되지 않아도 상관없다. 수입 후에 거래당사자가 재합의하여 지급하지 않기로 하였다 하여도 '실제로 지급하였거나 지급하여야 할 가격'에 영향을 미치지 아니한다. 만일 세관이 심사해 보니 계약서상 지급하기로 한 대가가 없음에도 신용채권과 상계하였다거나 지급사실이 있다면 어떻게 처리할 것인가? 이는 이면지급으로 평가사기의 일종이다. 이 경우에 수출판매 시점 이전에 형성된 신용채권과 상계한 것은 거래가격을 정하면서 상계방식으로 지급한 것으로 '실제로 지급한(actually paid)' 것에 해당하고, 수출판매 시점 이후에 추가로 직·간접 지급한 것은 당사자간에 '지급하기로 한(payable)' 대가를 지급하였던 것으로 보아 각각 그 대가에 포함시킨다. 즉 수출판매 합의 시점 이후에 직·간접으로 지급한 모든 대가(paid)는 수출판매 시점에 지급하여야 할 대가(payable)에 포함[21]되는 것으로 간주된다.

한 거래가격이 바로 평가협정 제1조에서 말하는 거래가격이다. 이 때 확정되지 않으면 거래가격방법이 배제된다. 그리고 그 수출판매 시점에 확정되면 추후에 변경될 수 없다. 물론 거래당사자간에 얼마든지 새롭게 계약하는 것은 사적자치의 원칙 영역에 속한다. 그러나 관세평가상 거래가격은 수출판매 시점에 확정되면 물품이 국내에 도착한 이후에는 변경할 수 없다. 그러나 이렇게 '지급하기로 한(payable) 가격'을 거래가격으로 인정하지 않고 지급이라는 결과를 일일이 기다려 과세가격을 확정하는 시스템을 택했다면 세관행정업무의 증가를 감당할 수 없었을 것이다. 그런 것을 고려하여 지급의 이행시점과 관계없이 거래가격 합의시점에 '지급하였거나 지급하기로 한(payable) 가격'을 기준으로 거래가격을 정한 것이다.

20) 평가협정을 국내입법한 US § 1401a. Value (b) (4) (B) 등을 보라.

21) 영어로는 '가산(add, *미국의 경우 '**plus amounts equal to**')'이라고 하지 않고 언제나 '포함(include)'이라고 표현한다. 왜냐하면 거래가격은 이미 지급 여부와 관계없이 수출판매 시점에 성립되는 것이기 때문이다. 만약 추후에 지급된 것을 '가산(add)'이라고 표현하게 되면 실제지급가격을 구성하고 있던 거래가격에 그 직·간접 지급요소를 다시 추가하는 것이 되어 한번 더 가산하는 셈이 된다. 즉 '포함'이라고 표현을 하여야 거래가격 구성요소에서 지급 등 누락된 것이라는 의미를 명확히 할 수 있다. 물론 '**포함되어 있지 않을 경우, 가산**'이라는 표현은 실무적으로는 동일한 효과이기 때문에 가능하지만 이도 가산요소가 아닌 것을 가산하는 것처럼 보이기 때문에 법리적으로는 적절치 않다. 평가협정이나 EU의 관세법 등이 추후에 직·간접 지급되는 것을 모두 '포함(include)'이라고 표현하는 이유가 여기에 있다. 평가협정 제1조

결론적으로 정리해 보면 거래가격은 과거에 신용채권 등이 없이 거래를 하였거나 그러한 채권이 있어도 합의 시에 반영하지 않고 거래가격을 정하였다면 수출판매 시점에 '실제로 지급(actually paid)'을 한 사실이 없었을 것이므로 언제나 수출판매 합의시점 기준으로는 **'지급하여야 할(the price payable)' 가격 밖에 없을 것이다.** 그러나 과거에 신용채권이 존재하거나 해당물품을 구매하기 위하여 보증금 등으로 이미 판매자에게 기탁한 현금 등이 있을 경우, 또는 거래가격을 합의하면서 거래상대방에게 경제적 가치가 있는 어떤 역무 등을 해당물품의 거래조건으로 부담시키고 그 가치를 서로 **물품가격에서 상계**[22]하고 그 거래가격을 정할 수도 있으므로 그런 경우를 상정하여 **'실제로 지급하였거나(the price actually paid)'** 부분을 합하여 **'실제로 지급하였거나 지급하여야 할 가격(the price actually paid or payable)'**이라는 표현을 만들어서 평가협정 제1조 조항 문구에 추가한 것으로 판단된다.

주해, 부속서 III 제7항을 보라.

22) 관세법 시행령 제20조의2의 하자보증비에 대한 규정도 이에 해당하는 것으로 볼 수 있다.

ㅁ 보론 2: 거래가격과 간접지급

Ⅰ. 거래가격

1. 거래가격의 의의

평가협정 제1조에 따르면 "수입물품의 과세가격은 거래가격(Transaction[23] value), 즉 해당물품이 수입국으로 수출하기 위하여 판매된 때에 실제로 지급하였거나 지급하여야 할 가격을 제8조의 규정에 따라 조정한 것이다[24]"라고 되어 있고 이 조항을 살펴보면 거래가격으로 구성되기 위해서는 ① **해당물품에 대하여**, ② **수출판매하는 때**에 실제로 지급하였거나 지급하여야 할 가격으로 ③ 가산요소가 있는 경우 제8조의 규정에 따라 조정을 거친 가격이어야만 한다.

2. 거래가격의 구성요소[25]

가. **해당물품(for the goods)의 대가**이어야 한다

---

23) 평가협정의 거래가격은 수출판매 시점의 가격이다 그 시점은 해당물품의 수출판매를 야기시키는 매매계약으로 'Transaction'이란 종단면의 한 부분이다. 이 'Transaction'이란 어휘는 수출판매를 통하여 해당물품이 국가간 수출판매 이동 선상에서 조정(가산) 요소들이 고려된 용어이다.

24) (원문) Article 1.1 The customs value of imported goods shall be the transaction value, that is the price actually paid or payable <u>**for the goods**</u> when sold for export to the country of importation adjusted in accordance with the provisions of Article 8

25) 거래가격을 **해당물품의 대가와 거래조건**으로 나누어 2원적으로 두 가지 요건을 모두 동시에 충족해야 **거래가격구성이 가능**한 것으로 보아야 제1조와 제8조의 가산요소, 간접지급, 재현생산권, 배포권 등의 권리사용료 비가산 등의 모든 법리가 통일적으로 적용가능하다. 역서에서는 요건을 ① 실제지급가격, ② 해당물품의 대가, ③ 수출판매 시 ④ 제8조에 따라 조정된 가산요소 4가지로 분류하여 요건을 설명하고 있으나 역자는 ① 해당물품의 대가와 ② 거래조건이면(수출판매 시 실제지급가격이 거래조건의 가격이다) 충분하다고 본다. 왜냐하면 ④ 제8조에 따라 조정된 가산요소는 있을 경우에만 해당되기 때문이다. 국내의 저서나 규정들은 판매(거래)조건 하나면 대가를 구성하는 요건으로 볼 수 있다고 설명하고 있기도 하다. 간접지급을 포함할 경우 그렇게 설명이 가능하나 평가협정 제1조 법리의 오해이다. 간접지급의 경우 거래조건이어야 하나 해당물품의 대가요건을 충족할 필요는 없다.

해당물품의 대가여야 한다는 의미는 어의(語義) 그대로 그 물품의 거래 등에서 연원이 된 대가여야 하는 것이다. 다른 물품이나 용역의 대가 등은 어떠한 경우에도 가산할 수 없다. 제8조의 가산요소에 해당하는 권리사용료 등도 예외는 아니다.[26)]

대부분 거래의 경우 해당물품의 대가인지 여부가 판단이 어렵지 않지만 때로는 수입물품의 거래가격임을 판별하는 것이 어려운 경우가 발생된다. 따라서 수입물품에 어떻게 관련되어야 해당물품의 대가라고 볼 수 있느냐 하는 문제는 검토가 쉽지 않을 수도 있다. 특히 재현생산권에 해당되는 대가는 해당물품의 대가가 아니기 때문에 가산할 수 없는 것이다. 평가협정 제8조의 주해 제1항(c)[27)]는 이러한 사례를 들고 있다.

나. 수출판매하는 때에 실제로 지급하였거나 지급하여야 할 가격

수출판매하는 때에 실제로 지급하였거나 지급하여야 할 가격은 거래가격의 핵심으로 보론 1을 참고하기 바란다.

---

26) 평가협정 제8조의 가산요소는 그 자체로는 해당물품의 대가는 아니라고 할 수 있지만 포함하여야 하는 요소(… even if not 'for the goods' per se.…)로 열거된 것으로 설명하고 있다. 역서 본문 p. 49. 살펴보면 수수료, 용기비용, 포장비용은 해당물품의 대가는 아니라고 볼 수 있다. 그러나 수수료는 판매를 위해 중개인에게 지급하는 것으로 통상 판매자가 지급하고 물품가격에 포함시키는 것이나 구매자가에게 부담시켰을 경우에 가산하여야 한다는 것이고, 용기나 포장은 국제간 이동을 위해서는 필수적으로 해당물품과 일체가 되어 거래가 되는 것들이다. 판매자가 물품을 생산하여 용기에 담아 포장하여 판매자의 구내에 구매자가 운송하여 갈 수 있도록 해 놓은 상태가 경계점(Ex－Work)이다. 그렇게 본다면 용기비용이나 포장비용은 통상 판매자가 부담하는 것으로 그것을 구매자가 부담(간접지급)하였다면 가산하여야 하는 것으로 본 것이다. GAAP상 판매자의 제조원가에 해당하는 부분들이다. 그런 면에서 그 대가가 해당물품의 원가를 구성하는 요소라면 해당물품의 대가라는 평가협정 제1조의 개념을 벗어나는 것은 아니다. 이외 나머지 제8조 1(b)~(d)도 동일한 개념으로 해당물품의 대가라는 제1조의 원칙을 벗어나지는 않는다.

27) 평가협정 주해 제8조제1항(c) 1. 제8조 제1항(c)에 규정된 로열티 및 라이센스료에는 특히 특허권, 상표권 및 저작권에 관한 지급이 포함될 수 있다. 그러나 수입국 내에서 수입물품을 재현 생산하는 권리의 비용은 수입물품에 대하여 실제로 지급하였거나 지급하여야 할 가격에 가산되지 않는다.

다. 제8조에 따라 조정된 가산요소

평가협정 제8조 제1항에 규정한 가산요소는 ① 구매수수료를 제외한 수수료 및 중개료 (구매자부담 시), ② 용기비용 (구매자부담 시), ③ 포장비용 (구매자부담 시), ④ 생산지원 물품 및 용역의 화폐화(구매자부담 시), ⑤ 로열티(관련성 및 거래조건 충족) (구매자부담 시), ⑥ 사후귀속이익(해당물품에서 연원이 되는 이익 귀속시), ⑦ 운임 및 운임관련비용, ⑧ 보험료로 규정되어 있고 '⑦ 운임 및 운임관련비용'은 가산할 것인지 여부에 대하여 회원국에 위임하였다. '①~④'은 거래가격을 구성하는 원가성 요소로 그 성질이 사실상 간접지급이나 직간접구분 실익이 없다. 왜냐하면 법으로 정한 거래가격 요소이기 때문이다. 해당물품의 거래가격에 가산요소가 없이 계약하였다면 화폐액으로 합의하였을 것이므로 물품이나 용역 등의 간접지급의 가치를 산출하여 가산할 일이 생기지 않을 것이다. 여기서는 화폐표시의 거래가격과 간접지급에 대한 것에 검토의 중점을 두고자 하며 가산요소에 대한 상세한 설명은 본 역서나 관련 규정에 맡기고 여기서는 생략하고자 한다.

3. 거래가격의 도출(導出)

해당물품의 거래가격을 구성하는 대가는 '실제로 지급하였거나 지급하여야 할 가격'으로 수출판매하기로 한 그 시점에 약정한 대가이다. 그 대가의 요건은 평가협정 제1조에 근거하면 해당물품의 대가여야 하고 거래조건 등을 함께 충족하는 대가만이 거래가격을 구성할 수 있는 요건이 된다. 그 거래가격은 수입물품에 대하여 구매자가 판매자에게 또는 판매자의 이익을 위하여 지급하였거나 지급하여야 할 총 화폐(금액)이다. 해당물품의 거래와 관련되어 거래당사자간에는 여러 가지 거래조건과 반대급부인 대가에 대한 논의가 이루어지게 된다. 판매나 가격에 대한 조건 또는 사정은 무한대의 경우[28]가 있을 수 있지만 유한한 인간에게는 그중에서

28) 평가협정 제1조1(b)는 (판매+가격)(조건+사정)으로 인수분해 곱셈공식이다. 각 항을 인수분해하여 전개된 항의 내용에 대한 경우의 수는 무한대로 존재할 수 있다. 일본은 '조건'이란 어휘 하나로, 중국은 '조건 또는 인소(条件或者因素)'로 번역하여 사용하고 있다. 구분 실익은 없다고 본다. 물품의 대가를 consideration이라고 하나 그도 사실 조건이다.

선택하여야 하기 때문에 거래가격을 정하는 방법도 결국은 유한할 수밖에 없다. 대가가 화폐일 경우는 가격평가과정이 필요없겠지만 화폐가 아닐 경우의 '조건 또는 사정'인 물품 또는 용역에 대하여는 가격평가가 필요하다. 평가협정 제1조는 이런 과정에서 제8조의 가산요소를 제외하면 그 **반대급부가 화폐가 아닐 경우 거래가격 적용이 불가**하다고 규정하고 있다는 것은 보론 1에서 살펴본 바와 같다.

가. 조건 또는 사정

관세평가에서 거래가격은 평가협정 제1조(이를 수용한 관세법 제30조 제1항)의 '조건 또는 사정'으로 구성되어 있다. 여기서의 '조건 또는 사정'은 평가대상물품의 거래가격을 결정하는 방법(condition)과 그 거래가격을 구성하는 대가(consideration) 요소를 가리키는 것으로 거래가격은 그 '조건 또는 사정'을 화폐단위에 의해 표시된 대가로 금액화('물품 및 용역' 생산지원요소 등)하여 산출한 것이다. '조건 또는 사정'이 거래가격을 구성하는 반대급부라는 명시적인 규정은 어디에도 없다. 그러나 거래가격 배제사유에서 해당 물품의 판매 또는 가격과 관련하여 그 '조건 또는 사정'을 계산할 수 없으면 거래가격을 적용할 수 없다고 규정되어 있기 때문에 '조건 또는 사정'이 **거래가격을 구성하는 반대급부를 정하는 방법과 그 반대급부에 해당한다**는 것으로 보고 있는 것이다.

> 평가협정 제1조 거래가격 배제사유 조항
> (b) 판매 또는 가격이 평가대상 물품과 관련하여 가치(value)를 결정할 수 없는 **조건 또는 사정(condition or consideration)**에 좌우되지 않아야 한다.
> (b) that the sale or price is not subject to some condition or consideration for which a value cannot be determined with respect to the goods being valued;

그리고 보론 1에서 살펴본 바와 같이 그 반대급부에 해당할 수 있는 것은 평가협정 제1조에 규정된 **화폐**와 제8조의 가산요소에 해당하는 경우에는 **화폐, 물품** 또는 **용역** 모두가 가능하지만 '**일반적으로 인정된 회계원칙**'을 사용할 수 있는 점을 고려하면 거래가격 배제사유의 하나인 평가협정

제1조 제1항 (b)는 반대급부가 화폐인 경우에만 주로 적용되는 것으로 보아야 할 것이다.

1) 반대급부가 **화폐인 경우** '조건 또는 사정'의 의미

제8조의 가산요소가 없는 거래가격의 구성 시에는 평가협정 제1조 제1항 (b) '조건 또는 사정'은 반대급부가 화폐로 표시된 경우[29]를 전제로 하고 있다. 그리고 평가협정 제8조의 가산요소에 관하여는 한정적으로 화폐 아닌 '물품 및 용역'으로 제공[30]할 수 있도록 되어 있다. 따라서 보론 1에서 살펴본 바와 같이 **가산요소가 없는 거래**는 **대가가 반드시 화폐로 표시되고 금액으로 계산이 되어야만 그 거래가격을 과세가격으로 채택**될 수 있다.

2) '조건 또는 사정'이 물품 또는 용역과 결부된 경우

보론 1에서 해당 물품의 반대급부가 화폐만으로 구성되어 있지 않으면 거래가격을 사용할 수 없다는 점을 살펴보았다. 평가협정 제1조 제1항 (b)에서 거래가격으로 계산할 수 없는 경우에 대한 주해인 제1조에 대한 주해 제1항 (b) 1(a)~(c)도 그러한 거래에 있어 거래가격이 배제될 경우를 예시로 들고 있다. 그렇다면 (가산요소에 해당하는 경우를 제외하고) 반대급부가 물품이나 용역으로 구성되어 있으면 언제나 거래가격이 배제될 것인가 하는 문제가 대두된다.

관세평가상 주로 문제가 야기되는 분야는 화폐로 정해진 금액을 화폐로 직·간접지급하는 것이 아니라 그 화폐상당액을 거래당사자들이 합의하여 화폐가 아닌 물품이나 용역으로 대체지급할 때 발생한다. 이때 거래당사

---

29) 조건은 거래가격에 대한 영향 여부로 결합거래(Package Deal)나 끼워팔기(Tie-in Sale) 등 화폐대가의 결정과 관련된 영향유무에 대한 판단이다. 평가협정의 제1조 주해 제1조 (b) 1을 보라.

30) 평가협정을 입안하는 과정에서는 화폐만이 거래의 반대급부로 사용되는 거래를 전제하였지만 '글로벌 가치사슬망(Global Sourcing을 통한 Value Chain)'이 갈수록 확장되는 추세였기 때문에 평가대상 물품을 생산하기 위한 **물품**과 **용역**을 제공하는 경우를 배제한다면 거래가격 적용이 급격히 제한될 것을 고려하여 만든 규정이 바로 생산지원규정이었다. 특히 생산지원요소인 물품(3가지) 및 용역(1가지)의 가격산정을 평가협정 사용자(세관과 수입자)에게 맡길 경우 생겨날 마찰 소지를 최대한 줄이기 위해 평가협정 제8조에서 세세히 규정해 놓은 것이다.

자들은 그 **물품이나 용역 가치의 크기를 합의한 후에 거래가격에서 그 가격만큼 차감(할인)**하는 방법으로 계약서 등에 표시한다. 이런 경우 구매자는 차감(할인)된 거래가격을 판매자에게 지급하고, 할인된 금액만큼은 조건할인으로서 그 조건을 이행하여야 할 채무를 지게 된다. 여기서의 채무는 물품의 공급일 수도 있고 용역의 제공 의무일 수도 있다. 경우에 따라서는 두 가지가 다 있을 수도 있다. 이런 경우 **구매자가 물품 또는 용역을 제공하기로 하는 대가의 가치를 거래가격에서 전부 또는 일부 상계하는 방식으로 지급하는** 것이 바로 **간접지급**이다.

나. 간접지급 시의 거래가격

평가처리를 하면서 간접지급에 의해 할인되기 전에 합의한 거래가격을 과세가격으로 적용하는 대신에 **간접지급의 수단인 물품이나 용역의 이행금액을 산출하여 이를 화폐금액에 가산하여 거래가격을 산정**하려고 하는 경우가 있다. 하지만 가산요소가 아닌 물품이나 용역은 그 자체가 화폐가 아니므로 화폐액으로 산출가능 여부와 관계없이 가산하려고 한다면 **평가협정 제8조 제4항에 저촉(抵觸)**된다. 그렇다면 거래가격을 배제할 것인가? 그러나 이렇게 되면 실제적으로 거래가격을 적용하는 경우가 많이 줄어들 수밖에 없어 최대한 거래가격을 적용하자는 평가협정의 취지31)와 어긋나게 된다. 여기서 우리는 보론 1에서 살펴본 바와 같이 평가협정은 거래당사자들을 이익의 극대화를 추구하는 경제주체라는 것을 전제하고 입안되었다는 것을 유의하여야 한다. 즉 특정 물품의 무역거래가 있다면 거래당사자는 그 원가를 정확하게 계산해 두었을 것이고 특히 지급이 있었다면 거래가격 합의의 우선적인 존재는 필수적이라고 본 것이다.

예를 들어 냉장고를 목적으로 하는 거래인데 외견상 거래가격이 화폐액으로 결정되어 있지 않는 경우처럼 보이는 인보이스가 아래와 같이 작성32)되었다고 하자.

물품의 거래가격 = ① '단가 **$6,000**' + ② '해당물품 **광고비 지급**'으로 되

31) 평가협정 일반서설, "관세목적의 물품 평가에 대한 기초는 **최대한 평가대상 물품의 거래가격이 되어야 함**을 인정하고. (Recognizing that the basis for valuation of goods for customs purposes should, **to the greatest extent possible**, be the transaction value of the goods being valued;)"

32) 다른 부분에서는 거래가격을 배제할 요소가 없다고 전제한다.

어 있는 경우가 그런 경우에 해당될 수 있다.

이것이 최종합의 결과였다면 당연히 보론 1에서 살펴본 바와 같이 거래가격에 해당 물품 광고라는 용역을 이행해야 하는, 즉 경제적 가치를 부담해야 하는 조건이 부가(附加)되어 있고 그 것은 화폐표시 가액이 아니기 때문에 거래가격을 배제하여야 한다. 그러나 영리를 추구하는 경제주체인 무역업자들이 이처럼 거래대가가 애매한 계약을 했을 가능성은 낮다.

이러한 상황에서 판매자는 어떤 의도에서 위와 같은 내용의 거래를 하게 된 것일까? 판매자의 입장에서 검토해 보자. 판매자가 광고를 조건으로 내세운 이유는 수입국의 국내시장에서 자사의 물품이 많이 팔려 수익을 올리고 그 물품의 성가를 높혀 지속적으로 판매자가 수출판매한 제품의 시장점유율을 높이기 위한 것일 것이다. 구매자도 그러한 이익에 대한 바람은 판매자와 크게 다르지 않을 수 있다. 그렇다면 거래조건으로 세운 해당물품 광고조건은 얼마나 비용을 지출해야 할 것인지 서로 합의를 해 놓지 않았으리라 생각하기는 어려울 것이다.

광고조건은 거래의 조건이므로 그 광고규모의 크기(결국은 광고비)를 구매자가 알아서 하도록 일임했다고는 생각하기 어렵다. 만일 그런 경우라면 거래조건에 해당한다고 볼 수도 없다. 사실 비즈니스의 세계에서는 특수관계자 간의 거래가 아니라면 있을 수 없는 경우이다. 통상적인 거래라면 그 광고비 지출의 규모를 사전에 합의하였을 것이다.[33)]

이런 경우 역자의 실무경험상 회사 측에 문의해 보면 회사측은 거래당사자들이 합의한 세부 계약서를 제출한다. 무역거래를 하는 대다수는 거래가격의 합의 과정을 상세히 기재하여 증거서류와 함께 제출한다. 원래 판매자의 가격표에 고시된 가격을 기초로 합의를 시작하였는데, 구매자가 연간 구매량을 늘리기로 약정하여 원래 가격표상으로는 **단가 $15,000**의 물품을 50% 이상 할인받아 **$6,000**는 물품도착 후 즉시, 나머지는 해당물품 수입 후 **국내매출의 10%**를 지급하기로 하였으나, 처음 진출하는 시장에서 제품의 경쟁력을 높이기 위하여 재무구조가 취약한 구매자가 광고비 지출이 쉽지 않다고 판단한 판매자가 전적으로 광고비를 지원하기로 하면서

33) 이런 부분이 바로 법적 논리보다는 이익을 추구하는 인간본성에 가까운 무역거래에 있어 상관행을 이해하지 못하면 간접지급에 대한 개념이 잘 안 잡히는 이유이다.

판매자에게 지급하기로 한 **국내매출의 10% 전체**를 **광고비로 지출**하기로 합의하였다고 설명을 한다. 그러면서 인보이스에 광고조건을 기재한 이유는 광고비가 물품가격과 관련이 없다고 판단한 때문에 특별한 의미를 두어 기재한 것은 아니라고 설명될 수도 있다.

이제 위와 같은 약정으로부터 과세가격으로 채택할 수 있는 거래가격을 도출할 수 있는지 살펴보자. 확정된 화폐액 '① $6,000'는 거래가격 요건을 갖추었다고 볼 수 있다. 그렇다면 여기서 '② **수입 후 국내매출의 10% 광고비 지급**'은 어떠한지 살펴보자. '② 수입 후 국내매출의 10% 광고비 지급'은 수출판매 시에는 거래가격 확정을 할 수 없다. 왜냐하면 국내매출은 수출판매 후 국내에 수입한 후에 발생되는 것으로 수출판매 시점에는 그러한 화폐액을 산출할 수 없기 때문이다. 그렇다면 거래가격의 적용이 배제되어야 하는가? 그러나 국내매출의 10%의 산출식에 의하여 계산되는 금액은 수입 후 **해당물품의 매출에서 발생되는 사후귀속이익에 해당**하므로 이러한 경우 명시된 자료를 기초로 실제로 지급하였거나 지급하여야 할 가격을 결정[34]할 수 있다. 따라서 거래가격이 배제되어서는 안 된다.

이러한 점을 고려하여 거래가격의 산출공식을 살펴보면, 거래당사자에게 지급하기로 한 거래가격은 수출판매 시에 확정된 화폐액 "① $6,000+② **수입 후 국내매출의 10%(사후귀속이익)**"이다. 여기서 ① **'$6,000'**은 판매자에게 지급하는 확정된 화폐액으로 거래가격의 요건을 충족한다. ② **'수입 후 국내매출의 10%(사후귀속이익)'**는 해당물품을 수입한 후 국내에서 매출 후 산출될 수 있으므로 수출판매 시점에는 거래가격을 확정할 수 없으나 그 합의된 산식은 가격조정약관으로 볼 수 있으므로 거래가격 요건을 갖추고 있다고 보아야 한다.

거래가격이 구성되었으면 이제 지급 단계로 넘어간다. 지급은 산출된 화폐액을 직접적으로 거래상대방에게 지급할 수도 있고 수출판매자의 채

---

34) "그러므로 가격조정약관이 있는 계약에서, 수입물품의 거래가격은 계약 조항에 따라 지급하였거나 지급하여야 할 최종적인 총 가격에 기초하여야 한다. 수입물품에 대하여 실제로 지급하였거나 지급하여야 할 가격은 계약에 명시된 자료를 기초로 결정될 수 있기 때문에, 이 예해에서 설명하고 있는 종류의 가격조정약관은 가치(value)를 결정할 수 없는 조건 또는 사정(consideration)에 해당하는 것으로 간주되지 않아야 한다." WCO 편람 예해 4.1 가격 조정약관을 보라.

무를 변제해 주기 위해서 또는 판매자가 지정한 제3자에게 지급하도록 요청받을 수도 있다. 어떠한 지급명목이던 거래가격은 이미 성립되었으므로 광고비나 기타 어떤 지급명목이던 그 지급 여부는 거래가격에 영향을 주지 않는다. **거래가격은 사후귀속이익의 산출로 이미 확정되었고 광고비로의 지급은 참고사항에 불과하다.** 국내매출의 10%를 광고비로 간접지급하도록 하였으나 추후에 국내매출의 10% 광고비지급은 과다하니 5%는 판매자에게 지급하고 5%만 광고비로 지급하도록 약정을 변경하거나 혹은 판매자의 재무상황이 어려우니 광고비지출 하지 말고 사후귀속이익 전체를 판매자에 송금토록 하도록 변경하더라도 사후귀속이익 산출공식으로 확정된 거래가격은 바뀌지 않는다.[35] 지급 형태만 바뀌는 것이다.

여기서 그중 5%를 판매자가 어떤 기금을 마련하고자 어느 한 곳으로 지급하도록 한다고 가정하자. 예를 들면 국제마케팅기금을 마련하기 위해서 그 판매자가 지정한 마케팅관리회사에 지급토록 하는 것이다. 이런 경우 거래가격은 어떻게 되어야 하는가? 앞에서 설명한 바와 동일하다. 그것을 국제마케팅기금으로 사용하든지 아니면 부동산구입비로 사용하든지 아니면 수입국에 유학을 위해 체류중인 판매자의 자녀를 위한 학비로 지급하든지 그 지급명목은 거래가격에 전혀 영향을 미치지 않는 것이다. 그렇게 지급하기로 수출판매 시점에 약정했으면 **거래조건**에 해당하고 이것이 전형적인 간접지급이다. 사후귀속이익의 산출로 거래가격은 확정되었고 그 지급은 국제마케팅기금(**그것이 무엇이든 상관없다**)으로 간접지급하도록 한 것에 불과하다. 그 대가는 실제로 지급하였거나 지급하여야 할 가격에 모두 포함[36]되는 것이다.

---

35) 언제나 거래가격은 수출판매 시점에 확정된다(평가협정 제1조). 이런 약정은 수출판매 시점에 하는 약정만 협정상 의의가 있다. 해당물품 수입 후 그러한 지급방법 약정의 변경은 거래가격의 수출판매 시 확정성으로 인해 아무런 영향을 미치지 아니한다.

36) WCO 편람 해설 5.1 확인수수료를 보라. 실제지급가격은 직·간접으로 지급하는 총금액이라고 하는 경우 자칫하면 거래조건의 용역에 대하여 금액 산출만 되면 거래가격에 포함되는 것처럼 보일 수 있다. 그렇게 되면 해당물품의 대가 구성요건을 간과하기 쉽다. 언제나 직·간접으로 지급하여야 할 가격을 위해서는 거래가격의 존재가 선결요건이다.

4. 거래가격에서 간접지급의 기능

'**거래가격과 가산요소**' 와 '**거래가격과 간접지급**'에서 가산요소는 거래가격을 구성하는 요소이고 간접지급은 거래가격을 구성하고 나서 그 지급에 대한 요소라는 측면에서 전혀 관계가 없어 보일 수 있다. 하지만 거래당사자들이 해당물품의 거래가격을 합의하면서 **경제적 가치**를 가지는 어떤 '조건 또는 사정'을 부가한 것이라는 점에서는 공통점이 있다. 그럴 경우 그 '조건 또는 사정'이 가산요소일 경우에는 평가협정 제8조에 따라 거래가격에 조정가산하면 된다. 그러나 가산요소가 아닌 **물품** 또는 **용역**을 '조건 또는 사정'으로 부가한 경우가 문제가 된다. 이 경우 보론 1에서 살펴본 바와 같이 거래가격이 부인되어야 할 것이다. 그러나 이러한 거래는 무역거래의 일상적으로 나타나는 것으로 거래가격을 부인하게 되면 거래가격 적용이 급격히 줄어들게 되는 것이다. 이러한 상황을 고려하면서 간접지급의 법리가 어떻게 구성되는지 설명해 보고자 한다.

실제 물품매매관련 무역계약서를 살펴보면 거래가격의 일부 또는 전부를 화폐, 물품 또는 용역으로 대체지급하는 것인지 또는 새로운 계약인지를 판단하는 기준은 해당물품의 거래가격을 정하면서, 거래조건으로 용역 등 어떤 조건을 이행하기로 하였을 경우, 그 조건의 이행가치에 해당하는 할인율[37]이 그 거래가격을 정하는 계약서에 있느냐 없느냐에 의해서 구분

37) 무역계약은 낙성, 쌍무, 불요식계약으로 서면으로 약정할 필요도 없다. 즉 어떤 자료를 제시하면서 이것이 합의내역이다라고 하면 평가담당공무원이 자율적으로 인정 여부를 판단하면 된다. 사람들은 할인율을 막연히 정한다고 생각한다. 그러나 무역서류를 체크하다 보면 막연히 조건없이 누구에게나 할인되는 것이 아닌 어떤 반대급부를 이행해야 할 조건 할인인 경우, **거래당사자에게 물어보면 할인율 자체가 조건의 금액과 대등하다**는 것을 알게 된다. 그 할인율은 거래당사자들의 끊임없는 협상의 결과물이고 **거래가격이 거래당사자들의 합의점으로 수렴**하듯이 **조건의 합의금액은 통상 할인율로 수렴**한다. 할인율은 무역거래에서 거래가격을 정하는 보편적인 방법으로 일정금액으로 표시하는 경우는 거의 없다. 왜냐하면 금액으로 표시하게 되면 수량에 따라 금액이 달라져 불편해진다. 할인율로 표시하면 수량의 증감이 있어도 그러한 불편함이 없어지는 것이다. 일정액으로 표시하는 경우는 미수금(credit note)에 대한 청구 등 극히 예외적인 경우뿐이다. 한마디로 **할인율**은 **무역생태계**(生態系)에서 거래가격을 정하기 위하여 보편적으로 사용되는 **언어**이다. 특히 국내판매 후에 일정율을 지급토록 하는 경우 등 사실상

되는 경우가 많다. 거래당사자들은 해당 수입물품의 거래가격을 **그 제조원가에 관계없이 최대의 이익을 위해 합의**하듯이 화폐가 아닌 물품이나 용역으로 대체지급하는 경우에는, 그 **대체지급하여야 할 조건**의 이행비용[38]을 고려하면서 **합의를 통하여 결정한 후 그 이행가치를 계약서 등 무역서류에 기재된 거래가격에 할인율(액)로 표시**하기 때문이다. 이러한 경우 합의된 할인율을 적용한 금액은 그 할인율이 바로 거래가격으로 확정된 화폐액의 간접지급에 해당하는 경우가 대부분이다. 이것이 확정된 거래가격에서 간접지급액의 크기를 정하는 전형적인 방법인 것이다.

가산요소가 **거래가격에 경제적 가치를 더하는 양(陽+)의 요소**라면 간접지급은 **거래가격에서 경제적 가치를 차감하는 음(陰−)의 요소**이다. 이러한 상황에서 구체적인 간접지급에 관하여 할인율과 조건이행의 가치 크기와 그들의 등가치성(等價置性) 등이 적정한지 여부는 세관이 판단하는 것이다.[39] 만약 할인율이 없다면 즉 거래당사자가 합의한 조건의 크기를 서로 합의하여 지급하기로 한 내역이나 이에 준하는 거래가격산출에 관한 근거가 없다면 그 실제 소요된 경제적 가치를 산출하는 것이 아니라 거래가격 자체가 배제된다.[40] 왜냐하면 화폐가 아닌 경제적 가치가 있는 조건

대부분 율로 표시한다. 그 **할인율**을 적용한 그 화폐액이 바로 조건의 불이행시 손해배상의 근거가 된다.

38) 이 이행 비용 — **물품이나 용역의 가치** — 은 가산요소가 아니므로 화폐로 환산하여 가산하게 되면 **위법한 평가처리**이다. 예를 들면 수입물품의 거래조건이라 해도 그 수입물품의 장비교육비를 거래가격에 더할 수는 없는 것이다. 이 경우 거래가격 구성요건을 갖춘 **원래의 거래가격을 찾아내고** 그 거래가격중 장비교육비로 간접지급하도록 한 합의근거를 찾아내는 것이 바로 **평가업무 처리과정**이다. 이 경우 **실제로 장비교육을 받는 이행비용을 가산하는 것이 아니다**. 물론 그것이 장비교육을 받는 조건이라면 화폐대가가 아닌 용역이 반대급부이기 때문에 거래가격이 배제된다. 제2방법 이하로 과세가격이 산출이 불가할 경우 6−1방법으로 가능할 수 있다.

39) WCO 편람 권고의견 16.1을 보라. 여기서는 간접지급에 대한 설명은 없지만 그 조건의 크기에 대하여 어떻게 산출할 것인지 각국의 세관에 위임되어 있다고 본다. 이 경우 **할인된 크기**가 바로 조건의 크기로 이것이 바로 간접지급의 크기에 해당하는 것이다. 언제나 간접지급의 이행내용을 확인 산출하여 거래가격을 구성하는 것은 거래가격은 수출판매 시점에 확정된다는 것과 간접지급은 추후에 이행의 문제로 거래가격 구성과는 무관하다.

40) 이런 것을 법이론적으로 증빙하기는 어려울 수도 있지만 그들 무역거래 주

또는 사정이 거래가격에 영향을 주었고, 그 가산을 위한 산출은 가산요소 외에는 하지 못하도록 되어 있기 때문이다. 이러한 경우에도 조건의 가치를 계산하여 거래가격을 적용할 수 있다고 생각하고 실제로 그렇게 조건의 가치를 산출하여 가산한 후에 거래가격을 적용하면 위법한 법적용에 해당한다. 여기서 거래가격은 평가협정 제1조에 규정되어 있는 대로 수출판매 시점에 실제로 지급하였거나 지급하여야 할 가격으로 할인되기 이전의 가격이 바로 거래가격이다. 물론 여기서 조건과 거래가격에서 할인율 등의 등가치에 대해서는 세관이 판단하는 것이다. 관세법시행령 제20조의 2에 규정된 하자보증비가 바로 이러한 사례의 하나이다. 이러한 경우에는 거래가격을 적용하여야 하며 거래가격을 적용할 수 있음에도 거래가격을 배제한다면 평가협정의 순차적 적용의 의무를 이행하지 않는 것이므로 평가협정을 위반하는 것으로 보아야 한다. **거래가격을 정하면서 물품이나 용역으로 대체지급을 전제로 물품가격을 할인[41]하였을 때 거래가격 구성관계를 살펴 간접지급으로 법리해석하지 아니하면 거래가격 적용이 대폭 줄어들게 되고 평가협정 제정 취지에 반하게 된다.**

앞서 설명한 바와 달리, 평가협정 제1조에 관한 주해와 부속서 III 제7항이 "실제로 지급하였거나 지급하여야 할 가격이란 수입물품에 대하여 구매자가 판매자에게 또는 판매자의 이익을 위하여 직접 또는 간접으로 지급하였거나 지급하여야 할 총 금액[42](가격)"이라고 규정하고 있으므로 이를 근거로 간접지급도 거래가격에 포함되는 것으로 이해할 수도 있다. 그러나 이렇게 이해를 하게 되면 거래가격이 선행하여 존재하는 것이 아니라 **용역대가의 이행 가치를 계산하여 가산함으로써 비로소 거래가격이 산출되는 것으로 오해할 소지**가 있기 때문에 용어의 사용에 주의를 기울여야 한다. 왜냐하면 제1조의 거래가격은 화폐액만이 과세가격으로 적용될 수 있고 그리고 그러한 거래가격의 직·간접 지급의 이행은 거래가격을 구성하는 요건이 아니고 거래가격에 포함되어야 할 요소로서, 거래가격 구

체들은 현명한 이성을 가진 이윤을 추구하는 경제주체들로 특수관계자가 아니라면 실제거래가격에 대한 합의없이 직접이던 간접이던 지급을 먼저 하는 경우란 상정하기 어렵다.

41) 주 37)을 보라.

42) 주 16)을 보라.

성의 관점으로 보면 사실상 참고사항에 불과하기 때문이다.

Ⅱ. 간접지급

간접지급도 지급의 한 방법이다. 산출된 화폐대가(거래가격)는 합의된 직·간접 지급방법에 따라 이행된다. 이를 위해서는 반드시 **거래가격 구성요건을 충족한 거래가격이 먼저 존재**[43]하여야 한다. 보론 1에서 과세가격으로 적용하기 위한 거래가격은 화폐표시 대가라는 점을 검토하였다. 물품이나 용역으로 반대급부를 제공할 수 있는 경우인 제8조의 가산요소는 이미 그 가산방법 등이 법규로 정해져 있기 때문에 검토할 필요가 있는 것은 오로지 **화폐대가의 간접지급**에 국한된다.

1. 평가협정 제1조에 관한 주해 제1항

거래가격을 합의하였다면 그 거래당사자들은 그 약정사항을 이행할 것이다. 물품의 판매자는 물품을 선적할 것이고 구매자는 지급을 이행할 것이다. 평가협정은 직·간접지급도 거래가격에 포함[44]된다고 반복적으로 예시를 들고 있지만 직접지급이나 간접지급을 정의하고 있지는 않다. 그렇지만 실무적으로 관세평가업무를 하게 되면 직·간접지급이 거래가격에 포함되는지 여부를 판단할 일이 많이 생기게 된다. 직접지급은 일반적인 상식으로 이해하는 것으로 충분하므로 많은 문제가 일어나는 간접지급에 관하여 설명해 보고자 한다.

WCO 편람 등은 통상 **거래당사자간 채권채무상계, 화폐액을 물품 또는 용역으로 대체지급하여 물품의 거래가격을 낮추는 모든 활동을 간접지급 사례**[45]로 설명하고 있지만, 평가협정에는 구체적으로 간접지급을 정의하

43) 간접지급이라는 어휘가 평가협정에서 정의를 다르게 한 것이 없다면 일반적 용어의 의미로 해석해야 하며 "**거래가격을 지급하기 위해서는 지급물인 거래가격이 우선 존재해야 한다**"는 것은 증명할 필요가 없이 **자명한 명제**라고 보여진다.

44) 평가협정 부속서 III 제7항 등.

45) WCO 편람 사례연구 7.1 '실제로 지급하였거나 지급하여야 할 가격의 적용'에서 '장비에 대한 교육훈련비'를 설명하면서 이 비용이 직·간접지급 구분하

지 않고 있으며 한 가지 예시를 들고 있을 뿐이다. 즉, 평가협정 **제1조의 실제지급가격에 관한 주해 제1항**을 보면 "지급은 직접 또는 간접으로 이루어질 수 있다. 간접지급의 일례는 판매자가 지고 있는 채무의 전부 또는 일부를 구매자가 청산하는 경우이다"라는 예뿐이다. 위 주해는 '간접지급의 일례'라고 밝히고 있으므로 간접지급 방법은 그 외에도 여러 가지가 있을 수 있을 것이다.

> 평가협정 제1조에 관한 주해 제1항
> 지급은 직접 또는 간접으로 이루어질 수 있다. 간접 지급의 일례는 판매자가 지고 있는 채무의 전부 또는 일부를 구매자가 청산하는 경우이다."
> Note to Article 1 Price Actually Paid or Payable
> 1. "~ Payment may be made directly or indirectly. An example of an indirect payment would be the settlement by the buyer, whether in whole or in part, of a debt owed by the seller.

평가협정이 포괄적인 정의 규정을 두지 않은 것은 입안자가 그럴 필요성을 느끼지 못하였기 때문이라고 생각된다. 왜냐하면 평가협정 제1조는 해당 물품의 거래가격을 수출판매 시점에 실제로 지급하였거나 지급하여야 할 가격이라고 규정하고 있는데, 이렇게 거래가격이 정해지면 그 대가를 직접지급하든 간접지급하든 거래가격에는 영향을 미치지 않기 때문이다. 구체적인 지급방법은 수출판매 시점에 합의하였던 거래가격의 **진정성을 확인**할 수 있는 방편은 될 수 있지만 거래가격 구성과는 관련이 없다.

가. 간접지급의 분류

간접지급은 여러 가지 기준으로 나눌 수 있다. 거래상대방을 기준으로 나눌 수도 있고 지급물의 성질으로 분류할 수도 있다. 그러나 어떤 기준으로 분류하든 거래가격에 영향을 미칠 수 없다는 점에서 큰 의미는 없다. 다만, 거래조건으로 지급 시 쟁점이 될 수 있는 여지가 있는 간접지급 위주로 설명한다. 이하에서는 관세평가 시에 주로 문제가 될 수 있는 간접지급의 유형 세 가지를 소개한다.

지 아니하고 제1조에 대한 주해, 부속서 III의 제7조에 규정하고 있는 조항을 인용할 뿐이다. 해설 5.1 확인수수료 등도 동일하다. 그러나 관련조항을 살펴보면 법리적으로 **간접지급**이라는 결론 한 가지로 귀결된다.

1) 거래당사자 일방이 해당 물품의 거래당사자가 아닌 제3자에게 계약상 채무 등을 변제하도록 하는 경우이다.
상기에 예시한 평가협정 제1조에 관한 주해가 이에 해당할 수 있다.

2) 거래상대방과 기존 거래 등을 통하여 **이미 존재**하고 있는 **신용채권**이나 예치금 등으로 새로 합의한 물품의 거래가격을 상계하는 경우이다. 신용채권에 대해서는 WCO 편람 권고의견 8.1에 예시를 들고 있다.

3) 거래상대방 등에게 지급하지만 합의한 거래가격을 화폐가 아닌 **물품**이나 **용역**으로 **대체지급**하는 경우로 WCO 편람 권고의견 16.1 '조건 또는 사정'은 이러한 경우에 그 간접지급액의 크기 등에 대한 세관당국이 고려할 수 있는 사항에 대하여 설명하고 있다.

이러한 대체지급물은 거래당사자의 합의의 결과물로 통상 합의한 거래가격의 화폐액에서 그에 상응하는 화폐가 아닌 물품이나 용역으로 이행할 것을 약정하고 그 가치는 통상 거래가격에 대한 할인율로 표시한다. 대표적인 예시가 관세법 시행령 제20조의2 제2호에 규정한 하자보증비에 대한 간접지급 규정이다. 이는 거래 상대방과 서로 가지고 있는 채권채무를 상계한 것으로, 거래상대방에게 상계방법으로 상환하였기에 직접지급처럼 보여지나, 간접지급[46]으로 보아 입법한 것인데, 민법 등에 의하면 직·간접 지급 구분의 실익이 없는 모두 변제에 포괄되는 개념에 불과하다.

나. 간접지급을 위한 선결요건[47]

1) 간접지급을 위해서는 지급대상인 거래가격이 먼저 존재하여야 한다.

---

46) 구매자와 판매자 간의 기타 금융 활동과 관련된 차액을 상계하기 위해 지급한 금액이다. '**거래물품에 대한 판매자의 금전채권**'과 '**하자보증역무 이행에 대한 구매자의 금전채권**(거래당사자가 합의한)'의 상계이다. 이러한 경우 거래당사자 간의 변제이므로 간접지급이라기보다 직접지급에 가깝다고 보여지나 간접지급으로 보는 것이 일반적이다. 그렇지만 어떠한 경우라도 거래가격은 먼저 존재해야 지급이 가능하다.

47) WCO 편람 해설 5.1 확인수수료 등에 대한 과세가격 포함 여부에 대하여 간접지급을 설명하고 있으나 역자의 논지와 다르지 않다. TCCV의 특성이 그대로 나타나는 간접지급에 대한 해설이다. 즉 부속서 III 제7항의 간접지급 내용 그대로 설명하고 있다. 그렇지만 지급을 위해서는 이미 거래가격의 사전 확정을 전제하고 있는 것이다. 평가협정 제8조 제4항과의 조항 충돌을 고려하여 판단하여야 한다.

간접지급도 지급의 한 방법으로 그 지급을 위해서는 거래가격 구성요건을 갖춘 거래가격이 먼저 존재하여야만 한다. 그래야만 채무의 이행으로서 지급이 행해질 수 있기 때문이다. 결국 간접지급은 이러한 지급의 한 형태에 불과하고 직·간접 지급이라고 볼 수 있는 어떤 행위는 **거래가격의 존재가 필수적으로 선행**되어야 하는 것이다. 상기 사례의 경우 국내매출의 10%라는 사후귀속이익의 산출공식이 있기 때문에 거래가격의 요건은 이미 갖추었고 그 이후의 지급방식이나 대상, 이행 여부 등에 의해 거래가격이 바뀌지는 않는다.

해당 물품의 거래가격 합의 시에 간접지급 명목거래의 객체는 유체물과 무체물이 모두 가능하다. 그러나 주로 세관의 신고 대상이 아닌 용역 등 무체물이 지급의 객체가 되었을 때 간접지급에 해당하는지 여부가 문제가 될 것이다. 이 경우 당초 거래의 대상인 해당물품의 거래가격을 구성하는 대가에 관하여 거래당사자가 합의한 바가 없거나, 합의한 바가 있음에도 그 해당물품의 화폐대가에서 대체지급하는 물품이나 용역을 새로운 계약으로 보아 그 **물품**이나 **용역**을 진정한 **반대급부라고 여긴다면** 그 **거래가격은 배제**될 것이고 **간접지급에 해당되지 않는다**.

즉 간접지급은 **거래가격이 우선 구성**되고 그 지급의 이행 절차를 말하는 점에서 다르다. 사전적(事前的)으로 해당 물품 거래가격 합의내역이 없다면 간접지급에 해당할 여지가 없다.

2) **거래조건이어야 한다.**

거래조건이라는 것은 해당물품을 수출판매하면서 그 '조건 또는 사정'의 반대급부를 약정한 것이라는 의미이다. 그러나 간접지급은 반대급부가 아니라 거래가격의 지급 방법을 간접적인 방법으로 지급하겠다는 약정이다. 수출판매 이후에 즉 우리나라에 도착한 이후에는 간접지급을 하든 아니면 혹은 당초에 간접지급을 하기로 한 약정을 변경하여 직접지급을 하든 거래가격에 영향을 주지 아니한다. 그리고 거래조건이 아닌 간접지급은 수출판매 시점에 합의된 것이 아니므로 여기서 말하는 간접지급에 해당하지 않고 고려대상이 아니다.[48]

---

48) 평가협정 제1조에 관한 주해 제1항 (b) 2 거래조건 아닌 광고비 비가산 등 참조.

수입물품과 관련이 있다고 볼 수 있는 지출의 명목은 수없이 많을 수 있다. 예를 들어 ① 수입장비 교육비, ② 워런티용역비, ③ 광고비(국제광고기금) ④ 금융비용 ⑤ 해체비용 등이 여기에 해당할 수 있다. 이러한 경우 해당 비용의 지출이 거래조건이 아니라면 가산요소에도 해당하지 않기 때문에 평가대상 물품의 대가를 구성[49]하지 않는다. 따라서 거래가격과의 견련(牽連) 여부를 논할 필요도 없다. 그러나 그러한 지출 명목이 평가대상 물품의 거래조건[50]이라면 상황은 달라진다.

다. 간접지급의 평가상 의의

1) 간접지급 관련 조항(부속서 III 제7항)의 입법배경[51]

간접지급의 주요 근거 조항이라 볼 수 있는 부속서 III 제7항의 입법 취지는 회의자료 등의 근거가 남아 있지 않지만, 간접지급은 평가협정 제1조와 그 주해로써 충분히 거래조건이어야 하는 등 법리적 기반을 갖추고 있어 추가적으로 다른 규정을 필요로 하지 않으나, 그러한 분쟁 발생에 대한 우려가 있었던 개발도상국들의 노력으로 평가협정의 추가안으로 합의된

49) 구매자의 자기계산행위라고 할 수 있다. 그렇지만 해당물품의 거래가격을 구성하는 요소는 평가협정 제1조 및 제8조의 가산요소 외에는 없다고 Negative 범위(정의된 영역 외에는 모두 거래가격 비해당)로 정의되어 있는데 구매자의 자기계산행위 개념을 끌어 들이게 되면 오히려 반대개념인 Positive 범위(개별요소별 그 거래가격 해당 여부를 판단)로 그 정의 영역이 바뀔 수 있어 혼동을 야기할 수 있다.

50) 그러한 경제적 가치(세관의 판단영역)가 있는 지출명목이 물품의 거래조건이라면, 제8조에서 가산요소로 열거한 것 외에는 모두 간접지급 법리 적용을 하지 않고는 거래가격방법을 적용할 수가 없다. 즉 간접지급 법리가 적용되지 못하면 가산되지 않는 것이 아니라 거래가격방법에서 배제된다.

51) 부속서 III 제7항 간접지급 조항은 개발도상국의 주도로 발의된 것으로 구매자가 간접지급할 경우 세관과 그 대가의 거래가격 포함 여부에 대하여 쟁점이 발생할 것을 우려하여 그 오해를 불식시키기 위한 노력으로 Protocol(의정서) 형태의 평가협정문의 조항으로 포함되어[The Tokyo Round of Multilateral Trade Negotiations (1973−79), 428페이지, GATT activities In 1979] 평가협정과 통합, 발효되었으나, 우루과이라운드 시 현재의 평가협정 부속서(Annex) III으로 편입되었다. 없어도 평가협정 제1조와 주해 등의 해석을 통해 간접지급 법리의 적용이 가능하다. 특히 이 Protocol은 평가협정 제17조와 관련하여 특수관계자 등에 대한 자료제출요구권(평가협정 부속서 III 제6항)을 좀더 명확히 하고자 하는 바람을 엿볼 수 있다. MTN/NTM/W/229/Rev.1/Add.1(1979. 10. 22).

의정서에 **거래조건에 해당**하는 경우에만 거래가격에 포함되는 것으로 규정되었다가 우루과이라운드에서 현행 평가협정 부속서 III에 편입(編入)된 것이다.

2) 거래당사자들의 가격조작방지

해당 물품의 거래가격의 일부를, (세관에 신고할 필요가 없는) 용역 등 무체물 거래로 갈음하도록 함으로써 간접지급방식을 적용할 경우, 평가협정 제1조에 따라 거래가격의 구성요건에 의해 거래가격이 확정되었다고 하더라도 해당 물품의 가격을 임의로 조작하여 과소신고할 수 있는 여지가 있다. 따라서 간접지급 관련 규정은 그러한 과세신고를 방지하기 위한 것이다.

만약 이러한 규정이 없다면 거래조건으로 교육훈련비나 기타 다른 용역 등 명목비용으로 지급하는 경우, 세관의 신고 대상이 아닌 용역이나 무체물 거래의 가격을 높게 할당(Allocation)하는 등 물품의 신고가격을 얼마든지 조작 신고할 수 있다. 이 경우 수입업자가 정당한 지급의 원인이 존재한다는 합법적인 명분[52]을 내세우면 세관으로서는 저가신고를 방지하기가 어려웠을 것이라 생각된다.

3) 세관의 거래가격 의심 한계를 명확히 설정

수출판매의 반대급부만이 거래가격의 요건을 갖추는 것이라 해도 해당 물품을 둘러싸고 발생하는 여러 거래에 대하여 세관의 의심은 상존할 것이다. 거래조건 요건을 넣음으로 인해 수입물품을 둘러싼 모든 유상(有償) 거래에 대하여 거래조건이 있는 간접지급에만 제한함으로 인하여 수입자와 세관간의 마찰을 최소화할 수 있을 것이다. 간접지급에 관한 규정이 없다면 특히 거래조건이 아닌, 구매자 자신의 의지로 수행하는 경우나 판매자와 약정에 의한 수입물품에 대한 광고로서 판매자에게 이익이 되는 경우도 대표적인 의심 거래 중의 하나가 될 수 있었을 것이다.

평가협정 제1조에 따라 거래가격은 직·간접 지급과 관련없이 구성되는 것이나 거래조건에 해당하는 간접지급만이 거래가격에 포함된다고 명시적으로 협정문에 규정함으로 인하여, 거래조건이 부가되지 않은 거래 등은

---

52) 세관과 수입자 간에 진실게임 공방(攻防)의 객체가 되어 법원조차도 합법적인 지급 연원이 존재한다고 판단하게 되면 거래가격에서 제외될 수 있다.

거래가격과 관련이 없으므로 세관이 혐의를 두고 검토할 한계를 명확히 설정한 것이라 할 수 있다.

라. 간접지급 법리와 거래가격 적용

간접지급의 전형은 그 거래가격의 전부 또는 일부를 판매자가 지시하는 제3자에게 지급하는 것을 말한다. 그 때 지급하는 화폐 금액의 크기는 ① 서로가 이미 고정액으로 채권·채무(Debit/Credit)를 갖고 있어 거래가격의 전부 또는 일부만큼을 그 변제에 갈음하는 경우라면 일정금액으로 표시할 수 있으나, ② 통상은 수량 때문에 할인율로 표시[53]하는 경우가 많다. 수입물품 거래가격의 몇 %를 광고비로 지급하기로 한다든지 상기에서 검토한 사례와 같이 수입물품의 수입 후 국내매출의 10%를 광고비로 지급하는 것으로 한다든지 하는 방법으로 간접지급 금액을 정하는 것이다.

거래가격을 확정해 놓고 그 **10%를 광고비나 기타 다른 명목으로 판매자를 대신하여 지급**하는 경우 거래가격은 앞에서 살펴본 바와 같이 평가협정 제1조에 **수출판매 시에 실제로 지급하였거나 지급하여야 할 가격**이라고 명백히 규정하고 있어 10% 할인되기 전의 가격[54]이 거래가격이 되어야 하는 것은 분명(分明)하다.

그렇지만 이 경우 간접지급하는 10%를 공제하고 난 후 판매자에게 지급하기로 한 가격인 90%가 실제지급가격이고 그 나머지는 광고비를 지급하는 조건에 해당하므로 그 조건의 이행비용을 산출하여 거래가격에 가산하여야 한다는 의견이 있어 검토해 본다.

여기서 광고를 하는 조건이므로 그 광고조건의 금액은 거래가격의 10%가 이에 해당된다. 거래가격의 10%는 수출판매 시점에 이미 '지급하기로

53) 할인율로 표시하게 되면 수량의 증감에 따라 자동으로 조건의 가치 크기를 나타낼 수 있다.

54) 그 대가는 간접지급 명목에 따라서 예를 들자면, 해체용역, 국제마케팅용역 국외교육훈련, 하자보증용역 등에 대한 대가(반대급부)로 평가협정 제1조에서 요구하고 있는 화폐가 아니기에 해당물품의 대가가 아닐 뿐만 아니라 가산요소에도 해당되지 않는다. 간접지급이 있는 거래가격의 도출과정은 리버스 엔지니어링(Reverse engineering)과 유사하다. 왜냐하면 직·간접지급이라는 지급의 이행 이전에 거래가격 구성요건을 갖춘(제1조의 화폐액과 제8조의 가산요소) '**실제로 지급하였거나 지급하여야 할 거래가격**'을 산출하는 것이 아니라 찾아가는 **도출(導出) 과정**이다.

한' 가격(고정액)으로 산출가능한 것이나, 실제로 지급되는 것을 기준으로 판단해야 한다는 의견이 있기 때문에 이 광고비가 거래가격요건을 갖출 수 있는지 살펴보자.

조건은 '광고비를 지급'하는 조건이다. 그리고 지급액의 크기는 거래가격의 10%이다. 여기서 그 10%는 광고비이다. **그 광고비가 가산요소에 해당되는가**? 제8조의 가산요소에 해당되지 않는다. 그리고 그 광고비지출은 수입물품이 국내에 도착한 후에 이행하여 확정되는 것이 통상적이다. 따라서 수출판매 시점에 거래가격의 확정요건을 충족하지 못하므로 광고비는 거래가격에서 제외되거나 거래가격 적용이 수출판매 시점에 확정되지 않았으므로 거래가격이 배제되어야 한다. 또한 심지어 그러한 10% 광고비 지급약정을 가격조정약관으로 보아 실제 지급되는 금액을 산출하여 가산하여야 한다고 주장하기도 한다. 그러나 그 10%는 가격조정약관을 충족하지 못한다. 가격조정약관은 거래당사자가 관여할 수 없는 어떤 외부적 사건에 의해 거래가격이 확정되어야 하는 것을 최소한의 요건[55]으로 하기 때문이다. 이 경우 구매자가 국내매출을 하였으나 광고비의 지출을 하지 못할 경우 그 공식의 산출액은 '0'의 화폐액이 될 것이다. 그러면 과세가격에서 제외되어야 하는가? 아니면 지출할 때까지 기다리든지 일부지출한 것만 가산해야 하는지에 대해서도 논란이 될 수 있다. 그리고 광고비지출이 아니더라도, 수출판매 시점에 판매자에게 직접 지급하기로 한 가격이 거래가격을 충족한다고 보지 아니하고 추후 지급이행을 기다려 실제로 지급한 거래가격은 거래가격에 포함되고 수입물품을 수입신고할 때까지 지급하지 못하였거나 끝끝내 지급하지 못한다면, 또는 수입신고 시나 추후 심사 시까지 지급하지 아니하고 있다가 관세부과제척기간을 경과하여 지급하는 경우에는 거래가격에서 제외되어야 하는 문제가 발생한다. 따라서 위 의견은 **평가협정 제1조의 실제지급가격의 정의에 부합하지 않는다.**

---

55) 가격조정약관(WCO 편람 예해 4.1을 보라), 우리나라는 가격조정약관의 요건을 관세법 시행규칙 제3조 제3항 제3호에서 3가지로 규정하고 있다. 「가. 수입 이전에 거래 당사자 간의 계약에 따라 최종 거래가격 산출공식이 확정되어 있을 것 나. 최종 거래가격은 수입 후 발생하는 사실에 따라 확정될 것 다. 수입 후 발생하는 사실은 거래 **당사자가 통제(control)할 수 없는 변수에 기초**할 것」이 그것이다. 위 3가지 요건은 미국 관세청(CBP)의 Ruling(HRL 542701, 1982. 4. 28.)을 반영한 것이다.

ㅁ 보론 3: 특수관계자간 거래가격 적용

1. 문제의 제기

특수관계자들은 수출판매[56]하는 물품의 거래가격을 합의하면서 통상은 어느 거래당사자에게 불리할지라도 그룹 전체 최대의 이익을 추구할 목적으로 관세 등 여러 가지 요소를 고려하여 거래가격을 결정할 것이다. 어떤 계획을 통하여 그룹 전체 이익의 최적화를 위해 노력하는 것이 글로벌기업의 존재의의는 아닐지라도 설립취지에 가깝다고 이야기하더라도 이의를 제기할 전문가들은 많지 않을 것으로 본다. 즉 거래당사자인 두 특수관계자가 물품거래를 할 경우에 정해지는 거래가격은 정상가격보다 높건 낮건 특수관계자 그룹 전체의 최대 이익을 목표로 한 것일 것이다.

이러한 특수관계자 간의 거래가격 결정에 관하여 특수관계자가 아닌 거래당사자들이 공정한 경쟁에 의해 가격을 결정하는 메커니즘이 그대로 적용될 것이라고 기대하는 것 자체가 비합리적일 것이다. 즉, 특수관계자들 간에 이루어지는 대부분 거래가 그 특수관계자 그룹 전체의 이익이 되는 방향으로 가격결정이 이루어지리라고 보여지고 그들이 결정한 거래가격은 그 가격이 특수관계자 그룹 차원에서 최대의 이익을 낼 수 있도록 정하여진 **임의의 가격**[57]이 될 수도 있을 것이다. 그 임의의 가격은 그 물품의 시장에서의 특수관계자 그룹이 독점적 지위를 가지는지 혹은 경쟁적 상황에 처해 있는지에 따라 달라질 것이다.

평가협정 제정 당시에 가장 큰 고민 거리 중의 하나가 이러한 특수관계자간의 거래가격 적용에 관한 것이었다.[58] 평가협정 제정 당시는 글로벌

---

56) 특수관계자간 거래는 판매하는 경우도 있겠지만 그들의 회계처리를 보면 Inventory의 관리이전에 불과하다. 사실상 위탁판매와 다름없어 진정한 판매라고 보긴 어렵다. 다만, 그러한 재고의 이관에 불과한 거래가 여러 가지 다른 세법이나 관련 법들에 의해 판매형식을 갖추고 있는 것으로 인정되고 있어 평가협정에서도 수출판매라는 범주에 속하는 것으로 받아들여지고 있다.

57) '**임의의 가격**'(이익공동체 간의 가격)은 거래당사자가 독립당사자(이익공동체가 아닌 경쟁가격)가 아닌 특수관계자 간의 가격에 대(對)해서 지칭해 본 것인데 적절한 표현일지는 모르겠지만 의미전달에는 충분하다고 여겨진다.

58) 거래가격 배제사유가 초안부터 포함되었다 해서 더 중요하고 덜 중요하다고 할 수 없을지도 모르지만 초안에는 거래가격 배제사유 4가지 중 특수관계자

소싱이 본격화되는 시점으로 특수관계자 간에 이루어지는 모든 수출입거래의 거래가격이 특수관계로부터 영향을 받았다고 보아 거래가격 방법 적용을 배제한다면 거래가격 방법의 적용은 극히 위축될 것이다라고 예견되었다. 이러한 점을 고려하여 평가협정은 특수관계가 거래가격에 영향을 미쳤는지 여부에 관하여는 입증[59] 과정을 거치도록 하여, 만약 세관이 거래가격에 대한 영향 여부에 의심이 들어 관련자료의 제출을 요구하고 그에 관하여 수입자가 거래가격에 영향이 없음을 입증하면 거래가격 적용을 할 수 있고 입증을 하지 못하면 거래가격을 부인할 수 있도록 하였다. 구체적으로 평가협정은 비교가격검증법이나 판매주변상황검증법[60]이라는 것을 두어 특수관계자인 수입자가 관련자료의 제출(세관의 요구가 있을 시)을 통하여 세관을 상대로 입증을 할 수 있으면 아무리 낮은 가격이라도 덤핑 판정은 별론으로 하고 거래가격 방법을 적용할 수 있도록 해 놓은 것이다.

평가협정의 규정은 특수관계자들 간의 거래는 그 태생적으로 특수관계가 해당물품의 거래가격에 영향을 미친다고 전제하고 입안된 것이다. 즉 특수관계자 간 거래는 본사의 지시에 따라서 가격이 결정되는 등 독립당사자 간에 이루어지는 공정한 가격결정과정을 거쳐서 가격결정이 되지 않는다는 것을 전제하고 만들어진 것이다. 특수관계자 간에 결정된 거래가격은 세관이 의심을 가지고 관련자료 제출을 요청하면 수입자가 거래가격이 특수관계로부터 영향을 받지 않았다는 것을 입증을 하여야만 거래가격이 인정되는 구조로 되어 있다. 통상 현지에 진출한 현지법인들이 가장 많이 하는 것이 경쟁업체들의 시장판매가격 조사이다. 그들이 제조판매하는 물품이 현지에 수입하여 동종동질물품이나 유사물품과의 경쟁에서 살아남

간의 거래가격의 인정 여부에 대하여 제일 먼저 언급하고 그 영향 여부 판단에 대하여 절차 등을 상세히 설명할 정도로 특수관계자 간의 거래가격 인정 여부에 대한 고민은 컸던 것으로 보인다. MTN/NTM/W/122, (1977. 8. 7.) 제1조(a)항, MTN/NTM/W/126, 10항 (1977. 11. 21.) 참조.

59) 여기서 입증(立證)은 소송법상의 '입증'이나 '입증책임'에 대한 법적 정의에 따른 입증이 아니라 순수히 국어적인 의미에서[立(제시한다)+證(증거)] 세관이 요구한 관련자료를 제시하여 세관에게 법적 요건을 충족(미충족)하였음을 알 수 있는 관련서류를 제출하는 것을 말한다. 즉 판매주변상황검증법이나 비교가격검증법에 의해 거래가격영향 여부를 판단하기 위한 관련서류를 제출하는 것을 말한다.

60) 평가협정 제1조 제2항 등

기 위해서는 반드시 필요한 절차일 것이고 그러한 시장조사에서 얻어진 가격자료를 기준으로 본사와 협의할 것이다. 세관은 이러한 경우 거래당사자 간에 가격협의가 있다고 보아 그 거래가격을 인정해 주기도 한다고 한다. 이것은 현지에 진출한 첨병역할을 하는 특수관계법인들이 본사에 가격조사의 결과를 알려 주고 수입가격을 정하기 위한 협의이지 특수관계자 간이 아닌 거래당사자간에 이루어지는 거래가격 협의라고 볼 수 없다.

문제는 세관이 특수관계자들 간의 거래에 관하여 그 거래가격을 배제할 때 평가협정의 관련규정과 동떨어진 방법으로 적용하는 데에 있다. 세관은 특수관계자 간의 거래가격을 평가하면서 그들이 거래가격에 어떻게 영향을 미쳤는지 그 사실적 근거를 찾아서 대응을 하고 있는 듯하다. 그러한 자료를 찾기 위하여 그 특수관계자들이 거래가격을 결정하기 위하여 실제로 주고받은 서신 등을 확보하고 그 내용을 확인하여, 예를 들면 "본사의 가격정책에 따라 일방적으로 가격이 결정되어 수입되었으니, 즉 수입자의 아무런 의사와 상관없이 — 가격결정에 참여없이 — 본사의 일방적인 거래가격의 결정에 따라서 수입하였으니, 거래가격에 영향을 받았고 거래가격을 부인하여야 한다고 주장"하는 것이다. 이러한 확인은 평가협정상 불필요한 것은 아니지만 그것만으로 거래가격을 부인하는 것은 절차를 충분히 거치지 않은 **거래가격 부인**이라고 보여진다. 그러한 의심이 있다면 평가협정 제1조 제2항에 규정한 절차에 따라 그 특수관계 수입자에게 이러이러한 점에서 거래가격에 영향을 받은 것으로 판단되니 관련자료를 제출하여 입증활동을 할 수 있는 기회를 부여하고 수입자가 그 절차를 통해서 입증을 하지 못하는 경우에 비로소 거래가격을 부인해야 한다.

2. 특수관계자 간 거래가격 영향 여부 판단

어느 경우나 특수관계자 간 거래가 거래가격 인정을 받기 위해서는 — 아니면 세관의 입장에서 거래가격을 부인하기 위해서는 — 평가협정 제1조 제2항에서 규정하고 있는 요건을 충족 여부가 문제가 된다. 세관은 어느 경우에도 다른 방법으로 거래가격을 부인할 수 없다. 아무리 거래가격이 본사의 일방적인 결정으로 한다는 것이 명백한 서면자료를 제시해도 마찬가지이다. **본래부터 평가협정은 특수관계자들은 모두 다 그렇게 가격을**

결정하리라는 것이 특수관계자 간의 공통된 특질이라고 보고 평가협정을 입안한 것이기 때문이다. 또한 특수관계자 간 거래가 특수관계자 간 거래가 아닌 것처럼 — 위장이든 아니면 위장이 아니든 — 거래가격을 결정을 하였다 하여 인정해 주어야 하는 것도 아니다. 평가협정 제1조 제2항은 세관이 특수관계자 간의 거래에 관하여 자료제출을 요구할 경우에 입증방법 등을 규정하고 있고 특수관계자 간에 거래가격에 영향을 받았다고 하여 거래가격 부인이나 인정을 얻기 위하여서는 이 절차를 거쳐야 한다. 특수관계 수입자들은 이러한 절차에 따른 자료제출 요구에 따라 거래가격이 특수관계로부터 영향을 받았는지 여부의 판단에 필요한 서류를 제출하여야 하는 것이다. 세관은 특수관계자 간의 거래가격이 평가협정 제1조 제2항의 요건을 충족한다는 점이 입증되는 한 아무리 **본사에서 일방적으로 거래가격을 정하였다는 사실을 입증**해도, 그리고 그 **가격이 시장가격 이하라고 해도 덤핑은 별론으로 하고 거래가격을 부인할 수가 없다**. 수입자의 입증활동은 세관이, 수입자에게 수입자가 신고한 거래가격이 특수관계에 의해서 영향을 받은 것으로 보이니 그 사실 여부를 확인하기 위한 관련 자료를 요구하는 경우에 하는 것으로서 그러한 요구가 없다면 수입자는 입증활동을 해야 할 법적 의무가 없다. 물론 세관이 입증에 필요한 서류제출을 요구함에도 수입자가 입증서류를 제출하지 않는다면 절차에 따라 거래가격이 부인[61]되는 것이다.

가. 평가협정 관련규정

거래가격 영향 여부에 대한 판단 근거조항은 특수관계자 간 거래가격 배제사유와 관련된 평가협정 제1조 제1항 (d)와 이를 입증하기 위한 설명

---

61) 세관에서 공시자료나 심사시 확인한 거래가격에 영향을 받았다는 자료들은 거래가격 배제 근거가 아니라 특수관계자에게 거래가격에 영향을 받은 듯하니 비교가격검증법 이나 판매주변상황검증법 등에 의한 자료 제출을 하라는 자료제출요구의 근거로 사용될 수 있을 뿐이다. 그것을 거래가격 배제근거로 사용하면 위법의 소지가 있다. 특수관계자들 간의 거래는 그들 간의 거래에 있어서 어떤 영향을 받았는지는 중요하지 않다. 특수관계자 간의 거래 자체에 이미 영향을 받았을 것으로 간주하고 평가협정이 제정된 것으로 그 거래가격을 부인하려면 평가협정 제1조 제2항에 의한 절차를 거쳐야 한다. 그러한 자료제출요구에 불응하는 것에 대비하기 위한 마련한 결정이 바로 1995. 5. 12. WTO 관세평가위원회 제1차 회의에서 채택된 "결정 6.1 합리적 의심"이다.

조항인 제1조 제2항 (a), (b), (c)와 주해 제1조 제2항 제1호부터 제4호까지, 제2항 (b)이다.

1) 평가협정 제1조 제1항 (d)의 거래가격 배제사유

(d) ① **구매자와 판매자 간에 특수관계가 없거나**, ② 구매자와 판매자가 특수관계(related)가 있는 경우에는 그 거래가격은 **제2항의 규정에 의하여 관세 목적상 수용**할 수 있다. (d) that the buyer and seller are not related, or where the buyer and seller are related, that the transaction value is acceptable for customs purposes under the provisions of paragraph 2.

평가협정은 거래가격 제1조 배제사유로 "**(d) 구매자와 판매자 간에 특수관계가 없거나, 구매자와 판매자가 특수관계가 있는 경우에는 그 거래가격이 제2항의 규정에 따라서 관세 목적상 수용될 수 있다"라고 규정하고 있다.**

좀 더 부분적으로 이 조항의 전단인 '① **구매자와 판매자 간에 특수관계가 없거나**'를 살펴보면 거래가격이 배제되지 않으려면 특수관계가 아니어야 한다고 단정을 하고 있다. 즉 이것은 특수관계가 있다면 거래가격이 부인되어야 하는 것이 원칙이라하고 있는 것이다. 그렇지만 후단은 "② 구매자와 판매자가 특수관계(related)가 있는 경우에는 그 거래가격은 평가협정 **제1조 제2항의 규정에 의하여 관세 목적상 수용**할 수 있다"라고 하고 있다. **특수관계가 있더라도 제2항의 규정을 충족하는 조건으로 거래가격을 적용**할 수 있도록 하고 있는 것이다. 즉 제2항은 (수입자가) **거래가격을 인정받기** 위해서나 (세관이) 거래가격을 **부인하기 위해서**나 절대적으로 필요한 절차를 규정하고 있다. 이와 관련하여 평가협정 제1조 제2항을 살펴보자.

2) 평가협정 제1조 제2항

2. (a) 제1항의 목적상 **거래가격이 수용될 수 있는지 여부를 결정함**에 있어서 구매자와 판매자가 제15조에서 의미하는 특수관계에 있다는 사실 그 자체가 거래가격을 수용할 수 없는 근거가 되지 않아야 한다. 그

러한 경우에는 **판매의 주변상황**(circumstances surrounding the sale)**이 검토**되어야 하고 ① **특수관계가 가격에 영향을 미치지 않았다**면 거래가격은 수용되어야 한다. 만약 수입자에 의해 혹은 다른 방법으로 제공된 정보에 비추어 ② 세관당국이 특수관계가 가격에 영향을 미쳤다고 판단할 근거를 가지고 있다면, 수입자에게 그 근거를 통지해야 하고 ③ **수입자에게는 답변할 수 있는 합리적인 기회**가 제공되어야 한다. 만약 수입자가 요청하는 경우, 그 근거는 서면으로 통지되어야 한다.
(b), (c) 생략
2. (a) In determining whether the transaction value is acceptable for the purposes of paragraph 1, the fact that the buyer and the seller are related within the meaning of Article 15 shall not in itself be grounds for regarding the transaction value as unacceptable. In such case the circumstances surrounding the sale shall be examined and the transaction value shall be accepted provided that **the relationship did not influence the price**. If, in the light of information provided by the importer or otherwise, the customs administration has grounds for considering that the relationship influenced the price, it shall communicate its grounds to the importer and the importer shall be given a reasonable opportunity to respond. If the importer so requests, the communication of the grounds shall be in writing.

가) '① **특수관계가 가격에 영향을 미치지 않았다**면'

특수관계자간 거래가격의 인정 여부를 판단하는 절차를 규정하고 있는 제1조 제2항(a)에서 특수관계자간의 거래에 있어 거래가격의 불인정 판단에 대한 기준을 설명하는 '~ did not influence **the price**'의 규정을 잘 살펴보아야 한다. 여기서 다른 규정처럼 '~ did not influence the **value**'로 규정하지 않은 이유는 무엇인가? 'the **value**'로 하지 않고 'the **price**'[62]로 표현한 것은 모든 특수관계자의 거래가격은 전체가 그 거래가격을 정하는 방법으

62) 거래가격 배제사유를 판단하는 4가지 요소 중(사후귀속이익은 성격이 다르다) 특수관계자 간이 아닌 경우 거래가격 영향여부에 대한 판단은 모두 가치(value)라는 용어를 사용하고 있다. 그 것은 지급할 가격(price)이 그 본래의 교환가치인 가치(value)를 제대로 반영하고 있지 못하다는 것을 의미하는 것이다.

로 인해 value에 영향을 받았기 때문에, 일련의 신고 건 중에 어느 거래가격은 영향을 받고 어느 것은 영향을 받지 않았다는 것을 구분할 수가 없다고 본 것이다. 거래가격 배제사유 규정과 이 문구만으로도 이미 평가협정을 제정할 때 특수관계자 간의 거래는 거래가격이 특수관계로부터 영향을 받은 것으로 전제하지만 세관이 거래가격에 대해 의심을 하지 않거나, 의심을 할 경우는 자료제출요구를 하여 일정한 조건을 충족하는 경우 그 거래가격을 인정하겠다는 취지이다. 사실 이 의미의 이해는 **특수관계자 간의 거래가격 영향 여부 판단에 대한 규정 전체 이해와 결부된다.** 즉 특수관계자 간 거래는 모두 거래가격의 영향을 받았으나 그 합의한 개별적인 그 가격(the price)이 어떤 기준(비교가격검증법이나 판매주변상황검증법 등[63])을 충족하면 실제로는 그 합의한 가격이 거래가격에 영향을 받아 거래가격을 적용할 수 없음에도 그 거래가격이 특수관계로부터 영향을 받지 않은 것으로 간주한다는 의미를 가지고 있는 것이다. 이를테면 특정한 신고건에 관하여 거래가격이 여러 가지가 있을 경우 기준보다 낮은 것은 거래가격에 영향을 받았다고 판단하고 그 기준을 넘는 것은 거래가격에 영향을 받지 않았다고 판단하는 것이다. 그 판단은 세관의 재량이 아니라 객관적인 입증자료에 근거하여야 한다. 즉 쟁점물품이 지속적으로 수입되는 동종·동질 물품이라 해도 **어떤 기준을 넘는 것만** 거래가격 영향 여부 판단에서 영향을 받지 않은 것으로 간주되기 때문에 거래가격이 부인되는 것은 개별 수입신고 건중 그 기준을 못 넘는 수입신고 건만이 대상이다.[64]

---

63) 세관이 특수관계 수입자를 상대로 이에 관한 확인을 위하여 자료제출요구를 할 수 있는 권한이 평가협정 제17조에 의하여 부여되어 있다. 우리나라는 관세법 제37조의4(특수관계자 수입물품 과세가격결정자료 제출)에 수용되어 있다. 그러한 자료의 제출이 특수관계자인 수입자가 입증하는 것이라고 보여질 수도 있으나 그 서류에 근거한 입증의 최종판단은 세관이 하는 것이다. 그 제출된 서류에 의해 최종적으로 거래가격 영향 여부를 판단하는 것은 세관이지 수입자가 아니다. 세관은 전지전능하지 못하다. 어떻게 관련서류도 없이 특수관계자인 것만 가지고 영향 여부를 판단할 수 있는가? 평가협정 제17조, 부속서 III 제6항 등이 세관에 석명(釋明)을 위해 부여한 자료제출요구권에 따라 세관은 수입자가 제출한 서류에 의하여 그러한 영향 여부를 판단하는 것 뿐이다.

64) 미국은 수입물품의 거래가격 영향 여부 검토 시에 Case by Case로, 즉 수입건별로 거래가격 영향 여부를 판단한다. 동종·동질 물품이 지속적으로 수입

그리고 세관에 신고한 가격이 그 기준을 넘는 것은 거래가격을 적용받는 것으로 인정되는 것으로 추가로 환급 등 논의의 대상이 아니다.

나) '② 세관당국이 특수관계가 가격에 영향을 미쳤다고 판단할 근거를 가지고 있다면, **수입자에게 그 근거를 통지**해야 하고'

이 부분은 세관당국이 외감법에 의한 공시자료나 심사시 관련자료의 확보를 통해 특수관계가 그들의 거래가격 결정방법에 영향을 미쳤다고 판단할 만한 의심을 갖게 되었다고 하더라도(예를 들자면 본사에서 해당물품의 가격결정에 대한 모든 것에 전권을 가지고 있어 거래가격 결정이 본사에 의해 결정된다는 것을 확인했다 하더라도) 그 의심만으로 바로 거래가격을 부인할 수는 없다는 것이다. 이 경우 비교가격검증법이나 판매주변상황검증법에 의한 판단 절차를 거쳐야 하고 거래가격이 특수관계로부터 영향을 받지 않았다는 점에 관하여 입증이 된다면 거래가격을 부인할 수 없다는 것이다.

아무리 본사에 의하여 거래가격이 결정되더라도 그 가격을 판매주변상황검증법에 의해 검증해 보니 본사는 특수관계가 아닌 자에게도 통일적으로 동일한 가격을 제시할 수도 있는 것이다. 원래 특수관계자 간 거래는 특수관계자가 아닌 거래당사자들을 기준으로 한다면 모두 특수관계로부터 영향을 받은 것으로 볼 수 있지만 어떤 기준을 충족하면 해소되는 것으로 간주하는 것이므로 그러한 기준을 충족할 수 있는 자료를 제출하라고 요구하여야 하는 것이다.

다) '③ **수입자에게는 답변할 수 있는 합리적인 기회**가 제공'

다시 한번 이야기하면 평가협정 제1조 제1항 (d)와 제1조 제2항의 규정의 의미는 특수관계자 간 거래는 모든 거래가 제1조 제1항 (d)에 따라 부인될 수 있지만 제1조 제2항에 따라 입증할 수 있으면 거래가격에 영향을

이 되더라도 건별 가격의 변화를 보면서 영향 여부를 판단하는 것이다. 협정 제1조 법리상 당연하다. "~ whether the transfer price **for each transaction** is adequate to ensure recovery of all costs, plus a profit equivalent to the exporter's overall profit." HQ 544579 (1993. 9. 30.) 이렇게 되면 공제가격 적용 시 환급이 발생할 소지가 없다. 높게 신고해서 수입된 것은 평가협정 제1조 제2항에 의하여 특수관계자 간에 거래가격에 영향을 받지 않았다고 해석되어야 하는 것이다.

받지 않은 것으로 보겠다는 의미이다.

이를 좀 더 설명해 보면 특수관계자 간에 어떤 물품이 100원에 거래되고 있다고 할 때 그 거래가격은 비록 100원에 거래되고 있지만 그 거래가격이 60원이던, 80원이던, 100원이던, 120원이던, 아니면 150원이던 그들 간의 거래가격은 모두 특수관계자 간이기 때문에 거래가격이 부인된다고 하는 것이 바로 거래가격 배제사유에 해당하는 **제1조 제1항 (d)의 의미**이다. 그렇지만 무조건 부인할 수는 없고 의심이 들 경우 **제1조 제2항에 따라서 그 영향 여부 판단절차를 거친 다음에 결정**하라는 것이다. 즉 그들의 수입신고 건별 거래가격이 어떤 기준(제1조 제2항에 설명한 비교가격검증법이나 판매주변상황검증법)을 충족할 경우 그 거래가격이 영향을 받지 않은 것으로 보는 것이다. 반대로 충족하지 못하면 거래가격을 부인할 수 있다는 것이다.

여기서 한 사례로 그 특수관계자 간의 거래가 있고 그 거래가격이 100원이라 하자. 그런데 마침 특수관계자 간의 거래가 아닌 동종·동질 또는 유사 물품의 거래가격[65]이 100원이 있어 요건을 충족할 경우 그 거래가격은 특수관계자라 해도 거래가격에 영향을 받지 않았다고 보는 것이다. 그 입증은 수입자의 주도로 하되 세관이 정보를 가지고 있다면 공유할 수 있는 것이고 세관에서 굳이 거래가격 영향 여부 판단을 위한 자료제출요구를 할 필요가 없을 것이다. 만약 그 특수관계자 간의 거래가격이 90원일 경우라면 동종·동질의 물품이 100원에 팔리고 있으니 비교가격검증으로 그 차이가 110/100 이내라고 판단되면 거래가격으로 인정받을 수 있을 것이고 그 이상(90원)의 거래가격은 모두 거래가격에 영향을 받지 않는 것으로 볼 수 있는 것이다. 이 경우 90원 미만의 경우는 비교가격검증에 의하여 거래가격 적용이 배제될 것이다. 그러나 특수관계자 간에 거래되는 물품은 많은 경우 독점거래가 많아 특수관계자 간이 아닌 거래에 동종·동질의 물품이 드물 뿐만 아니라 그 가격정보 등도 확보하기가 쉽지 않다. 즉 비교가격검증법으로 거래가격 영향 여부 판단을 수입자의 주도로 하기가

---

65) 평가협정 제1조 제2항 (b)는 이 외에도 (ii) 제5조의 규정에 따라 결정된 바 있는 동종·동질 또는 유사물품의 과세가격, (iii) 제6조의 규정에 따라 결정된 바 있는 동종·동질 또는 유사물품의 과세가격을 비교대상으로 규정하고 있다.

쉽지 않을 수도 있다.

상기의 경우 그 조사의 발단은 그 특수관계자 간 거래에서 물품을 100원으로 신고하였는데 동종·동질의 물품에 관한 가격정보가 없는[66] 세관이 사후심사 시 공시자료 등을 살펴보니 영업이익률이 많이 높은 것으로 확인한 것이다. 그 경우 세관은 저가로 공급되었을 가능성이 있다고 보아 자료제출 요구를 할 수 있을 것이다. 이 자료제출요구에 응해서 100원에 신고되는 동종·동질의 물품의 비교가격검증법으로 앞에서와 같이 제시한다면 세관은 받아들여야 한다. 물론 여기서 아무리 영업이익률이 높아도 그렇고 그 가격결정을 본사에서 임의로 결정하여 보내준다는 그들의 자료를 입수하여도 마찬가지로 그것에 근거한 거래가격 부인은 불가하다. 다만, 그 거래가격에 대한 가격결정방법 등이 특수관계로 인해 영향을 받은 것으로 의심되니 평가협정 제1조 제2항에 근거하여 자료제출을 그 수입자에게 요구할 수 있을 뿐이다. 평가협정은 이러한 확인을 위하여 제17조의 규정을 두어 자료제출 요구를 세관이 할 수 있도록 하고 평가협정 제1조 제2항에 정하여진 절차에 따라 영향을 받지 않았다는 것을 입증하지 못하거나 자료제출을 거부할 경우에만 거래가격 부인이 가능하도록 한 것이다. 거래가격을 검증하기 위해서는 어떠한 경우에도 평가협정 제1조제2항의 절차를 거쳐야 **(수입자의 입장에서) 입증도 가능**하고 **(세관의 입장에서) 부인도 가능**한 것이다.

3) 자료제출 요구권: 평가협정 제17조와 부속서 III 제6항 석명권(釋明權)

1981년[67] 평가협정 시행 초기 평가협정 제17조에 의해 자료제출 요구권을 세관에 주었지만 수입자들이 특히 특수관계 수입자들은 세관이 요청하는 자료제출을 제대로 이행하지 않는 경우가 많았다.[68] 초기에 평가협정

66) 이러한 정보는 세관에 없다기보다 업체들의 경쟁관계에 있는 물품에 대한 정보가 부재하다고 보아야 한다. 신고된 가격정보가 있더라도 경쟁관계에 있는 물품에 대한 정보는 그것을 취급하는 기업들이 더 잘 알고 있을 것이다.

67) 미국과 EU는 1980년 7월 1일부터 미리 시행하였다.

68) 이러한 자료제출요구를 받고 수입자가 불리하니 자료의 제출을 하지 않거나 이와 상관없이 자료제출을 하지 않는 경우에 문제가 생기게 된다. 특수관계자들은 대부분 선진국들에 본사를 둔 글로벌기업으로 후진국들의 관세당국에 의한 자료요구 남발과 자신들이 제출한 기업정보 보호에 대한 불신도 컸다.

자체의 이해 부족도 있었지만 특수관계자 기업들은 자사의 가격결정 등을 포함한 무역정보를 공개해야 하는 상황에서 특히 개도국들 세관당국이 자료 요구하는 것에 관하여 극히 비협조적이었다. 그리고 수입자들이 세관에 의해 자료제출 요구를 받고 자료제출을 하지 않아도 평가협정상 다른 조치를 취할 수 있는 방안이 마땅치 않았다. 특히 1981년도부터 시행되었던 평가협정에 아직 가입하지 않고 있었던 개도국 등은 그러한 규정적 보완장치가 필요하다는 점에 관하여 관심이 컸고 그러한 보완장치가 부족하다는 인식이 개발도상국들이 평가협정에 가입하는 것에 큰 걸림돌이 되었다.

세관이 평가협정상 거래가격 영향 여부를 판단할 수 있는 자료제출을 요구하면 수입자는 관련자료를 제출하여야 할 의무를 가지기 때문에 거래가격 영향 여부에 관한 입증책임은 실질적으로 수입자에게로 전환된다. 세관은 자료제출 요구 시 입증하라고 요구하는 것이 아니라 비교가격검증법에 의해 수입자의 주도로 그 가격이 허용되는 범위 내에 있는지 여부에 관한 자료(상기의 경우 수입자는 100원의 동종·동질 물품을 비교가격검증법으로 세관에 증빙할 수도 있다) 또는 그러한 자료가 없다면 판매주변상황검증법에 따라 필요한 자료제출을 요구할 수도 있는 것이다. 결국 세관은 거래가격에 영향을 받은 가격이 아니라는 것을 입증하는 서류를 제출받아서 그 거래가격 부인 여부를 판단만 하면 되는 것이다. 즉, 입증책임은 여전히 세관이 부담하지만 자료제출 요구권에 의하여 입증책임이 실질적으로 수입자에게 전환되는 효과가 발생한다.

아무튼 그렇게 제출된 서류에 의하여 세관은 거래가격 영향 여부를 최종 판단하는 것이고 그 자료가 바로 거래가격에 영향을 받았는지 여부를 판단하는 입증자료이다. 그러한 방법(비교가격검증법이나 판매주변상황검증법 등)으로 입증된다면 거래가격이 아무리 시장가격보다 낮은 저가라도 그 거래가격에 대하여는 거래가격을 부인할 수 없다.[69]

거래가격의 수용 여부에 대하여 평가협정 제1조 제2항 (a) 등은 "제15조에서 의미하는 특수관계에 있다는 사실 그 자체가 거래가격을 수용할 수 없는 근거가 되지 않아야 한다"라고 규정되어 있다. 바꿔 말하면 특수관계만으로는 거래가격 부인을 할 수 없다고 강행적으로 규정하고 있는 것이

69) WCO 편람 권고의견 2.1 등을 보라.

다. 거래가격 수용 여부를 결정하기 위하여는 무조건 입증자료를 요구해서 판단해야 하는 의무를 부여한 것이기도 하다.

그동안 국내 판결을 보면 모두 입증책임이 세관에 있다고 하고 있다. 그러나 특수관계자 간의 거래에서 거래가격 영향 여부 판단은 가격결정과 관련된 극히 내밀한 자료를 확인하지 않으면 할 수 없는 고도의 전문영역에 속한다. 즉 단순히 외부에 공시된 자료에 의해 판단할 수 있는 분야가 아니다. 평가협정 제17조는 그러한 점을 고려한 규정인데, 세관도 그렇고 국내의 판결도 그 취지를 제대로 살리고 있지 못하는 측면이 있다.

세관은 거래가격 영향 여부를 판단하기 위하여 관련자료를 요구할 필요가 있다. 이러한 요구를 받게 되면 수입자는 비교가격검증방법(수입자의 주도)이나 판매주변상황검증법에 따라 수입자가 입증관련서류[70]를 제시할 의무가 있다. 왜냐하면 수입자의 관리영역 내에 그러한 자료들이 소재하고 있기 때문이다. 수입자가 자료제출요구에 따라 자료를 제출하면 세관은 그 물품의 거래가격이 특수관계자에 의해서 영향을 받았는지 여부를 최종적으로 판단할 수 있다.

그러나 이렇게 평가협정 제17조에 근거하여 자료제출요구를 하였음에도 자료를 제출하지 않는 경우를 대비하여 거래가격을 부인할 수 있는 근거로 1995. 5. 12. WTO 평가위원회 제1차 회의에서 결정 6.1[71]을 채택한 것이고 한국의 경우에도 이를 수용하여 관세법 제30조 제4항 및 제5항 등에 이를 반영하였다.

나. 미국과 캐나다의 특수관계자 간의 거래가격 적용

평가협정은 명백하게 특수관계자간의 거래가격 영향 여부에 대한 판단절차를 평가협정 제1조 제1항(d)와 제1조 제2항에 상세히 규정하고 있고 미국[72]과 캐나다[73] 등은 이를 국내법에도 수용하고 있다. 비록 그 운용절

70) 평가협정 제2조(b), 주해 제1조 제2항.

71) 결정 6.1 세관당국이 신고 가격의 정확성이나 진실성을 의심할 만한 사유가 있는 경우

72) 미국 CBP Informed Compliance Publication (ICP): "*Determining the Acceptability of Transaction Value in Related Party Transactions* (2007. 4.)." pp.6~11을 보라.

73) 캐나다 관세청 Memorandum D13−4−5, 4~7 (2021. 12. 6.) 등을 보면 수입자 스스로가 거래가격을 적용하기 위해서 사전적으로 준비해야 할 절차 등을 규정하고 있다.

차 등을 규정한 국내법은 약간 다르더라도 평가협정의 판매주변상황검증[74]법과 비교가격검증법이라는 관문 — 특수관계자에게는 거래가격 적용, 세관은 부인을 위해서는 필수적으로 거쳐야 할 — 을 반드시 거쳐야 거래가격을 부인하든 인정하든 할 수 있도록 되어 있다. 여기서는 평가협정이 정한 범위를 넘지 않는 범위 내에서 설명을 하고자 한다. 비교가격검증법은 특수관계자들이 생산하는 물품이 전 세계적으로 물품 특허 등으로 인하여 독점적인 지위를 점하고 있어 현실적으로 비교대상물품을 제시하기가 어렵다. 결국은 판매주변상황검증법으로 그 판단을 해야 하는 경우가 많이 생길 것이다. 아래는 비교가격검증법과 판매주변상황검증법에 대하여 평가협정에서 예시로 설명하고 있는 사항을 요약해 보았다.

3. 사례

평가대상물품에 대한 거래가격 영향 여부 판단은 평가협정 제1조에 따라 해당 물품(for the good, 즉 개별신고 건별 물품)의 수입신고 시 신고건별로 거래가격 영향 여부를 판단하도록 되어 있고 이는 특수관계자의 거래도 동일하다. 특수관계자에 대해 예외가 규정되어 있지 않으므로 수입신고 건별로 판단[75]해야 한다.

평가협정 제1조 제1항 (d)와 제2항 (a)에 따르면 특수관계자 간의 거래가격은 모두 배제되는 것이지만, 최종적으로는 제1조 제2항의 절차에 따라 거래가격을 인정받을 수 있거나 부인을 할 수 있도록 되어 있는 것이다. 세관이 거래가격에 영향을 받았다고 — 예를 든다면 본사의 일방적인 가격결정과 그 가격의 거래가격 강요 등 의심이 든다면 무조건 부인하는 것이 아니라 — 그 반대사실을 입증할 수 있는 기회를 수입자에게 부여하고 그 사실이 입증되면 거래가격을 부인할 수 없도록 되어 있다.

예를 들자면 세관의 입장에서 특수관계자가 신고한 거래가격이 심한 등락폭의 가격변화를 보이고 있지만 다른 업체보다 오히려 높아 보여 굳이 확인할 필요가 없는 것으로 판단한다면 관련자료의 제출을 요구하지 않을

74) 판매주변상황검증법은 예시이다. 따라서 국내의 상황에 맞게 별도로 입법할 수 있다.

75) 대법원 2020. 12. 30. 선고 2017두59048 판결도 같은 취지이다.

수 있고 거래가격을 수용할 수 있다.

그러나 세관은 거래가격의 가격편차가 심하다고 판단하여 이를 확인할 수 있는 관련서류의 제출을 요구할 수 있다. 평가협정은 특수관계자가 크게 두 가지 방법으로 거래가격 영향 여부에 대한 입증을 할 수 있다고 설명되어 있다. 즉 세관은 평가협정 제17조를 근거로 관련자료를 요구하면서 첫째는 비교가격검증에 대한 입증자료를 수입자의 주도로 제출할 수 있도록 요청할 수 있고 두 번째는 그런 자료가 없다면 판매주변상황검증에 의한 입증이 가능한 자료제출을 요구할 수도 있다.

아래는 평가협정에서 특수관계자 간 거래에서 거래가격 영향 여부에 대한 검증의 예시를 든 것을 기초로 요약 설명해 보았다.

가. 비교가격검증 [평가협정 제1조 제2항 (b), 주해 제1조 제2항 제4호, 제1조 제2항 (b)호]

예를 들면 세관의 특수관계자 수입자에게 자료제출요구를 통하여 수입자의 주도[평가협정 제1조 제2항 (c)]로 비교가격검증을 할 수 있는 관련자료를 제출하였다. 세관이 특수관계자가 제출한 자료를 검토해 보니 충분히 비교대상업체와의 가격차 등 종합적으로 크게 벗어나지 않으므로 거래가격을 인정할 만하다고 판단하였다. 이 경우 거래가격을 부인할 수 없다. 이 부분은 절차가 비교적 상세하게 평가협정에 규정되어 있으므로 역서 본문이나 관련 규정을 참조하는 것으로 갈음하는 것으로 한다.

나. 판매주변상황검증 [평가협정 제1조 제2항 (a)]

평가협정은 제1조 제2항(a)의 판매주변상황검증법에 대하여 제1조 주해 제2항 1~4에서 해설하면서, 제15조의 규정에 따라 특수관계라 하더라도 특수관계가 없는 것처럼 상호간에 판매하고 구매하는 것을 입증할 수 있는 경우에는 가격이 특수관계에 영향을 받지 않았다는 것을 증명하는 것이다라고 설명하며 그 예시로 세 가지를 들고 있다. 국내법은 위 예시를 모두 수용하고 있다.

(1) 그 가격이 해당 산업의 정상적인 가격결정관행에 부합하는 방법으로 결정되는 경우

해당산업에서 정상적인 상거래 관행에 따라 가격이 결정되는 것을 인정할 수 있는 경우에 인정될 수 있다.

(2) 판매자가 자기와 특수관계에 있지 않는 구매자에게 판매가격을 결정하는 방법으로 해당가격이 결정되는 경우

특수관계자가 아닌 자에게 판매하는 가격결정 방법으로 가격을 결정하는 경우에도 거래가격에 영향을 받지 않은 것으로 볼 수 있을 것이다. 예를 들면 해당물품을 판매하면서 공시가격으로 정하여 놓고 특수관계자가 아닌 구매자에게 판매하는 것과 거의 같은 가격으로 특수관계자에게 판매하는 경우가 있을 수 있을 것이다. 이 사례는 본사에서 거래가격을 결정하면서 특수관계 구매자인 수입자에게 판매가격을 정하는 방법으로 즉 일방적으로 정한 고시가격을 일반 구매자에게도 적용할 경우가 얼마든지 있어서 본사에서 일방적으로 거래가격을 정하였다는 무역서신 등의 내부서신을 입수하여 거래가격을 부인하는 것은 지나친 결정으로 특수관계자간의 가격결정은 그러한 결정이 통상적인 것이다라고 상정하여 규정된 평가협정의 취지와 어긋난다. 이 경우 비교가격검증법이나 판매주변상황검증법에 의한 다른 증명절차에 의해 입증할 기회를 부여하여야 한다. 특수관계자간 거래에서 상기 (1), (2)의 경우는 극히 사례가 제한적일 것이다. 미국의 경우 특수관계자 간의 거래에 있어 제3자에게 수출판매한 경우가 없을 경우, 입증하는 방법으로 **총원가플러스이윤법(All－Costs－Plus－a－Profit method)**[76]이 판매주변상황검증법의 가장 객관적[77]인 입증방법이라고 불리고 있다고 한다. 이와 관련하여 역자가 가상의 거래를 상정하여 정리해 보았다.

(3) **총원가플러스이윤법(All－Costs－Plus－a－Profit method)** － 기업의 전반적인 이윤을 나타내는 이윤을 합한 금액을 회수할 수 있을 만큼 적절하다는 것이 입증되는 경우(별표)

이 방법은 현실적으로 대부분의 특수관계자간의 거래에서 본사의 협조를 얻어 입증할 수 있는 방법으로 가장 합리적인 방법이라고 여겨진다. 왜냐하면 해당가격이 모든 비용에 대표적인 기간(예: 1년 기준) 동안에 동종

---

76) 이것은 평가협정 주해 제1조 제2항 para. 3에서 예시로 든 것이다.

77) '가장 객관적인 방법(the **most objective method**)'이라는 의견은 역자가 가끔 자료를 참고하는 관세컨설팅 민간 웹사이트로 그들이 CBP(미국관세청)에서 가장 객관적이라고 한다는 전언으로 실제 역자가 CBP에 문의하여 확인한 사항은 아니다. 아래 주소를 방문하여 참고하기 바란다.
https://www.tuttlelaw.com/newsletters/2016/transfer_price_2_5－19－16.html

또는 동류물품의 판매에서 실현된 이익 등의 분석은 회사 내부에서도 진행될 것이고 본사의 도움[78]을 얻어 얼마든지 이러한 분석자료 제출은 가능할 것이기 때문이다.

다음 페이지 표는 2021년도 본사에서 평가대상물품과 동종 또는 동류물품의 판매에서 실현된 기업의 전반적 이윤(overall profit)을 나타내는 이윤을 합한 금액을 수량으로 나누어 산출된 값으로 이는 신고한 물품 1단위 거래가격의 이윤과 비교한 것이다.

표는 특수관계자 간 거래로 신고일자(선적일자와 동일자)인 2021. 3. 1.부터 2021. 9. 30.까지의 어떤 한가지 거래물품의 가격변화표를 상정하였다. 수출판매자가 평가대상물품과 동종동질물품에서 얻는 이윤 ① $1,000, ② $2,000을 2가지로 가정하여 설명하였다.

'X'로 표시한 부분은 거래가격을 부인할 수 없는 경우로 동종동질물품의 이윤과 비교하여 전반적인 이윤을 합한 금액을 회수할 수 있을 만큼 적절하다고 입증되는 경우이다. 따라서 그 기간 동안 수입된 모든 물품의 거래가격은 부인될 수 없다. 심지어 그 가격이 시장가격 이하라고 하더라도 그 거래가격을 부인할 수는 없다. 그렇지만 판매자의 실현이윤이 마이너스인 경우에는 즉 손해보고 판매한 경우에는 특수관계자가 아닌 거래당사자와는 다르게 모두 거래가격이 부인되어야 한다.

'O'로 표시한 부분은 거래가격이 부인되는 경우이다. 이 경우는 해당 수입 건이 전반적인 이윤을 나타내는 이윤을 합한 금액을 회수할 수 있을 만큼 적절하다는 것이 입증되지 못하는 경우이다. 따라서 해당물품의 거래가격은 부인되고 동종·동질물품의 거래가격을 적용하는 제2방법 이하의 방법으로 평가될 것이다.

(4) 기타 입증

위의 (1), (2), (3)은 평가협정의 예시이기 때문에 세관에서 다른 입증방법으로 정해 놓았다면 그에 따른 입증관련자료의 제출을 요구할 수 있고 입증이 된다면 거래가격은 부인될 수 없다. 다만, 미국의 경우 (1), (2)에 의해 입증이 되더라도 추가입증을 요구하는 경우가 있다.

---

78) 이 이윤은 평가협정상에 모회사라고 특정하지는 아니하고 있지만 미국의 유권해석 등은 판매회사가 아닌 모회사(Parent company)의 이윤자료를 요구한다. HQ H106603, 2011. 7. 25.

특수관계자의 거래가격 부인 여부 판단

(이윤 $1,000, $2,000의 2가지 예)

평가대상물품의 신고 내역과 판매자의 평가대상물품 실현이윤							동종 · 동질물품의 거래가격 부인대상 판단(10% 이상차이)			
평가대상물품의 신고 내역				판매자의 실현이윤 산출			$1,000(이윤)		$2,000(이윤)	
연번	신고 일자 (2021년)	수량	@UP 거래단가 (A)	@M 제조단가 (B)	@GE 일반경비 (C)	@P 이윤 (P)	1,000 (P1)	판단	2,000 (P2)	판단
1	03.01	100	11,000	8,000	1,600	1,400	1,000	×	2,000	○
2	03.17	100	10,000	8,000	1,600	400	1,000	○	2,000	○
3	03.25	120	11,000	8,000	1,600	1,400	1,000	×	2,000	○
4	04.05	200	9,000	8,000	1,600	− 600	1,000	○	2,000	○
5	04.20	200	10,000	8,000	1,600	400	1,000	○	2,000	○
6	04.30	250	12,000	8,000	1,600	2,400	1,000	×	2,000	×
7	05.07	200	9,000	8,000	1,600	− 600	1,000	○	2,000	○
8	05.09	150	11,000	8,000	1,600	1,400	1,000	×	2,000	○
9	05.25	150	9,000	8,000	1,600	− 600	1,000	○	2,000	○
10	06.05	150	9,000	8,000	1,600	− 600	1,000	○	2,000	○
11	06.17	200	11,000	8,000	1,600	1,400	1,000	×	2,000	○
12	06.23	200	10,000	8,000	1,600	400	1,000	○	2,000	○
13	07.07	300	9,000	8,000	1,600	− 600	1,000	○	2,000	○
14	07.20	80	11,000	8,000	1,600	1,400	1,000	×	2,000	○
15	07.31	80	11,000	8,000	1,600	1,400	1,000	×	2,000	○
16	08.08	70	10,000	8,000	1,600	400	1,000	○	2,000	○
17	08.20	70	10,000	8,000	1,600	400	1,000	○	2,000	○
18	08.28	100	11,000	8,000	1,600	1,400	1,000	×	2,000	○
19	09.05	100	10,000	8,000	1,600	400	1,000	○	2,000	○
20	09.15	120	11,000	8,000	1,600	1,400	1,000	×	2,000	○
21	09.30	120	10,000	8,000	1,600	400	1,000	○	2,000	○

※ 신고 건별 판매자의 실현 이익이 동종동질물품의 가격보다 크거나 같으면 거래가격 인정 (*제조단가, 일반경비는 전체수량으로 나눠 개별가격 산출

※ 실현이윤(P): **거래단가−제조단가-일반경비)**. 신고 건별 판매자의 실현 이익이 동종동질물품의 실현이익보다 작을 경우 10%(110/100)까지 인정

※ 판매자의 실현이윤(P)이 마이너스인 경우에는 즉 손해보고 판매한 경우에는 모두 부인될 것이다. (**"X" : 거래가격 인정, "O"는 거래가격 부인이다.**)

역자 후기

공역자 라인호[1]는 우연한 계기로 GATT부터 WTO 체제까지 관세평가와 관련된 모든 자료를 읽을 수 있는 기회를 갖게 되었다. 관세평가와 관련된 자료는 WCO와 다르게 WTO의 웹사이트에 들어가보면 회의진행자료부터 결정 등에 대하여 GATT 체제부터 현재의 WTO 자료까지 거의 모든 것을 접근하여 열람뿐만 아니라 다운로드 받아 활용할 수도 있다. 이를 읽게 된 것은 특정한 집필 목적에 따른 것이 아니었고 관세평가위원회 회의 진행상황과 그 결과물, 쟁점의 해결과정[DS(Dispute Settlement)]의 내용 자체에 관한 흥미로 인한 것이었다. 그러던 중 WTO의 관세평가자료에 접근할 때 이 책에 관한 소개글을 보게 되었고 이 책의 내용에 호기심을 갖게 되어 2013년도에 입수하였다. 책을 입수한 후에 살펴보니 당

1) 공역자 라인호는 관세평가협정 한국시행년도인 1984년(평가협정 1984. 7. 1. 시행)에 관세평가업무에 입문하면서 이 분야에 관심을 가지게 되었다. 관세평가는 그 시행초기에는 크게 주목을 받지 못하는 업무에 속하였다. 그러다가 1980년대 중반 이후 관세청 주도로 해외로 송금되는 로열티 및 라이선스료(이하 "권리사용료") 위주의 과세가격 가산에 대한 관세평가가 시작되었는데 업무량이 많다 보니 일선 본부세관에 업무를 위임하게 되었고 그 업무를 담당하는 세무관리과는 그 기술도입료의 가산 여부에 대한 조사가 주업무가 되었다. 당시에는 국내기업이 기술도입을 위한 로열티나 라이선스료의 해외지급은 외국환관리법상 연간 5만 달러 이상인 경우 기재부(당시 재무부)의 승인을 받아야만 송금이 가능하였기 때문에 관세청은 그 지급 승인내역을 기재부로부터 입수하여 그 기술도입 내역에 대한 조사를 실시한 것이 계기가 되었던 것이다.

시 WTO 사무총장이 추천사를 작성하였다는 사실이 권위를 더하고 있었다. 그리고 저자가 쓴 "감사의 辯(Acknowledgemnts)"에 Mr. Eki Kim(한국명 김의기, 당시 WTO 사무국 관세평가 및 원산지 담당, 최근에 작고)이 언급되었다는 점은 이 책에 대하여 더욱 눈길을 끌기에 충분했다. 공역자 라인호는 고인이 해외에 나가기 전인 관세청 입사 초기(1983)에 고인의 관세법 강의를 들은 적도 있고 그 뒤로 공역자 라인호가 벨기에 브뤼셀 WCO 관세평가팀에 파견연수시(1999, 2004~2005)에 고인은 제네바에 소재한 WTO에 근무하면서 업무 관계로 벨기에 브뤼셀 WCO에 출장을 오면 1년에 한두 번은 만남을 가졌기 때문이다. 고인은 그 후 국내에 복귀하여 모 법무법인에 근무하다가 4~5년 전 지병이 발견되어, 치료차 고향에 내려가게 되었는 데 공역자 라인호와 저녁 식사를 가지면서 지병을 완치한 후에 복귀하면 자주 만나기로 약속하였으나 불귀의 객이 되고 말았다. 그동안 쌓아놓은 전문지식을 후배들을 위해 남겨놓지 못하고 일찍 떠나셔서 아쉬운 생각이 많이 든다. 이 역서는 비록 고인이 직접 집필한 것은 아니지만 많은 부분 그 의견을 저자가 수용했을 가능성이 있다고 판단된다. 이 책을 통해 고인의 관세평가에 대한 깊은 식견이 널리 전파되기를 기대해 본다.

마지막으로 LinkedIn으로 알게 된 지인을 통해 원저자인 셰리 로즈나우(Sheri Rosenow)에게 연락하여 한국어판 서문을 부탁하였다. 역서 서문에 원저자의 서문이 꼭 필요한지는 모르겠지만 원저자가 원서 감사의 변에서 고인을 언급한 것을 보고 원저자의 서문을 꼭 받고 싶었다. 원저자는 서문에 고인을 WTO에서 함께 근무한 귀중한 동료이자 좋은 친구였다고 회상하고 있었다.

바쁜 시즌임에도 한국어판 서문을 보내주신 공저자분들께 감사드린다.

사항색인

판례색인

[저자 약력]

Sheri Rosenow and Brian O'Shea는 변호사로 20년간 관세와 국제거래법에 전문으로 종사하였다.
Sheri Rosenow는 WTO의 선임 고문으로 관세 평가, 무역 원활화 및 기타 관세 관련 문제를 전문으로 하였다. WTO를 대신하여 그녀는 정부 관리와 전 세계 무역 커뮤니티 구성원을 교육했다.
Brian O'Shea는 남아프리카공화국과 유럽에서 위험 평가 및 평가 애플리케이션을 포함한 자동화 시스템의 구현을 담당하는 경험많은 관세 컨설턴트이다.

[역자 약력]

라 인 호 (관세사)

공주사범대학교 부속고등학교/서울시립대학교 건축공학과
관세청 25년 7개월 근무
세계관세기구(WCO, 브뤼셀 소재) 관세평가팀 파견 연수(1999, 2004~2005)
주요보직: 관세평가
관세청 특별전형 대상 관세평가시험 출제위원
공채관세사 관세평가시험 출제 및 채점위원
서울/인천세관 관세심사위원 역임
관세평가분류원 평가협의회 위원 역임
KPMG 세정관세법인 대표관세사 역임
딜로이트 덕진관세법인 대표관세사 역임

황 남 석 (변호사)

현 경희대학교 법학전문대학원 교수
서울대학교 법과대학 사법학과(법학사)
서울대학교 대학원 법학과(법학석사)
서울시립대학교 세무전문대학원(세무학박사)
사법연수원 수료(제29기)
국세청 국세심사위원회 위원(전)
기획재정부 세제발전심의위원회 위원(전)
기획재정부 예규심사위원회 위원(전)

주요 저서 및 역서
법인세법론(공저, 22판, 삼일인포마인 2022)
국제조세입문(공역, 정독, 2021)
주석 국세기본법(공저, 2021)
우리 법인세법의 성립과정 연구(마인드탭, 2017)
회사분할과세론(2011)

WTO 관세평가협정 핸드북

초판발행 2022년 9월 15일

지은이 셰리 로즈나우·브라이언 제이 오셰아
옮긴이 라인호·황남석
펴낸이 김중용

편 집 심성보·김인숙

펴낸곳 도서출판 정독
경기도 고양시 일산서구 하이파크로 113, 102-204
등록 제406-2014-000093호
전 화 031)924-7203 팩 스 02)718-8554
홈페이지 www.jeongdok.co.kr 이메일 admin@jeongdok.co.kr
ISBN 979-11-6858-074-9 93360

정 가 27,000원